本书为安徽省教育厅高校人文社会科学研究重点项目——“行政区划改革与安徽沿江区域经济协调发展”（SK2018A0230）研究成果之一。

地方行政区划改革趋势和优化路径研究

DIFANG XINGZHENG QUHUA GAIGE QUS

HE YOUHUA LUJING YANJIU

陈　鹏◎著

安徽师范大学出版社
ANHUI NORMAL UNIVERSITY PRESS
·芜湖·

图书在版编目(CIP)数据

地方行政区划改革趋势和优化路径研究 / 陈鹏著 .— 芜湖：安徽师范大学出版社，2018.12(2021.6重印)

ISBN 978-7-5676-3811-2

Ⅰ.①地… Ⅱ.①陈… Ⅲ.①行政区划－体制改革－研究 Ⅳ.①D675.4

中国版本图书馆CIP数据核字(2018)第238057号

地方行政区划改革趋势和优化路径研究　　陈　鹏◎著

责任编辑：吴毛顺　　责任校对：祝凤霞　赵传慧

装帧设计：丁奕奕　　责任印制：桑国磊

出版发行：安徽师范大学出版社

芜湖市北京东路1号安徽师范大学赭山校区

网　　址：http://www.ahnupress.com/

发 行 部：0553-3883578　5910327　5910310(传真)

印　　刷：苏州市古得堡数码印刷有限公司

版　　次：2018年12月第1版

印　　次：2021年6月第2次印刷

规　　格：700 mm × 1000 mm　1/16

印　　张：24.5

字　　数：390千字

书　　号：ISBN 978-7-5676-3811-2

定　　价：78.00元

序

在行政管理研究中，行政区划往往是最让人着迷又苦于无从下笔的研究对象，从传说中的九州，到元朝的行省，在中国政治权力的纵向调整中，行政区划既有其历史的制度沉淀，也伴随着法律关系与公共政策的持续性调整。随着区域经济一体化进程的提速，传统的行政区划如何服务于经济社会的发展，这一话题具有持续性的研究价值。陈鹏老师的《地方行政区划改革趋势和优化路径研究》历时数年终于完稿，付梓之际，嘱我为序，阅读全文之后，我深为作者的现实关怀所感动，故欣然提笔。

一、中国政区空间的政治逻辑

从秦汉以来，中国的政区划分选择了郡县制，“六王七国之难作者，诚失之于强大，非诸侯治国之咎。其后遂皆郡县治民，而绝诸侯之权矣”。（荀悦：《前汉纪 · 考惠皇帝纪卷五》）郡县制的政治安排逐步成为维系国家统一的重要手段。

从国家权力的一致性出发，政区的划分一直围绕纵向的政治关系与横向的地理边界加以展开。宋代以前，三级制政区中的第一级政区往往虚化，元代行省制的实行，标志着省这个中央政府的部门已经演变为最大的一级地方。这一地方名称的确立，也昭示了集权主义国家的权力来源，甚至“秦岭以南的汉中盆地人为地划入陕西行省，打破了秦岭—淮河这条我国自然的地理分界线。”[①]地方政府行政边界的犬牙交错，既维系了中央的政治统一，也把地方政府与区域性治理联系了起来。

① 舒庆.中国行政区经济与行政区划研究[M].北京:中国环境科学出版社,1995:11.

以政治稳定、国家统一为旨归的权力设计，在中国的政区划分中体现得极为明显，行政层级与地理重组也因此成为传统政治的重要手段。元代之后，这一政区划分既保持了极强的稳定性，也伴随着局部的调整，江南省的拆分即为其中较大的一次。清沿明制，改南直隶为江南承宣布政使司，后更名为江南省。时隔不久，庞大而富庶的江南省又拆分为安徽、江苏两省。需要强调的是，安徽同时为长江和淮河所穿越，因此全省事实上被划分为淮河以北、江淮之间、长江以南三个地理部分，也就是说在政区统一的安徽内部，存在着区域文化认同迥异的“三个安徽”。

二、政区空间的经济解构

从中央到地方，从江南省到安徽省，政区演变的权力结构深刻影响着中国的政治发展，也改变着地方经济社会的面貌。如果说政区划分维系了中央集权与地方分权的复合性权力结构，那么在市场经济体制确立之前，中央集权与地方分权的博弈并不明显，作为国家政区的组成部分，服从中央的统辖是地方各级政府的政治义务。

1978年改革开放以来，中国的政区奠定的垂直管理的政治结构开始直面横向蔓延的市场要素的冲击。行政区划对经济要素的封锁日益艰难，因为“经济的融合意味着，在一个地区的经济问题可以借助于其他地区的帮助来处理，而且可以让所有的地区都受益于在运营上具有规模经济的产品”①。

从沿海特区、沿海开放城市到全境开放，由于资本对于行政边界的天然漠视，地方性经济的发展开始越过县界、市界甚至省界，在全国形成大大小小的区域性的经济圈。以长三角经济圈为例，20世纪80年代上海经济区成立时，仅包括上海市及其周边的10个城市，20世纪末发展为15个城市，而2007年则形成包括两省一市的“长三角经济区”，2008年安徽省加入，形成了更加广义的“泛长三角经济区”②。

① 斯通.中央与地方关系的法治化[M].程迈，牟效波，译.南京：译林出版社，2009：7.

② 陆铭.空间的力量：地理、政治与城市发展[M].上海：上海人民出版社，2013：79.

伴随着全球性、区域性的经济发展，我国数千年形成的刚性的、垂直的行政管理体制日益暴露其较多的不适应性，这一不适应性在“三个安徽”之间尤其突出。正如陈鹏老师在书中揭示的那样，当长江、淮河无法阻碍经济要素的自由流动时，行政区划却从国家管理的工具变成区域治理的阻碍，地级巢湖市行政区划的存在，就使得合肥、芜湖和马鞍山三地之间在产业分工协作与区域协同发展上无法实现一致行动。因此，地级巢湖市的撤销，必然成为安徽省打通区域经济一体化的重要抉择。而事实已经证明，合肥、芜湖和马鞍山三地在空间区域上完全对接，已经为合肥都市圈的发展奠定了良好的基础。

三、政区空间的区域性重构

区域经济学认为，区域经济的特色是由区际差异、区域优势、产业布局指向、劳动地域分工规律和区域利益所决定的①。但是从20世纪70年代以来，新区域科学不仅关心怎样研究区域的科学方法，而且探讨区域“是什么”和“为什么”；不仅关心分析城市与区域问题的技术方法，而且探讨解决问题的经济、技术与制度方法和手段，公共管理与政策成为区域科学的重要领域②。

行政区划是国家治理的重要单元。在中国，这一基于农业社会传统的政区划分既有其制度的历史惯性，也形成了深刻的文化记忆。因此行政区划的调整是一个复杂的行政过程，也意味着巨大的行政成本。

“今天大多数美国人不是生活在传统意义上的镇子里，甚至于也不是生活在传统意义上的城市里。相反地，大多数美国人是区域的居民，即他们生活在具有多样性和层次结构的大都市里。”③陈鹏老师敏锐地发现，城市化进程同样构成中国政区空间重构的又一力量，大大小小城市的相继涌现，从功能上消弭了行政区划的刚性约束，因此地级市、县级市以及市辖

① 崔功豪，魏清泉，刘科伟．区域分析与区域规划[M]．北京：高等教育出版社，2006：67.

② 杨开忠．区域科学学科地位、体系和前沿[J]．地理科学，1999(4)：358-363.

③ 彼得·卡尔索普，威廉·富尔顿．区域城市——终结蔓延的规划[M]．叶齐茂，倪晓辉，译．北京：中国建筑工业出版社，2007：30.

区终将成为中国行政区划改革的又一指向。对于安徽省来说，在尊重中国城市化进程的前提下，亟须以区域性的经济和生活一体化推进合肥、芜湖两大都市圈的双核态势。

美国社会学家丹尼尔·贝尔曾这样指出国家治理的规模悖论：“国家不仅变得太小以至于无法解决大问题，而且也变得太大以至于无法解决小问题。”[①]在区域治理中，政区的调整同样面临这样的两难。从中观层面，本书扫描了在区域经济一体化进程中的安徽省行政区划的功能性和结构性重组，但是究竟是哪些因素将持续性地影响着安徽省行政区划的调整，而这，恰恰是作者需要深入关注的。

是为序。

姚尚建

2018年9月于松江

① 安东尼·吉登斯.失控的世界——全球化如何重塑我们的生活[M].周红云，译.南昌：江西人民出版社，2001：9.

前　言

行政区划是国家为了更好地维护国家统一、管理行政事务和推动经济社会发展，依据政局稳定、经济发展、地理环境、历史文化传统、民族分布状况、宗教信仰等因素，将一个国家的地理区域划分成若干行政层级和行政区域的过程和结果。行政区划设置的目的是为了更好地满足国家治理和经济社会发展的需要，治理绩效好、有利于经济社会发展的行政区划设置格局和改革模式会得以保留和延续，治理绩效一般、不利于经济社会发展的行政区划设置格局和改革模式会逐步被新的改革模式替换，形成新的行政区划设置格局。

从行政区划内容来看，行政区划包括行政区划过程和行政区划结果。将一国地理区域划分成若干行政层级和行政区域的活动属于行政区划过程，通过行政区划过程划分出的行政层级和行政区域属于行政区划结果。行政区划过程和行政区划结果两者相互影响、相互作用。一般来说，行政区域是行政区划过程的结果，依据何种因素来展开行政区划的划分过程，直接影响到行政区的设置和调整等行政区划结果。同时，行政区划的结果反过来也会作用于行政区划的过程，不合理的行政区划结果，会阻碍区域经济和社会发展的大局，催生出进一步变革行政区划过程的需求。

从行政区划的方向来看，行政区划可以分为纵向的行政区划层级和横向的行政区域（即行政区或者政区）。自秦实行郡县制以后到清末，我国的行政区划层级经历了郡—县二级、州—郡—县三级、路—府（州）—县三级、道—府（州）—县三级、省—府、州—县三级的历史变迁。民国时期，我国行政区划层级虽名为省—市（县）二个层级，但在省和县之间还设有地区行政公署这一准行政区划。新中国成立后，一直处于自治状态的乡镇被正式纳入国家基层政权，加上地级市领导县体制的确立，我国行政区划层级由三级演化成四级，即省（自治区、直辖市）—地级市—县（区、自治县）—乡镇。截至2017年年底，我国共有34个省级行政区（23个省、4个直辖市、5个自治区、2个特别行政区）、334个地级行政区（294个地级市、7个地区、30个自治州、3个盟）、2 851个县级行政区（962个市辖区、363个县级市、1 355个县、117个自治县、49个旗、3个自治旗、1个特区、1个林区）、39 888个乡级行政区（2个区公所、8 241个街道、21 116个镇、9 392个乡、984个民族乡、152个苏木、1个民族苏木）[①]。横向的行政区域即行政区或政区，是指某一个具体行政区所管辖的地域面积大小。我国幅员辽阔，各地区自然地理条件、人口规模、经济发展、民族分布、宗教信仰等情况差异甚大，导致我国相同层级的行政区管辖的地域面积差异甚大。以省级行政区划为例，西藏自治区的地域面积约为120.223万平方公里，约占全国总面积的1/8；浙江省的地域面积约为10.55万平方公里，约占全国总面积的1.1%，是中国面积较小的省份之一。

地方行政区划改革研究是我国行政区划改革研究中的重要一环，有利于提升地方治理绩效、推进新型城镇化战略有效实施、推动城乡和区域经济协调发展的合适的行政区划改革模式，对于行政权对经济社会发展干预作用尚较为明显的中西部地区的发展来说非常重要。新中国成立以来，特别是改革开放以来，我国的地方行政区划设置格局处于不停地变动过程中，催生出不同类型的地方行政区划改革模式。以是否有利于提升国家治理绩效、推进新型城镇化战略有效实施、推动城乡和区域经济协调发展为标准，对这些不同类型的行政区划改革模式进行科学合理的审视，并结合特定的地域实际，提出值得推广的行政区划改革模式和优化地方行政区划设置的具体路径，是当前我国地方行政区划改革领域值得研究的课题。

地方行政区划改革涉及纵向的行政区划改革和横向的行政区划改革两个方面。纵向的行政区划改革，涉及省、地级市、县和乡镇之间关系中的相邻行政区划层级或者不相邻行政区划层级之间关系的调整。当前我国地

① 中华人民共和国民政部.中华人民共和国行政区划统计表[EB/OL].http://xzqh.mca.gov.cn/statistics/2017.html.

方纵向行政区划改革，主要集中于探讨地级市领导县体制的合理性以及省、地级市、县三个层级之间关系的改革模式和优化路径等问题。横向的行政区划改革，主要涉及同一层级行政区划之间的行政区划的分设、兼并或者边界重组等问题。当前我国地方横向行政区划改革，主要集中于研究地级市数量的增减及相邻地级市之间行政区域的重组等问题。

行政区划改革实践与行政区划改革理论研究密不可分。行政区划改革实践的展开，为行政区划改革理论研究提供了丰富的素材，也给行政区划改革理论研究提出了诸多值得研究的课题。行政区划改革理论研究的深入推进，有利于解决行政区划改革实践中遭遇的困境，促使行政区划设置更加有利于国家的政局稳定、经济发展和社会和谐。作为我国中部地区的省份，安徽自新中国成立以来在行政区划设置上经历不断变迁，行政区划改革实践层面积累了丰富的素材。例如，安徽省在新中国成立后依托矿区设立了四个地级市、20世纪最后十年的地级市领导县体制的快速推进、全国省直管县改革的试点地区、为打造区域经济增长极和推动区域经济协调发展而撤销地级巢湖市、跨行政区推进经济区规划和建设的创新，以及作为全国首批新型城镇化试点省份推进行政区划层级和设置优化的改革等。安徽省自新中国成立以来行政区划变革的历程和行政区划改革的一些具体做法，既为研究我国地方行政区划改革提供了较为丰富的素材，同时也给地方行政区划改革研究提出了如何通过不断变革和优化地方行政区划设置，来推动城镇化质量提升和促进区域经济协调发展的任务。

本书的大体思路是在对行政区划有关理论、我国和安徽省自新中国成立以来行政区划变革历程进行分析的基础上，对我国地方行政区划改革的内在逻辑进行梳理，提出了地方行政区划改革具体模式的选择要以是否与国家新型城镇化、城乡融合发展和区域经济协调发展战略相契合为依据的观点，并就当前地方行政区划改革中的热点、安徽省行政区划设置存在的问题及其优化路径进行了分析。然后再从纵向和横向两个层面，结合安徽省行政区划实际，对地方行政区划改革的趋势和优化路径展开论述。其中，纵向层面主要以推动新型城镇化战略实施和城乡融合发展为背景和依据，分析了当前地级市领导县体制的合理性和省直管县、县（市）改区、撤县设市改革模式的可行性和现实性等问题。横向层面主要以促进区域经济协调发展为背景和依据，结合行政区划改革与合肥都市圈发展历程和在不变革行政区划的前提下，通过跨行政区建设经济区模式而成立的产业集中区的发展现状的分析，论述了行政区划改革与区域经济发展之间的内在关联，提出了通过进一步优化安徽沿江地区行政区划设置来推动区域经济协调发展的建议，为类似于安徽的中西部其他地区提供了一条值得借鉴的、通过行政区划改革来推动区域经济协调发展的路径。

本书内容的框架大体分为三个部分：第一部分论述了行政区划有关理论、新中国成立以来我国和安徽行政区划变革历程、当前我国地方行政区划改革模式和具体路径选择的依据问题；第二部分论述了纵向层面的地方行政区划改革趋势和具体模式选择问题；第三部分论述了横向层面的地方行政区划设置的优化路径问题。

第一部分为本书的第一、二、三章。本部分主要内容是在分析和论述行政区划概念、分类和原则的基础上，回顾了新中国成立以来我国行政区划变迁的历程和当前行政区划改革中的研究热点，分析了新中国成立以来主导我国行政区划改革内在逻辑的变化，即从政治稳定逻辑到经济增长逻辑再到国家有效治理逻辑。在此基础上，笔者认为，在我国地方行政区划改革模式和具体路径的选择上，要以是否有利于推动我国新型城镇化战略、区域经济协调发展战略和乡村振兴、城乡融合战略的有效实施为依据。具体来说，纵向行政区划改革要以新型城镇化战略和城乡融合发展战略为依据，横向行政区划改革要以区域经济协调发展为依据。同时，结合新中国成立以来安徽省行政区划变革的历程，对安徽省行政区划改革的趋势和优化路径的总体思路进行了分析。

第二部分为本书的第四、五、六、七、八章。本部分从新型城镇化与行政区划改革的内在关联出发，从纵向层面论述了地方行政区划改革的具体模式选择和改革趋势问题。地方纵向行政区划改革主要包括省、地级市、县、乡镇四个层级的关系问题。目前，学术界讨论最热的是省、地级市和县三个行政层级的关系如何处理的问题，本书将之概括为“一个体制”和“三个模式”。“一个体制”即地级市领导县体制的合理性问题，

“三个模式”即省直管县、县（市）改区和撤县设市的可行性、现实性及其具体适用情形的问题。

第四章论述了新型城镇化与行政区划改革的关系。一方面，新型城镇化是行政区划设置和改革的重要依据。行政区划作为国家政治和行政制度设计的重要层面，在采用何种行政区划改革路径和模式上，要依据新型城镇化战略进行科学合理的选择。另一方面，行政区划改革也是新型城镇化战略目标实现的重要助推力，新型城镇化战略目标的有效达成，需要依靠行政区划设置上的合理有效的变革。

第五章回顾了地级市领导县体制的建立和发展历程、学术界对地级市领导县体制的态度以及地级市领导县体制的利和弊，指出了当前地级市领导县体制运行过程中出现的“市刮县”等问题，其根源不在于地级市领导县体制本身，而在于许多地级市是在县或县级市基础上建立起来的，地级市实力薄弱，导致依靠地级市领导县体制来带动地级市周围地区发展的目标短期内无法实现。同时，指出了地级市领导县体制的建立具备合法性，符合新型城镇化战略和城乡协调发展的要求，在当前及今后一段时期将仍然是我国市县关系的主流模式。因此，在当前地方行政区划改革中，改革模式的选择应该是在地级市领导县体制的框架下展开，我们要做的不是去废除地级市领导县体制，而是要考虑怎样去完善该体制以更好地发挥地级市的中心城市地位，推动区域经济协调发展。

第六章回顾了省直管县改革的历程、做法和模式，在对省直管县改革模式对省、地级市和县三个行政层级各自的利弊进行详细分析的基础上，笔者认为，省直管县模式虽在我国部分地区较为适用，但不宜作为替代地级市领导县体制的主流模式在全国大规模推广和实施。省直管县模式不宜在全国大规模推广和实施的原因主要有以下几个方面：财政上的省直管县没有法律依据，不利于同级人大行使对同级政府财政的监管权；省直管县模式的大规模推广实施会严重挤压地级市发展空间，加剧行政区经济现象，不利于区域经济协调发展格局的塑造；省直管县面临管理幅度、管理效能等方面的困境。同时，我国幅员辽阔，全国各地情况差异很大，海南省实行的地级市和县同时由省直接管理的模式与海南建省较晚、地域面积较小有很大关联，不具备典型性，这种省直管县模式不适合在全国推广。

第七章在分析改革开放以来我国县（市）改区总体情况和主要类型的基础上，对县（市）改区与城乡一体化和新型城镇化战略的内在契合点进行了论述，笔者认为县（市）改区可以作为地方行政区划改革的主要模式之一加以推广。县（市）改区有以下四个方面的优势：一是可以解决大城市发展空间不足的问题，通过拓展发展空间推动大城市的发展，激发城镇化发展的内生动力；二是增强中心城市资源和要素集聚效应的产生和扩散效应的发挥，带动周边地区经济社会发展；三是进一步提升县域城镇基础设施建设水平、提升基本公共服务供给能力，提升原有县域城镇化进程和质量；四是有助于统筹城乡发展，形成城乡一体化发展格局。

第八章回顾了改革开放以来我国撤县设市改革的历程，结合安徽省城镇化发展进程中存在的不足，指出撤县设市有利于增加中小城市数量，提升城镇化水平和质量，对于县级市数量偏少、城镇化水平和质量较低的安徽省等中西部地区来说，是一条可行的纵向行政区划改革的路径。

第三部分为本书的第九章、第十章和第十一章。本部分内容以有关区域经济发展理论为依据，通过分析行政区划改革与区域经济发展之间的内在关联，在对地级巢湖市撤销与合肥都市圈崛起、安徽省江南产业集中区和安徽省江北产业集中区发展中的经验和问题等进行分析的基础上，提出了横向层面优化安徽行政区划设置的对策和建议。

第九章分析了区域经济发展与行政区划改革之间的内在关联。区域经济增长极理论认为，区域经济发展主要依靠经济增长极的带动作用。资源和要素从周边地区向增长极地区集聚产生的集聚效应，以及资源和要素从增长极地区向周边地区流动产生的扩散效应，推动区域经济发展格局从不平衡到逐渐平衡。区域经济发展与行政区划设置关联密切。一方面，区域经济发展是行政区划设置应该遵循的重要依据，当行政区划设置成为区域经济发展障碍的时候，应该推动必要的行政区划调整，通过区域内行政边界和尺度的重组来推动区域经济发展。另一方面，行政区划设置也是影响区域经济发展格局的重要因素，行政区划设置中的行政中心一般会成为区域内生产要素和资源集聚的中心，即会出现行政中心和经济中心重叠的局面。同样，一定区域内行政中心的迁移和行政区行政等级的变更，也会影响到特定区域的经济发展格局，这种情况在市场化程度较低的区域尤为常见。

安徽省行政区划设置中，地级市数量过多，部分地级市面积狭小，人口较少，制约了地级市的发展，不利于区域经济中心和区域经济增长极的打造，进而影响到安徽省整体经济质量的提升。因此，从区域经济发展视角来看，安徽省地级市层面的行政区划设置变革需求较为迫切，可以按照皖南、皖北和江淮三大区域经济板块的发展思路，通过地级市的合并重组，重点推动合肥、芜湖等区域经济增长极的培育和发展，以此来推动区域经济快速和协调发展。

第十章以合肥都市圈为例，对行政区划调整和政策干预对区域经济发展格局产生的影响进行了论述。在市场化程度较高的地区，区域经济发展主要遵循市场逻辑，行政权干预力度和效果不明显。在市场化程度较低的地区，区域经济发展主要遵循权力逻辑，政府在区域经济发展中的作用比较明显。合肥市作为安徽省省会，在省会经济圈构想提出之前，在安徽省城市体系中首位度一直不高，城市发展空间和人口规模不足，在很大程度上制约了合肥市的发展。2011年通过撤销地级巢湖市的行政区划改革后，合肥都市圈迅速崛起。合肥都市圈的崛起，给经济不发达、市场化程度不高的地区，提供了一个如何通过行政区划设置改革和政策倾斜打造人工经济增长极来带动区域经济发展的良好思路。

第十一章在分析安徽省沿江地区行政区划设置现状和存在问题的基础上，指出了安徽省沿江地区区域竞争力薄弱和区域经济发展不协调的根源在于行政区划设置的不合理和区域经济增长极的缺乏。安徽省江南产业集中区和安徽省江北产业集中区的设立，是安徽省在沿江地区通过跨行政区设立经济区来推动沿江区域经济协调发展的尝试和创新。但是，2012年2月江南产业集中区和江北产业集中区管理体制发生的变革，在一定程度上预示了产业集中区改革的失败。跨行政区设立经济区运行的艰难，反映出安徽省沿江地区行政区划改革的迫切性，需要以安徽双核之一的芜湖市为核心，通过部分地级市的合并，拓展芜湖市发展空间，将芜湖市打造成安徽省沿江地区的中心城市和经济增长极，推动安徽省沿江经济带的崛起。

需要特别说明的是，本书引用的资料、数据截止时间为2018年6月底，近两年部分地区行政区划设置有所调整，敬请广大读者注意。

目　录

第一章　新中国成立以来我国地方行政区划变革历程

行政区划是国家政治生活和行政管理活动中的大事，是国家按照一定原则将其管辖的地域划分成若干行政层级和面积大小不等的行政区域的过程。我国历史悠久，为了管理的方便，我们的祖先很早就有了行政区划的实践活动。据有关史书记载，我国最早的行政区划活动可追溯至传说中的黄帝治理天下时期。班固的《汉书·地理志》开篇就说到："昔在黄帝，作舟车以济不通，旁行天下，方制万里，画野分州，得百里之国万区。是故《易》称'先王建万国，亲诸侯'，《书》云'协和万国'，此之谓也。尧遭洪水，怀山襄陵，天下分绝，为十二州，使禹治之。水土既平，更制九州，列五服，任土作贡。"其中，"画野分州""更制九州"等就是行政区划活动，"得百里之国万区""九州""十二州"等则是行政区划活动的结果[①]。

第一节　行政区划概述

行政区划在国家政治生活和行政管理活动中非常重要，行政区划设置的合理与否，直接关系到国家的政治稳定和经济社会发展的大局。在我国，行政区划对政治统治和国家治理的重要性很早就被认识到。"列于十三经之中的《周礼》，在每一篇的开头都有这么几句话：'惟王建国，辨方正位，体国经野，设官分职，以为民极。'这是说周天子在封邦建国的时

① 周振鹤.中国历代行政区划的变迁[M].北京:中国国际广播出版社,2010:87.

候，先要确定地理位置，再划定国与野的区域，最后进行分设官职的工作，以落实管理百姓的措施。‘体国经野’一语后来也就被当成划分行政区域一事的雅称。很显然，只有先设置行政区划，才能派遣地方官员，也就是说，体国经野是设官分职的前提，所以《史记·秦始皇本纪》记载，‘二十六年，分天下以为三十六郡，郡置守、尉、监。’”[①]

一、行政区划的含义

行政区划的重要性不言而喻，但是行政区划的内涵是什么？外延包括哪些方面？可谓仁者见仁、智者见智，至今尚没有完全严格的定义。《中国大百科全书　政治学》卷中，将行政区划定义为“为国家行政机关实行分级管理而进行的区域划分”。复旦大学周振鹤教授认为，行政区划就是国家对于行政区域的分划。行政区域的分划过程是在既定的政治目的与行政管理需要的指导下，遵循相关的法律法规，建立在一定的自然与人文地理基础之上，并充分考虑历史渊源、人口密度、经济条件、民族分布、文化背景等各种因素的情况下进行的，其结果是在国土上建立起一个由若干层级、不等幅员的行政区域所组成的体系[②]。

《中国大百科全书　政治学》卷对行政区划的定义，主要侧重于纵向行政区划即行政层级的论述，忽略了对横向行政区划即行政幅员的讨论。周振鹤教授将行政区划定义为依据特定的政治目的和行政管理需要，遵循一定的原则将国土划分为若干层级、不等幅员的行政区域所组成的体系。该定义虽然对于行政区划所包含的纵向的行政层级和横向的行政幅员两个方面都进行了论述，但是忽略了对行政区划过程的界定。笔者认为，行政区划应该不仅仅指静态的行政区划结果即纵向行政层级和横向行政区域，也应该包括划分出纵向的行政层级和横向的行政区域的动态的过程。因此，可以将行政区划定义为：国家为了更好地维护国家统一、管理行政事务和推动经济社会发展，依据政局稳定、经济发展、地理环境、历史文化

① 周振鹤.中国历代行政区划的变迁[M].北京：中国国际广播出版社，2010：6.

② 周振鹤.中国历史政治地理十六讲[M].北京：中华书局，2013：28.

传统、民族分布状况、宗教信仰等因素，将一个国家的地理区域划分成若干行政层级和行政区域的过程和结果。

从行政区划内容来看，行政区划包括行政区划过程和行政区划结果。将一国地理区域划分成若干行政层级和行政区域的活动属于行政区划过程，通过行政区划过程划分出的行政层级和行政区域属于行政区划结果。行政区划过程和行政区划结果两者相互影响、相互作用。一般来说，行政区域是行政区划过程的结果，依据何种因素来展开行政区划的划分过程，直接影响到行政区域的设置和调整等行政区划结果。同时，行政区划的结果反过来也会作用于行政区划的过程，不合理的行政区划结果，会阻碍区域经济和社会发展的大局，催生出进一步变革行政区划过程的需求。

从行政区划的方向来看，行政区划也可以分为纵向的行政区划层级和横向的行政区域即行政区或者政区。从纵向的行政区划即行政层级来看，我国的行政区划经历了从早期的分封制到秦代的郡县制，再到郡县制框架基础上的不断调整和完善三个阶段。分封制是我国早期行政层级划分的做法。周天子为了更好地管理天下实行了分封制，分封后出现的诸侯国便是分封制这一行政区划过程的结果。“西周封建社会的基本特征是天子不直辖王畿以外的地方，而以国与家的分层封建的形态，由诸侯与大夫治理地方。诸侯对于天子的义务有三项，即朝觐、进贡与助征伐。”[①]但是，分封之后出现的诸侯权力扩大和周天子权势衰微的结果，与周代实行分封制的目的背道而驰，分封制不仅没有巩固和强化中央对地方的统治和管辖，反而使得地方诸侯国的权力日益强大，周天子沦为摆设，出现了后来延续多年的诸侯间的争霸战争。在诸侯争霸中取得最后胜利的秦始皇统一六国后，吸取了周代天子因分封导致中央权威衰败的教训，将分封制改为郡县制，从而确立了中央政府对地方的强势领导地位。自秦实行郡县制以后到清末，我国的行政区划层级大体经历了郡—县二级、州—郡—县三级、路—府（州）—县三级、道—府（州）—县三级、省—府（州）—县三级的历史变迁。民国时期我国的行政区划层级，虽名为省—市（县）二个层级，但在省和县之间还设有地区行政公署这一准行政区划。新中国成立

① 周振鹤.中国历史政治地理十六讲[M].北京:中华书局,2013:48.

后，一直处于自治状态的乡镇被正式纳入国家基层政权，加上地级市领导县体制的确立，我国行政区划层级由三级演化成四级，即省（自治区、直辖市）—地级市—县（区、自治县）—乡镇。截至2017年年底，我国共有34个省级行政区（23个省、4个直辖市、5个自治区、2个特别行政区）、334个地级行政区（294个地级市、7个地区、30个自治州、3个盟）、2 851个县级行政区（962个市辖区、363个县级市、1 355个县、117个自治县、49个旗、3个自治旗、1个特区、1个林区）、39 888个乡级行政区（2个区公所、8 241个街道、21 116个镇、9 392个乡、984个民族乡、152个苏木、1个民族苏木）①。横向的行政区域即行政区或政区，是指某一个具体行政区所管辖地域面积的大小。我国幅员辽阔，各地区自然地理条件、人口规模、经济发展、民族分布、宗教信仰等情况差异甚大，导致我国同一行政层级的行政区管辖的面积差异甚大。以省级行政区划为例，西藏自治区的面积约为122.84万平方公里，约占全国总面积的1/8；浙江省的面积约为10.55万平方公里，约占全国总面积的1.1%，是中国面积较小的省份之一。

行政区划的产生与存在，需要具备一定的条件。周振鹤教授区分了行政区划成立的必要条件和充分条件。他认为，行政区划产生的必要条件是必须有一定的地域范围，有一定数量的人口，存在一个行政机构；充分条件是这个行政区划一般都处于一定的层级之中，有相对明确的边界，有一个行政中心，有时有等第之别，也有立法机构②。从古至今，在我国正式行政区划之外，还存在部分准行政区划。这类区域虽不具备行政区划的充分条件和必要条件，但实际上却承担了一定辖区内的军事、政治、经济管理等职能，在讨论行政区划时对这些准行政区划进行研究很有必要和价值。在古代，准行政区划主要有监察、军事管理、重要经济物资运输、宗教事务和边疆与少数民族事务等区域类型。“其中有些区域本来或为临时性质，或为局部范围内施行的制度，或为其他职能性质的区域，但在实际

① 中华人民共和国民政部.中华人民共和国行政区划统计表.http://xzqh.mca.gov.cn/statistics/2017.html.

② 周振鹤.中国历史政治地理十六讲[M].北京:中华书局,2013:29.

上又兼有部分或全部的行政管理职能。这些区域包括监察区域、军事管制区、财政督理区、宗教事务区以及边疆特殊治理区域，少数民族地区的特殊治理区域，以及虚幻的行政区划。其中监察区域如两汉的州（东汉末年演变成行政区划）、唐前期的道；军事管制区如魏晋南北朝的都督区、北魏的镇戍、唐后期的方镇、明代的实土都司卫所及后期的总督巡抚辖区；财务督理区如北宋初期的路；宗教事务区如元朝的宣政院辖地；边疆与少数民族的特殊治理区域如汉晋时期的西域都护府、长史府，南北朝时期的左郡左县，唐宋时期的羁縻府州，元代以后的土司，明代的实土都司卫所，清代的将军辖区、办事大臣辖区等。”[①]

1949年新中国成立特别是改革开放以来，中央和地方各级政府设立了不少准行政区划，主要可以分为两类：一类是中央和地方各级政府设立的派出机构，比如作为省级政府派出机构的地区行政公署、作为县级政府派出机构的区公所[②]；另一类是国家批准设立的国家级新区管理委员会和地方各级政府设立的各种类型的经济技术开发区、高新技术产业开发区等产业园区管理委员会等。

二、行政区划的影响因素

行政区划设置的目的是为了更好地满足国家治理和经济社会发展的需要，治理绩效好、有利于经济社会发展的行政区划设置格局和改革模式会得以保留和延续；治理绩效一般、不利于经济社会发展的行政区划设置格局和改革模式会逐步被新的改革模式替换，形成新的行政区划设置格局。自古以来，行政区划对政治统治和国家治理的重要性一直受到统治阶层的重视。传说早在部落时代，大禹在继承尧的权威以后，为了更好地治理华夏大地，将原先设置的十二州（冀州、兖州、青州、徐州、荆州、扬州、豫州、梁州、雍州、并州、幽州、营州）改为九州（冀州、兖州、青州、徐州、扬州、荆州、豫州、梁州、雍州），这一做法足以看出行政区划的

① 周振鹤.中国历史政治地理十六讲[M].北京：中华书局，2013：32.

② 随着撤区并乡改革的实施，区公所被撤销。

重要性。

影响行政区划的因素很多，通过研究我国历代行政区划的变迁历史，复旦大学教授周振鹤先生概括了两个非常重要的行政区划划分原则，即按照自然地理走向划分行政区域的山川形便原则和按照维护中央统治权威要求划分行政区域的犬牙交错原则。同时，经济发展状况、历史文化传统、民族分布状况、宗教信仰情况、人口密度、不同地区人民的心理归属感等也是划分行政区域时要充分考虑的因素。

（一）维护国家统一和中央领导权威

周振鹤教授认为，“行政区划是中央与地方关系出现行政关系的产物。行政区划的出现体现了中央集权制国家中央政府与地方政府之间存在的行政管理关系，这是中央与地方关系中最重要的一个方面。”[①]我国是一个有着2 000多年中央集权传统的国度，如何协调好中央和地方的关系，防止地方政府因实力过于强大而产生对抗中央政府的分离倾向是国家政治生活中的大事。于是，维护国家统一和中央领导权威成为行政区划要考虑的首要因素，而犬牙交错原则也成为不同时期的统治阶层都较为重视的行政区划手段。“中国历代的统治者在进行行政区域划分时，都十分重视自然地理的因素。为了加强对地方的管理和统治，往往采取犬牙交错的划分方法，防止地方利用山川自然形势之便割据自立。”[②]

犬牙交错原则就是将某一个自然地理区域分成不同部分，分别归属于不同行政区管辖的行政区域划分原则。这一原则打破了行政区和自然区之间的重叠，导致的结果就是一个行政区域往往横跨几个自然地理区域，一个自然地理区域内存在若干个行政区域。例如，清代初年拆分江南省就是依据犬牙交错原则来实施的。江南省地域内有长江和淮河两大水系，但是清政府在拆分江南省时，并没有依据长江和淮河走向来进行，安徽和江苏

---

① 周振鹤.中国历史政治地理十六讲[M].北京：中华书局，2013：28.

② 周振超，林珂.省级政区调整之谜的文本分析——基于海南省、重庆市、“三峡省”的考察[M]//赵永茂，朱光磊，江大树，等.府际关系——新兴研究议题与治理策略.北京：社会科学文献出版社，2012：165.

两省都包含了长江和淮河流域的部分地区。江南省原为明朝的南直隶省，地域范围大致包括今天的江苏、安徽两省和上海市。1645年，清政府设立了江南承宣布政使司，江南承宣布政使司巡抚衙门设在江宁府（今江苏省南京市），后改江南承宣布政使司为江南省。与清朝初年的其他省份相比，江南省地域面积虽不大，但其财政实力非常雄厚，每年江南省上缴的赋税占到全国赋税总额的近三分之一。为防止江南省一省独大，清政府一直有拆分江南省的意图。公元1661年，清政府宣布将江南省一分为二，东部地区为江南右布政使司，江南右布政使司巡抚衙门设在苏州府（今江苏省苏州市）；西部地区为江南左布政使司，江南左布政使司巡抚衙门设在江宁府（今江苏省南京市）。公元1667年，清政府又将江南右布政使司改为江苏布政使司，江南左布政使司改为安徽布政使司。其中，"江苏"取"江宁""苏州"二府首字而来，而"安徽"则取"安庆""徽州"二府首字而来。公元1760年，改南京为江苏省省会，改安庆为安徽省省会。至此，江苏、安徽两省行政区划大体成型。江南省横跨长江和淮河两大水系，出于自然地理状况、区域文化认同等因素的考虑，江南省最理想的划分方案是沿长江或者淮河走向进行划分，而实际划分的结果是安徽和江苏两省都横跨长江和淮河两大水系，形成犬牙交错态势，治理难度明显要大于沿自然水系划分的结果。

按照犬牙交错原则来划分行政区域的做法主要体现在省级行政区划设置和变革上，除了清代江南省被分为共同跨越长江和淮河的安徽、江苏两省外，还有许多相似的行政区划设置。例如，太湖流域分属江苏省和浙江省；河南省虽名为黄河之南，但是河南省有很多地理区域在黄河之北。秦岭之南的汉中盆地不属于地理条件更接近的四川省，而属于陕西省，主要是元代从政治和军事安全角度考虑而进行的行政区划调整。秦岭自古以来是不同行政区域之间的天然界限，大致维持了1 500年。秦朝，秦岭是都城咸阳所在的内史和汉中郡的分界线。东汉末年之后的三国时代，秦岭成为曹魏和蜀汉之间的分界线。在南北朝、五代十国时期，秦岭成为前蜀、后蜀与北方政权的天然界线。到宋代时，秦岭又成为南宋与金国之间的分界线。直到元代，秦岭作为行政区划天然分界线的历史终结。元朝统治四川之后，元代统治者出于军事和政治安全的考虑，将汉中盆地的兴元路划归了陕西省。从此，汉中盆地和关中盆地就一直处于同一行政区，直到明清时代继续维持。在南宋与金对峙和后来的南宋与元战争中，秦岭及四川盆地一直是南宋军队凭借有利地形长期坚守和防御的战略要地。将秦岭以南的汉中划归陕西，就使四川失去了北方的天然屏障，不易形成一个完整的割据区。当政治中心在北方时，有利于北方对秦岭南部“天下为乱蜀先乱”的四川盆地的控制①。

作为单一制国家，我国的行政区划很大程度上是为巩固中央集权制国家行政管理体制的需要而设置的，有利于中央政治统治的需要是行政区划的首要考虑因素。但在另一方面，农业经济的发展又是维持封建政权统治的基础，政区边界的划定也要注意使政区与地理环境相一致。在这两种思想的指导下，就出现了犬牙交错和山川形便两条相互对立的划界原则。在中国历史上，这两条原则是同时并用的，但越到后来，犬牙交错原则越占上风，这一点反映了中央对地方控制愈来愈紧，中央集权程度愈来愈加强的客观事实②。

（二）地理环境和山川走向

“行政区是在地理环境的背景上所划定的政治空间，因此在人为的政区与天然的地理环境之间就存在契合与否的问题。地理环境是由地貌、气候、水文、土壤和生活于其中的植物、动物等因素组成的复杂的物质体系。”③顺应地理环境来划分行政区划的原则要求在行政区划设置和调整时，行政区要以天然形成的山川河流为边界，使得一定行政区域和一定自然地理区域相一致即行政区和自然地理区相互契合，这也就是周振鹤先生所提出的山川形便原则。

由于古代的交通和通信较为落后，依据山川河流走向设置和调整行政

① 冯俏彬，安森东，等.新型城镇化进程中的行政层级与行政区划改革研究[M].北京：商务印书馆，2015：14-15.

② 周振鹤.中国历代行政区划的变迁[M].北京：中国国际广播出版社，2010：87.

③ 周振鹤.中国历史政治地理十六讲[M].北京：中华书局，2013：73.

区划，便于行政长官对于管辖区域内的经济和社会事务进行有效的管理和控制。同时，我国传统上是农业大国的现实，也要求依据农业生产和自然地域的气候条件之间的内在关联进行行政区划设置和调整。例如“橘生淮南则为橘，橘生淮北则为枳”，使得我国古代行政区划设置基本上同一个行政区域不跨越淮河一线。“中国自古以农立国，对于地理环境的地域差异有很深刻的认识，因此在划分行政区域时就注意到尽量使之与地理环境相一致，以有利于农业经济的发展，维护王朝的稳定。但是随着中央集权的逐步强化，政治因素的作用越来越大，行政区划的地理环境的一致性就越来越差，尤其是高层政区在古代中国社会的后期已和地理环境有相当大程度的背离。”①

山川形便的原则是最自然最直观的原则，所谓“州郡有时而更，山川千古不易”，正是表明了山川对于政区的重要标志作用。尤其在高山大川两边的地域，往往具有不同的地貌、气候和土壤，形成不同类型的农业区，也形成不同的风俗习惯。古人早已注意到这个问题，《礼记·王制》中说：“广谷大川异制，民生其间者异俗。”因此，采用山川形便的原则意味着政区的划分是在物质文化与精神文化同一化的基础上进行的。高山大川除了造成地域上的差异外，在交通工具不发达的古代，又成为文化传播的天然障碍，因此以山川为界来划分政区是世界各文明古国的通行原则。在近代形成的移民国家，如美国、加拿大和澳大利亚，才不顾山川之隔而以经纬度作为划分州界、县界的依据，使得大部分州界都是横平竖直的几何线条。但即使如此，以山川为界的原则依然没有完全丢弃，美国东部十三州的界限就是明证②。

我国早在春秋战国时期，各诸侯国之间就是以山川为界。秦统一六国后采用郡县制，各郡之间也基本上以高山大川或大江大河为界，这可从秦朝设置的36郡中部分郡的名称上看出。例如，河东、辽西、辽东等。唐代出现的地方行政层级——道和宋代出现的地方行政层级——路更是山川形便原则的直接运用。元代出现的行省制度经历明清两代后基本稳固成今

① 周振鹤.中国历史政治地理十六讲[M].北京：中华书局，2013：73.

② 周振鹤.中国历代行政区划的变迁[M].北京：中国国际广播出版社，2010：88.

天的省份格局，河南河北、湖南湖北等省份的设置就是以山河为界来划分行政区划的很好例证，如山西省与河北省以太行山为界，河南省与河北省以黄河为界，湖南省与湖北省以洞庭湖为界。

伴随工业化和城市化进程的加速，乡村人口大量向城市迁移，农业生产在国民经济中开始退居次要地位，农业生产在行政区划中的重要性大大减弱。同时，随着交通基础设施和通信条件的大幅改善，交通和通信状况给政府对行政区域内的管理和控制带来的影响大幅降低，加之中央政府对地方政府控制能力的强化，山川形便原则在行政区划中的重要性日渐弱化。

（三）历史文化传统和地域认同感

行政区划除了受到为维护中央集权统治而出现的犬牙交错原则和依山川河流自然走向的山川形便原则影响之外，还受到不同地区的不同历史文化传统、语言习惯、特定地区人民的心理归属感和对特定地域的认同感等因素的影响。

历史文化传统、语言和习俗虽然属于文化范畴，但特定的文化传统、语言和习俗在其生成、演化过程中，与特定的地域产生了密不可分的内在联系，生活在这一地域内的居民与该地域内的文化、语言、习俗等形成了有机联系的整体，不会也不能轻易地分隔开。具有相同历史文化传统、语言和习俗的居民，对于自身所属的特定的地域共同体具有强烈的心理认同感和归属感，在行政区划设置和调整时，倾向于将其划入相同的行政区。依据这一原则，在行政区划的设置、调整和变革时，应尽可能做到将具有相同或相似的历史文化传统、语言和习俗的地区划入同一行政区内，将具有相同心理归属感和认同感的居民划入同一行政区内。例如，将原本长期属于A地区的B地划入C地区之后，B地的居民从行政区划上来说已经完全变成C地区的居民了。但是由于长期生活在A地区，B地的居民已经习惯了自己的身份定位、文化认同、语言习惯、生活习俗等，就算身份证和户口本等外在身份信息已经发生变更，但是B地居民内心依然把自己当作A地区的人，要想让原本属于A地区的B地居民真正融入C地区难度很大，需要经历长时期的文化上的磨合和心理上的调适过程。因此，我们在行政区划的设置、调整和变革时，对于有很强地域观念认同和文化归属感的地区，不要轻易变更其上级行政区划归属，更不要轻易调整一个地域认同和文化认同高度契合的地区，否则这一地区的文化认同会因为行政区划调整而发生人为的断裂。

我国自古以来的行政区划设置，既有在尊重历史文化传统、语言、习俗、地域归属感和心理认同感等因素的基础上进行行政区划的合理的做法，也有违背地域认同和无视文化差异的不合理的做法。例如，中华民国时期将徽文化的重要发源地之一的婺源从安徽省划归江西省管辖，2015年安徽省枞阳县从安庆市划归铜陵市管辖等。历史上属于徽州的婺源是徽文化的重要发源地之一，在近代从安徽省划归江西省管辖，1947年8月婺源回皖运动成功后，回归安徽省管辖，后又因为解放战争期间军事管制问题重新划归江西省管辖至今，这种行政区划的不停变动不能不说是历史的遗憾。2015年，为了扩大安徽省铜陵市的发展空间，经国务院批准，将安徽省安庆市的枞阳县划归铜陵市管辖。从历史认同和文化渊源上来说，枞阳县作为桐城派故里，与安庆市的历史和文化传承密不可分，归属铜陵市管辖对枞阳县的人民来说可能没有太多的归属感和认同感。

时至今日，我国很多行政区划，从名称上就能看出其历史文化归属和地区认同。以安徽省为例，安徽省于清朝初期成立，各取安庆府和徽州府首字而来。经过多年的演变，安庆府的行政区划变化不大，但是徽州府的行政区划变动较大。徽州，简称“徽”，古称新安、歙州。古徽州地区设一府（州）六县，即歙县、休宁、婺源、祁门、黟县、绩溪，府治在歙县。经过几次调整，徽文化核心区被人为分割成几个部分，除1987年为响应中央打好黄山牌以发展旅游业的号召，将徽州地区改为黄山市外，原徽州府下辖的歙县、休宁、婺源、祁门、黟县、绩溪6县现在分属于两省三个地级市管辖，歙县、黟县、休宁、祁门4县归属现在的安徽省黄山市管辖，绩溪县归属安徽省宣城市管辖，婺源县归属江西省上饶市管辖。

从徽州地区行政区划变革的历史可以看出，如果仅从历史文化传统和地域认同感因素出发，一个具有强烈的历史认同和文化归属的地域没有被整合进同一个行政区域内，不能不说是我国行政区划变迁史上的遗憾。

目前，虽然重新恢复古徽州一府六县为同一个行政区划的可能性已经很小，但学术界对于重新恢复地级市徽州称谓的呼声一直在持续，特别是湖北省襄樊市申请更名为襄阳市成功后，这种呼声更加高涨。

（四）民族分布和宗教信仰状况

当今世界，一个国家通常包含多个民族。民族是人类在长期的发展过程中逐渐形成的具有稳定性的共同体，同一个民族在一国内部的分布有较为明显的地域特征。“为了适应环境而生存，居于该环境中的人群创造了一套特殊的生产方式、生活方式、社会组织方式，以及语言交流和精神活动方式，从而形成了自己的文化。经历岁月和时间的沉淀，共同的经历和渐次传承与积淀的文化又成为一种强有力的纽带，将这个人群紧密地联系在一起，使其成为一个深厚而紧密的共同体。这种稳定的人群共同体就是所谓的‘民族’”[①]。同一个民族的成员往往具有相同或相似的宗教信仰、民族意识、民族感情和民族认同感，一般较为集中居住于特定的地域。民族问题和宗教信仰问题，是国家政治生活和行政管理活动中的大事，处理的如何直接关系到国家经济社会发展和政治稳定的大局。我们在进行行政区划设置和变动时，要充分考虑某一地区居民的民族和宗教信仰情况，尽可能将同一民族和具有相同或相似宗教信仰的居民划入同一行政区域内。例如，我国按照少数民族集中居住在一定地区及其宗教信仰相同的实际情况，分别设立了内蒙古自治区、宁夏回族自治区、广西壮族自治区、新疆维吾尔自治区、西藏自治区等五个省级行政区。同时，在一些省份内部少数民族人口集中的地区设立了自治州、自治县。例如，我国在四川省、甘肃省和青海省内设立了几个藏族自治州。自治州在行政级别上等同于地级市。例如，新疆的伊犁哈萨克自治州，地处新疆维吾尔自治区西部天山北部的伊犁河谷内，西邻中亚国家哈萨克斯坦，中国陆路最大的通商口岸霍尔果斯口岸位于伊犁州境内西部，地理位置非常特殊。伊犁州成立于1954年，是全国唯一的既辖地级行政区、又辖县级行政区的自治州，也是全国唯一的副省级自治州。自治区、自治州和自治县等少数民族自治地区，享

① 周平．论民族的两种基本类型[J]．云南行政学院学报，2010，12(1)：4.

有宪法、民族区域自治法和其他法律规定的民族自治权，在国家的统一领导下，自己当家做主，管理本民族内部地方事务。

(五)国家或区域经济社会发展需要

单一制国家的行政区划虽然要将维护中央集权作为首要考虑因素，但是也要重视怎样通过合理的行政区划设置来推动国家和地区的经济社会发展。没有充分的经济社会发展，政权统治的合法性和合理性必将难以持续。随着行政区划在政治统治中的重要性逐渐下降，现在的行政区划在很大程度上已经从一个制约地方、防止地方对抗中央的有效手段变成如何推动和促进区域经济协调发展和社会进步的重要制度变革工具。改革开放以来，中央政府出于推动部分地区和区域经济社会协同发展的考虑，对我国部分省级和地级市行政区划进行了调整，设立了省、地级市级别的行政区和国家级新区。这些行政区划设置的实例主要有：1979年设立深圳市①，1988年设置海南省，1992年设立浦东新区，1997年设立重庆直辖市，2009年设立天津滨海新区，2010年设立重庆两江新区，2011年撤销地级巢湖市，2017年设立河北雄安新区等。

由于行政区划将一国或地区完整的地理空间划分成层级不同、幅员不同的若干行政区，对生产要素的跨行政区流动产生很大的影响，行政区的边界对本地区的经济发展产生严格的刚性约束，产生了“行政区经济”现象。行政区经济理论是华东师范大学刘君德先生最早提出来的。“什么是行政区经济？如何清晰、简明地表述行政区经济的概念和理论思想是一个难题，我们从大量的行政区经济表象之中抽象出其中的精华，将其表述为‘所谓行政区经济，是指由于行政区划对区域经济的刚性约束而产生的一种特殊的区域经济现象’。行政区经济的特质归纳为以下五大表现：第一，企业竞争中渗透着强烈的地方政府经济行为；第二，生产要素跨行政区流动受阻；第三，行政区经济呈稳态结构；第四，行政中心与经济中心的高

① 1979年3月，国务院和广东省决定把宝安县改为深圳市，受广东省和惠阳地区双重领导；1979年11月，中共广东省委决定将深圳市改为地区一级的省辖市；1980年8月26日，全国人大常委会批准在深圳设立经济特区；1981年3月，深圳市升格为副省级市。

度一致性；第五，行政区边界经济的衰竭性。”[①]当前，多数学者认为在市场经济条件下，行政区对经济活动的刚性制约不利于区域经济一体化进程的推进，主张强化“区域经济”，建立区域经济协调组织，进行必要的行政区划的调整。如刘君德建议“在科学划分经济区的基础上，尽快编制跨行政区的区域规划，统筹行政区之间的利益关系，建立具有协调功能和相应职权的跨区域协调、仲裁机构，解决区际经济关系协调中的体制与机制问题”，同时，“在确保稳定的前提下，适度、合理地调整行政区划，优化权力空间配置，改革、完善政区体制”[②]。

对既有的行政区划格局进行适时适度的微调来促进全国或者某一地区的经济社会发展，已经成为现代国家行政区划设置和变动时要考虑的重要因素之一。在市场化程度较低的地区，破除行政区划设置对生产要素跨行政区流动和区域经济协调发展阻碍的行之有效的方法，就是按照区域经济协调发展的趋势和需要进行必要的行政区划或准行政区划调整。例如，1997年四川省重庆市成为直辖市，2011年安徽省地级巢湖市被撤销，分别被划入合肥、芜湖、马鞍山三个地级市，以及2017年4月1日雄安新区的设立等，都是从更好地促进全国或者部分地区经济社会发展的角度做出的重大行政区划或准行政区划调整。

时任国务委员李贵鲜同志在《关于提请审议设立重庆直辖市的议案的说明》（1997年3月）中指出，设立重庆直辖市是国家为加快中西部地区经济和社会发展所采取的一项重要举措，主要基于以下几个方面的原因：第一，重庆是长江上游最大的城市，成立直辖市可以充分发挥其作为特大经济中心城市的作用，带动川东地区以至西南地区和长江上游地区的经济、社会发展。重庆市与西南各省和长江上游地区有着密切的联系。以重庆市为中心，川、黔、滇三省部分地、市参加的重庆经济协作区多年来的工作，促进了这个地区的经济发展和商品流通。设立重庆直辖市，有利于进一步发挥它的区位优势、“龙头”作用、“窗口”作用和辐射作用。第二，有利于加快四川省经济和社会发展的步伐。四川省由于所辖人口过多

① 刘君德，林拓．中国行政区经济与行政区划：理论与实践[M]．南京：东南大学出版社，2015：3–4.

② 刘君德．中国转型期凸现的“行政区经济”现象分析[J]．理论前沿，2004(10)：22.

和行政区域过大，给行政管理和经济、社会发展带来一定的困难。设立重庆直辖市，有利于四川省集中精力抓好其他地区，特别是西部少数民族地区的经济和社会发展工作。第三，有利于三峡工程的建设和库区移民的统一规划、安排、管理。直辖前的重庆市和万县市、涪陵市的移民任务，占三峡库区的2/3以上。设立重庆直辖市，将移民工作统一管起来，有利于国家对三峡库区开发性移民政策的落实、资金的统筹安排和管理，有利于把移民工作做得更好，促进三峡工程建设。

地级巢湖市在地理区位上位于综合经济实力居安徽省前列的合肥市、芜湖市和马鞍山市之间。地级巢湖市行政区划的存在，使得合肥、芜湖和马鞍山三地之间在产业分工协作与区域协同发展上存在一定的空间障碍，如果能对巢湖市的行政区划做出合理适当的调整，对于促进合肥市、芜湖市和马鞍山市三地更好的发展以及构建以省会合肥为核心的合肥都市圈非常有利。2011年8月，国务院批复了安徽省撤销地级巢湖市的行政区划调整方案，本次行政区划调整的内容为：（一）撤销地级巢湖市。（二）撤销原地级巢湖市居巢区，设立县级巢湖市。以原地级巢湖市居巢区的行政区域作为新设的县级巢湖市的行政区域。新设的县级巢湖市由安徽省直辖，合肥市代管。（三）庐江县划归合肥市管辖。（四）无为县划归芜湖市管辖，和县沈巷镇划归芜湖市鸠江区管辖。（五）含山县、和县（不含沈巷镇）划归马鞍山市管辖。此次行政区划调整后，合肥市辖4区（瑶海区、庐阳区、蜀山区、包河区）、1市（县级巢湖市）、4县（长丰县、肥东县、肥西县、庐江县）；马鞍山市辖3区（花山区、雨山区、金家庄区）、3县（含山县、和县、当涂县）；芜湖市辖4区（镜湖区、弋江区、鸠江区、三山区）、4县（无为县、芜湖县、繁昌县、南陵县）。通过这样的行政区划调整，合肥、芜湖和马鞍山三地在空间区域上完全对接，为合肥都市圈的发展奠定了坚实基础。

此外，新中国成立后，为了推动我国中西部矿产资源较为丰富地区的经济社会发展，国家依托国家大型工业项目和工业基地的建设，设置了一批地级市行政区划。例如，四川的攀枝花市，贵州的六盘水市，黑龙江的大庆市，安徽的铜陵市、马鞍山市、淮南市和淮北市。

（六）特定政治安排需要

行政区划作为中央政府维系国家统一和领土完整的行政手段，一些行政区域的设置完全出于政治安全角度的考虑。最具有代表性的就是河北、北京、天津行政区划设置的变动以及香港、澳门特别行政区的设立。

北京市、天津市和河北省同属华北平原，从地理位置上来看，北京市和天津市被河北省环抱，在北京市和天津市之间还存在一块隶属于河北省的飞地，分别是河北省廊坊市的香河县、大厂回族自治县和三河市（县级）。当前，党中央和国务院正在大力推进的京津冀地区协同发展战略，很大程度上就是源于北京市、天津市和河北省现有的行政区划设置格局对区域经济发展造成的不利影响。京津冀地区现有的行政区划设置格局，在很大程度上是出于特定政治需要而做出的安排。北京市地处河北省腹地，是元、明、清三朝的都城所在地。天津市地处海河五大支流交汇处，东临渤海，历来是兵家必争之地，是北京市的门户，历史上因在此筑城设卫，天津又被称为天津卫。新中国成立后，天津市经历了从直辖市到河北省省辖市的转变，后因天津处于北京的海上门户的特殊地理位置，1967年1月天津市又恢复为直辖市建制。

为了解决祖国统一中遇到的社会制度、法律制度和行政管理权限等问题，中央政府在香港和澳门回归祖国后分别设立了香港特别行政区和澳门特别行政区两个特殊行政区划。港澳两个特别行政区在行政区划级别上是省级行政区，但其政府拥有的权限远远超过省级政府，除了国防和外交权限由中央政府行使外，特别行政区当局拥有高度的立法权、行政管理权和独立的司法终审权。

（七）行政区划设置的稳定性

行政区划是中央政府依据一定原则对国家地理疆域的划分，既有的行政区划设置格局是历经多年变革和调整后的历史沉淀，具有一定的合理性。过于频繁的行政区划调整和变革不利于政府行政职能的发挥和地方经济的发展，在行政区划改革上要尽可能保持既有行政区划格局的稳定，特别是省一级行政区划和县级基层行政区划的变动应非常慎重，非因重大政治安排和经济发展需要，不宜进行大幅度的和过于频繁的调整。一些研究指出，中国现行省域划分的原则肇始于元代，元代统治者吸取汉唐以来地方割据势力凭险对抗中央政权的教训，突破按山川地形划分政区的传统原则，从军事目的出发重新设计行政区，建立“行省制”[①]。当前，基于这样原则的省区划分是造成经济区域分隔的重要原因。府际关系的研究表明，一级行政区划分更具有政治意义，第二级以下行政区划分则主要具有行政管理意义，不能轻易变动。同时，一些学者以幅员同中国大体相当的美国设立了50个一级行政区作为参照，认为中国的省级行政区应该由现有的34个扩容到50个。这种观点有不顾中国国情和历史传统而生搬硬套和以偏概全之嫌，对两国国家结构、政府体制以及历史传统的重大差异重视不够，而这些都是决定一国一级行政区设置的重要因素。另外，国土面积与人口世界排名前十位的国家，一级行政区数量差别很大，“50”个并不是什么“定律”[②]。

虽然行政区划设置和变革要考虑的因素很多，但不同时期和不同阶段的行政区划设置一般都存在一定的主导因素。通过对新中国成立以来我国行政区划变迁过程的分析，可以发现我国行政区划的主导因素经历了从新中国成立初期的维护中央政府权威、巩固中央统治，到改革开放以后主要通过变革行政区划以达到推动城镇化战略有效实施、实现城乡和区域协调发展等目标的转变。

第二节　新中国成立以来我国地方行政区划的历史沿革

新中国成立以来，我国的行政区划在沿袭既有行政区划设置格局的基

① 马述林.论省级行政区划体制改革[J].战略与管理，1996(5):11.

② 周振超，林珂.省级政区调整之谜的文本分析——基于海南省、重庆市、“三峡省”的考察[M]//赵永茂，朱光磊，江大树，等.府际关系——新兴研究议题与治理策略.北京:社会科学文献出版社，2012:81.

础上，处于不断变革当中，经过多年演变，形成了现在的省、自治区、直辖市—地级市、自治州、盟—县、县级市、区、旗、自治县—乡镇四级行政区划格局。

通过对新中国成立以来我国行政区划变迁过程的分析和研究，可以发现我国行政区划变动中一些有益的做法以及存在的不足，为以后我国行政区划改革积累丰富的实践经验。依据新中国成立以来行政区划的历程，可以将新中国成立以来我国行政区划沿革分为以下四个阶段：新中国成立初期行政区划设置的探索阶段、1954年9月到1966年“文化大革命”（以下简称“文革”）前的行政区划格局大体确立阶段、1966年至1976年“文革”期间的曲折阶段和1976年以后的恢复发展阶段。

一、新中国成立初期行政区划设置的探索阶段：从新中国成立到1954年的六大行政区时代

新中国成立初期行政区划设置的探索阶段是从新中国成立开始，到1954年六大行政区被撤销为止。这段时期处于解放战争的收尾阶段以及国民经济恢复时期，中央对全国的管理和控制能力较弱，如何通过合理的行政区划设置和变革来确保中央对地方的有效管控，成为新中国成立初期行政区划改革要考虑的首要因素。为此，这一阶段我国的行政区划设置主要沿袭新中国成立前行政区划设置的基本格局，在此基础上，进行积极的探索和尝试，带有很强的过渡性质。

新中国成立后，为了更好地加强对地方，特别是在解放战争后期才被解放的长江以南、西南、西北等广大地区的控制和管理，确保新生人民政权的稳固，同时也为了更好地开展地方的行政管理工作，中央先后在全国设立了东北、华北、西北、华东、西南、中南六大行政区和一个中央直属单位，实行党政军一体化管理，每个大区分别管辖若干个省级行政区，这就是新中国成立初期的六大行政区时代。

大行政区作为一级行政区划，其最高机关是大行政区人民政府或军政委员会，其中东北大区和华北大区设立大区人民政府，西北、华东、中南

和西南四个大区设立大区军政委员会。各大行政区的人民政府或军政委员会下设委、部、会、署、行、局、处等机构，其中，华北大区因其地理位置特殊，首都坐落在大区管辖区域内，华北大区的行政管理实际上一直由中央政府直接负责。1950年9月8日，中央人民政府增设了中央人民政府华北事务部，1951年12月28日，中央人民政府设立了政务院华北行政委员会，代行华北大区一级地方政府的工作职权。

大行政区军政委员会或人民政府作为一级地方行政区划的政权机关，根据中央人民政府统一的政策、法令行使下列职权：一是对所属各省市转发政务院的决议和命令，同时在其职权范围内颁发决议和命令，并审查其执行。二是拟定与地方政务有关之暂行法令条例，报告政务院批准或备案。三是提请政务院批准任免或依法任免除大行政区主席、副主席、委员和主要行政人员以外的工作人员。四是在整个国家概算或预算规定范围内，编制各大行政区的概算或预算报请中央核准；并审核所属各省市县的预算、决算转报中央核准。五是联系、统一并指导所属各委、部、会、署、行、局、处的相互关系，内部组织和一般工作。六是领导所属各省市县地方人民政府的工作。七是指导中央人民政府直接领导的各部门在本地区设立的机构，如邮电、铁路、航空、银行、海关及其他划归中央经营之企业。八是指导人民革命军事委员会设在本地区的军事机构[①]。

大行政区作为新中国成立初期中央为加强对地方领导和控制而设置的行政区划，其存在的时间较短，在短短几年内就经历了从最高一级地方行政区到中央人民政府的派出机构再到被撤销的过程。六大行政区的设立对于新中国成立初期我国地方行政区的行政管理和政权稳固起到了很大的作用，尤其是像西南、中南等地区。大行政区军政委员会的设立有力地弥补了因中央政府直接管理难度较大而造成的困境，对新中国成立初期国民经济的快速恢复贡献较大。但是，伴随着解放战争、剿匪工作的结束和1953年后国民经济的逐步恢复，中央—大行政区—省的行政区划管理体制的弊端逐渐显露出来。中央和省级行政区之间的联系被大行政区隔断，大行政区政府或军政委员会的机构设置和中央人民政府委员会政务院的机构设置

① 王树林.新中国大行政区军政委员会的缘起与演变[J].中共党史研究,2010(6):50-51.

雷同造成的行政人员编制过多、机构臃肿问题突出，大行政区这一层级的行政区划改革要求非常迫切。1952年，为了更好地加强中央人民政府对地方的统一领导，同时也是为了更好地推进国民经济恢复和发展的需要，中央人民政府决定将六个大行政区改为行政委员会，大行政区不再是最高的一级地方行政区，仅作为中央人民政府的代表机关，负责领导和监督地方政府。至此，六大行政区作为一级行政区划的历史逐步终结，中央人民政府直接领导省级行政区的体制得以恢复。1954年10月，中央人民政府决定撤销六大行政区的建制，大行政区时代就此结束。

在此阶段，省一级的行政区域变化也较多，总的趋势是省级行政区划数量由多变少，省级行政区管辖区域由小变大。新中国成立初，将原有省级行政区划设置的36个省、1个地方调整为30个省（含台湾）、1个地方（西藏）、1个地区（昌都）、1个省级自治区（内蒙古）、12个直辖市以及5个行署区（旅大、皖南、皖北、苏南和苏北）。不久将四川省分设为川南、川北、川东、川西共4个行署区，各设行政公署，相当于省级人民政府。同时，将旅大行署区撤销，改为直辖市。1952年至1954年6月，为了与改变大行政区机构性质、最后撤销大行政区建制相适应，中央先后合并了一些省、市，减少了一些由中央直接领导的行政单位。例如，1952年撤销了8个行署区，重设了江苏、安徽和四川三省；撤销平原、察哈尔两省，并将其行政区域分别划归他省；1954年6月，将辽西、辽东两省合并为辽宁省；将松江、黑龙江两省合并为黑龙江省；将宁夏、甘肃两省合并为甘肃省；将北京、天津、上海以外的11个直辖市改为省辖市。1954年6月，为贯彻民族平等原则，中央决定撤销绥远省，并将其并入内蒙古自治区。到1954年底，我国省级行政区域有26个省、1个自治区、3个直辖市、1个地方、1个地区①。

① 浦兴祖.当代中国政治制度[M].上海：复旦大学出版社，1999：42.

二、行政区划格局基本确立阶段：1954年9月到1966年“文革”前

1954年9月到1966年“文革”前这段时期，是我国行政区划格局基本确立的阶段。这一时期，通过的宪法确立了我国行政区划的基本格局，党中央和国务院对地级市领导县体制进行了初步的探索，同时中央还对部分省级行政区划进行了适当调整。

第一，1954年宪法确立了我国行政区划的基本格局。1954年9月，第一届全国人民代表大会第一次会议在北京胜利召开，会议通过了新中国第一部宪法，即1954年宪法。依据1954年宪法第五十三条的规定，我国的行政区划划分如下：“（1）全国分为省、自治区、直辖市；（2）省、自治区分为自治州、县、自治县、市；（3）县、自治县分为乡、民族乡、镇。直辖市和较大的市分为区，自治州分为县、自治县、市。自治区、自治州、自治县都是民族自治地方。”这一规定的出台，正式解决了新中国成立以来很长一段时间没有正式法律规定作为行政区划设置和变动依据的问题，从此以后，我国的行政区划大体格局基本确定下来。其后，虽经过“文革”期间和改革开放以后的行政区划变革，但新中国行政区划的基本格局一直没有发生大的变化。

第二，地级市领导县体制的初步探索。这一时期，在省、市、县的关系上，中央进行了初步的改革探索，在省管县的大格局下推动了部分地区进行地级市领导县改革的尝试。依据1954年宪法的规定，我国实行的是省直接领导县的体制。随着直辖市和部分大城市城区规模的不断扩大，从1959年开始，中央决定在我国的部分地区，主要是在直辖市和大城市开始尝试市领导县体制改革试点。1959年9月17日，第二届全国人民代表大会常务委员会第九次会议通过了《全国人民代表大会常务委员会关于直辖市和较大的市可以领导县、自治县的决定》（以下简称《决定》）。该《决定》指出，为了适应我国社会主义建设事业的迅速发展，特别是1958年以来工农业生产的大跃进和农村的人民公社化，密切城市和农村的经济关

系，促进工农业的相互支援，便利劳动力的调配，决定直辖市和较大的市可以领导县、自治县。这一规定可以看作是我国现在实行的地级市领导县体制的最早的探索。

第三，对部分省级行政区划进行合并重组。1955年3月，成立西藏自治区筹备委员会，将昌都地区划归其管辖；7月30日，第一届全国人大二次会议通过决议撤销了西康省和热河省的行政建制，将前者辖区并入四川省，将后者辖区分别并入河北省、辽宁省和内蒙古自治区。1955年10月1日，新疆省行政建制被撤销，成立新疆维吾尔自治区，并以原新疆省的行政区域为新疆维吾尔自治区的行政区域。至此，全国分为23个省、2个自治区、3个直辖市、1个筹备委员会。1965年9月9日，西藏自治区正式成立；1965年10月12日，广西僮族自治区更名为广西壮族自治区。经过对部分省级行政区划的合并重组，至1966年“文革”前夕，我国的省级行政区域共有29个，包括22个省、5个自治区和2个直辖市。

三、“文革”时期的行政区划经历曲折阶段：1966年到1976年

1966年至1976年我国的行政区划设置经历了一定程度的变革，这一时期行政区划的主要变动情况如下。

第一，天津恢复直辖市地位。天津市在新中国成立初期属于直辖市，1958年2月，国务院决定将天津市由直辖市降格为河北省省辖市；1967年1月2日，中共中央又决定，将河北省天津市重新升格为中央直辖市。截至1967年，全国分为22省、5自治区、3直辖市，共计28个省级行政区域。

第二，地区作为省级政府的派出机构由虚变实，变成一级行政区划。1975年，根据修改后的宪法，原作为省、自治区政府派出机关——专员公署所辖的专区，改为由一级政权机关——人民代表大会和革命委员会所管辖的一级地方行政区域，成为“地区”[①]。

① 浦兴祖.当代中国政治制度[M].上海：复旦大学出版社，1999：43.

四、行政区划的恢复和发展阶段：1976年至今

1976年“文革”结束以后，经过一段时期的拨乱反正，我国行政管理活动基本上恢复正常，行政区划工作开始重新步入正轨。这一时期的行政区划设置和变动情况主要有：1982年宪法重新确立了我国行政区划的基本格局；设立特别行政区；地级市领导县体制正式确立；对行政区划改革，尤其是省、地级市和县之间的关系变革进行不断创新和尝试。

第一，1982年宪法对我国原有行政区划格局的重新确立。1954年宪法对我国行政区划的基本格局进行了规定，奠定了我国行政区划的基本格局。但是“文革”期间这部宪法被废止，1975年宪法和1978年宪法因为种种原因也没有对我国的行政区划格局进行合法或者合理的规定，行政区划缺乏法律依据的问题迫切需要解决。1982年12月4日，第五届全国人民代表大会第五次会议通过的宪法即1982年宪法对我国的行政区域格局进行了重新确立。依据1982年宪法第三十条的规定，中华人民共和国的行政区域划分如下：（一）全国分为省、自治区、直辖市；（二）省、自治区分为自治州、县、自治县、市；（三）县、自治县分为乡、民族乡、镇。直辖市和较大的市分为区、县。自治州分为县、自治县、市。自治区、自治州、自治县都是民族自治地方。同时，第三十一条还规定了国家在必要时可以设立特别行政区。在特别行政区内实行的制度按照具体情况由全国人民代表大会以法律规定。自此，我国行政区划格局得以重新确立。

第二，增设了4个省级行政区划。1978年以后，我国的省级行政区划增设了4个，分别是海南省、重庆直辖市、香港特别行政区和澳门特别行政区。同时，内蒙古自治区恢复了1969年7月份之前的行政区域。

为了更好地加快海南岛对外开放步伐，促进海南全岛经济社会快速发展，1988年4月13日，国务院决定撤销海南行政区，设立海南省。

为了促进长江上游经济和社会更好更快发展，1997年3月14日，国务院决定将四川省重庆市升格为中央直辖市，设立重庆直辖市，管辖原四川省重庆市、万县市、涪陵市和黔江地区所辖行政区域。

按照“一国两制”的科学构想，香港和澳门在回归祖国后将设立特别行政区，各自保持现行的社会制度和生活方式50年不变。1997年7月1日，我国对香港恢复行使主权，设立香港特别行政区。1999年12月20日，我国恢复对澳门行使主权，设立澳门特别行政区。自1999年12月20日澳门主权移交为止，我国的省级行政区域共计34个，包括23个省、5个自治区、4个直辖市、2个特别行政区，之后数量一直稳定不变。

1969年7月5日，中共中央决定将内蒙古自治区的部分区域划归吉林、辽宁、黑龙江、宁夏和甘肃五个省级政区。为了尊重少数民族集中居住的特点，1979年5月30日，经中共中央、国务院批准，恢复了内蒙古自治区在1967年7月以前的行政区域。

第三，地级市领导县体制的正式确立。1975年宪法确定的省—地区—县的体制，在实际运行很短时间后就被1978年宪法否定。之后的1982年宪法明确规定省、自治区分为自治州、县、自治县和县级市的行政区划格局，同时规定了直辖市和较大的市可以分为区、县。这一规定就为后来地级市领导县体制的正式确立提供了一定的法律依据。

目前学术界对于地级市领导县体制持否定态度的主要依据之一就是1982年宪法明确规定了地方行政层级是省、自治区、直辖市—自治州、县、自治县和县级市—乡、民族乡、镇三级，因此，地级市领导县体制的推行缺乏法律依据。但实际上，1982年宪法也规定了较大的市之下可以分设区、县，也就是除了直辖市之外的部分市也可以领导县，而现行的已经领导县的地级市完全可以理解为1982年宪法里规定的较大的市，地级市领导县体制的合法性、合理性问题将在本书后面有关章节专门论述。

1982年，中共中央第51号文做出改革地区体制、实行市领导县体制的决定，首先在江苏试点，1983年开始在全国试行。随后中央又发出《关于地市州党政机关机构改革若干问题的通知》，要求“积极试行地、市合并”，并把此作为1983年地方政府改革的一项重要内容。从1983年年初开始，我国开始在经济较发达地区推广地级市（较大的市）管（领导）县体制。“所谓‘地级市领导县的体制’，是指地级市人民政府领导县人民政府的行政体制。这种体制的形成，经历了从方便城市经济发展与经济管理，到简化城乡双轨制的行政体制而使之一体化的两个阶段，是城乡一体化和行政一体化的两个过程同步进行的结果。……1982年底，随着农村经济实力的日益增强，城乡经济一体化的趋势迅速发展，中央首先在江苏省实行地市合并，由市领导县的试点，逐渐形成了以城市为依托的各种规模和各种类型的经济区。中央很快肯定了这一经验并进一步决定：将推广市领导县行政体制，实行地市合并或地改市，作为当时地方行政机构改革的一项重要内容。从此以后，市领导县的行政体制如同雨后春笋，在全国范围内广为展开，辽宁、江苏、广东三省已全面实行了市领导县体制。截至1994年底，全国已有196个市管辖741个县、31个自治县和9个旗、2个特区，另代管240个县级市。领导县的市占直辖市、地级市总数的93.77%；市领导县的县占县（不包括县级市、市辖区）总数的45.13%。”[①]由此在全国形成了地级市领导县改革的第一个高潮。“近年来，随着地市合并和市领导县范围的进一步扩大，特别是在1999年机构改革之后，原地区行署建制逐渐式微，目前仅在一些边远省区有少量存在（据统计，1983年尚有138个，到2002年仅存22个）。相反，领导县的地级市发展较为迅猛，1982年为55个、1987年为152个、1998年为202个，到2001年则达253个，领导着1 445个县级行政区（不含市辖区），分别占市和县级行政区总数的95.5%和70%。”[②]

第四，广大农村地区实行政社分开，乡镇建制正式恢复。长期以来，乡镇在我国历史上都不是一级行政区划，广大乡镇主要靠地方乡绅进行管理，乡镇基本处于自治状态，所谓的“皇权不下县”就是对乡镇治理状态的最好描述。1908年，晚清政府制定了中国有史以来第一部《城镇乡自治章程》（以下简称《章程》），明确了乡镇自治的有关要求。该《章程》规定，城镇乡为地方自治的基层单位，城镇人口10万人以上者设为区，5万人以上者设为镇，乡村人口5万人以下者设为乡。城镇乡分别成立自治公所，设议事会和董事会等机构，主要负责教育、卫生、道路工程、农工商务、慈善、公共事业等事务。议事会的议员均由选民互选产生，但属于名

① 浦兴祖.当代中国政治制度[M].上海：复旦大学出版社，1999：184-186.

② 周天勇.从市管县到省管县的体制变迁[J].中国党政干部论坛，2014(7)：8.

誉职务，不支付薪水，只有董事会的成员才发放薪水。

中华民国时期，南京国民政府一方面出台了相关自治法律来推进乡镇自治，另一方面，通过设立保甲制来强化对乡镇一级的管理，尝试建立县和乡镇政权之间的隶属关系。在地方自治方面，“南京国民政府拟定了一批自治法规，尤以1928年9月公布的《县组织法》能体现出地方自治内涵，其中规定了县为地方自治的基本单位，县以下区域划分为区、乡（镇）、闾、邻四级自治组织，实际上是构建了县及县以下的自治体系即区乡（镇）闾邻制。南京国民政府在自治法规中还试图体现孙中山要求的四大民权，《乡镇自治施行法》《区自治施行法》中规定：只要满足‘在本乡镇居住区域内居住一年，或有住所达两年以上’、‘年满二十岁’这两样条件，即可出席乡（镇）民大会及区民大会，‘行使选举、罢免、创制、复决之权’。”①在强化对乡镇管理方面，1934年12月，南京国民政府行政院通知各省普遍推行保甲制，在广大农村中实行十户为一甲，十甲为一保，采取联保连坐，同时“纳保甲于自治组织之中，以保甲代替闾邻，以乡镇代替联保”。

新中国成立后，乡镇一级正式成为最基层的一级政区，1954年宪法规定，县、自治县分为乡、民族乡、镇。1958年开始的人民公社化运动，将乡镇政府改为政社合一的公社体制。人民公社兼有国家行政管理和集体经济经营管理双重职能。原乡镇党委改称公社党委，原乡镇人民委员会改为社务委员会。公社管理委员会受县人民委员会的领导，下设各种管理机构，负责管理生产建设、财政、粮食、文教卫生、民兵、调解民事等。生产大队（管理区）是分片管理工农商学兵和进行经济核算的基本单位。生产队是劳动组织单位。人民公社体制一直维持到改革开放初期。1982年12月，宪法规定乡、民族乡、镇设立人民代表大会和人民政府，再次明确了乡镇作为最基层行政层级的地位，全国范围内开始掀起了公社改乡镇的高潮。到1985年，人民公社全部解体，乡镇重新成为我国最基层的政权组织。

经过新中国成立以来60多年的不断变革，我国的行政区划基本定型。

① 徐振岐.国家权力重构视角下的南京国民政府地方自治[J].北方论丛,2016(4):87.

截至2017年年底，我国共有34个省级行政区（23个省、4个直辖市、5个自治区、2个特别行政区）、334个地级行政区（294个地级市、7个地区、30个自治州、3个盟）、2 851个县级行政区（962个市辖区、363个县级市、1 355个县、117个自治县、49个旗、3个自治旗、1个特区、1个林区）、39 888个乡级行政区（2个区公所、8 241个街道、21 116个镇、9 392个乡、984个民族乡、152个苏木、1个民族苏木）①。

案例一：婺源回皖运动

婺源自古以来，一直是徽州府所辖的六县之一，它不是徽州最大的县，也不是徽州最重要的县，但历史上对徽州影响很大的“程朱理学”代表人物朱熹，祖籍就是婺源。这一点让徽州人尤其是婺源人一直引以为傲。婺源之于徽州，正像曲阜之于山东的地位一样。正因如此，发生在二十世纪三四十年代的行政区划更改，在婺源乃至徽州引起了一番骚动。

1934年9月，蒋介石为了方便对中央苏区的“围剿”，将婺源划属江西，隶属于江西省第五行政区，当时给出的理由有三条：一是政治和地理上的需要，因为婺源在安徽省的最南端，大部分面积突入江西境内，为浮梁、乐平、德兴三县所环抱，一切政务设施均感不便。其二，军事“围剿”的需要，“值‘剿匪’工作特别紧张之际，肃清‘零匪’之一切必要措施，如团队之防堵以及‘围剿’计划等，甚形隔阂，实予‘赤匪’以窜扰苟延之机会。一经改隶，则事权属于一省，责任既专，指挥尤便，扑灭‘残匪’计日可期”；其三，交通需要，“婺白、婺德两路，一由婺源经德兴之九都至白沙关，一由婺源至德兴香潭，此两路关系‘剿匪’军事及地方交通至为密切，若不将婺源划归赣辖，则两路分属两省，运输管理均觉不易统筹。值此‘匪患’未靖之秋，断不容稍涉松懈，致误时机。”

婺源划归江西省所辖的消息传出后，在徽州尤其是婺源县内，引

① 中华人民共和国民政部.中华人民共和国行政区划统计表[EB/OL].http://xzqh.mca.gov.cn/statistics/2017.html.

起了很大反响。很多徽州人尤其是婺源人似乎很难接受这种文化传统上的分割，婺源当地的民众与乡绅、民间社团，在外的婺源籍人士纷纷以上书、游行、散发传单、抗议等各种形式来表示自己的不满。长达十数年的“婺人返皖”运动，也由此拉开大幕。要求回皖的理由主要集中在三个方面：一是习俗悬殊，二是经济差异，三是文化偏离。在婺源人乃至徽州人看来，习俗是地域风格的构成要件，经济是地域形象的创建基础，文化是地域风格的传承平台。在这三点上，“徽”与“赣”都有明显的区别，强行改变隶属，有诸多不妥，也会伤害当地人的感情。划归后不久，正好是中秋节，一些婺源人气急之下，竟在地方特产江湾月饼上，公开压有“返徽”字样，以表示自己的不满。

抗日战争爆发之后，婺源的“回皖运动”势头减弱，当时全民抗战，对这一件“小事”，国民政府无暇顾及；当地的民众也以大局为重，不再提及。抗战胜利之后，“婺人返皖”的呼声再度高涨，很多当地人纷纷上书请愿，同时以游行示威等方式，要求回归安徽徽州。徽州各县对于婺源的行动，也有大规模的声援。1946年12月底，南京国民大会期间，徽州同乡会通过胡适，将“婺人返皖”请愿书呈内政部长张历生代交蒋介石。胡适是坚定的“婺人返皖”支持者。国民政府在压力之下，派员到婺源进行实地勘察，听取民意。1947年8月16日，国民政府做出决定，将婺源重新划归安徽，隶属安徽省第七行政区。到了1949年，婺源由中国人民解放军第二野战军解放，以屯溪为中心的徽州地区由中国人民解放军第三野战军的部队接管。在两支部队军事管制委员会分割的体制下，婺源县于同年5月再次脱离安徽省徽州地区，划归江西上饶管辖，一直延续至今。

案例二：桐城派发源地枞阳县由安庆市划归铜陵市管辖

2016年1月4日，安徽省民政厅在枞阳县城正式传达国务院国函〔2015〕181号和安徽省关于区划调整的实施意见，枞阳县正式划归铜陵市管辖。1956年建市的铜陵因铜得名、以铜而兴，有“中国古铜都，当代铜基地”之称，为新中国成立后建立的新兴工业城市。此次行政区划调整之前，铜陵仅辖一县三区、一个国家级经济技术开发区，市域面积1 200平方公里，人口仅74万①。

安徽省枞阳县地处安徽省中南部，长江北岸，与铜陵市隔江相望，面积为1 808.1平方公里，辖14镇8乡。枞阳古称宗子国、蒲州、蒲城，历史上长期属于安徽省安庆市管辖。明清时的桐城县境，为今桐城市和枞阳县之域。1949年2月18日，划桐城东、南乡，庐江、无为两县少量地区设置桐庐县，县治初设项铺镇（白云区），1949年10月移至汤沟镇（汤家沟）。1951年2月24日更名湖东县，属皖北行署安庆行政区人民专员公署，后属安庆地区行政专员公署。1954年秋，县治迁入枞阳镇。1955年7月1日更名为枞阳县，先属安庆专区、安庆地区，后属安庆市。枞阳县成立较晚，今天枞阳县很多乡镇原属于桐城市，特别是桐城派文化的发源地即原桐城市的东南乡。新中国成立后，枞阳县从原桐城县分立。枞阳文化界人士认为，历史上的桐城文派代表人物，绝大多数都是枞阳人。后因区划调整，桐城、枞阳两地分立，造成了目前桐城派人物与桐城市地域名不副实的局面。“枞阳出人，桐城出名”，曾是枞阳文化界人士的一大心结。数十年来，桐城派在宣传上几乎为桐城所“独占”。桐城市政府官网上，“桐城派故里，黄梅戏之乡”的宣传语十分醒目，其还自称“中国文都”。

枞阳县史志办方志室原主任陈松郭认为，“虽说桐城这种宣传不太符合实际，但毕竟历史上曾共为一县，现在也同属安庆，而大部分桐城派代表人物也确实在那边待过，所以还是可以接受的。”而一旦枞阳全县整建制划归铜陵，新的文化融合问题就来了。枞阳和铜陵是两个完全不同的地域文化。铜陵是新兴的工业城市，属于工业文化、青铜文化，而枞阳是传统的农耕文化、桐城派文化，两地差别巨大。

① 来源于铜陵市2015年国民经济和社会发展统计公报。

第二章　新中国成立以来我国地方行政区划演变逻辑和当前研究热点

行政区划是国家按照一定原则将国土空间划分为若干行政层级和行政区域的过程和结果。行政层级和行政区域一经确定，未经法定程序和中央或省级政府的批准，行政区划设置格局一般无法变更。同时，行政区划设置关系到国家经济社会发展和政治稳定的大局，行政区划设置格局也不宜频繁变更。新中国成立以来，我国行政区划设置格局在保持大体稳定的同时，也经历了不断地变革。梳理新中国成立以来我国行政区划改革的演变逻辑，分析当前行政区划改革研究的热点，有利于准确而全面地研究我国地方行政区划改革的发展趋势和优化路径。

第一节　新中国成立以来我国地方行政区划改革的演变逻辑

随着时间的流逝，影响行政区划设置的政治稳定、经济发展、民族分布状况、文化归属、地域认同等多种因素都在不停地变化，行政区划设置格局在保持大体稳定的同时也会经历不断地调整和变革。同时，在不同的历史时期，党和国家的工作重心存在一定的差异，主导国家行政区划调整和变革的主要因素和内在逻辑也处于一定程度的变动之中。通过回顾和梳理新中国成立以来地方行政区划变革的历史，可以发现，新中国成立以来我国地方行政区划的调整和变革，经历了从政治权力逻辑主导到经济发展逻辑主导，再到服从和服务于国家发展战略的治理逻辑主导的转变。

一、新中国成立后到改革开放前：行政区划的政治权力逻辑

行政区划是中央政府对地方政府进行有效管控、保持国家政治稳定和推动经济社会发展的重要手段。新中国成立前，中国共产党在抗日战争时期领导的根据地和解放战争时期领导的解放区主要集中于华北和东北地区。这些区域的党组织基础和人民政权建设比较牢固，政局相对稳定，党中央对这些区域能够进行有效的管控，地方治理取得了一定成效。但同时，党中央在领导全国政权建设的经验上较为缺乏。由于解放战争的进程大大超过了党中央和毛泽东主席的预料，导致缺乏全国政权领导经验的党中央在面对刚刚解放不久的大面积国土时，缺乏有效的管控能力。于是，如何确保中央对地方进行有效的管理和维系政局的稳定，以实现维护国家的主权独立、领土完整和确保新生人民政权稳固的目标，成为新中国成立初期党中央和中央政府在行政区划该如何设置时考虑的主要因素。

随着解放战争的胜利、国民经济恢复任务的完成和第一个五年计划的顺利结束，党中央和中央政府也实现了对地方的有效管控，国内政局基本稳定，经济社会发展等应该逐渐成为主导我国行政区划设置和变革的主要因素。但由于对国际和国内形势的一些误判，政治稳定因素一直主导着行政区划设置和变革的过程，直到1978年改革开放才开始出现转向。新中国成立初期到改革开放前，这一时期主导我国行政区划设置、调整和变动的主要逻辑是政治权力逻辑，主要表现在大区行政区划的设置与撤销、地区行政公署准行政区划的设立等方面。

（一）六大行政区行政区划的设置与撤销

新中国成立初期，为了加强党中央和中央政府对地方的有效领导和控制，国家设立了东北、华北、西北、中南、华东和西南六大行政区。六大行政区是当时最高层级的地方行政区划，大行政区在党的机构上设立了中共中央大行政区局或者中央分局，例如中共中央华北局、西南局等；在行政机构上设立了大行政区人民政府或军政委员会，其中东北大行政区和华

北大行政区设置大行政区人民政府，西北、华东、中南和西南四个大行政区设置大行政区军政委员会。各大行政区的人民政府或军政委员会下设委、部、会、署、行、局、处等机构。其中，华北大行政区因其地理位置特殊，大行政区的行政管理活动一直由中央政府直接负责。1950年9月8日，中央人民政府增设了中央人民政府华北事务部。1951年12月28日，中央人民政府设立了政务院华北行政委员会，代行华北大行政区一级地方政府的职权。

新中国成立初期，国家各项事业百废待兴，中共中央和中央人民政府暂时还无法对全国省级行政区进行有效的直接领导和控制。依托党中央设立在大区的中央局或者分局机构以及六大行政区行政机关，党中央和中央人民政府实现了对全国省级行政区划的有效管控，确保了国家统一和领土完整。随着解放战争的结束和国民经济的恢复，党中央和中央政府的领导能力和管理能力得到大幅提高，而六大行政区的存在逐渐成为中央政府对省级政府进行有效领导的阻碍。为了更好地加强中央政府对省级政府的领导、压缩行政层级、降低行政成本和提升行政管理效能，1952年，中共中央和中央人民政府决定将六大行政区从一级行政区划改为中央人民政府的派出机构。1954年，作为中央政府派出机构的六大行政区被正式撤销，大行政区彻底退出历史舞台。

(二)地区行政公署准行政区划的设立

新中国成立以后我国设立的地区行政公署制度，源于国民政府时期建立的行政督察区制度。中华民国时期，我国地方行政区划上采用的是省、县两级制。由于省直接管理县，存在管理幅度较大、管理效能较弱的问题。于是，各省纷纷设立了行政督察区这一机构，作为省级行政机关的派出机关，将一个省分成若干个行政督察区，一个行政督察区代表省级行政机关来管理若干数量的县。

新中国成立后，为了加强省级政府对省以下行政区域的有效管理和控制，党中央和中央人民政府基本上延续了这一制度。新中国成立后很长一段时期内，我国地方行政区划实行省、市县、乡镇三级管理体制，市和县虽存在行政层级差异，但是市不领导县，市县同属于省政府管辖。为了解决省直接管理和领导县面临的有效性等方面的难题，中央开始在地方推行地区行政公署制度。各省政府按照一定的区域划分原则分别设立若干个地区行政公署，作为省级人民政府的派出机构，代表省政府管理若干数量的县。地区行政公署虽非一级行政区划，但是从地区行政公署的机构设置、人员编制和实际运行过程来看，与地级市行政区划差异甚小，笔者称其为准行政区划。地区行政公署制在“文革”时期，又演变为地区革命委员会制。“文革”结束后，又恢复为地区行政公署制。

改革开放以后，经济建设成为党和国家工作的中心，经济发展也逐步成为行政区划设置、变革和调整的主导因素。为了更好地发挥地级市对周边地区的中心带动作用，实现城乡一体化目标，各省份的地区行政公署被大量撤销，取而代之的是地级市领导县体制。

二、改革开放以来到十八大之前：主导行政区划设置、调整和变革的经济发展逻辑

改革开放以后，党和国家的工作重心开始转移到经济建设上来，经济发展逐步成为中央政府考核地方官员绩效最重要的核心指标。同样，在影响行政区划设置、调整和变动的诸多因素中，政治因素的比重开始显著下降，经济发展因素的比重和影响力不断提升，经济发展逐渐成为主导我国行政区划设置、调整和变革的主要逻辑。改革开放以来，由经济发展逻辑主导的我国行政区划设置、调整和变革主要表现在以下几个方面。

首先，“计划单列市”的设立。“计划单列市”的全称为“国家社会与经济发展计划单列市”，即在行政建制不变的情况下，省辖市在国家计划中列入户头并赋予这些城市相当于省一级的经济管理权限。计划单列，按照字面上的理解，意为在计划经济体制下，国家针对特定地区在进行生产、资源分配以及产品消费等各方面的计划时，打破原有的行政隶属关系，对其单列户头，分配调拨计划指标。由于国家固有分配调拨的直接对象单位都面向省一级的行政区（省、自治区、直辖市），那么能够让国家

在省级行政区之下给予单列的对象单位一般就是地级市，由此，“计划单列市”的称谓应运而生①。“行政上省辖，经济上直辖”是对计划单列市特征的最好概括。

20世纪80年代，我国共设立了14个计划单列市，分别是重庆、武汉、沈阳、大连、哈尔滨、广州、西安、青岛、宁波、厦门、深圳、南京、成都和长春。1993年7月2日，中共中央印发的《关于党政机构改革的方案》和《关于党政机构改革方案的实施意见》规定，除重庆、深圳、大连、青岛、宁波、厦门仍保留计划单列市外，其余省会城市不再实行计划单列。至此，我国计划单列市由14个减少为6个。1997年3月，重庆市获批设立直辖市，由此，计划单列市减少为5个。此后到现在，我国的计划单列市一直稳定为大连、青岛、厦门、宁波和深圳5个城市。

其次，海南建省和重庆市直辖。在1988年之前，海南为副省级行政区，归广东省管辖。为了推动海南岛的经济开发和开放步伐，国务院决定设立海南经济特区，同时设立海南省，在海南全岛实行经济特区政策。1988年4月13日，海南省和海南经济特区正式成立，海南由此成为我国陆地面积最小的省份。

重庆市原为四川省管辖，属于副省级计划单列市。重庆市位于长江上游，所在的西南地区是我国经济发展较为落后的地区，被四川省管辖的行政区划设置难以有效发挥重庆市作为长江上游经济中心的作用。1997年，国家为加快中西部地区经济和社会发展步伐，决定设立重庆直辖市。设立重庆直辖市的原因主要基于以下几个方面：第一，重庆是长江上游最大的城市，与西南各省和长江上游地区有着密切的联系，成立直辖市可以充分发挥其作为区域中心城市的辐射作用，带动川东地区以至西南地区和长江上游地区的经济、社会发展。第二，有利于加快四川省经济和社会发展的步伐。四川省由于所辖人口过多、行政区域面积过大，给行政管理和经济、社会发展带来一定的困难。设立重庆直辖市，有利于四川省集中精力抓好其他地区，特别是西部少数民族地区的经济和社会发展工作。第三，有利于三峡工程的建设和库区移民的统一规划、安排、管理。直辖后的重

① 俞荣新.新中国成立以来我国计划单列市的历史演进[J].党史文苑,2014(13):50.

庆市承担的移民任务，占三峡库区的2/3以上。设立重庆直辖市，将移民工作统一管起来，有利于国家对三峡库区开发性移民政策的落实、资金的统筹安排和管理，有利于把移民工作做得更好，促进三峡工程建设。

再次，地级市领导县体制的建立。所谓“地级市领导县体制”，是指地级市人民政府领导县人民政府的行政体制。这种体制的形成，经历了从方便城市经济发展与经济管理，到简化城乡双轨制的行政体制而使之一体化的两个阶段，是城乡经济一体化和行政一体化的两个过程同步进行的结果①。

1982年底，随着农村经济实力的日益增强，城乡经济一体化的趋势迅速发展，中央首先在江苏省实行地市合并，由市领导县的改革试点，逐渐形成了以城市为依托的各种规模和各种类型的经济区。中央很快肯定了这一试验并进一步决定将推广市领导县行政体制和实行地市合并或地改市，作为当时地方行政区划改革的一项重要内容。1983年2月15日，中共中央、国务院发布了《关于地市州党政机关机构改革若干问题的通知》（以下简称《通知》）。该《通知》指出，在进行地、市机构改革时，指导思想上必须明确，要以经济发达的城市为中心，以广大农村为基础，逐步实行市领导县的体制，使城市和农村紧密结合起来，促进城乡经济、文化事业的发展。主要办法有：实行地、市合并，由市领导县；还可以扩大大中城市郊区，让它们多带几个县；把新兴工矿区或城镇改为市，管辖一部分农村；县、市（镇）合并，以及其他适当办法。此后，地级市领导县的行政体制如雨后春笋般在全国范围内展开，辽宁、江苏、广东三省已全面实行了市领导县体制。截至1994年底，全国已有196个市，管辖741个县、31个自治县和9个旗、2个特区，另代管240个县级市。领导县的市占直辖市、地级市总数的93.77%，市领导的县占县（不包括县级市、市辖区）总数的45.13%②。

经过20世纪80年代地级市领导县体制改革的高潮之后，越来越多的省份开始实行地级市领导县。特别是2000年左右，全国掀起了一轮地区

① 浦兴祖.当代中国政治制度[M].上海:复旦大学出版社,1999:185.

② 浦兴祖.当代中国政治制度[M].上海:复旦大学出版社,1999:185-186.

改地级市的高潮。经过这一轮地区改地级市的高潮过后，很多省份已经完全实行地级市领导县的体制。截至2002年，全国332个地级行政单位中，已有275个改为地级市，地级市所领导的县占县级单位总数的70%以上，地级市领导县体制已在我国全面确立。当前，我国除了西藏和新疆等少数省级行政区尚存在部分地区行政公署外，绝大部分省份的地区行政公署基本上都已被改为地级市建制，并且近年来西藏和新疆两个自治区也出现了地区改地级市的热潮。

最后，设立上海浦东新区和天津滨海新区两个副省级行政区。改革开放以来，为了打造新的区域经济增长极、推动区域经济协调发展，国家批准设立了多个国家级新区，但大多数属于功能区。截至2017年底，国家级新区中只有上海浦东新区和天津滨海新区属于行政区，这两个新区的设立，充满了国家对区域经济协调发展的思考和期待。

浦东新区位于上海市黄浦江东岸，地处中国沿海开放带的中心和长江入海口的交汇处，倚靠蓬勃发展的长三角都市群，面向浩瀚无垠的太平洋。1990年4月18日，党中央、国务院宣布开发开放浦东，提出了“开发浦东，振兴上海，服务全国，面向世界”的方针，标志着浦东开发开放从20世纪80年代的上海地方战略构想，上升为20世纪90年代的国家重大发展战略，标志着中国改革开放进入一个新的阶段。1993年，川沙县撤销，同时将黄浦、杨浦等区的浦东区域划入，正式成立了浦东新区。2009年，南汇行政区域划入浦东新区，这标志着浦东开发开放进入了二次创业的新阶段。浦东新区现有区域面积为1 210平方公里，常住人口556.70万人，现辖12个街道、24个镇。目前，浦东新区是上海市人口最多的行政区。浦东新区不同于上海市一般的市辖区，属于副省级国家级新区。浦东新区的设立体现了党中央、国务院欲将上海打造成长江流域乃至整个中国经济发展的龙头，带动整个长江流域经济腾飞的战略考虑。

国家设立天津滨海新区的目的，是将天津打造成北方的经济中心，并依托天津将环渤海湾打造成我国继长三角、珠三角之后的第三大区域经济增长极。天津市滨海新区位于天津东部沿海，地处环渤海经济带和京津冀城市群的交汇点，是亚欧大陆桥最近的东部起点。行政区划面积2 270平方公里，海岸线153公里，海域面积3 000平方公里。2005年10月，党的十六届五中全会把滨海新区开发开放正式纳入国家发展战略。2006年5月，国务院颁布《关于推进天津滨海新区开发开放有关问题的意见》，批准滨海新区为国家综合配套改革试验区，确定了发展目标和功能定位。即依托京津冀、服务环渤海、辐射“三北”、面向东北亚，努力建设成为我国北方对外开放的门户、高水平的现代制造业和研发转化基地、北方国际航运中心和国际物流中心，逐步成为经济繁荣、社会和谐、环境优美的宜居生态型新城区①。

此外，改革开放以来经济发展逻辑主导下的行政区划变革还表现为省直管县改革、将部分经济发达镇设立为镇级市或撤镇设区改革等方面。当然，这一时期的行政区划变革也受到政治权力逻辑的影响，只是改革开放以来的政治权力逻辑推动的行政区划变革与改革开放之前存在些许差异。新中国成立以来的政治权力逻辑主导的行政区划变革主要是为强化中央人民政府对地方的领导和控制而自上而下推动的，地方政府没有主动性和选择权。改革开放以后影响行政区划变迁的政治权力逻辑是自下而上的，遵循的是地方政府主动谋求行政层级提升的权力逻辑。具体来说，撤县建市、副省级市的设立等行政区划变迁是这一政治权力逻辑作用的表现。地方政府谋求行政层级的提升，除了少部分是为了获得与自身的经济和社会综合实力相对应的管理权限，以推动本地区的经济社会更好更快地发展外，更主要的目的是为了扩大政府行政权力。有的地方政府的行政层级提升后，相应的行政成本随之大幅度提高，但经济发展绩效并未出现明显的提升。“这一点在县改市和撤县设区的实践中体现得尤为明显：由于县级市相较于县而言在税收、土地政策以及行政管理权限等方面享有更多的好处，因此县政府通常都有着很强的设市动力；而由于副省级市的市辖区行政级别通常比下辖县高半级，因此这些县的主政官员在撤县设区方面往往有着更大的热情。”②

① 天津市滨海新区人民政府网站 http://www.bh.gov.cn/channels/1354.html.

② 叶林，杨宇泽.中国城市行政区划调整的三重逻辑：一个研究述评[J].公共行政评论，2017(4)：160.

三、十八大以来:行政区划服从和服务于新型城镇化、城乡协调发展和区域协调发展等国家战略的治理逻辑

改革开放以来，经济发展逻辑主导下的行政区划设置、变革和调整，赋予了地方政府特别是县级政府更多的经济社会管理权限，充分调动了地方发展经济的主动性和积极性，使得我国的经济增长保持了较高的速度，国内生产总值得到了大幅提升，超过日本成为全球第二大经济体。上述经济发展取得的成效，反映出行政区划变革和调整对经济发展的强大推动作用。

不过，我们在看到行政区划变革和调整带来经济发展成绩的同时，也要看到经济发展逻辑主导下的行政区划改革，在一定程度上导致了地方政府之间在经济发展上的恶性竞争，不同程度地出现了产业同构、重复建设等不良后果，部分不合理的行政区划设置和变革，阻碍了城镇化进程和质量的提升，以及区域经济协调发展目标的实现。

党的十九大以后，我国社会的主要矛盾已经由人民日益增长的物质文化需要同落后的社会生产之间的矛盾转变为人民日益增长的美好生活需要和不平衡不充分的发展之间的矛盾，主导行政区划设置、调整和变革的内在逻辑也要随之发生变化。目前，发展虽然还是我国当前及今后很长一段时期内的主要任务，但是发展的重心已经由激励地方政府通过竞争来追求较快的经济增长速度和较高的经济总量，转变为地方政府之间通过有效的合作来推动新型城镇化、城乡协调发展、区域协调发展等国家战略的有效实施，以有效解决改革开放以来我国经济社会发展中出现的诸多不平衡和不充分的问题。党的十八大提出要加快改革户籍制度，有序推进农业转移人口市民化，走中国特色新型城镇化道路。这是积极稳妥推进城镇化，不断提高城镇化质量的重大战略举措。2016年4月，民政部网站公布的《行政区划管理条例》（征求意见稿）指出，优化行政区划设置，应当与国家发展战略和经济社会发展水平相适应，注重城乡统筹和区域协调，尊重城市发展规律，推进城乡发展一体化，合理调整城镇结构和城镇化空间布

局，与主体功能区规划和城镇体系规划相衔接。党的十九大提出要实施区域协调发展、城乡协调发展重大战略，创新区域协调发展的新机制。行政区划设置是影响我国城镇化进程、城乡关系格局和区域经济协调发展的重要因素。因此，在新时代，服务和服从于新型城镇化、区域经济协调发展、乡村振兴和城乡协调发展等国家重大发展战略，着力解决发展不平衡不充分的问题已经成为主导我国当前和今后很长时期内行政区划设置、变革和调整的主导逻辑。

第一，行政区划设置、调整和变革要与新型城镇化战略有机结合，要符合新型城镇化强调的以城市群为主体形态、坚持大中小城市和小城镇协调推进的思路。如表2-1所示，2010年以来，我国城镇化率不断提高，新型城镇化进程不断加速。城市群是我国新型城镇化的主体形态，城市群也是区域经济一体化的空间布局体现，其发展程度决定了一个区域参与全国甚至全球竞争的能力。作为新型城镇化的主体形态和区域经济一体化的空间布局的城市群是一个经济区概念，一般由几个核心城市为依托，核心城市的发展水平直接决定了城市群发展的质量。随着区域经济增长极对区域经济带动作用的不断提升，目前传统的省域经济和行政区经济逐步向城市群经济过渡，城市群的人口集聚和经济集聚效应日益凸显。进入21世纪以来，我国城镇数量和规模不断扩大，城市群形态更加明显，城市群已成为拉动我国经济快速增长和参与国际经济合作与竞争的主要平台。“尤其是近十年来，我国城市群的规划和建设急剧升温，城市群总数已超过30个，预计未来5到10年内，我国城市群将涵盖全国815个城市中的606个，人口和经济规模分别占到城市总量的82%和92%。”①

表2-1　2011—2017年我国常住人口城镇化率增长情况

年份	2011年	2012年	2013年	2014年	2015年	2016年	2017年
城镇常住人口/万人	69 079	71 182	73 111	74 916	77 116	79 298	81 347
常住人口城镇化率	51.3%	52.6%	53.73%	54.77%	56.1%	57.35%	58.82%

资料来源：以上数据根据国家统计局公布的数据汇总而来。

① 刘士林，刘新静，张懿玮，等.城市群：未来城镇化的主平台[N].光明日报，2014-06-03(11).

2015年底召开的中央城市工作会议指出，要以城市群为主体形态，科学规划城市空间布局，实现紧凑集约、高效绿色发展，优化提升东部城市群，在中西部地区培育发展一批城市群、区域性中心城市。城市群的发展，不仅需要增加城市数量，更要做大做强城市群的核心城市和关键节点城市，如国家中心城市、区域中心城市、省会城市和地级市等。为此，在地方行政区划改革模式和路径选择上，应该选择撤县设市、县（市）改区和地级市区界重组等改革路径，通过县（市）改区拓展地级市及以上城市的发展空间，通过撤县设市增加城市数量，以及通过必要的地级市行政区划区界重组来推动国家、区域和省域中心城市的形成和发展。

同时，我国改革开放以来一直推行的以小城镇为重点的城镇化战略，违背了城镇化发展的客观规律，政策设计与人口、要素和资本流动的方向背道而驰，导致出现了大城市数量少、人口多与小城镇数量多、人口少并存的局面。2013年8月27日，在宁夏银川召开的新型城镇化与城市型政区设置调研座谈会上，时任民政部副部长宫蒲光指出，多年来，适应城镇化、经济社会发展和国家行政管理的要求，我国对各级城市型政区进行了相应调整，初步形成了以特大城市为中心、以大中城市为骨干、以小城市和小城镇为基础的多层次协调发展的城市型政区体系，为国家经济社会和城镇化快速发展提供了行政体制保障。但在当前城镇化进程中，城市型政区设置也存在特大城市综合承载力趋于饱和，中小城市发展相对滞后，小城镇普遍规模偏小、布局分散、综合承载力弱等不平衡、不协调的问题。从促进城镇化健康可持续发展的大局出发，要做好优化城市型政区设置的相关工作，发挥好规范引导的作用、促进城镇化质量和水平的提升；发挥好优化结构的作用、增强城镇化发展的活力和动力；发挥好健全体系的作用、构建有利于城镇化发展的空间布局；发挥好调节规模的作用、促进各类城市均衡发展。因此，变革和调整我国的城市型政区设置格局面临必要性和紧迫性。

第二，行政区划设置、变革和调整要与区域经济协调发展战略有机结合，行政区划的变革和调整要有利于破除现有行政区划设置对区域经济协调发展构成的障碍，推动区域经济协调发展。区域经济协调发展需要生产要素和资源在一定区域内能够自由地流动和合理地配置，通过资源和要素的集聚效应和扩散效应来推动实现区域经济发展格局由不平衡到平衡的目标。而行政区划的刚性约束制约和阻碍了生产要素和资本在一定区域内的自由流动，不利于区域经济协调发展。如何推动行政区划设置朝着有利于区域经济协调发展的方向进行转变，已经成为行政区划变革的重要任务之一。

在行政区划改革模式选择上，要将行政区划设置、变革和调整与推动区域经济协调发展有机结合，大力破除现有行政区划设置对区域经济协调发展构成的障碍，推动区域经济能够更好地协调发展。当前，中心城市和城市群在区域经济协调发展中的作用越来越大，通过必要的行政区划边界重组，推动中心城市的崛起和城市群的快速发展，是我国行政区划改革实践领域要重视的问题。大体的改革思路包括将中心城市管辖的部分县（市）改为市辖区和将中心城市周边的地级市与中心城市进行合并两个方面。例如，我国的上海、北京、南京、杭州等城市进行了针对所辖区县重组的行政区划改革，通过将下辖的县部分或者全部改为市辖区以及将部分管辖面积较小的市辖区进行合并重组，优化了行政区划设置，扩大了市域发展空间，增强了区域中心城市在区域经济协调发展中的核心地位，有力地推动了以区域中心城市带动周边地区发展、实现区域经济协调发展格局的形成。

第三，行政区划设置、变革和调整要与实施乡村振兴战略、推动城乡协调发展目标有机结合，推动城乡融合和城乡一体化进程。新中国成立以来我国实行的城乡分治的二元结构体制，阻碍了城乡间生产要素和资源的自由流动和合理配置，导致城乡间的基础设施建设和基本公共服务水平差距明显，城市和乡村的发展差距不断扩大。改革开放以后，伴随大量乡村人口进城务工，乡村人口的收入和生活水平虽得到大幅提升，但横隔在城乡之间的二元结构体制使得城乡差距并未得到明显缩小。为此，党中央和国务院提出了统筹城乡发展、推进城乡一体化进程、实施乡村振兴和城乡协调发展等战略。城乡统筹就是要改变和摈弃过去那种重城市、轻农村，“城乡分治”的观念和做法，通过体制改革和政策调整削弱并逐步清除城乡之间的藩篱，充分发挥工业对农业的支持和反哺作用、城市对农村的辐射和带动作用，建立以工促农、以城带乡的长效机制，促进城乡协调发展，最终实现城乡一体化的目标。

2017年党的十九大提出，要实施乡村振兴战略，推动城乡协调发展。乡村振兴战略的实施和城乡协调发展目标的实现，有赖于乡村人口进城和城市人口与资本下乡的共同作用，需要资本和要素在城乡间能够自由地流动，而当前城乡分治的行政区划设置格局正是阻碍乡村振兴战略实施和城乡协调发展目标实现的重要因素。通过有计划地撤县设区，推动城乡分治走向城乡合治，是实现城乡要素自由流动、合理配置和公共服务一体化的重要保障，有利于乡村振兴战略的有效实施和城乡协调发展目标的早日实现。

第二节　当前我国地方行政区划改革的研究热点

新中国成立以来，经过不断地调整和变革，当前我国的地方行政区划层级基本已经固定为省、自治区、直辖市—地级市—县、县级市、市辖区—乡镇四级。当前及今后一段时期内，我国地方行政区划改革的热点主要有几个方面：地级市领导县体制的存与废问题，在现有地级市领导县体制下如何调整省、市、县三级关系问题，部分经济发达乡镇的扩权，镇级市设立的探索，如何适应新型城镇化，城乡协调发展和区域协调发展战略要求推动行政区划的横向调整等方面。本节将对当前这些学术界研究的热点问题进行简单介绍和梳理，相关的论述将在本书的其他章节展开。

一、地级市领导县体制的存与废

我国行政区划经过多年的演变和发展，从纵向上来看，地方行政区划的总体格局已经确立为省—市—县—乡镇四级。其中，省、县和乡镇这三个层级稳定性非常强，而对于地级市这个层级进行改革的呼声最高，争论也最为激烈，主要表现为地级市领导县体制的存与废之争。

新中国成立后很长一段时期内，在地方行政区划设置上我们一直用省直接管理县的体制，省政府主要通过设立地区行政公署这一派出机构来领导和管理县。由于地区不是一个行政区划层级，因此从表面来看实行的是省—县—乡镇三级地方行政层级体制，但从实际运行来看，我国实行的却是省—地区—县—乡镇四级管理体制，地区作为准行政区划在地方行政管理中扮演着非常重要的角色。

改革开放之初，随着经济社会的快速发展和经济体制改革的不断深入，城乡二元分割导致城乡经济社会发展之间的矛盾越来越尖锐，政府急切需要找到促进经济发展的新动力、新方式，原有城市和县分割的行政区划体制迫切需要变革。发挥城市的经济中心作用，实行地级市领导县体制，以市带县，成为当时一个可行的选择。所谓地级市领导县的体制，是指地级市人民政府领导县人民政府的行政体制。这种体制的形成，经历了从方便城市经济发展与经济管理，到简化城乡双轨制的行政体制而使之一体化的两个阶段，是城乡一体化和行政一体化的两个过程同步进行的结果①。

1982年中共中央第51号文发出了“改革地区体制、实行市领导县体制”的指示。“1982年底，随着农村经济实力的日益增强，城乡经济一体化的趋势迅速发展，中央首先在江苏省实行地市合并，由市领导县的试点，逐渐形成了以城市为依托的各种规模和各种类型的经济区。中央很快肯定了这一经验并进一步决定：将推广市领导县行政体制，实行地市合并或地改市，作为当时地方行政机构改革的一项重要内容。”②随后中央又发出了《关于地市州党政机关机构改革若干问题的通知》，要求“积极试行地、市合并”，并把此作为1983年地方政府改革的一项重要内容。从1983年年初起，我国开始在经济较发达的地区推广地级市领导县体制。“从此以后，市领导县的行政体制如同雨后春笋，在全国范围内广为展开，辽宁、江苏、广东三省已全面实行了市领导县体制。截至1994年底，全国

① 浦兴祖.当代中国政治制度[M].上海:复旦大学出版社,1999:184-185.

② 浦兴祖.当代中国政治制度[M].上海:复旦大学出版社,1999:185-186.

已有196个市管辖741个县、31个自治县和9个旗、2个特区，另代管240个县级市。领导县的市占直辖市、地级市总数的93.77%；市领导县的县占县（不包括县级市、市辖区）总数的45.13%。”[①]由此在全国形成了地级市领导县改革的第一个高潮。随着地市合并和市领导县范围的进一步扩大，特别是在1999年政府机构改革之后，原地区行署建制逐渐式微，目前仅在一些边远省区有少量存在（据统计，1983年尚有138个，到2002年仅存22个）。相反，领导县的地级市发展较为迅猛，1982年为55个、1987年为152个、1998年为202个，到2001年则达253个，领导着1 445个县级行政区（不含市辖区），分别占市和县级行政区总数的95.5%和70%[②]。

随着地级市领导县体制在全国范围内的基本确立，对这一体制存在的弊端的分析和质疑也逐渐增多，学术界对于变革和取消地级市领导县体制的呼声日趋强烈。目前，学术界主张废除地级市领导县体制的理由主要集中在以下几个方面：第一，地级市领导县体制的合法性不足，不符合宪法相关规定。第二，地级市领导县体制的合理性不足，阻碍了县域活力的发挥和县域经济的发展。第三，地级市领导县体制增加了行政层级，增加了管理和协调成本，与世界上大部分国家实行的二级或三级的地方行政区划主流不符，这部分内容将在第四章专门论述。同时，也有很多学者主张不应该废除地级市领导县体制，反而应该强化地级市对县的领导，加强地级市与下辖县之间在产业分工、城乡规划、基础设施建设和公共服务供给上的合作。因为地级市作为一定区域内的中心城市，通过地级市领导县，能够形成地级市和县之间良好的产业分工合作关系，推动形成以地级市为中心带动周边地区经济协调发展的区域经济发展格局。笔者认为，地级市领导县体制在当前的存在是必要的，有关地级市领导县体制的合法性、合理性和有效性的论述，将在本书的第五章展开。

① 浦兴祖.当代中国政治制度[M].上海:复旦大学出版社,1999:186.

② 周天勇.从市管县到省管县的体制变迁[J].中国党政干部论坛,2014(7):8.

二、在现有地级市领导县体制框架下如何变革和调整省、市、县三级关系

虽然学术界对地级市领导县体制的争论很多，主张废除地级市领导县体制的呼声较高，地级市领导县体制在实际运行过程中存在许多问题，但也取得了很大成效。同时，地级市领导县体制作为改革开放以来国家大力推行的地方行政区划改革模式，行政区划改革的路径依赖使得短时期内不可能轻易废除地级市领导县体制。在行政区划改革的实践层面，地级市领导县体制尚处于继续推进阶段，西藏、新疆等地区近些年出现了一波地区改地级市、实行地级市领导县体制的高潮。

在地级市领导县体制短期内不可能被废除的背景下，如何在地级市领导县体制的框架下，通过变革省、市、县三级关系来推动地方经济发展，自然就成为当前我国地方行政区划改革研究的另一个热点问题。同时，地方政府层面也在不断地尝试省、市、县关系调整的改革模式，实践层面的改革为学术界的讨论和研究提供了丰富的素材。当前，在现有地级市领导县体制的框架下，学术界关于优化省、市、县之间关系的改革模式主要有以下三种：省直管县、县（市）改区和撤县设市，如图2–1所示。

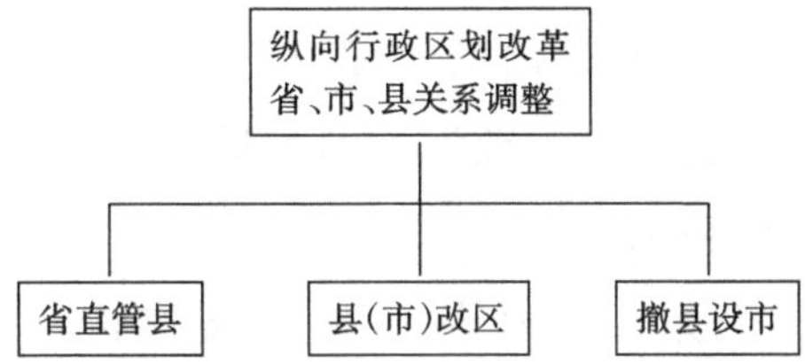

图2–1　纵向行政区划中省、市、县关系改革模式

（一）省直管县

省直管县，是指在现行地级市领导县的体制下，通过将县级财政交由省级财政直接管理、赋予县以地级市的经济和社会管理权限或者由省级政府职能部门直接管理县级政府的对口部门等形式实现由省管理县目标的改革模式。2005年6月，时任国务院总理温家宝同志在全国农村税费改革工

作会议上首次提出，具备条件的地方，可以推进省直管县的改革试点。

从省直管县的概念提出到在全国推广实施已经有十数年的时间了。对于地方的省直管县改革到底怎么推进，中央政府一直没有出台相应的指导意见，是在现行的地级市管县体制不变的前提下进行存量改革，还是要破除现行的地级市管县体制进行增量改革，各省级政府只能结合各地实际不断进行省直管县改革做法的摸索。在缺乏省直管县改革顶层设计的背景下，虽然各地的做法不完全一致，但省直管县改革大体上经历了财政省直管县、扩权强县和省全面直管县三个阶段，呈现出有代表性的浙江模式、河南模式、安徽模式和海南模式。本书的第六章将就省直管县改革问题进行专门论述。

（二）县（市）改区

县（市）改区，是在保证县的行政层级不变的前提下，将属于地级市管辖的县和代管的县级市的行政建制撤销，设置为地级市辖区行政建制的行政区划改革方式。从政区类型看，县改区是地域型政区和城市型政区之间的转换过程；从政府管理看，县改区是独立性政区向依附性政区的转变过程；从行政层级看，县改区是不同类型政区之间的同级转换过程[①]。县（市）改区，有利于更好地统筹城乡发展和推动城乡一体化目标的实现，也符合国家新型城镇化战略提出的构建以城市群为城镇化主体形态的要求。本书第七章将会对县（市）改区与新型城镇化和城乡一体化战略的契合点和可行性进行分析和论证。

从20世纪90年代开始，我国县级行政区划结构开始发生变化。其中，县的数量开始减少，市辖区的数量不断增多，特别是撤县设市改革被基本冻结后，县改区成为很多地方县级政区区划改革的主要模式。截至2000年底，我国共有259个地级市、37个地区、787个市辖区、400个县级市和1 674个县。到2004年年底，我国拥有283个地级市、852个市辖区、374个县级市和1 636个县。相比于2000年年底，我国地级市数量增加了24

① 肖萍，侯爱敏，孟凡霄，等．撤县（市）设区不同划界模式对城市空间演变的影响研究[J]．规划师，2017，33(8)：93.

个，市辖区数量增加了65个，县级市数量减少了26个，县数量减少了38个。截至2010年年底，我国共有283个地级市、853个市辖区、370个县级市和1 461个县。2000—2010年，我国地级市数量增加了24个，市辖区数量增加了66个，县级市数量减少了30个，县的数量减少了213个，县（市）改区改革趋势十分明显。截至2017年年底，我国的县级行政区划中共有962个市辖区、363个县级市、1 355个县，相比于2010年底的县级行政区划情况，县数量又减少了106个，市辖区的数量又增加了109个，县级市数量减少了7个①。

（三）撤县设市

撤县设市，是指将部分已经达到国家规定的设立县级城市标准的县升格为县级市的改革模式。这一模式最受县级政府喜爱，虽然成功概率很小，但还是有很多县政府已经或正在准备申报撤县设市。县改县级市后，虽然行政级别没有变，但是已经完成了由乡到城的转变，政府的自主性更强，在土地审批、城市规划和建设、财政、社会管理等方面享有更多的权力，管理上也由地级市管理变成了省级政府管理（实际运行中现行的县级市一般是由地级市代管）。本书将在第八章就撤县设市改革进行专门论述。

20世纪80年到90年代，我国迎来了一波县升格为县级市的高峰。1997年，国家层面的撤县设市改革的审批基本停止。自从1997年撤县设市政策被民政部基本冻结以来，只有少数县获批升格为县级市。2010年，十一届全国人大常委会第十三次会议提出，我国将积极研究完善设立县级市的标准，把人口、经济、财政、税收以及城市建设达到一定规模和标准的县（镇），适度改设为市。但是近些年来，我国县级市数量整体上不但没有增加，反而减少了。根据民政部统计数据，全国市辖区数量从2000年底的787个增至2011年底的857个，县级市数量则从2000年底的400个下降到2011年底的369个。

2013年1月，吉林扶余和云南弥勒由县改县级市，标志着已停滞多年

---

① 根据民政部网站公布的数据整理所得，上述数据中县的数量不包括自治县，2010年至2017年间减少的县级市主要是被改为地级市辖区。

的撤县设市改革重启。从2016年开始，我国撤县设市行政区划改革开始再次提速。2016年，共有4个县获准撤县设立县级市，分别是新疆维吾尔自治区的昆玉县、黑龙江省的抚远县、云南省的泸水县撤县设市，江西省的星子县撤销，设立县级庐山市。进入2017年4月，民政部先后批复设立了6个县撤县设市，分别是河北省撤销平泉县设立平泉市、浙江省撤销玉环县设立玉环市、陕西省撤销神木县设立神木市、四川省撤销隆昌县设立隆昌市、湖南省撤销宁乡县设立宁乡市、贵州省撤销盘县设立盘州市。2018年7月，安徽省安庆市潜山县获批撤县设市，成为安徽省自1997年撤县设市改革冻结以来第一个获批设立的县级市。

从近年成功申请撤县设市的地区分布来看，主要集中在中西部的少数民族集中地区，这与国家有意通过将中西部地区部分县撤县设市来加快中西部地区的城镇化进程考虑有一定的关联。与东部地区比较发达的县域经济和较高的城镇化率相比，中西部地区特别是少数民族地区的县域发展基础比较薄弱，城镇化率较低，城市数量较少。因此，2013年中央在重新启动撤县设市改革后，批准设立县级市的5个县都是位于西部地区的少数民族地区，这与国家有意通过撤县设市来提升中西部地区的城镇化进程和增加城市数量考虑的改革动机是比较吻合的。

我国幅员辽阔，不同地域的经济、社会发展水平和实际情况差异甚大，同一区域内的不同地区之间的情况也不尽相同。对上述三种改革模式，有各自适用的情形，不可能只选择一种模式，然后在全国推行一刀切式的改革。综合三种改革模式，县（市）改区应该是最适宜在大部分地区实施和推广的一种地方行政区划改革模式，与当前党中央和国务院推进实施的新型城镇化、城乡和区域协调发展战略目标具有高度的契合性。

三、部分经济发达乡镇的扩权及镇级市设立的探索

乡镇作为我国行政区划中最低一层行政层级，虽然也是一级政府，但是乡镇政府在职权赋予和机构设置上并不完整。乡镇层级设置的机构一般分为站和所两类，习惯上称为“七站八所”，而所一般意义上来说又是属

于县级职能部门的派出机构。

经济发达镇通常是指具有一定的人口、工业和商业集聚规模，经济实力较强、社会化水平较高，镇区建成区面积达到一定规模，在县域经济发展中能起到重要的引领和带动作用的建制镇。改革开放以来，我国很多乡镇的发展速度很快，特别是东部地区的部分镇虽然只有镇的行政架构，但是其人口总量、产业规模和镇区建成区面积已经达到甚至超过中西部地区很多县城的规模，成为名副其实的经济发达镇。

由于我国的公共资源是按照行政等级高低自上而下逐级配置的，行政等级最低的乡镇政府所获得的各项资源自然就非常有限，但其作为基层政府承担的事务又非常繁重，致使乡镇政府事权和财权不一致的矛盾非常突出。特别是对经济发达镇来说，小马拉大车的问题已经严重制约了这些镇的发展，迫切需要通过必要的行政区划变革和调整，以有效解决经济发达镇面临的职权和机构设置同人口规模和经济总量不匹配的矛盾。王东明认为，深化经济发达镇行政管理体制改革是加快推进城镇化、统筹城乡发展的客观需要。推动经济发达镇社会结构从传统农业社会向现代工业社会、从乡村社会向城市社会转型，是城镇化建设的一个重要方面。刘方认为，部分经济发达镇已达到很高的城市化水平，具备了中小城市规模，客观要求镇政府按照城市的规划、建设和发展模式管理经济发达镇。经济发达镇政府应是城市导向政府，即具备城市管理的职能，以管理城市事务的标准来管理经济发达镇。陈雪娟、余向华认为，一个建制镇能否实现向县级市的提升直接关涉到其辖区的城乡属性。从清末实行建制镇以来，“镇”都是与“乡”相对应的行政区建制，建制镇是城市型政区建制，乡是农村型政区建制。但因建制镇的城市性模糊，且随着全国范围的大规模并乡建镇，镇作为城市型政区建制与农村型政区建制的区别越来越小，在机构设置、人员编制与工作的权限、任务、对象等诸多方面，建制镇都与一般的乡无异。建制镇在频繁的区划调整中如果能跃升为县域，从理论上讲应该有益于地区经济发展[①]。

---

① 张占斌，谢振东，车文辉．城镇化与优化行政区划设置研究[M]．石家庄：河北人民出版社，2013：19.

(一)当前我国镇级发展面临的一些问题

在改革开放以来的很长一段时期，我国的小城镇及其承载的乡镇企业在我国县域经济发展和城镇化进程中扮演了非常重要的角色，“离土不离乡”“进厂不进城”就是对当时小城镇发展情形生动的写照。但是，随着乡镇企业发展逐渐陷入困境，小城镇的发展也出现了分化，大部分发展缓慢甚至停滞，环境脏乱差、经济无活力、吸引力减弱，成了城市和美好乡村之间的“夹心层”。当前，我国镇级行政区域特别是部分经济发达镇的发展遇到的问题主要有四个方面。

第一，镇级政府财权与事权不匹配，财政资金大部分上缴，镇级财政难以负担镇域的基础设施建设资金缺口和城镇化成本。镇级政府处于我国行政等级的最低端，分配到的资源和资金非常有限。同时，镇级政府也处于中央和省级财政转移支付的最低一层，可以调动的上级转移资金有限。加之我国绝大部分镇级政府自身财政收入有限，导致镇级政府的可支配财力严重不足，镇级政府财权与事权不匹配问题突出。

财力的不足和资金的匮乏，导致很多镇的基础设施建设和公共服务设施投入严重不足，很多镇的新建住宅小区没有完备的排水、燃气、排污等设施，市政道路建设、污水处理等历史欠账很多。以安徽省小城镇的发展为例，1999年安徽省确定了200个中心建制镇，2003年又确定63个重点中心镇，在资金、政策等方面给予重点扶持；2009年，安徽省委、省政府决定实施扩权强镇政策，选择150个小城镇开展试点，着力在全省培育形成一批新兴小城市；2014年，又有127个镇被确定为全国重点镇。近年来，安徽省省级财政不断加大对乡镇地区的资金投入力度，扶持重点小城镇基础设施建设。安徽省财政每年安排小城镇建设专项资金（含小供水、村镇规划）2 000多万元，重点支持示范镇、重点中心镇规划编制和基础设施建设。从2010年开始，5年省财政累计投入10.5亿元，集中支持小城镇生活垃圾收集、转运设施建设。虽然近十几年来安徽省省级财政投入力度很大，安徽的小城镇建设也取得一定成效，但是这些投入对于历史欠账较多的小城镇建设来说无疑是杯水车薪，小城镇建设的资金缺口依然很大。

由于受到行政区划设置和改革滞后的影响，目前我国东中部地区一些镇的常住人口规模已达到20万~50万人，但仍为镇的建制，仍然按照镇的标准来规划和建设基础设施和公共服务设施，人口规模与基础设施和公共服务设施供给不足之间的矛盾非常突出。根据我国城市发展规模总体偏大的现实情况，有学者建议立足国家资源环境承载能力和城市化的国情，以共用城市基础设施和公共服务设施的市区常住人口为基础划分依据，适当调高我国不同规模城市的划分标准，相应地制定出不同等级规模相对应的科学合理的基础设施和公共服务设施配置标准。按规模划分的大中小城市标准可不与直辖市、地级市、县级市、建制镇等行政区划划分的城市规模标准保持一致。建设部门在批准城市建设总体规划时，侧重按照城市规模，而不是按照行政级别标准城市总体规划相关的指标①。

第二，镇级政府拥有的经济社会管理权限小，与自身承担的繁杂的经济和社会事务不相称。镇级政府虽是一级地方政府，但其内设的职能部门不完整，很多县级政府拥有的行政执法部门在镇级没有设立执法机构，导致镇级政府的行政执法权限不够，执法机构和人员配置不足，影响了镇域治理的效果。例如，有的镇在治理镇区违法违章建筑过程中，由于行政执法人员人手不足和镇级政府拥有的行政处罚权限有限，导致对很多违法违章建筑的拆除和治理不彻底，刚拆除不久的建筑很快又被搭建起来。同时，镇政府行政处罚权的不足，导致部分行政处罚命令的下达还需要联合县级有关行政执法部门来做出，行政执法成本较高，执法效果大打折扣。

第三，镇级政府获得的国有城镇建设用地指标有限，制约了城镇化发展空间。为了确保耕地资源得到严格保护和土地集约利用，我国各级政府对国有城镇建设用地指标实行较为严格的控制。由于我国实行的是按照行政等级高低逐级分配国有城镇建设用地指标的做法，镇一级处于这一行政等级链条的最低一级，分配到的国有城镇建设用地指标本来就很少，而且还面临被县级政府挤占和切割的可能，留给镇一级的用地指标自然就不足，这严重制约了镇域的经济和社会发展速度，以及城镇化水平和质量的

① 方创琳等.中国新型城镇化发展报告[M]:北京:科学出版社,2014:71.

提升。

第四，镇级政府机构设置和人员编制有限，难以吸引专业人才，人才流失现象严重。镇政府的机构设置一般称为“七站八所”。所谓“所”，一般是政府机构，即工商行政管理所、税务所、公安派出所、司法所、财政所、土地管理所、粮食管理所、统计科等。所谓“站”，一般是指政府所属的行政事业机构，有的带有一定的企业性质，任务都是为农民提供社会化服务，如广播站、农电站、农机站、农技（科）站、林业（果）站、水利站、种子站、文化站、兽医站、农经站等。“七站八所”名义上是由县人民政府的业务主管部门和乡（镇）人民政府“双重领导”，但是在大多数地方，目前实际上它们的业务工作、人事调动、工资关系、机构设置和撤销等，仍是由主管部门负责，而对乡镇经济和社会发展负全面责任的乡镇政府，只是代管党团的组织关系和进行工作协调。也就是说，农村基层政府在总体上呈“部门掌权、政府协调”的格局，“七站八所”所处理的本职业务所必需的各种资源掌握在“条条”的手里。由于乡镇政府不具备对各项工作的全面、综合调控权，各所站“各事其主”，加之乡镇政府的规格相对较低，导致乡镇一级的“条块关系”方面的问题，比它们之上的任何一级政府都更加突出，“块块”的地位更加尴尬。为此，多年来，“下放所站、还权于乡”的呼声一直很高[①]。同时，镇级行政人员的行政级别相对较低，工作待遇、晋升空间、工作和生活环境等与城市有较大差距，导致很难吸引专业人才到镇里长期工作，镇级管理和建设所需的专业人才比较缺乏，人才流失现象较为严重。例如，近些年来国家通过“三支一扶”、大学生村官等项目为乡镇一级输送了很多大学毕业生，但是这些学生在工作一段时间后很多选择了考公务员或者辞职。

经济发达镇存在的“小马拉大车、大脚穿小鞋、大人穿小衣”的困境，严重制约了经济发达镇的经济社会发展。在国家发展和改革委员会（以下简称“国家发改委”）城市和小城镇改革发展中心研究院研究员李铁看来，由于中国的城市存在行政等级关系，这些人口和财政收入水平都堪比一个中小城市甚至大城市的建制镇处于行政等级的最底层，没有办法

① 朱光磊.当代中国政府过程[M].天津:天津人民出版社,2008:303-304.

履行一个城市政府的正常管理职责。比如广东东莞的长安镇，镇区外来人口57万人，本镇人口仅4万人，如果镇级的财权上缴根本无法解决如此庞大的外来人口的公共服务供给问题①。因此，为了解决经济发达镇发展受制于自身行政等级低的困境，更好地推动经济发达镇经济社会发展水平，经济发达镇的行政区划改革迫在眉睫。

（二）经济发达镇行政区划改革的探索：设立镇级市

2015年由国家发改委联合多个部门印发的《国家新型城镇化综合试点方案》（发改规划〔2014〕2960号）指出，探索建立行政管理创新和行政成本降低的新型管理模式，按照城市设置与简化行政机构联动原则，在符合行政区划合理调整的前提下，选择部分有条件的地方进行撤镇设市设区试点，优化行政层级和行政区划设置，积极借鉴经济发达镇行政管理体制改革试点的经验，探索更加精干、高效的组织架构和行政体制，推进扩权强镇改革，促进这些镇更好地吸纳人口，增强经济实力，实现经济社会更好更快发展，充分发挥其在新型城镇化建设中的示范带动作用。同时，选取了浙江省苍南县龙港镇和吉林省安图县二道白河镇作为建制镇撤镇设市改革的试点。

国家发改委发布的《国家新型城镇化报告2015》显示，当前我国镇区人口10万人以上的特大镇有238个，超过5万人的有885个。随着人口和经济规模的快速增长，一些特大镇的发展逐渐受到现有体制机制的束缚。“小马拉大车、大脚穿小鞋、大人穿小衣”等现象是对特大镇在发展过程遇到的困境的形容，而撤镇设市则成为破除制约经济发达特大镇体制机制障碍以及推进新型城镇化的一条途径。2015年，国家新型城镇化试点方案中提出推进县改市、改区，扩大市区和县城关镇及重点建制镇管辖范围，赋予吸纳人口多、经济实力强的镇同人口和经济规模相适应的管理权，小城镇的发展迎来新一轮利好。

镇级市是我国积极探索行政管理创新、降低行政成本的设市模式，目

① 镇改市：钱权人地都不够　体制改革需突破[EB/OL].(2016-08-22).http://www.xinhuanet.com/fortune/2016-08/22/c_129246541.htm.

的是由镇级政府承担起县级管理的能力，推动一些经济实力较强的镇向城市转型。在我国，“镇级市”的概念首次见诸媒体是2010年2月。2010年2月22日，时任温州市委书记邵占维在温州市强镇党委书记座谈会上提出，要把乐清市柳市镇、瑞安市塘下镇、永嘉县瓯北镇、平阳县鳌江镇、苍南县龙港镇这5个试点强镇建设成为镇级市。在同年的全国两会期间，邵占维又提出建设“镇级市”要下放权力、做好规划，将按照中小城市的目标来进行规划、建设和管理。

以浙江省经济发达镇龙港镇为例，龙港镇位于浙江省八大水系之一的鳌江入海口南岸，是中国第一座农民城，面积172平方公里，辖区建成区19平方公里。浙江省龙港镇属于我国新型城镇化综合试点镇，虽然在行政建制上龙港还是镇级建制，但是在人口规模和经济总量上，龙港镇已经和一些县差不多。按照赋予龙港镇与其人口与经济规模相适应的经济和社会发展权限的原则，浙江省按照镇级市的标准从以下几个方面给龙港镇赋权：第一，明确给龙港镇“县级单列管理”的基本定位。龙港镇可独立制定本地经济社会发展中长期战略规划和年度发展计划，在项目申报、工业企业和招商引资准入评审等方面等同于县级单位，单独向省上报年度用地指标，新增建设用地指标按照县级单位实行单列。第二，按照城市发展要求合理下放权力。财权方面，把龙港镇升格为县级财政管理单位，把原镇级金库升格为县级独立金库，财政直接对省结算。行政执法和审批权方面，把县级行政机关管理事项和行政执法权限下放给龙港镇，把经济、社会、文化、环保等方面的审批权限依法依规下放，实现县、镇之间权责关系由不稳定向稳定的转变。人事权方面，按照属地管理原则，强化镇级人事管理权。第三，加快推行“大部门”制。优化横向分工，按照层级减少、机构精简、成本节约、职能相近部门合并和打破条条对口的部门设置原则，把县派驻龙港镇部门与镇内设机构及事业单位进行合并，建立若干个“大部门”，实行以“块”为主的管理模式，“条”上进行业务指导。第四，调整优化人员结构和编制。严格控制机构编制规模，在不增加机构编制的前提下，结合龙港人口比例和经济规模从严核定行政事业人员编制。在总量控制的前提下，适当减少一般性岗位的行政事业人员，合理增加专业技术岗位人员，严格控制计划外用工。加大高素质人才引进力度，大力实施城市管理人才素质提升工程。第五，有效压缩行政成本。实施全面规范、公开透明的预算制度，加强行政成本预算源头监控，抓好预算执行的审核和监督，全面推行绩效预算，从制度上强化行政成本的控制，提高行政效能。充分发挥公共资源交易中心功能，有效降低政府对相关产品和服务的采购成本。

（三）撤镇设市（县级）或撤镇设区：破解经济发达镇发展面临的体制机制障碍的有效路径

目前，将经济发达镇改为镇级市受到不少学者的认同。例如，国家发改委城市和小城镇改革发展中心研究院研究员李铁就认为，特大镇作为新生中小城市最主要的对象和来源，镇改市能补上我国目前城镇化进程中的短板。当前中国城镇化进程中最短缺的就是中小城市，原有的小城镇长大了，但是新的小城市还没有出现。在“新生中小城市的培育方面，我国与发达国家相比确实存在巨大的差距，这也正说明还有非常大的潜力”[①]。

虽然部分地区已经开始将镇级市作为经济发达镇行政区划改革的模式在实践层面不断推进，但是制约当前我国经济发达镇发展的主要问题还是其经济和社会管理权限不足。就算镇变成了镇级市，其拥有的经济和社会管理权限并没有发生实质性变化，很多问题依然无法解决。笔者认为，破解当前我国经济发达镇发展面临的体制机制障碍的有效路径不是设立镇级市，而是撤镇设市（县级）或撤镇设区。

将部分经济发达镇撤销，设立县级市可以有效弥补我国城镇化发展过程中出现的中心城市培育不足的短板，带动县域城镇化水平和质量的提升。安徽省在部分经济发达镇推动的撤镇设区改革试点取得的实际成效，也为撤镇设市（县级）或设区模式的推行提供了很好的实践论证。因此，在经济发达镇的行政区划改革问题上，应该将撤镇设市（县级）或市辖区作为重要模式加以推广，部分经济发达镇撤镇设市（县级）或设区改革，

---

① 镇改市：钱权人地都不够 体制改革需突破[EB/OL].(2016-08-22).http://www.xinhuanet.com/fortune/2016-08/22/c_129246541.htm.

应该成为当前我国破解经济发达镇发展遭遇的体制机制障碍的有效路径。在具体改革推进过程中，需要注意以下几个方面的问题。

第一，镇级市和撤镇设市之间存在着本质的区别，经济发达镇行政体制改革的趋势是撤镇设市设区而非设立镇级市。“镇级市”最早是由温州提出来的，是对浙江省乐清市柳市镇、瑞安市塘下镇、永嘉县瓯北镇、平阳县鳌江镇、苍南县龙港镇5个经济发达镇未来行政区划体制和机制改革的一个设想。

制约经济发达镇发展的主要还是其经济社会管理权限，就算变成了镇级市，其行政级别并没有发生实质性变化，经济和社会管理权限依然没有重大改进，很多问题依然无法解决。同时，市在我国目前实际上有4个行政层级，分别是省级的直辖市、副省级的市、地级市、县级市，并没有镇级市这一说法，因此，要注意镇级市和撤镇设市之间存在着本质的区别。国家发改委、中央编办、公安部、民政部等11部委印发的《国家新型城镇化综合试点方案》（发改规划〔2014〕2960号）提出的经济发达镇行政区划改革的方向是撤镇设市设区而非设立镇级市。

第二，国家关于经济发达镇改革顶层设计的要求是仅在部分经济发达地区的镇试点撤镇设市设区，而非全部经济发达镇都要进行撤镇设市或设区改革。行政区划调整和改革的目的应该是让行政区划能够更好地服务于经济和社会发展需要。当前困扰我国很多经济发达镇经济和社会发展的主要问题就是权限不足和资源过少，与经济发达镇的人口规模和经济规模不相适应。因此，改革的重点应该是赋予经济发达镇与其人口规模和经济规模相对应的经济和社会发展权限，而不是一味地提高经济发达镇或者镇级领导的行政级别。以安徽省部分经济发达镇试点情况来看，很多试点镇在获得了县级经济和社会发展管理权限的同时，镇级领导和内设机构的行政级别都随之上升，一般镇级正职为副县级，镇级副职为正科级，镇政府下设的办公室、站和所等机构的行政级别明确为副科级，很多所也改名为分局。从给经济发达镇扩权之后的效果来看，经济发达镇获得了更多的财政专项资金、国有土地使用出让金分成、城镇建设用地指标以及机构和人员编制数量，对于镇级经济发展和小城镇建设起到了很大的推动作用。但是与之伴随的是扩权镇的机构和编制的臃肿，部分经济发达镇在机关单位公务用车改革前的公车就有70多辆，行政成本之高可见一斑。

同时，要注意在经济发达镇行政区划改革问题上，不能将撤镇设市作为镇级行政区划改革的唯一路径，也不意味着要将所有的经济发达镇都进行撤镇设市设区。《国家新型城镇化综合试点方案》（发改规划〔2014〕2960号）提出，按照城市设置与简化行政机构联动原则，在符合行政区划合理调整的前提下，选择部分有条件的地方进行撤镇设市设区试点，优化行政层级和行政区划设置，积极借鉴经济发达镇行政体制改革试点的经验，探索更加精干、高效的组织构架和行政体制。推进扩权强镇改革，促进这些镇更好地吸纳人口、增强经济实力，实现经济社会更好更快发展，充分发挥其在新型城镇化建设中的示范带动作用。从这个试点方案可以看出，国家层面的意思是对部分有条件的地区进行撤镇设市设区，而不是所有经济发达镇在进行行政管理体制和机制创新时都撤镇设市设区。经济发达镇是个相对的概念，我国东中西部经济发展水平差异很大。同样，经济发达镇内部的差异也很大，除了少数几个镇，如温州龙港镇、东莞虎门镇、苏州盛泽镇等，很多经济发达镇只是与当地乡镇发展相比处于领先地位，距设市标准还有很大差距。

第三，改革按行政等级配置公共资源的做法，镇级行政区划改革不能走升格翻牌的老路，没有必要给部分镇扩权的同时进行行政级别的提升。因为制约很多经济发达镇发展的不是其行政级别而是其权限，赋予部分经济发达镇以县级的经济社会管理权限即可解决这一难题。很多热衷于选择撤镇设市的地区，改革的目的并非为了更好地发展经济和社会事业，他们看重的是改革后行政级别的提升和财政、人事、土地等权限的扩大，这从很多获得县级经济社会发展权限的镇和没有获得权限的镇在发展水平上并未有明显的差距就可看出。可以赋予部分镇更多的经济和社会发展权限，但是行政级别没有必要随之提升，低职高配的做法应该叫停。

第四，严格制定撤镇设市（县级）标准，努力引导更多的经济发达镇和各种类型的经济社会发展试验区变成地级市辖区。相比于设立县级市来说，撤镇设区成本更低，也更加切实可行。这里以安徽省六安市霍邱县叶集镇撤镇设区和马鞍山市当涂县博望镇撤镇设区为例。叶集原来是安徽省霍邱县的一个镇，地理和交通位置优越。1949年以来，叶集是区、镇（社）的政府所在地。1984年区镇合一，成为霍邱县西南重镇，是与邻省、县交往的纽带。1992年撤区并乡后，叶集镇兼辖柳树、平岗两乡，总面积99平方公里，人口7.4万人。1993年经省委、省政府批准实施综合改革试点，并实行地区计划单列，此后又成为国家级综合改革试点镇。1998年，叶集改革发展试验区获批成立，行使县级管理权限。1998年设立改革发展试验区以后，叶集的经济发展很快，已经基本具备成为一个地级市辖区的人口规模和经济实力。虽然叶集试验区获得了县级经济管理单列单位和正县级的行政级别，但是行政区划上仍然为镇的建制，试验区虽承担着正县级经济社会管理职能，但既不是建制县，也不是市辖区、开发区，这种行政架构处于"四不像"的尴尬境地，往往造成政策"盲区"。因为镇的行政级别所限，叶集在改为六安市辖区之前，没有省级示范学校、二级及二级以上综合性公立医院、儿童福利院和社会救助站，排水排污下水管道、污水处理等城市基础设施不完备，与试验区承载的人口规模和经济发展水平严重不匹配。2015年10月13日，《国务院关于同意安徽省调整铜陵市六安市安庆市部分行政区划的批复》（国函〔2015〕181号）下发，同意对安庆市、铜陵市、六安市、淮南市部分行政区划进行调整，设立六安市叶集区，将霍邱县的叶集镇、三元镇、孙岗乡划归叶集区管辖，叶集由功能区转为行政区。2015年12月，国务院正式批准叶集试验区撤销，以霍邱县叶集镇、三元镇、孙岗乡为基础，正式设立六安市叶集区。

马鞍山市博望区位于安徽省马鞍山市最东端，地处长三角经济圈和南京一小时都市圈内，与江苏江宁、溧水、高淳三区接壤，与南京空港新城、柘塘新城相互呼应，是安徽省通向苏浙沪等长三角发达地区的一个重要门户。博望区交通十分便利，周边有宁安城际铁路、沿江高速、宁杭高速、沪宁高速以及长江黄金水道。40公里左右有南京禄口机场、马鞍山外贸码头、芜湖朱家桥外贸码头、芜湖湾里机场。博望区现辖博望、新市、丹阳三镇，共有37个村、3个居委会、3个社区，全区总面积351平方公里，总人口近20万人。博望镇在撤镇设区之前，经济发展水平居于当涂县前列，先后被评为“全国小城镇建设示范镇”“全国文明村镇”“全国环境优美乡镇”，被授予安徽省“农村综合改革试点镇”“扩权强镇试点镇”“改革与发展试点镇”“科技创新示范乡镇”“机械制造产业集群基地”“机电产品出口创汇基地”等多项称号，是中国国家火炬计划博望剪折机床及刃模具特色产业基地、全国剪折机床产业知名品牌示范区和国家机床监督检验中心。博望镇由于始终处于镇的建制，当地迅速发展的以机床、刃模具、筑路机械及配件三大优势产业为支柱的机械制造特色产业集群带来了许多常住人口和经济综合实力的提升，与镇级的经济社会管理权限越来越不相称。为了更好地适应博望镇经济社会发展的需要，马鞍山市于2012年9月12日正式成立了博望新区，新区由博望镇、新市镇、丹阳镇组建而成，全区总面积351平方公里，总人口近20万人。赋予博望新区县级经济和社会管理权限，在税收分成比例和上级财政转移支付等方面向博望新区倾斜。在城市规划上，《马鞍山市城市总体规划（2002—2020）》明确将博望新区作为马鞍山市重点打造的副城之一进行规划和建设，有针对性地解决了博望副城选址、基于资源环境承载力的发展规模、空间布局以及公益性公共设施、道路和市政基础设施的配置问题。但是由于新区政府并不是完全意义上的一级行政区划，只是带有试验性质的功能区，面临很多行政管理体制和机制运行上的难题和困境，对博望新区有必要进行行政区划上的正式确认。2012年9月12日，根据《国务院关于同意安徽省调整马鞍山市部分行政区划的批复》（国函〔2012〕103号），马鞍山市正式对博望镇进行撤镇设区，以博望新区管辖的当涂县博望、丹阳、新市三镇为基础成立马鞍山市博望区。

经济发达镇撤镇设区后，在一定程度会增加地级市下辖的县级行政区划数量，可以通过尝试将原有地级市下辖的部分市辖区进行合并重组，为新增设的市辖区留出区级行政区划编制，以达到既推动原经济发达镇的发展又不增加行政区数量的目的。以安徽省马鞍山市为例，马鞍山市博望区成立之前共下设金家庄区、花山区、雨山区共三个地级市辖区，2012年，马鞍山市博望区成立。为了不增加市辖区数量，马鞍山市在区级行政区划上进行了合并，撤销了原金家庄区、花山区，设立新的花山区，经过撤销和新设，马鞍山市的市辖区数量依然保持为3个，行政改革成本没有明显增加。

第五，撤镇设市设区不能一哄而起，要有序地推进。将特大镇撤销设立县级市或者成为地级市辖区，对于吸纳更多的城镇人口和民间投资有很大帮助，对当下中国经济发展和城镇化进程有很重要的意义，改革进程理应快一些。但是经济强镇或者特大镇的发展形成需要一个很长的历史过程，不是在短期内通过政府的引导和培育就能形成的。同时，特大镇撤镇设市（县级）或者地级市辖区，还需要行政管理体制相关配套改革同时同步推进。因此，对于这一改革模式不能急于求成，而应当做到稳步有序地推进。

四、适应新型城镇化和区域经济协调发展战略，推动层级相同的横向行政区域的边界重组改革

行政区划包括纵向的行政层级和横向的行政区域，我们在关注纵向行政层级改革的同时，也不能忽视对横向行政区域的行政区划改革问题的关注和研究。从横向来看，一定地域内往往并存若干数量层级相同的行政区。这些行政区的存在，深刻地影响和改变着该地域内的要素和资源流动方向和格局，进而对区域经济发展产生强烈的制约和影响。如何突破行政区设置的限制，按照区域经济协调发展的思路，推动层级相同的行政区域之间的边界重组已经成为当前学术界关注的热点之一。同时，新型城镇化战略提出要大力发展以城市群为主体形态的城镇集群体系，标志着我国的经济发展已经从传统的省域经济开始转变为区域经济和城市群经济形态。城市群属于经济区，城市群的发展受到区域内行政区划设置的制约和影响，如何破除一定区域内并存的相同层级行政区划对城市群发展带来的刚性约束和制约也成为行政区划研究的热点。上述两个问题综合在一起，就是本节要讨论的第四个问题，即如何适应新型城镇化和区域经济协调发展战略，推动层级相同的横向行政区域的边界重组改革的问题。

当前理论界关于如何处理行政区划与新型城镇化、区域经济协调发展

关系的问题研究集中在两种思路上：一是按照行政区设置迎合经济区发展需求的原则，通过必要的行政区域的合并重组等行政区划改革来推动都市圈的发展，使得行政区与城市群、（大）都市圈（区）等经济区重合，推动区域经济协调发展。例如安徽省为打造合肥都市圈而推行的拆分地级巢湖市的行政区划改革。二是在保持现行行政区划不变的前提下，通过组建跨行政区的经济区思路来推动城市群和经济圈的形成。例如安徽省组建的江南产业集中区和江北产业集中区的做法就属于这一思路。

综合当前学术界对于地方行政区划改革研究热点的分析和论述，本书后面的章节将结合安徽省行政区划变革的历史和实际情况，从行政区划的纵向和横向两个方面，对地方行政区划改革的趋势和优化路径展开分析和论证。纵向上，将结合新型城镇化战略，分别从地级市领导县体制的合理性、省直管县、县（市）改区、撤县设市四个方面来展开论述。横向上，将结合区域经济协调发展战略，从行政区划改革与区域经济发展内在关联、地级巢湖市撤销与合肥都市圈崛起、行政区划改革与安徽沿江地区经济协调发展三个方面来展开论述。

第三章　新中国成立以来安徽省行政区划设置沿革及存在的问题

新中国成立以来，安徽省行政区划设置在沿袭新中国成立前行政区划设置格局的基础上，经历了不同时期不同程度的变革和调整，形成了现有的行政区划设置格局。截至2017年年底，安徽省共有16个地级市，6个县级市，55个县，44个市辖区。通过对新中国成立以来安徽省行政区划设置沿革的梳理及其存在问题的分析，一方面有助于更好地认识和把握安徽省行政区划变迁的历史；另一方面，通过对这段时期安徽省在行政区划设置上的成功做法和不足之处的总结，在一定程度上可以为安徽省当前及今后一段时期内行政区划改革模式和优化路径的选择提供借鉴。

第一节　新中国成立以来安徽省行政区划设置的沿革

新中国成立初期，安徽省经历了短暂的从省级建制被撤销到恢复的阶段。其后，相对于新中国成立前的行政区划设置情况来说，安徽省行政区划开始经历不停地变动，行政区划调整幅度较大。从行政层级来看，地市层级的行政区划变动最大，县级政区相对稳定，乡镇行政区划经历了几轮合并。总体来看，可以把新中国成立以来安徽省行政区划设置的沿革分成以下几个阶段：安徽省建制恢复前的皖北行署和皖南行署时期，安徽省人民政府成立到“文革”之前，“文革”到改革开放前和改革开放后至今共四个时期。

一、安徽省建制恢复前的皖北行署和皖南行署时期：省级建制被撤销

安徽省成立于清代初年，由江南省一分为二而来，省会定在安庆。一直到新中国成立前夕，安徽省始终保持一个省级行政区划的建制。由于受到解放战争推进进程的影响，皖北地区先于皖南地区解放。为了便于对新解放区的领导和控制，依据被解放地区的先后顺序，安徽地区先后成立了皖北行政公署和皖南行政公署，全省地域处于两个行政公署管辖之下，安徽省省级建制处于被撤销状态。伴随解放战争的结束和国民经济恢复任务的逐步完成，安徽江南地区的政局基本稳定，恢复安徽省级建制和设立安徽省人民政府的时机日渐成熟。1952年8月25日，经中央政府批准，安徽省人民政府正式成立，皖北行政公署和皖南行政公署行政区划正式结束，新中国成立初期安徽经历的省级行政区划处于被撤销状态的短暂历史随之终结。

1949年4月21日，安徽省长江以北地区全部解放，党中央决定在合肥设立皖北人民行政公署，简称皖北行署。皖北行政公署的管辖范围为安徽省长江以北地区。皖北行政公署下设六个专区、两个市和一个矿区办事处，分别是安庆、宿县、阜阳、滁县、巢湖、六安六个专区，合肥和蚌埠两个市，一个淮南矿区办事处（1950年9月设立县级淮南市，1952年6月设立省辖淮南市）。六个专区的管辖范围分别如下：安庆专区（驻安庆市）管辖安庆市（1952年安庆市改由省直辖）、怀宁县、望江县、宿松县、太湖县、岳西县、潜山县、桐城县；宿县专区（驻宿城市，今宿州市）管辖宿城市（1953年撤销宿城市，并入宿县）、宿县、砀山县、萧县、永城县（1952年永城县划归河南省管辖）、濉溪县、灵璧县、泗县、泗洪县（1955年3月，泗洪县由安徽省宿县专区划归江苏省淮阴专区管辖）、五河县、怀远县；阜阳专区（驻阜阳县）管辖阜阳县、亳县、涡阳县、蒙城县、凤台县、颍上县、阜南县、临泉县、界首县、太和县；滁县专区（驻滁县）管辖滁县、江浦县、来安县、全椒县、炳辉县（现在的安徽省天长市）、

盱眙县（1955年划归江苏省，属淮阴专区）、嘉山县（1994年5月31日，国务院批准嘉山县撤县设市，改名为明光市）、定远县、凤阳县；巢湖专区（驻巢县）管辖巢县、含山县、无为县、庐江县、和县、肥西县、肥东县（1952年巢湖专区撤销，原巢湖专区所辖县并入滁县、六安、芜湖三个专区）；六安专区（驻六安县）管辖六安县、霍山县、舒城县、寿县、霍邱县、金寨县。

随着1949年4月23日渡江战役的打响，人民解放军进入长江以南地区作战，皖南地区于1949年5月前后基本解放。为了加强对刚刚解放不久的皖南地区的领导和控制，1949年5月7日，在徽州地区的屯溪市（今黄山市屯溪区）成立了皖南人民行政公署，简称皖南行署。1949年7月，皖南行政公署驻地由屯溪市迁往芜湖市。皖南行政公署管辖四个专区和一个市，分别是芜当、池州、宣城、徽州四个专区和芜湖市（1952年芜湖市由安徽省直辖）。四个专区的管辖范围分别如下：芜当专区管辖当涂市、当涂县、芜湖县、南陵县、繁昌县（1950年撤销芜当专区，后成立芜湖专区）；池州专区管辖大通市、贵池县、至德县、东流县、青阳县、太平县、铜陵县、石埭县（1952年2月，撤销池州专区，辖区各县分别划入安庆专区、徽州专区、芜湖专区）；宣城专区管辖宣城市、宣城县、郎溪县、广德县、泾县、宁国县（1952年1月，宣城专区撤销，辖县并入新成立的芜湖专区）；徽州专区管辖屯溪市、歙县、旌德县、绩溪县、休宁县、黟县、祁门县。

1951年12月9日，皖南行署驻地从芜湖市迁往合肥市，与皖北行署合署办公。1952年8月7日，经中央批准，撤销皖南人民行政公署和皖北人民行政公署建制，皖北人民行政公署与皖南人民行政公署合并成立新的安徽省，省会为合肥市。1952年8月25日，安徽省人民政府正式成立，实行省、省辖市（专区，后称地区行署）、县（专区辖市，又称县级市）三级管理体制。

安徽省行政区划经过新中国成立初期的短暂变革，截至1952年8月25日安徽省人民政府成立时，安徽省共设7个专区、5个省辖市，共计12个地级和准地级行政区划[①]。

二、安徽省人民政府成立到“文革”前阶段：地级行政区划不断增多

自1952年8月安徽省人民政府成立到1966年“文革”前的阶段，安徽省行政区划设置格局经历了一定的变化，尤其是在地级行政区划层面经历了较大的变动。这一时期安徽省行政区划设置的主要变化是依托矿区新设立了三个资源型地级市，将部分专区改称为地区、部分被撤销的地区重新恢复设置。经过这一时期的不断调整和变动，安徽省地级和准地级行政区划数量增加较快。

第一，新设立三个资源型地级市。新中国成立后，为了加强对矿区的统一领导和管理，依托矿区设立特区，然后升级为地级市成为很多地区的做法。安徽省从1952年开始，为了开采矿产资源的需要，新设立了以煤炭开采为主的淮南和濉溪两个省辖市以及以铁矿开采为主的马鞍山省辖市，共计三个资源型地级市。1952年6月，省辖淮南市成立。1956年10月12日，国务院批准设立马鞍山市，为省辖市。1958年5月，淮北煤矿筹备处成立。1960年4月6日，经国务院批准，以蚌埠专区的濉溪县和萧县部分地区组建濉溪市，归属省政府管辖。

第二，将部分专区改称为地区，之前部分被撤销的地区被重新恢复。这一时期，原本属于安徽省直辖的安庆市、芜湖市划归所在地的专区管辖。1958年6月21日，芜湖市改属芜湖专区领导，1965年安庆市划归安庆专区领导。同时，部分专区在这段时期改称为地区，部分之前被撤销的专区又重新恢复设置。例如，1965年，安徽省恢复了之前被撤销的池州专区和巢湖专区，直属安徽省政府管辖。

经过这一时期的地级行政区划变动，到“文革”前，安徽省行政区划设置为5个省辖市（合肥、蚌埠、淮南、马鞍山、濉溪），1个特区即铜陵

---

① 为了对安徽省地级行政区划变革历程认识的便利，本章节在统计地级行政区划时，将属于省级政府派出机构的专区和地区称作准地级行政区划。

（铜陵市行政区划设置比较复杂，经过了设立、撤销、再设立等过程。1956年10月12日，经国务院批准，成立铜官山市，属省直辖。1958年9月5日，经国务院批准，铜陵市县合并，改名铜陵市，属省直辖。1964年7月29日，经国务院批准，铜陵市改为铜陵特区，实行政企合一，为省直辖），9个地区和专区（阜阳、宿县、滁县、六安、安庆、巢湖、芜湖、徽州、池州），70个县，共计15个地级和准地级行政区划。相比于新中国成立初期的12个地级和准地级行政区划，安徽省地级和准地级行政区划数量增加了3个，增幅较大。

三、"文革"到改革开放前时期：现有地级行政区划格局基本确立

1968年，安徽省革命委员会成立，此后不久各专区、市、县也相继成立了革命委员会。这一时期的行政区划设置的变革和调整，主要是以行政区划的名称变化为主，地域面积和管辖范围等方面的变化不大。这一时期安徽省行政区划设置变革的特征主要包括省辖市的数量增加、增设一个矿产型地级市、所有专区改为地区、现有安徽省地级和准地级行政区划设置格局基本成型等方面。

1971年3月30日，濉溪市正式改称为淮北市。同时，铜陵由之前的特区变成安徽省管辖的铜陵市。铜陵是一个因铜矿开采和加工而出名的城市，新中国成立后铜陵分别受安庆和池州专区管辖过，也曾为省辖市，后改为铜陵特区。1971年12月11日，经国务院批准，改铜陵特区为铜陵市，属于省辖市。此外，安庆市和芜湖市在这段时期内也由原来的地区管辖改为省政府管辖。1971年，安徽省决定将全省所有专区改为地区。

安徽省行政区划设置经过这段时期的调整和变动，截至1978年底，安徽省共设置了合肥、芜湖、蚌埠、安庆、淮南、淮北、马鞍山、铜陵8个地级市和安庆、芜湖、六安、巢湖、池州、阜阳、滁县、宿县、徽州9

个地区，共计17个地级和准地级行政区划[①]，安徽省地级行政区划设置格局基本确立。

四、改革开放后至今：行政区划设置渐趋稳定

改革开放以后，在中共中央和国务院推动下，安徽省经历了地级行政区划上的地级市领导县体制改革和县级行政区划上的撤县设市改革高潮，经过地市合并和地区改地级市后，地级市领导县体制在全省完全确立，安徽省行政区划由此进入逐步稳定时期。这一时期安徽省行政区划改革的主要做法包括撤县设市，通过实行地区改地级市在全省范围内推行地级市领导县体制，设立地级亳州市，地级巢湖市被撤销，部分县在地级市管辖权上发生变动。经过这段时期行政区划设置的调整和变革，安徽省基本上确立了省、地级市、县（区、县级市）、乡镇四级行政层级体制，现有的行政区划格局基本确立。

第一，撤县设市改革。安徽省是一个农业大省，农村人口比重较大，城镇化率较低。在县级政区设置上，安徽省以农村型政区的县为主，城市型政区的县级市数量偏少。改革开放后，伴随部分地区乡镇企业的快速发展和国家层面对撤县设市改革批准力度的加大，安徽省部分县开始申请撤县设市改革。在这一轮撤县设市改革高潮中，安徽省共获批设立了巢湖、亳州、宣州、界首、天长、明光、桐城、宁国8个县级市。1984年，国务院批准撤销巢县，设立县级巢湖市。1986年3月，国务院批准撤销亳县，设立县级亳州市。1987年，国务院批准撤销宣城县，设立县级宣州市。1988年8月17日，国务院批准撤销界首县，设立县级界首市。1993年12月，国务院批准撤销天长县，设立县级天长市。1994年5月31日，国务院批准撤销嘉山县，设立县级明光市。1996年8月，国务院批准撤销桐城县，设立县级桐城市。1997年3月11日，国务院批准撤销宁国县，设立县级宁国市。1997年之后，国务院基本上冻结了撤县设市的行政区划审批活

---

① 这段时期出现了地区和地级市并存的现象，芜湖市和芜湖地区，安庆市和安庆地区，但是地区不管辖地级市，地级市管辖范围为市区和郊区，不管辖县。

动，安徽省撤县设市改革也就此进入停滞状态。2000年前后，安徽省在推行地级市领导县体制改革时，将宣州、巢湖、亳州3个县级市改为新设立的地级市的市辖区，宣州市改为宣城市宣州区、县级巢湖市改为巢湖市居巢区、县级亳州市改为亳州市谯城区。2011年地级巢湖市被撤销时，又恢复了县级巢湖市的建制。2018年7月，安徽省潜山县撤县设市成功获批，潜山县改为潜山市。经过这一时期的县级市设立、县级市改市辖区和重新恢复设立个别县级市建制等行政区划变革，截至2018年8月底，安徽省县级行政区划中，县级市的行政区划数量为7个，分别是界首、天长、明光、桐城、宁国、巢湖和潜山。从安徽省现有的县级市数量来说，不仅总量偏少，而且县级市在县级政区中的比例过低。

第二，通过地区改地级市，地级市领导县体制在全省范围内完全确立。1978年年底时，安徽省尚有9个地区，经过2000年前后的地区改地级市改革后，安徽省所有地区被撤销，地级市领导县体制在全省范围内确立，全省开始完全实行省、地级市、县和乡镇的四级行政管理体制。1987年11月，国务院发布了《关于安徽省调整徽州地区行政区划的批复》，同意撤销徽州地区、屯溪市和县级黄山市，设立地级黄山市；同时将原属徽州地区管辖的石台县划归池州地区管辖，绩溪、旌德2县划归宣城地区管辖。1988年4月，地级黄山市正式成立，辖屯溪、黄山、徽州3区和歙县、休宁、祁门、黟县4县。1996年1月，经国务院批准，撤销阜阳地区，设立地级阜阳市。1998年12月6日，经国务院批准，撤销宿县地区和县级宿州市，设立地级宿州市。1999年9月，国务院批准六安地区撤地设市，原县级六安市分设为金安区、裕安区。2000年3月，地级六安市正式成立。2000年6月，国务院批准池州地区撤地设市，地级池州市辖贵池区、东至县、青阳县、石台县、九华山风景区。2000年6月25日，经国务院批准，撤销宣城地区，设立地级宣城市；县级宣州市改为宣城市宣州区。至此，安徽省所有的地区都被改为地级市，地级市领导县体制完全确立。

第三，分拆地级阜阳市，设立地级亳州市。亳州原本是县级市，属于阜阳市管辖。1983年经国务院批准撤销亳县，设立县级亳州市，属于阜阳市代管。1998年2月，安徽省将亳州市收归省政府管辖，享受副地级市行政级别。由于阜阳市管辖的地域面积过大、人口过多，存在管理上的难题，在此背景下安徽省政府向国务院提出调整阜阳市行政区划的申请。2000年5月21日，安徽省依据《国务院关于同意安徽省调整阜阳市行政区划设立地级亳州市的批复》（国函〔2000〕47号），将阜阳市管辖的涡阳县、蒙城县、利辛县划归新设立的地级亳州市管辖。调整后的阜阳市辖颍州区、颍东区、颍泉区和临泉县、颍上县、阜南县、太和县。县级界首市由省直辖阜阳市代管。

第四，地级巢湖市被撤销。巢湖原本为地级市，成立于1999年，由原巢湖地区撤地设市而来。2011年8月22日，安徽省依据《国务院关于同意安徽省撤销地级巢湖市及部分行政区划调整的批复》（国函〔2011〕84号），撤销地级巢湖市；撤销原地级巢湖市居巢区，设立县级巢湖市，以原居巢区行政区域作为新设的县级巢湖市的行政区域，新设的县级巢湖市由安徽省直辖，合肥市代管；原地级巢湖市管辖的庐江县划归合肥市管辖；无为县划归芜湖市管辖；和县的沈巷镇划归芜湖市鸠江区管辖；含山县、和县（不含沈巷镇）划归马鞍山市管辖。经过此次行政区划调整后，合肥市辖4区1市4县，马鞍山市辖3区3县，芜湖市辖4区4县。撤销地级市的行政区划改革做法，在我国改革开放以后的行政区划改革历史上是比较少见的，此次行政区划调整是安徽省经济社会发展到一定阶段的内在要求。新中国成立以来，安徽省行政区划虽历经多次调整和变革，但是仍存在地级市数量过多、中心城市过少、部分地级市地域面积过小以及巢湖流域治理呈现碎片化状态等问题，对现阶段的经济社会发展已形成很大制约，地级巢湖市的撤销在一定程度上能有效缓解上述行政区划设置和区域经济发展存在的难题。地级巢湖市撤销后，合肥市的发展空间得到大大拓展，合肥都市圈建设成效已经初步显现，巢湖流域的治理也由两市合治变成合肥市一家管辖，巢湖流域治理的碎片化状态基本得到解决。同时，芜湖市和马鞍山市在地级巢湖市撤销后，人口规模、地域面积和发展空间也大为拓展，管辖范围跨越长江，拥江发展战略开始启动。有关地级巢湖市撤销和合肥都市圈崛起问题的分析，将在本书第十章详细展开。

第五，部分县在地级市的管辖权归属上发生变动。改革开放以来，安徽省行政区划设置格局除了地市级层面的行政区划变动较大外，县级层面的行政区划变动较小。截至2018年8月底，县级层面的变动除了潜山撤县设市外，只有枞阳和寿县两县在地级市管辖权归属上发生变动。由于历史原因，安徽省部分地级市管辖的地域面积过小、人口过少，严重制约了地级市的发展空间。为了更好地解决部分地级市发展空间不足的难题，经国务院批准，安徽省对部分县在地级市的管辖权归属上进行了适当变动。一是将六安市的寿县划归淮南市管辖。2015年12月3日，依据《国务院关于同意安徽省调整六安市淮南市铜陵市部分行政区划的批复》（国函〔2015〕206号），安徽省将六安市的寿县划归淮南市管辖。寿县地处淮河中游南岸，县域面积2 986平方公里、人口137万。寿县和淮南同属楚文化，历史上曾同属一地，风俗文化、语言习惯都一脉相承，有着良好的人文基础和历史认同。寿县从六安市划归淮南市管辖后，淮南市地域面积扩大了一倍多，达5 533平方公里，人口也增至345.6万，城市的发展空间得到大大拓展[①]。二是将安庆市的枞阳县划归铜陵市管辖。2016年1月4日，经国务院同意，安徽省正式宣布枞阳县划归铜陵市管辖。枞阳县行政区划调整之前，铜陵市是我国东部地区人口最少、面积最小的地级市，此次行政区划调整后，铜陵市地域面积较之前扩大了一倍多，人口规模也大幅增加，发展空间得到有效拓展

安徽省行政区划设置经过新中国成立以来的不断变革和调整，现有的安徽省行政区划格局基本确立。截至2017年年底，安徽省共有16个地级市，6个县级市，55个县，44个市辖区。

第二节　当前安徽省行政区划设置存在的问题

安徽省行政区划设置格局历经新中国成立以来的多次变革和调整，总体上是符合经济和社会发展要求的。但是随着我国新型城镇化战略、乡村

① 淮南市人民政府.走进淮南[EB/OL].(2021-01-05).http://www.huainan.gov.cn/zjhn/hngk/index.html.

振兴战略和城乡区域协调发展战略的不断推进和实施，安徽省现有行政区划设置存在的问题日益凸显，主要表现在以下几个方面。

一、在县级行政区划设置中，作为城市型政区的县级市数量偏少

县级行政区划包括县、县级市和地级市辖区三类，其中县属于农村型政区，县级市属于城市型政区，市辖区属于地级市城区的组成部分，相对于县和县级市来说，市辖区的独立性较差。安徽省县级行政区划中，县的数量较多，县级市数量相对偏少，这在一定程度上反映了安徽省城镇化进程较慢、水平较低的现实。同时，县级市数量过少也在很大程度上制约了安徽省城镇化水平和质量的提升，也是导致安徽省城镇化率不高的重要原因之一。截至2018年8月底，安徽省共有105个县级行政区划单位，其中44个市辖区、54个县、7个县级市（天长、明光、界首、宁国、桐城、巢湖、潜山），县级市占县和县级市总数的比例约为11%。同一时期，地域面积和安徽省差不多的江苏省，共设立了97个县级行政区划单位，其中23个县级市、18个县、56个市辖区，无论是县级市的数量和县级市占县级行政区划总数的比例都远远高于安徽省。江西省的城镇化率和水平与安徽省差异不大，但是截至2017年年底，江西省已经拥有11个县级市，比安徽省7个县级市多4个。

二、地级市领导县体制改革过程过于急躁，部分地级市因自身实力不足难以带动所辖县的发展，制约了地级市领导县体制正常功能的发挥

所谓“地级市领导县的体制”，是指地级市人民政府领导县人民政府的行政体制。这种体制的形成，经历了从方便城市经济发展与经济管理，到简化城乡双轨制的行政体制而使之一体化的两个过程同步进行的结果。

1982年底，随着农村经济实力的日益增强，城乡经济一体化的趋势迅速发展，中央首先在江苏省实行地市合并，由市领导县的试点，逐渐形成了以城市为依托的各种规模和各种类型的经济区。中央很快肯定了这一经验并进一步决定：将推广市领导县行政体制，实行地市合并或地改市，作为当时地方行政机构改革的一项重要内容。从此以后，市领导县的行政体制如同雨后春笋，在全国范围内广为展开[①]。

改革开放前，安徽省的地级市数量较少，县基本由专区或地区领导，少量设立的地级市也是和地区并存，没有领导县，当时的地级市属于完全意义上的城市型政区。从20世纪80年代初开始，在全国范围内掀起了地级市领导县体制改革的高潮，当时的安徽省也通过地区和地级市合并的形式，将部分原来由地区管辖的县划归地级市领导，地级市领导县体制在安徽省范围内开始建立起来。例如，1983年7月1日，安徽省将原属宣城地区的繁昌、南陵、青阳三县及九华山管理处划归芜湖市管辖。同时，安徽省又将地级安庆市和安庆地区合并推行地级市领导县体制。1979年安庆市改由省直辖，安庆地区辖8个县。1988年8月17日，国务院批准撤销安庆地区，将所属的桐城县、怀宁县、枞阳县、潜山县、太湖县、宿松县、望江县、岳西县划归地级安庆市。由于地级市数量较少，当时大部分的县仍然由作为省政府派出机构的地区领导。此后，又有徽州地区改为地级黄山市，1987年11月，国务院下发《关于安徽省调整徽州地区行政区划的批复》，撤销徽州地区、屯溪市和县级黄山市，设立地级黄山市。原属徽州地区的石台县划归池州地区管辖，绩溪、旌德2县划归宣城地区管辖。1988年4月，地级黄山市正式成立，辖屯溪、黄山、徽州3区和歙县、休宁、祁门、黟县4县。

从20世纪90年代初到20世纪末，安徽省再次掀起地级市领导县体制改革的高潮。这次地级市领导县体制改革，不同于20世纪80年代的地区和地级市合并的形式，采用的是由地区改地级市的方式来快速推进，在短短的几年之内，滁州地区（1992年12月20日，国务院批准撤销滁州地区，设立地级滁州市）、阜阳地区（1996年2月28日，国务院批准撤销阜阳地

① 浦兴祖.当代中国政治制度[M].上海:复旦大学出版社,1999:185-186.

区，设立地级阜阳市）、宿县地区（1998年12月6日，国务院批准撤销宿县地区和县级宿州市，设立地级宿州市。宿州市辖原宿县地区的萧县、砀山县、泗县、灵璧县和新设的埇桥区）、巢湖地区（1999年7月9日，国务院批准撤销巢湖地区，设立地级巢湖市）、六安地区（1999年9月，国务院批准六安撤地设市，原县级六安市分设为金安区、裕安区。地级六安市管辖金安、裕安2区和寿县、霍邱、金寨、霍山、舒城5县）、宣城地区（2000年6月25日，国务院批准撤销宣城地区，设立地级宣城市，宣城市管辖原宣城地区的宣州、广德、郎溪、宁国、泾县、旌德、绩溪）、池州地区（2000年6月，国务院批准撤销池州地区，设立地级池州市，辖贵池区、东至县、青阳县、石台县、九华山风景区）分别改为地级市，各地区管辖的县分别划归由地区改地级市管辖。至此，安徽省全面推行省、地级市、县、乡镇的四级管理体制，地区这一准地级行政区划在安徽省正式退出历史舞台。

从安徽省地级市领导县体制改革采用的方式来看，地市合并和划县入市的方式比较少，绝大部分采用的是地区改地级市方式建立的。从安徽省地级市领导县体制的推进过程来看，时间主要集中在20世纪最后5年内完成，2011年之前设立的17个地级市中，有6个是在这5年内设立的，反映出地级市领导县体制改革的进展过快、过于急躁。由地区改地级市，虽名为地级市，但在地区撤销之前都是县或者县级市，经济基础和综合实力较弱，变成地级市后对所管辖县的辐射带动作用自然非常有限。从近十几年部分地级市的发展来看，安徽省部分地级市因自身实力不足难以带动所辖县的发展，制约了地级市领导县体制正常功能的发挥。

对于地级市领导县体制，要科学合理地进行评判，不能因部分地级市自身实力不足难以带动所辖县的发展，就全盘否定地级市领导县体制改革做法的合理性和有效性。地级市领导县体制，是我国地方行政体制改革的一项重要成果。它比较成功地打破了多年来市、县之间形成的行政壁垒和城乡分割，有效地促进了城乡经济发展的一体化，使中心城市在带动周边地区发展方面发挥了作用①。但是，也有一些地方不顾实际情况盲目进行

① 浦兴祖.当代中国政治制度[M].上海:复旦大学出版社,1999:186.

改制，强行用行政手段将市、县捆绑在一起，使本来是帮助县、推动县经济发展的市领导县体制变成了“市卡县”“市挤县”，其结果不但没有实现城市带动农村发展的目标，反而产生了市、县经济摩擦与经济对立等问题。因此，今后必须从市与县的实际情况出发，因地制宜地推行地级市领导县的体制，防止一哄而上、盲目改制的现象，将地级市领导县体制引导上一个科学、合理的发展轨道①。

三、地级市行政区划设置数量偏多且空间分布不均衡，尤其是皖南地区地级市数量过多

根据民政部公布的统计数据显示，截至2017年年底，安徽省地域面积约14万平方公里，地级市行政区划数量是16个（2011年地级巢湖市被撤销前为17个）。从地级市行政区划设置数量来看，与相邻的江西、江苏和浙江三省相比，安徽省地级市数量偏多。以江西省例，江西省地域面积约17万平方公里，比安徽省还大约3万平方公里，但其只设置了11个地级市行政区划。江苏和浙江两省的地域面积虽然比安徽略小，地级市数量相应的也明显少于安徽。江苏省地域面积约10万平方公里，辖13个地级市行政区划。浙江省地域面积约10万平方公里，辖11个地级市行政区划。

安徽省地级市行政区划数量除整体偏多外，在空间分布上也存在不平衡问题。从安徽省地级市的地理分布来看，皖南地区设置的地级市数量过多，部分地级市地域面积过小。长江和淮河两大水系在安徽省境内穿流而过，将安徽省分为皖南、皖北和江淮之间三个区域。截至2017年年底，皖南地区共有黄山、宣城、芜湖、马鞍山、铜陵和池州6个地级市、21个县、1个县级市。皖南地区面积约占安徽省面积的26%，地级市的数量却占到全省的38%，相较于地域面积的比重，皖南地区设置的地级市数量过多。

一定地域内设置的地级市数量的多少，对于该区域的经济和社会发展有很大的影响。设置过多数量的地级市，带来的不利影响很多，主要表现

① 浦善新．中国行政区划概论［M］．北京：知识出版社，1995：405-409.

为以下几个方面：第一，行政运行成本会大幅提升。增加一个地级市，行政人员编制费用和办公经费等都会增加，行政运行成本随之大幅提升。第二，制约部分地级市的发展空间，造成规模不经济现象的出现。我国中东部地区地级市的管辖面积平均在1万平方公里左右，地级市在该地理区域内可以很好地发挥经济增长中心的作用，也非常有利于人口、资源和生产要素集聚后产生的规模效益的发挥。在一定地域面积上设置的地级市数量越多，每个地级市管辖的面积和人口必然会越少。如果一个地级市管辖的面积过小、人口过少，必然会制约地级市的发展空间，在要素集聚和资源配置上呈现规模不经济现象。第三，影响和制约区域经济中心和经济增长极的形成、发展和壮大。经济增长极理论最初由佩鲁提出，该理论认为一个国家或区域的经济增长，通常是从一个或数个“增长中心”逐渐向其他部门或地区传导的由点到面即先聚集再扩散过程。因此，在区域经济发展路径选择上，应选择特定的地理空间作为区域经济增长极，以带动区域经济的发展。由于生产要素和资源配置格局受行政区划设置影响很大，如果地级市设置数量过多，会使得一个地区有限的资本、劳动力等生产要素和资源配置更加分散，规模不经济现象凸显，难以发挥资源和要素在特定区域内聚集而产生的集聚效应，阻碍了区域经济增长极的培育和发展以及区域中心城市的形成和综合实力的提升，不利于区域经济协调发展。第四，在一定区域内设置过多的地级市，会加剧行政区划对区域经济发展的刚性约束作用，进一步强化行政区经济现象的发生。“行政区经济是由于行政区划对区域经济的刚性约束而产生的一种特殊区域经济现象，是我国在从传统计划经济体制向社会主义市场经济体制转轨过程中，区域经济由纵向运行系统向横向运行系统转变时期出现的具有过渡性质的一种区域经济类型。”①一定地区内地级市过多，会加剧区域内的行政分割，阻碍资源和要素在区域内的自由流动和合理配置，导致行政区经济现象愈发严重。

一定地域内地级市设置过多，会加剧行政区划设置对区域经济协调发展和区域经济一体化进程的制约。在当前市场经济条件下，多数学者认为行政区对经济活动的刚性制约不利于区域经济一体化的进行，主张强化

① 舒庆，刘君德．一种奇异的区域经济现象——行政区经济[J].战略与管理，1994(5):82.

“区域经济”，建立区域经济协调组织，进行必要的行政区划调整。如刘君德建议“尽快编制跨行政区的区域规划，统筹行政区之间的利益关系，建立具有协调功能和相应职权的跨区域协调、仲裁机构，解决区际经济关系协调中的体制与机制问题”，“在确保稳定的前提下，适度、合理地调整行政区划，优化权力空间配置，改革、完善政区体制”①。当前，行政区经济现象在安徽省沿江地区表现得尤为突出，全省16个地级市中，沿江地区占了5个，沿江地区地域面积占全省地域面积的比重远低于地级市数量在全省的占比。从区域经济协调发展和区域经济一体化视角来看，安徽省沿江地区地级市层面的行政区划改革非常迫切。

四、各地级市之间的人口规模和地域面积差异过大，部分地级市地域面积、人口规模过小

安徽省地级市行政区划设置除了总体数量偏多、空间分布不平衡外，各个地级市之间在地域面积和人口规模上的差异也比较大。部分地级市因地域面积、人口规模过小，发展空间受到严重制约，对下辖县的辐射和带动作用非常有限。相对于安徽省约14万平方公里的地域面积来说，16个地级市的数量已经较多，平均每个地级市的地域面积和人口规模已经较为有限。同时，16个地级市之间的地域面积和人口规模差异也较大。在地域面积上，截至2017年底，安徽省16个地级市中，地域面积最大的是六安市，最小的是淮北市。在安徽省枞阳县于2016年1月4日划归铜陵市管辖之前，安徽省地级市中地域面积最小的是铜陵市。在人口规模上，各地级市之间的人口规模差异也较大，人口最多的是阜阳市1 070.1万人②（2017年年底户籍人口），最少的是铜陵市171.1万人（2017年年底户籍人口，在2016年1月枞阳县划归铜陵市之前，铜陵市人口只有74万人）。导致安徽省地级市数量过多的原因主要是新中国成立后先后设立了四个以矿产资源开采和加工为主的地级市，分别是铜陵、马鞍山、淮南和淮北，也

① 刘君德.中国转型期凸现的“行政区经济”现象分析[J].理论前沿，2004(10)：22.

② 资料来源于2017年阜阳市国民经济和社会发展公报。

是现有地级市中地域面积过小和人口规模偏少的几个地级市。其中，2011年地级巢湖市被撤销后，原地级巢湖市管辖的和县的大部分地区和含山县划归马鞍山市管辖，使得马鞍山的地域面积和人口规模得到很大程度的扩大。2016年，经国务院批准，安徽省又将枞阳县划归铜陵市管辖、寿县划归淮南市管辖，使得两市的地域面积过小和发展空间受限的矛盾在一定程度上得到了缓解。

由于受到地域面积较小和人口规模偏少等因素的制约，安徽省部分地级市在发展上受到很大制约，无法获得不断向外拓展所需的空间，行政区边界也制约了区域内外生产要素和资源的自由流动，使得部分地级市中心城区面积过小、与周边区域在产业发展上缺乏合理的分工与协作、城市综合竞争力较弱等方面的问题和矛盾比较突出。安徽省在2011年通过撤销地级巢湖市、2016年将安庆市枞阳县划归铜陵市管辖、将六安市寿县划归淮南市管辖等一系列行政区划改革后，地级市数量较多、地级市之间地域面积和人口规模差异较大的问题在一定程度上得到缓解，推动了合肥都市圈的崛起。但是，安徽省在地级市层面上的行政区划问题依然较多，上述问题并没有得到根本解决，地级市行政区划改革的空间依然较大，需要从有利于区域经济协调发展的视角出发，推动部分区域地级市之间的合并和重组。

五、行政区划改革过于频繁，部分行政区划改革没有充分尊重居民的文化归属和地域认同

由于经济建设的需要，也因为管理经验不够成熟，新中国成立以来安徽省行政区划设置的调整和变革总体上来说过于频繁，甚至出现过个别地区的行政区划设置处于成立—撤销—再成立—再撤销这样反复的过程中。例如铜陵县和屯溪市，从新中国成立到现在经历了从撤销到恢复到再撤销的过程。以铜陵县为例，1958年9月5日，经国务院批准，撤销铜陵县建制，铜陵市和铜陵县合并，改为铜陵市，属安徽省政府直辖；1959年4月3日，经国务院批准，又恢复了铜陵县建制，归属安徽省安庆专区管辖；

2015 年，经国务院批准，撤销铜陵县，设立铜陵市义安区。又如屯溪，1953 年屯溪升格为省辖市，1958 年降为专辖市，1959 年被划入休宁县，1961 年改为屯溪镇，不久又升格为专辖市，1962 年升格为省辖市，1963 年又被撤销省辖市资格，并入休宁县，目前屯溪已经成为地级黄山市的一个市辖区。

同时，安徽省在新中国成立后的部分行政区划设置和变革割断了居民的文化归属和地域认同。例如，属于古徽州地区的绩溪县被划归宣城市管辖，徽州地区改名黄山市和桐城派故里枞阳县划归铜陵市管辖等。公元 1121 年，歙州改名为徽州，之后一直延续到现代。绩溪县位于安徽省南部，属于历史上著名的徽州六县之一，是徽文化的主要发祥地之一、国家历史文化名城、中国徽菜之乡、中国厨师之乡，被称为“徽厨之乡”，历史上有“无徽无成镇，无绩不成街”的说法，绩溪县历史上从建县以来一直归属于徽州管辖。1987 年 11 月 27 日，国务院下发《关于安徽省调整徽州地区行政区划的批复》，撤销徽州地区、屯溪市和县级黄山市，设立地级黄山市，将原属徽州地区的石台县划归池州地区管辖，绩溪、旌德 2 县划归宣城地区管辖。2000 年，宣城地区改为宣城市，绩溪县属宣城市管辖至今。

安庆是桐城派的故乡，安庆市代管的县级桐城市在其门户网站上打出的宣传口号是“桐城派故里，黄梅戏之乡”，但是真正的桐城派的发源地却不在今桐城，而是位于枞阳县（1949 年由桐城析出而成立）境内，所以就有了讨论桐城派历史渊源时的“桐城出名，枞阳出人”的说法。2015 年 10 月 13 日，国务院下发《关于同意安徽省调整铜陵市六安市安庆市部分行政区划的批复》（国函〔2015〕181 号），同意将安庆市枞阳县划归铜陵市管辖。枞阳县从安庆市划归铜陵市管辖，从经济发展角度看，对于铜陵市发展空间的拓展和跨江发展战略的实现有很大的推动作用，改变了铜陵市一直以来是安徽省乃至全国地域面积最小和人口最少的地级市的状态。但是从行政区居民的文化归属和地域认同来说，枞阳县居民对安庆有着强烈的地域认同和桐城文化情结，划归铜陵市管辖后，枞阳与安庆之间历经多年铸就的历史和人文联系被行政区划调整割断了。

安徽省行政区划设置历经新中国成立以来不同历史时期的变革，现有的行政区划设置格局已基本稳定，总体上是适应安徽省经济和社会发展需要的。但同时，我们也要正视安徽省行政区划设置、调整和变革过程中存在的一些非常突出的问题，需要从纵向和横向两个维度来对既有的安徽省行政区划设置进行适度且合理的优化，以推动安徽省行政区划设置更好地适应和服务于安徽省经济和社会发展的需要，推动安徽省新型城镇化、城乡协调发展和区域经济协调发展战略目标的实现。

第三节　安徽省行政区划设置改革趋势和优化路径思考

行政区划可以分为纵向行政区划（即行政层级）和横向行政区划（即行政区域）两个方面。因此，地方行政区划设置变革可以从纵向行政区划设置变革和横向行政区划设置变革两个层面加以展开。地方纵向行政区划设置变革涉及省、地级市、县和乡镇四个行政层级之间关系的调整，结果表现为行政层级的增加、压缩或者调整。当前地方纵向行政区划变革，主要集中于省、市、县三个行政层级之间关系的变革和优化路径的探索上。学术界对于这一问题的讨论主要集中于以下四个方面：地级市领导县体制的合理性、省直管县改革、县（市）改区改革和撤县设市改革。地方横向行政区划设置变革，主要涉及同一行政层级之间行政区域的分设、合并或边界重组等，结果表现为行政区域的变更、扩大或缩减。目前地方横向行政区划改革主要集中于地级市数量的增减及其相邻地级市之间行政区域的合并和边界重组等问题。

目前，安徽省行政区划设置总体上来说是适应经济社会发展需要的，但也存在一定的问题。安徽作为地理上处于东部地区的中部省份，在区位、资源和人口等优势较为明显的情况下，整体经济发展水平和质量不尽如人意，这与行政区划设置上存在的一些问题密切相关。安徽省经济社会发展水平和质量的提升、新型城镇化战略、城乡协调发展和区域经济协调发展目标的实现，需要从纵向和横向两个维度对安徽省行政区划设置进行不断的变革和优化。

一、安徽省纵向行政区划设置变革和优化路径分析

纵向行政区划设置变革涉及省、地级市、县和乡镇四个行政层级。乡镇属于最基层的行政层级，处于较为稳定的状态和地位。目前学术界和实践层面的纵向行政区划变革（即行政层级变革），主要涉及省、市、县三个层级之间的关系问题，表现为地级市领导县体制、省直管县、县（市）改区、撤县设市等四个方面。

安徽省作为中部省份，经过20世纪末和21世纪初的撤地设市改革，已经完成了地级市领导县体制的确立。此后，安徽省被国家确定为省直管县改革的试点地区之一，宣城市广德县和安庆市宿松县是全国首批省直管县改革的试点县。同时，从2013年开始，以吉林省扶余县、云南省弥勒县、青海省玉树县等获批撤县设市为标志，撤县设市改革重新启动，安徽省很多县准备申请撤县设市改革，其中潜山县于2018年7月申请成功。此外，伴随城镇化进程的不断加速，安徽省很多地级市也在不断谋划推动县（市）改区改革。针对现阶段安徽省纵向层面的行政区划设置动向，笔者将安徽省纵向行政区划变革的总体思路表述如下，相关观点的论证将在本书的后续章节陆续展开。

第一，地级市领导县体制不宜废除，应该继续作为地方行政区划的主流模式，在实践中对其进行不断优化和完善。地级市领导县体制在安徽省已经完全确立，这一体制总体上是适应安徽经济和社会发展需要的，也符合国家继续在西部的新疆、西藏、青海和甘肃等地区积极推进地级市领导县体制改革的趋势。安徽省现有部分地级市与部分下辖县相比，区域中心地位不突出，综合优势不明显，带动力较弱等问题，与地级市领导县体制的制度设计没有任何关联，主要根源在于安徽省绝大部分地级市是从原来的县或县级市基础上发展而来，原有基础的薄弱导致在短期内很难发挥出地级市对其管辖县和县级市的带动作用。

当前，对于地级市领导县体制进行变革的思路，不是要去废除它，而

是在将地级市领导县体制继续作为地方行政区划主流模式的前提下，通过必要的县（市）改区来发展壮大地级市，巩固和强化其区域经济中心定位，推动部分设置不合理的地级市之间的横向整合，培育区域经济增长极，以此来推动区域经济协调发展和区域经济一体化程度的提升。

第二，省直管县改革的优势与弊端并存，不宜作为省、市、县三级关系调整和变革的主导模式。省直管县改革以来，虽取得了一定成效，但弊端也比较明显。省直管县改革在行政层级关系上，打乱了行政层级自上而下逐级管理的权力运行路径，与行政层级的设置不对应，在财权和人事权上难以有效衔接。同时，省级政府也面临直接管理县带来的管理幅度过大、工作不好对接和难以有效监管等方面的困境。目前来看，省直管县模式作为安徽省纵向行政区划变革和优化的路径之一并不成熟，不宜作为在全省推广的省、市、县三级关系调整和变革的主导模式。

第三，县（市）改区可以作为安徽省纵向行政区划变革和优化的主导模式之一加以推进。安徽省经济和社会发展整体竞争力不强的主要表现之一，是绝大部分地级市作为中心城市的地位和优势不明显，难以带动区域经济实力和竞争力的提升。通过必要的县（市）改区，做大做强地级市，培育区域经济增长极，是推动安徽省竞争力提升的重要路径。

县（市）改区有以下四个方面的优势：一是县（市）改区可以解决以地级市为主体的大城市发展空间不足的问题，通过拓展发展空间推动大城市的发展，激发城镇化发展的内生动力。二是县（市）改区有助于增强一定区域内中心城市的人口、要素和资源的集聚能力和更好地发挥中心城市对周边地区的辐射和带动作用。三是县（市）改区有助于进一步提升县域城镇基础设施建设和公共服务能力，提升原有县域的城镇化发展速度、水平和质量。四是县（市）改区有助于统筹城乡发展，推动乡村振兴，形成城乡一体化发展的格局。

2014年，安徽省与江苏省、浙江省宁波市一起成为国家第一批新型城镇化综合试点地区，探索建立行政管理创新和行政成本降低的新型城市行政管理模式。在安徽省的新型城镇化综合试点方案中，安徽省政府提出要有序推进行政区划调整，建立和完善跨区域城市发展协调机制。试点方案中提到，安徽要积极参与长三角城市群规划建设，加快推进皖江城市带、合肥经济圈、皖北城市群建设，探索建立城市群和城市组团发展协调机制。适时适度调整行政区划，优化区域中心城市布局，推进县改市、改区，扩大市区和县城关镇及重点建制镇管辖范围。探索建立行政管理创新和行政成本降低的新型城市行政管理模式①。从2014年安徽省新型城镇化试点方案可以看出，在纵向上，安徽省未来行政区划改革的主要方向还是撤县设市和县（市）改区。因此，县（市）改区可以作为安徽省纵向行政区划变革和优化的主导模式之一在全省加以推进。

第四，推进部分县进行撤县设市改革，也是安徽省纵向行政区划变革和优化的路径之一。撤县设市有利于增加中小城市数量，提升城镇化水平和质量，对于县级市数量偏少、城镇化水平和质量较低的安徽省来说，也是一条可行的行政区划纵向优化的路径。安徽省目前的地级市数量偏多，但县级市数量偏少，通过将更多的县升格为县级市，可以打造更多的中小城市，形成与地级市相互协调、密切配合的大中小城市体系，推动全省的城镇化水平，有效提升城镇化质量，推动以城市群为主体形态的新型城镇化战略的有效实施。

二、安徽省横向行政区划设置变革和优化路径分析

地方横向行政区划变革，主要涉及同一行政层级行政区域之间的分设、合并或边界重组等，结果表现为行政区域的变更、扩大或缩减。目前地方横向行政区划改革主要集中于地级市数量的增减及相邻地级市之间行政区域的合并和边界重组等。结合安徽省的地理空间特点和行政区划设置的总体情况，针对安徽省区域经济发展中缺乏区域中心城市和区域经济增长极的现状，安徽省横向行政区划设置变革和优化路径应以区域中心城市和区域经济增长极培育为中心任务，推动地级市行政区划数量和边界两个方面合理有序地优化和重组。

---

① 参见2014年12月29日国家发改委、中央编办、公安部等《关于印发国家新型城镇化综合试点方案的通知》（发改规划〔2014〕2960号）。

第一，总体上要减少地级市数量，给每个地级市留足较为充裕的发展空间和人口规模。安徽省地级行政区划设置中，地级市数量过多，导致部分地级市面积过小，人口较少，制约了地级市的发展。行政区划改革要为地区经济发展服务，需要顺从市场规律和经济发展趋势，推进部分地级市之间的重组，以减少地级市数量，从而给每个地级市留足较为充裕的发展空间和人口规模的目的。

第二，推动部分地级市合并，打造区域中心城市和区域经济增长极。具体来看，要分别以省会合肥、经济次中心芜湖和皖北蚌埠为区域中心，分区域地推动部分地级市合并重组，特别是在安徽沿江地区打造有较强竞争力的区域性经济中心城市和区域经济增长极，推动区域经济协调发展。

安徽省在地理上被长江、淮河分成长江以南、江淮之间和淮河以北三个地理区域，习惯上称为皖南、江淮和皖北。区域经济发展需要中心城市和经济增长极的带动，全省的发展不可能只有一个中心。依据安徽省的地理位置、综合经济实力，可以将芜湖、合肥和蚌埠确立为三个区域中心城市，来推动三个区域经济增长极的形成和发展。同时，对应这三个中心的是安徽省在新型城镇化综合试点方案中提出的要重点打造的皖江城市带、合肥都市圈、皖北城市群。三个区域城市带或者城市群的发展要注重区域定位，避免区域归属重叠而形成冲突。例如，芜湖和马鞍山同属于皖江城市带，但同时又都属于合肥都市圈的成员，这种身份归属的重叠对于区域发展战略的实施和区域内成员的发展定位非常不利，如果能将皖江城市带改为沿江城市带，界定为包括芜湖、马鞍山、安庆、铜陵、池州五个地级市，定位会更加清晰。同时，将作为安徽省“双核”之一的芜湖市纳入合肥都市圈，使得芜湖的发展定位非常尴尬，如果能将芜湖和马鞍山两市从合肥都市圈成员中划出来，可能更符合沿江城市带发展的客观需要。皖北城市群的成员从地理归属上比较清晰。综合上述考虑，经过必要调整后，安徽省可以形成以合肥市为中心的合肥都市圈、以芜湖市为中心的沿江城市带、以蚌埠市为中心的皖北城市群三大经济区域。合肥都市圈主要依靠合肥的省会优势，将合肥都市圈打造成安徽省综合经济实力最强的区域。沿江城市带主要依靠地理区位和长江水运优势，通过必要的地级市合并重组，将安徽省沿江地区打造成安徽省最具活力和创新力的经济区域。相比之下，三大区域中的皖北城市群发展水平最低，可以通过继续推进合肥市、芜湖市等对口援建皖北产业园区的建设，推动皖北地区的产业升级和经济发展质量的提升。

第四章　新型城镇化与行政区划改革

城市化，在我国又被称为城镇化，二者的内涵和外延基本一致。城镇化是在不断加速的工业化进程的推动下，人口不断从乡村向城市和城镇转移，城镇内部人口不断从小城镇、小城市向大城市集聚的过程。从表象上看，城镇化是人口从乡村进入城镇的过程。从实质内容上看，城镇化是城市生产方式、工作方式和生活方式向乡村地区导入的过程。

城镇化战略及其发展路径与行政区划改革之间存在着密切的关联。近些年来，很多学者对城镇化与行政区划改革之间的关系进行了多视角、多维度的探讨和研究，充分肯定了我国改革开放四十年来的地方行政区划改革，特别是一些撤县设市和县（市）改区等城市型政区改革，对于城镇化的快速推进所产生的推动作用。例如，“谢涤湘（2009）将城镇化视为中国城市行政区划调整的关键动力，认为改革开放前期的县改市等措施是基于优先发展小城镇的城镇化战略，而进入21世纪之后的撤县设区则是为了适应经济全球化条件下增强大城市竞争力的需要。叶敏（2012）同样着眼于国家城镇化战略的变迁，认为国家为克服传统市管县体制造成的弊端采用了四类方式：以‘强县扩权’为代表的权力下放、以‘省直管县’为代表的权力上收、以‘撤县设区’为代表的权力合并，以及以跨区域规划为代表的权力合作。”①

同时，很多学者对如何在城镇化背景下优化我国城市行政区划改革的逻辑进行了认真的思考。例如，“马彦琳（2006）从城乡关系的角度分析了城镇化背景下中国城市行政区划改革的逻辑，认为中国的城市行政区划

① 叶林，杨宇泽．中国城市行政区划调整的三重逻辑：一个研究述评[J]．公共行政评论，2017(4)：164-165.

经历了一个从改革开放之前‘城乡分治’再到改革开放之后‘城乡合治’的过程，前者以切块设市为代表，后者则以市管县以及县改市为代表。其认为城市行政区划最终应走向‘城乡分治’，而省直管县的改革便回应了这一发展趋势。尚正永等（2015）从对城镇化的影响出发，将城市行政区划调整区分为‘引导性调整’和‘适应性调整’两类，前者试图通过行政区划调整引导城市发展方向，后者则希望通过行政区划调整来化解城市发展中突出的矛盾。”①

总的来说，新型城镇化与行政区划改革之间存在密切的关联，新型城镇化战略已经成为我国行政区划改革的重要依据，行政区划改革也成为新型城镇化战略得以有效实施的推动力和重要保障。本章将在对我国城市发展历史变迁和新中国成立以来我国城镇化发展历程进行回顾的基础上，对新型城镇化与地方行政区划改革的内在关联进行阐述，推动行政区划改革朝着有利于新型城镇化战略实施和目标达成的方向转变。

第一节　城市概述

一、城市的含义和特征

（一）城市的含义

伴随工业化进程在全球的不断推进，城市已经越来越成为人类主要的生活空间形态。不同学科和领域的学者，对于城市进行了不同视角的考察和论述。例如，在美国芝加哥学派的社会学家沃斯看来，城市是大尺度的、高密度的异质性人群高度聚集的空间类型。

对于城市的内涵，我们可以从自然发展过程、地理属性、政治属性、

① 叶林，杨宇泽.中国城市行政区划调整的三重逻辑：一个研究述评[J].公共行政评论，2017(4)：165.

经济属性、社会属性和文化属性等方面加以界定。从城市的自然发展过程来看，人类天生是社会性的有群体交往需求的动物，城市作为人群的集聚区域，很好地满足了人类交往的社会需求。城市的形成和发展，经历了从村落、集镇、城镇、城市，再到大都市的演化阶段和发展历程。亚里士多德认为，人类自然是趋向于城邦生活的动物，城市（城邦）是自然进化的产物，是人类社会组织由低级向高级即家庭—村社—部落—城邦逐步演进的结果。随着特定地域内人群集聚规模的不断扩大和城市空间区域的不断拓展，城市的发展也经历了从早期的城镇到后来的城市，再到现代的大都市这样三种形态。“城镇、城市和大都市这三个概念具有内在的相关性，它们是一个包含着诸多关联和影响的区域在不断扩大的过程中所经历的三个阶段。城镇是一个地方性聚集体，其周边有一圈很窄的郊区。由于交通与通讯的限制，城镇往往发展成一个具有一定自足性的经济单位。城市是一个更加专门化的单位，它往往会成为一个有着更广泛联系的区域的组成部分。大都市则由于交通通信方式的高度发展，往往成为一个世界性单位。这三种城市类型的差异并不仅仅在于居民数量和职业范围的不同，它们在社会机制和个人观念上也有很大不同。”①

从地理属性来看，城市是依托优越的地理位置、重要的交通要道如大江大河、公路、铁路、港口、机场枢纽等形成的人口集聚区域，是人类按照自身的意图对地理区域进行改造后的产物。地理位置在很大程度上决定了城市形成的先后和规模的大小。古代城市要解决的重要问题之一就是人口的粮食供给问题，大江大河流域不仅提供了较为丰富的粮食，也非常有利于粮食的运送，世界上最早的城市主要形成于大江和大河流域，例如中国的黄河流域、古印度的印度河流域等都孕育出了当时世界上较早的城市。现代城市与其所处地理区域之间的联系和作用也非常明显。“地理学家一直将城市视为地貌的一部分。从这个角度来说，城市是一片高地，像山峦一样从地面耸起。地理学界已经发现，城市作为地貌上的一个障碍物，能改变风速和大气层状况。最近，人文地理学家开始将城市看作人类

① 罗伯特·E.帕克，欧内斯特·W.伯吉斯，等.城市：有关城市环境中人类行为研究的建议[M].杭苏红，译.北京：商务印书馆，2016：209.

对自然环境最重要的改造，也是人类与自然环境互动关系的一般产物的一部分。”[①]从地理视角观察和研究城市的产生、演变和发展过程，催生了城市地理学的兴起。“城市地理学作为一门区域地理学，近来得到了快速发展。城市的位置、物理结构、规模、密度和经济功能都是它关注的主要因素。”[②]

从经济属性来看，城市是生产的中心，是资源和生产要素相对集中的地方，单位资本的投入所带来的产出要远远大于乡村地区；同时，城市也是消费的中心，催生了大量服务业的兴起和发展。“经济学家乐于将城市看作一个经济单位，从而追溯其发展。从这个角度来看，城市是经济发展中的一个典型阶段。伴随着城市的兴起，手工业变为机器工业，出现了劳动分工、市场和交换。”[③]从经济视角来看，城市作为生产和制造的中心，是生产方式的产物，生产方式的变化导致传统城市形态和空间布局的解体和新型城市形态和空间布局的塑造。传统的农业生产方式决定了城市在经济功能上是作为产品交换的场所而存在，城市的空间和人口规模都非常有限。西方工业革命的兴起和快速发展，使得传统农耕时代的城市开始衰退，工业生产中心作为近代城市的中心开始迅速成长，城市作为制造业中心开始不断扩张，例如英国的伦敦、伯明翰等城市。此后，随着信息技术革命的兴起，传统的制造业城市开始衰退，作为美国汽车业重镇的底特律的衰败就是典型例子。与此同时，以现代制造业、金融业和高端服务业为主要产业形态的新兴城市开始不断崛起，生产要素和资源不断向核心城市和大城市集聚，城市间的差距开始不断拉大，出现了以区域产业分工和合作为依托的核心城市、次核心城市、外围城市、一般城镇构成的城市圈和大都市区等新兴城市组合形态。

从社会属性来看，城市是由异质性人群构成的、彼此间持续不断地进

---

① 罗伯特·E.帕克，欧内斯特·W.伯吉斯，等.城市：有关城市环境中人类行为研究的建议[M].杭苏红，译.北京：商务印书馆，2016：187.

② 罗伯特·E.帕克，欧内斯特·W.伯吉斯，等.城市：有关城市环境中人类行为研究的建议[M].杭苏红，译.北京：商务印书馆，2016：187.

③ 罗伯特·E.帕克，欧内斯特·W.伯吉斯，等.城市：有关城市环境中人类行为研究的建议[M].杭苏红，译.北京：商务印书馆，2016：191.

行社会交往的空间和场所。在城市社会学家看来，一部城市的历史几乎等同于一部文明史。城市作为人群集聚的空间，城市的产生、演化和发展同居住于城市空间内的人群的社会属性存在密切的关联。城市发展的历史就是城市人群在一定空间内被不断筛选、分化、集聚的过程，相同或相似职业、经济地位和族群的人们往往集中居住于与其群体特征相适应的区域。美国城市社会学家R.D.麦肯齐认为，“社区的发展，不仅仅是房屋和街道的增多，它还伴随着分化与区隔。住宅区和各种机构从社区中心向外围放射式铺开，商业则越来越多地集中在地价最高的地带。人口每次周期性增长都伴随着服务种类及其分布位置的进一步分化。各种公共事业公司开始争夺更有利的位置。这就促使社区中心的地价不断上涨，楼房不断增高。随着人口的增长，对有利位置的竞争变得更加激烈，成立较早但实力薄弱的公共事业公司被迫迁出中心区，搬到那些交通不便利但地价较低的地段。当社区人口达到约1万或者1.2万时，就会形成相当分化的内部结构。中心区是商业区，边界分明，遍布着银行、药店、百货商场，以及占据着黄金地段的酒店。工业和工厂通常是城市中的一个独立的部分，它们聚集在铁路和水路运输线附近。住宅区也随之确立，并按照居民的经济和种族构成，分化区隔为两类，甚至多类。”①

从文化属性来看，城市是比乡村拥有更加先进、更加现代、更加多元性文化的区域。“就像奥斯瓦尔德·斯宾格勒最近指出的那样，城市有其自身的文化：‘城市之于文明人，就如同农舍之于农民。农舍有它的家神，城市也有自身的守护神，有它当地的圣灵。城市和农民的小棚屋一样，都根植于土地之中。’”②城市是人类社会发展到一定历史阶段的产物，是一个与传统稳定的乡村地区不同的空间形态。芝加哥学派的城市社会学家“将城市看作社会世界里的马赛克，城市被分成特定地区，每个地区都有其文化特征。对沃斯而言，城市主义意味着一种受密度、异质性和规模影

① 罗伯特·E.帕克，欧内斯特·W.伯吉斯，等.城市：有关城市环境中人类行为研究的建议［M］.杭苏红，译.北京：商务印书馆，2016：87.

② 罗伯特·E.帕克，欧内斯特·W.伯吉斯，等.城市：有关城市环境中人类行为研究的建议［M］.杭苏红，译.北京：商务印书馆，2016：5.

响的、与乡村生活截然不同的生活方式，这种生活方式趋向匿名性和病理学，因为城市不像乡村和小镇那样可以为共同体提供一套规范和谋生基础”①。

对于城市的界定，不同学科界定的视角不同，给出的判断也不一样。本章对城市的界定，主要目的是要对城镇化发展的内在动力进行探究，主要考察的是城市的产生和发展是自然发展的结果还是人为设计的产物。罗伯特·E.帕克等人认为，“城市不单单是若干个体的聚集，也不单单是街道、建筑、电灯、电车、电话等社会设施的聚集；同样，它也不单单是各种机构与行政管理设置——如法庭、医院、学校、警察，以及各部门的公职人员——的汇聚。它更是一种心智状态，是各种风俗和传统组成的整体，是那些内在于风俗之中并不断传播的态度与情感构成的整体。换言之，城市并不只是一种物理装置或人工构造。它就内含于那些组成它的个体的生命过程之中，因而，它是自然的产物（a product of nature），尤其是人之自然，即人性的产物”②。

因此，城市作为自然特别是人之自然即人性的产物，表明城市有其自身独特的发展规律和内在要求，这就要求我们在城市规划和城市建设上，要践行以人为中心的城市发展理念，无视自然和人性尺度的城市发展战略和城市规划政策是不可取的。同样，我们在制定行政区划改革方案来推动新型城镇化战略有效实施时，也要充分尊重市场和城市发展的规律，使行政区划改革模式和具体方案的选择顺应新型城镇化发展战略的要求，不能违背客观规律而进行过多人为的干预。

（二）城市的特征

相比于小规模、低密度、同质性的乡村空间而言，城市具有不同的特征。“美国社会学家刘易斯·沃斯（Louis Wirth）在他的著作《城市化作

---

① 艾伦·哈丁，泰尔加·布劳克兰德.城市理论——对21世纪权力、城市和城市主义的批判性介绍[M].王岩，译.北京：社会科学文献出版社，2016：169.

② 罗伯特·E.帕克，欧内斯特·W.伯吉斯，等.城市：有关城市环境中人类行为研究的建议[M].杭苏红，译.北京：商务印书馆，2016：5.

为一种生活方式》（*Urbanism as a Way of Life*，1938）中将这些思想归纳为一条最为普遍的可接受理论：城市影响着社会关系。沃斯同意把城市定义为大尺度、高密度、居民具有异质性的人口的集聚点。”[①]依据这一定义，城市在沃斯看来，具有如下三个特征。

第一，大规模。沃斯认为规模越大的城市，人与人之间接触的机会越多，由于个人之间的相互依靠会涉及很多人，因此很少依赖于特定的某个人。

第二，高密度。沃斯认为，高密度的人口能够产生频繁的接触、快节奏的生活、城市亚区域的功能分化以及居住区的隔离，人们通过有意识的选择、无意识的流动或者为环境所迫，拥有相似的背景和需求的人们居住在同一个居住区域。对那些在专门的职务或者亚区域无法寻求安全生活的人们来说，功能失调的概率以及非正常的、病态的行为可能性会增加[②]。

第三，异质性。沃斯认为，由于背景不同，类型不同的人口往往强调视觉的认同和象征主义，因而，居住区域成为身份的象征。没有共同的价值观和道德系统，金钱往往成为唯一的价值量度指标。不过，因为城市居民来自不同阶层，经济等级差异往往会瓦解，进一步的结果就是城市运动的大量兴起以及多个利益主体的不断出现[③]。

（三）城市化

城市化，又称为城镇化，是指伴随工业化进程的启动和发展，人口不断从乡村地区向城市（城镇）流动的过程和结果。从人口流动来看，城市化是人口从乡村流入城市的过程，结果表现为城市数量的增加和城市规模的扩大。“城市化是一个人口集聚的过程。其发生方式有两种：集聚点的不断增加和单个集聚点的不断扩大……只要城市存在规模上的扩大或者数

① 布赖恩·贝利．比较城市化——20世纪的不同道路[M]．顾朝林，汪侠，俞金国，等译．北京：商务印书馆，2010：16.

② 布赖恩·贝利．比较城市化——20世纪的不同道路[M]．顾朝林，汪侠，俞金国，等译．北京：商务印书馆，2010：16.

③ 布赖恩·贝利．比较城市化——20世纪的不同道路[M]．顾朝林，汪侠，俞金国，等译．北京：商务印书馆，2010：16-17.

量上的增长，城市化的进程就在进行之中。……城市化是一个渐进的过程。它意味着……从集聚性较弱的状态向集聚性较强的状态转移。”[①]从生产方式、工作方式和生活方式来看，城市化是城市的生产方式、工作方式和生活方式不断影响和改变乡村生产方式、工作方式和生活方式的过程，城市化的结果表现为城市的繁荣、乡村的衰落以乡村的城市化。

二、我国古代城市的发展历程

相比于一般国家来说，我国城市出现的时间较早，发展得较快。我国古代城市的发展经历了从作为单纯的中央和地方政府治所所在地的政治空间到集治所、居住和市场交换等多功能场所的转变。从历史变迁来看，大体上可以将我国古代城市的发展分成四个阶段。

（一）第一阶段，城市的初创时期：国家治所所在地的政治和军事空间

作为四大文明古国之一，我国城市诞生的时间较早。据考古发现，目前已知的我国最早的城市遗址是在河南省偃师二里头地区发现的距今约3 600年前的宫殿遗址。从朝代来看，商代前期的城镇遗址，目前已发现的有6座，其中4座位于黄河中下游地区，另外2座分别是位于长江中上游地区的湖北省黄坡的盘龙古城遗址和四川省广汉市的三星堆古城遗址。到了商代，城市得到了一定的发展，但商代城市数量不多，规模也不大。继商代之后的周代，城市得到了显著的发展，城市数量和规模较商代时已经有了明显提升。周代商后，周天子为巩固其统治，实行了分封制。为防御他人侵占和保护统治领地的需要，统治阶级开始把筑城看作是立国的一项根本方略。立国就是在自己的封地内选择适中的地点，营建可以承担很好防守功能的城池，这也是我国早期建立的城镇在功能上是以政治、军事为主的原因。周代初期的城镇，主要仍分布在黄河中下游地区，但向北已

① 布赖恩·贝利.比较城市化——20世纪的不同道路[M].顾朝林，汪侠，俞金国，等译.北京：商务印书馆，2010：31-32.

扩展至今天的太原、北京附近，向南则扩展至今天的汉水、淮河流域。自此之后，我国城镇的分布就以这一地区为中心，逐渐向四周发展。

我国古代城市，主要是作为中央和地方政府治所的所在地。为了维护皇帝的权威和凸显等级观念，中央政府对城市的等级、规模、大小和高度等方面都有着严格的规定，不同等级城市的修建不可违反中央政府的有关规定。因此，不同的城市规模和式样就体现了该城市所代表的地位和等级。为了使“小不得僭大，贱不得逾贵”，城市中所有建筑物的地点、面积、城墙高度、城门数量、建筑物种类、市场的位置、道路宽狭等，都有一定的制度规定。《周礼·考工记》是我国第一部工科著作，也是古代城市规划理论中最权威、最具影响力的一部著作，我国古代的很多都城都遵从其提出的一些规划制度而建设，例如唐代的长安城和明清时期的北京城的部分规划和建筑物布局。《周礼·考工记·匠人营国》中曾记载“匠人营国，方九里，旁三门。国中九经九纬，经涂九轨，左祖右社，面朝后市，市朝一夫。”意思是建筑师在丈量土地及建设城市时，都城是边长为九里的正方形，每边辟三门，纵横各九条道路，南北道路宽九条车轨，东面为祖庙，西面为社稷坛，前面是朝廷宫室，后面是市场与居民区。

中国古代的城市，最早是以作为全国性的或地区性的政治中心而出现的。公元前1100年，统一的周王朝的建立，促进了带城墙的大型城镇的第一次发展。周朝及后来的汉和唐创造出一套中央集权的统治模式，其持久性和彻底性举世无双。根据儒家经典《周礼》的记述，“惟王建国”。其他不管是规模较大的行政中心还是地方政府单位，抑或是县，城市都以帝国地方行政中心的角色彰显其重要性①。其后的城市空间在从传统到现代的演变过程中，除了宋朝时期出现过短暂的经济定位较高外，政治性一直主导我国城市空间布局。统治者的宫殿位于都市中央，市场被置于缺少便利的偏远之处②。

① 乔尔·科特金. 全球城市史(典藏版)[M]，王旭，等译. 北京：社会科学文献出版社，2014：19.

② 乔尔·科特金. 全球城市史(典藏版)[M]，王旭，等译. 北京：社会科学文献出版社，2014：22.

(二)第二阶段:封建社会前期城市的发展

春秋时期，我国奴隶制社会逐渐解体，至战国后期，封建制度在全国基本得以确立。这一时期，我国的城市建设和发展主要有以下几个方面的特征。

第一，城镇等级体系的建立。在前期城市发展的基础上，经过春秋战国时期的不断演变，至秦代实行郡县制时，我国等级结构明显的都城—郡城—县城三级城镇体系基本上构建完毕。西周建立后，周天子为了更好地巩固对天下的统治，开始实行分封制，国家领土被分成周天子的领地和各个诸侯的领地，以周天子所在地镐金为全国核心，以各地诸侯所在地的城镇为核心的地区中心共同构成了西周时期完整的等级化城镇体系。春秋战国时期的诸侯争霸导致兼并战争不断上演，周天子的统治秩序处于名存实亡的状态，原有的城镇体系逐步瓦解。公元221年，秦统一六国后在全国开始实行郡县制，秦在全国建立36个郡，郡之下设立县，我国的城镇体系也由此开始演变为都城—郡城—县城三级等级结构较为明显的城镇体系。这一依据行政层级高低而建立的城镇等级体系自秦代构建完毕以后，就一直影响着我国城市发展的格局。例如目前我国给不同城市设置的行政级别，就与该城市政府所具备的行政等级完全对应，这在很大程度上制约了许多具备区位优势和资源禀赋城镇的发展空间。

第二，城市的商业功能开始凸显，真正意义上的城市开始出现。城市是城和市的结合，城主要是指政府治所和军事重镇所在地，突出了城市的政治功能和军事防御功能。市是指作为交换场所的市场，突出了城市的商业功能。春秋战国时期，随着生产力的提高和经济的发展，剩余产品开始大量出现，由此出现了独立的商人阶层，商业交换在城市生活中的作用日益增强，出现了集政治和商业功能为一体的真正意义上的城市。

第三，出于等级地位、风水、生活便利和军事防御等考虑的城市规划开始出现。城市作为人类的生产和生活空间，城市选址、城市功能的定位、城市空间布局的规划和建设等对城市发展非常重要。这一时期，我国专业化的城市规划思想开始出现。这一时期的城市规划主要突出四个因素：一是体现城市等级地位，我国封建时期的城市内部存在严格的等级，为了体现皇帝至高无上的地位，国家对于都城、郡城、县城的占地面积、街道布局、建筑面积、式样、高度、用色等都做出了严格规定；二是充分考虑风水原则，例如遵从靠山面水等原则；三是城市生活的便利，一般将城市选择在具有丰富水资源和粮食资源的平原地区；四是有利于城市军事防御功能的发挥，一般将新城市选择在易守难攻地区。

(三)第三阶段:封建社会中期的城市发展

秦汉以后，我国进入了封建社会中的隋唐盛世时期。这一时期的城市发展，无论是从城市数量、城市规模，还是城市规划、城市建设和城市管理等方面来看，都进入了我国古代城市发展的一个高峰期。这一时期，在城市规划、城市建设和城市管理上，城市的商业功能日益得到重视，自汉初以来形成的坊市制经历了由繁荣到衰退的转变。

第一，唐代及其之前的坊市制。伴随着城市商业功能的凸显，如何在城市空间中合理布局商业区和居住区，成为封建统治者必须要面对的问题，坊市制也随之被孕育出来。宋朝之前，中国城市是坊市制格局。居民区“坊”和商业区“市”彼此严格分离，并且四周都围有隔墙或篱栅。坊门、市门有专职卫士把守，启闭时间由官府统一规定。市场面积狭小，固定在城市某处。所有交易都必须在市场中进行，市场之外严禁交易[①]。

坊市制起于汉魏，盛行于隋唐，唐末宋初走向解体。从汉代到唐代，城市建置的格局，一直是市（商业区）与坊（汉代称里，即住宅区）分设，市内不住家，坊内不设店肆。市的四周以垣墙围圈，称“阛”，四面设门，称“阓”。市门早晨打开，市开启交易活动；傍晚时分，伴随市门的闭合，市场交易活动也随之结束。市的设立、废撤和迁徙，都由官府以命令行之。同时，市内的店铺按商品种类进行区分，排列在规定地点，称为“肆”或“次”，如经营酒店的店家被称为酒肆。为了更好地管理市场，政府设有管理市场的专职官吏，历代名称不同，如司市、贾正、市令等，但职责基本相同。凡是上市交易的商品、参与交易的人、度量衡、交易契

① 薛平拴.五代宋元时期古都长安商业的兴衰演变[J].中国历史地理论丛,2014(1):58.

据以及价格的评定、市税的收缴等，都在市官的监督和管辖之下。在市内营业的商人，秦汉时都有市籍，需缴纳市租，其社会地位较为卑贱。自京城以至郡府州县均各有市，同样设有市官管理。这种制度是适应统治阶级为维持封建秩序的稳定而形成起来的，同时也反映了当时商品经济发展程度较低，这时的城市主要是政治中心、军事重镇、商业贸易和市场的规模不大。伴随封建社会生产力的不断发展，市在城市中的作用越来越重要，坊和市的界限开始变得模糊，出现了很多居民破墙开店的现象。宋朝时，坊市之间的界限逐步打破①。

第二，宋代的厢房制。随着人口的增加和商品交换需求的扩大，限时交易的封闭型市坊制度已不能适应城市发展的需要。从唐中期开始，市坊制度已发生松动。商业不再限制在专门的商业区，许多坊中出现了市场、店铺、作坊。到了宋代，城市的经济定位开始逐渐凸显，允许在坊里设市，城与市逐渐混合，出现了厢房制，封闭性的市坊制度正式宣告崩溃。北宋都城汴京（今开封），商业区“市”与居民区“坊”已没有严明界限，城市街道是居民区和商业区错杂的地方。经过宋代短暂的市场繁荣之后，元代和明清时期的城市功能划分和城市布局规划又恢复到政治性主导的格局。“北宋在中国城市发展史上，也是继春秋战国之后的第二个高峰时期，史称‘城市革命’。主要表现为：第一，城市商业空气发展，传统的坊市制被打破；第二，新型的城市型聚落——镇、市开始显现；第三，大中城市继续发展，首次出现像开封这样的百万人口的特大城市。”②

（四）第四阶段：封建社会后期的城市发展

这一时期从元代以后，到明清时期。这段时期是我国封建社会历史上国家统一时间最长的时期，也是我国封建社会时期城市得到重要发展的时期。这时期的城市发展的主要特征有以下两个方面。

第一，在行政中心的城市之外产生了大量的生产型和商业型城镇。不同于以往由封建统治者出于统治目的而设的都城、府城、县城等国家和地

① 薛平拴.五代宋元时期古都长安商业的兴衰演变[J].中国历史地理论丛,2014(01):58.

② 新玉言.新型城镇化——理论发展与前景透析[M].北京:国家行政学院出版社,2013:33.

方行政中心，商品生产和商品交换是这些城镇的主要功能。“按职能类型，这些市镇可分为手工业型和商业型两大类。从空间分布看，工商业市镇集中在商品经济比较发达的东南沿海一带，特别是在长江三角洲和珠江三角洲上。宋代长江三角洲上的苏州、松江、常州、杭州、嘉兴、湖州六府有71个市镇，明代增至316个，清代增至479个，平均每县分布8～9个市镇，构成四通八达，商品流通的市镇网络。”[①]

第二，大中城市主要集中于东部沿海地区，我国现代城市的区域空间分布格局雏形基本形成。在这一时期的全国城市中，北京作为元明清三代的都城，一直是全国最大的城市。珠江流域的广州由于是自明代实行海禁政策之后唯一开放的口岸城市，发展非常迅速，在第一次鸦片战争之前已经成为全国第二大城市。“从城市分布来看，明清时期的大中城市大部分集中于东南沿海一带，江苏、浙江两省差不多占了全国的1/3，而整个北方仅占1/4。愈偏北和愈到内地，城市的发展就愈见低下。”[②]从这时期全国的城市空间布局来看，我国现代城市的区域空间分布格局的雏形在这一时期基本上形成了。

第二节　新中国成立以来我国城镇化发展历程分析

城镇化是人类社会发展的重要趋势。“城镇化是指农村人口不断向城镇转移，第二、三产业不断向城镇聚集，从而使城镇数量增加，城镇规模扩大的一种历史过程，它主要表现为随着一个国家或地区社会生产力的发展、科学技术的进步以及产业结构的调整，其农村人口居住地点向城镇的迁移和农村劳动力从事职业向城镇二、三产业的转移。”[③]新中国成立以来，我国城镇化进程大体经历了新中国成立到改革开放前的城镇化缓慢起步、改革开放以来至20世纪末的城镇化加速发展和21世纪以来我国城镇

① 新玉言.新型城镇化——理论发展与前景透析[M].北京:国家行政学院出版社,2013:34.
② 新玉言.新型城镇化——理论发展与前景透析[M].北京:国家行政学院出版社,2013:34.
③ 国家统计局课题组.我国城镇化战略研究[J].经济研究参考,2002(35):14.

化快速发展等三个阶段。

一、新中国成立到改革开放前的城镇化缓慢起步阶段（1949—1978）

这一时期我国的城镇化发展大体经历了1949—1957年的城镇化平稳发展，到1958—1966年的城镇化调整，再到“文革”期间的城镇化停滞三个阶段。

新中国成立之初，我国的城镇化水平很低，城镇化率只有10.64%。经过新中国成立后的国民经济恢复和发展，我国的城镇化水平有所提高。此后，通过1953—1957年的国民经济第一个五年计划实施的156个大型项目的带动，我国的城镇人口数量和城市数量明显增加。到1957年底时，我国城镇人口由1949年的5 765万人增加到9 949万人，城市数量由1949年的132座增加到177座，城镇化水平较新中国成立初有了很大程度的提高，城镇化率达到15.4%[①]。国民经济第一个五年计划主要以苏联援助我国建设的156个大型工业项目为中心，以694个大中型项目为重点，以发展重工业为主，奠定了我国社会主义工业化的初步基础。同时，大型工业项目所在地的城市规模也伴随项目的开工建设不断扩大、人口不断增加，形成了新中国成立后第一个乡村人口进入城市的高潮。“这一时期重点建设城市，‘一五’时期除北京外有工业建设重点城市如太原、包头、西安、武汉、大同、成都和洛阳等7座，重点扩建城市如鞍山、沈阳、吉林、长春、哈尔滨等20多座，局部扩建城市如南京、济南、杭州、昆明、唐山等15座”[②]。

1958年开始，由于受到“大跃进”运动的影响，我国的城镇化经历了一个由高潮到衰退的波折，大批农民一度涌入城镇，随后又被迫离开了城镇。“在这一波折中，经济落后地区波动强于经济相对发达地区，内陆波动强于沿海。从城市的层面上看，城镇行政等级高的城市波动低于行政等

① 刘勇．我国城镇化战略的演进轨迹和操作取向[J]．改革，2012(9)：19.

② 刘勇．我国城镇化战略的演进轨迹和操作取向[J]．改革，2012(9)：19.

级低的城镇，人口规模大的城市波动低于人口规模小的城市。”①1958年5月，中国共产党八大二次会议正式通过了“鼓足干劲、力争上游、多快好省地建设社会主义”的总路线。尽管这条总路线的出发点是要尽快地改变我国经济文化落后的状况，但由于忽视了客观经济规律，根本不可能迅速地改变我国经济文化落后的状况。总路线提出后，“大跃进”运动开始在全国各地大规模推进。“1958年‘大跃进’的一个重要特征就是大批人口涌入城市，导致城镇人口猛增。1960年全国城镇人口达到13 073万人，城镇人口占总人口的19.8%，这一比重一直到1981年才被超过。在这一时期增加的城镇人口中，自然增长只占小部分，由农村迁入增长的占大部分。”②大量乡村人口向城市的迁移和三年困难时期（1958—1960年）的发生，导致了从1960年开始，我国城市的粮食供应出现了非常紧张的局面。为了减轻粮食供应紧张对城市的影响，保障城市生产、生活秩序的平稳有序，国家于1961年开始启动了精简城市人口的计划。1961年，中央要求各级机关裁并机构，减少层次，减少现有人员1/3到1/2，要求各机关、企事业单位的职工，特别是1958年以来从农村招收的职工，凡能回农村的，都要回去。通过有计划地城市人口精简，我国城镇人口数量开始下降，减少的状态一直持续到1963年。与1960年相比，1963年我国城镇人口数量减少了1 427万人。同时，我国的城市数量也开始减少。1961年时的我国城市数为208个，1963年降到177个。如果考虑到人口自然增长的因素，这一时期由于把城镇人口下放农村而减少的人数高达2 117万人，超过了1957—1960年从农村迁移到城镇的人数。1962年全国的职工总数为4 321万人，只相当于1960年的72.4%，净减少1 648万人③。“1958—1963年实际上是中国城镇化过程中的一场灾难和一次大倒退。因为‘大跃进’高速度的城镇化，受到困难时期的打击，使政府从消极方面吸取了教训，从此严格控制城镇人口增长，城乡分隔更加严厉，中国的城镇化进入了一个长

① 李若建.大跃进时期的城镇化高潮与衰退[J].人口与经济，1999(5)：42.
② 李若建.大跃进时期的城镇化高潮与衰退[J].人口与经济，1999(5)：42.
③ 李若建.大跃进时期的城镇化高潮与衰退[J].人口与经济，1999(5)：43.

期的低潮。”[①]此后，经过中央实施的对国民经济的调整、巩固、充实和提高，国民经济困难得到有效缓解。从1964年开始我国的城镇人口数量开始回升，经历了“大跃进”时期的大幅波动的城镇化进程也开始趋于平稳，基本恢复到“大跃进”运动前的水平。到1965年“文革”前夕，我国的城镇人口达到13 046万人，城镇化率为17.99%。

“文革”时期的城镇化停滞阶段。1966—1976年，由于受到“文革”的冲击，我国的经济建设和城镇发展基本处于停顿状态，这一时期我国的城镇化率始终维持在17%~18%之间，城镇人口增长较为缓慢。1965年我国城镇人口13 046万人，到1976年时增加到16 341万人，城镇人口总数在10余年间仅增加3 295万人，城镇化率下降了0.55%[②]。

经过新中国成立初期城镇化的快速发展、“大跃进”时期的大幅波动和调整以及“文革”时期的停滞阶段，到1978年时我国的城镇化率为17.92%，城镇人口规模为17 245万人。虽然比1949年有了一定的提升，但是城镇化发展速度过于缓慢，30年间我国城镇化率仅仅增加了7.28%[③]。

二、改革开放以来至20世纪末的城镇化加速发展阶段（1978—2000）

改革开放以后，经济建设成为党和国家工作的中心。伴随我国对内经济体制改革的推进和对外开放程度的提高，我国的城镇化进程开始进入加速发展阶段。这一时期城镇化发展取得的成就主要表现在以下几个方面。

第一，通过设立地级市领导县体制和撤县建市等行政区划改革，城市的数量不断增多。1978年时，我国的城市数量为193个，明显偏少。为了更好地推进我国城市化进程和县域经济的发展，也为了更好地推进撤县设市工作的规范化和有序化，1986年4月19日，国务院下发了《国务院批转民政部关于调整设市标准和市领导县条件报告的通知》（国发〔1986〕46

① 李若建.大跃进时期的城镇化高潮与衰退[J].人口与经济,1999(5):43.

② 刘勇.我国城镇化战略的演进轨迹和操作取向[J].改革,2012(9):19.

③ 刘勇.我国城镇化战略的演进轨迹和操作取向[J].改革,2012(9):19.

号），对包括县级市在内的市的设置标准进行了明确规定，启动了对我国城镇化发展有重大影响的撤县设市改革的大幕。从20世纪80年代中期开始，我国各地进入了撤县设市行政区划改革的高潮期。仅1983至1986年间，我国就约有100个县成为县级市，1990年时我国的县级市数量增加到279个，2000年时增加到400个[①]。

同时，为了更好地发挥中心城市对周边地区的带动作用，推动城乡一体化进程，1982年中共中央第51号文件做出《改革地区体制、实行市领导县体制"的通知》，首先在江苏试点，然后从1983年开始在全国试行。随后中央又发布了《关于地市州党政机关机构改革若干问题的通知》，要求各省“积极试行地、市合并”，并把此作为1983年地方政府改革的一项重要内容。这时期的地级市的设立主要通过地市合并、撤地建市、设市领县和切块设市等改革方式来进行，领导县的地级市数量在这一期间不断增多。大量的县升格为县级市，加上通过地市合并、撤地建市、设市领县、切块设市等改革推动设立的地级市，使得这一时期我国城市的数量大幅增加，为城镇化进程的加速推进提供了充分的制度空间。2000年时我国的城市数量由1978年的193个增加到663个[②]。

第二，工业化进程的加速推进，带动了大量乡村人口转移到城市，城镇人口规模不断扩大，城镇化率大幅提高。工业化进程的加速推进，产生了对大量劳动力的需求，吸引了众多的农村剩余劳动力进城务工，城镇人口规模开始大量增加。1978年时我国的城镇人口规模为17 245万人，到2000年时增加到45 906万人。城镇化率由1978年的17.92%增加到2000年的36.22%，年均增加0.83百分点[③]。

第三，伴随20世纪80年代开始的我国乡镇企业的异军突起，小城镇建设取得明显成效。20世纪80年代开始，我国的乡镇企业异军突起。乡镇企业虽然规模不大，但数量众多，能就地吸纳大量的农村剩余劳动力就业，实现了农民“离土不离乡、进厂不进城”的要求。乡镇企业的发展带

① 刘勇.我国城镇化战略的演进轨迹和操作取向[J].改革,2012(9):19.

② 刘勇.我国城镇化战略的演进轨迹和操作取向[J].改革,2012(9):19.

③ 刘勇.我国城镇化战略的演进轨迹和操作取向[J].改革,2012(9):19.

动了小城镇建设的快速发展，这一时期我国的建制镇数量不断增加，截至2000年年底，我国建制镇的数量为21 116个，小城镇也成为我国城镇化进程中吸纳大量乡村人口的空间载体。

这一时期我国城镇化进程明显加快，主要原因有以下三个方面：一是我国明确了以经济建设为工作重心；二是我国工业化战略由重工业化转变为以轻纺工业为重点的工业化战略；三是大力实施了中心城市带动区域发展战略，以及向沿海地区倾斜的区域发展战略，使得这一时期沿海地区的大城市成为我国城市建设的重点，同时沿海地区还涌现出众多的中小城市和小城镇，典型代表有石狮、东莞、昆山等[①]。

三、21世纪以来我国城镇化快速发展的阶段（2001年至今）

这一时期，我国制定了加快城镇化发展的总体战略，经历了小城镇规模扩张和城镇群快速发展的两个阶段，我国城镇化得到快速发展。这一阶段我国的城市化率突破了50%，城镇化发展水平和质量不断提升。具体来说，这一阶段的城镇化发展成果主要表现在以下几个方面。

第一，我国的城镇化率突破50%，城镇化进程进入中后期。2000年以后，伴随工业化进程的不断加速，我国的城镇化进程开始进入加速发展阶段，城镇化率不断提高。2011年时我国的城镇常住人口达到69 079万人，城镇化率首次突破50%，达到51.27%[②]，我国城乡人口结构发生历史性变化，城镇常住人口首次超过乡村人口。此后，我国的城镇化率开始进入平稳增长态势，我国的城镇化进程进入到中后期。根据国家统计局的数据，2016年年末全国总人口138 271万人，其中城镇常住人口79 298万人，常住人口城镇化率为57.35%[③]。

第二，城镇化发展的重心由小城镇开始向以城市群为主体形态、大中小城市和小城镇协调发展方向转变。在城镇建设方针上，我国在不同时期

① 侯捷.中国城乡建设发展报告：1997[M].北京：中国城市出版社，1998：35.

② 中华人民共和国国家统计局.中国统计年鉴：2012[M].北京：中国统计出版社，2012：101.

③ 中华人民共和国国家统计局.中国统计年鉴：2017[M].北京：中国统计出版社，2017：31.

提出了不同指导思想，从1978年的“控制大城市规模，多搞小城镇”，到1980年的“控制大城市规模，合理发展中等城市，积极发展小城市”，再到1989年“严格控制大城市规模，积极发展中等城市和小城市”。1998年中国共产党十五届三中全会通过的《中共中央关于农业和农村工作若干重大问题的决定》指出，发展小城镇，是带动农村经济和社会发展的一个大战略，要进一步提升小城镇的重要作用。由于受到费孝通先生提出的小城镇发展战略思想的影响，很长一段时间内我国的城镇化发展战略都以控制大城市和发展小城镇为主要导向。

但是，小城镇的规模和产业结构特征，决定了其不能承担其城镇化主流形态的重任。“乡镇工业和小城镇的兴起，是资金分配和使用属地化的结果。资金分配和使用属地化导致我国乡镇工业和小城镇发展表现出二个互为联系的特征，一是工业和人口向小城镇分散；二是乡镇工业和小城镇在地理上的分散。资金分配和使用的属地性质，使得那些条件较好、内部积累能力强的城市能够得到更快的发展，而那些拥有较好区位动力的城市，由于生产要素不能进行真正意义上的最佳区位选择，也不能吸引要素的流入，它们的发展仍然受到很大限制。乡镇工业和小城镇的发展就是在这样的背景条件下发展起来的。从总体上看，由于城市区位利益难以充分实现，必然导致城市集中程度下降，从而造成资源配置效率的隐形损失。”①同时，城镇的发展有其自身的市场规律，我们在制定城镇规划和城镇化战略时要尊重城镇发展的市场规律，依据生产要素和资源的流动取向来不断地调整城镇化发展的重心。2016年12月召开的中央城市工作会议指出，城市发展是一个自然历史过程，有其自身规律。城市和经济发展两者相辅相成、相互促进。城市发展是农村人口向城市集聚、农业用地按相应规模转化为城市建设用地的过程，人口和用地要匹配，城市规模要同资源环境承载能力相适应。必须认识、尊重、顺应城市发展规律，端正城市发展指导思想，切实做好城市工作。从生产要素流动方向看，劳动力和资本等不断从小城镇向中小城市集中，从城市群内部的中小城市向大城市和特大城市集中。从资源的投入和产出的规模效益来看，一般来说，越小的

① 冯云廷.小城镇化战略的反思与我国城市化发展的战略取向[J].中国软科学,2000(11):121.

城镇集聚的人口和资源越少，单位的资本投入产出的效益越小，规模不经济越明显；越大的城市集聚的人口和资源越多，单位的资本投入产出的效益越大，规模经济和规模效益越明显。

随着我国乡镇企业发展高潮的逝去，小城镇建设逐渐陷入困境。而与此同时，大城市因大量人口、资源和生产要素聚集而内生出的集聚效应、规模效应和扩散效应不断显现，大城市作为区域中心和经济增长极对周边区域经济和社会发展的带动作用日渐增强。这些变化传导到国家政策层面，就是大城市的发展开始受到国家层面的重视，我国城镇化战略的方向也从控制大城市发展转变为以城市群为主体形态，促进大中小城市和小城镇协同发展。2013年的中央城镇化工作会议提出，要优化城镇布局，根据资源环境承载能力构建科学合理的城镇化宏观布局，把城市群作为主体形态，促进大中小城市和小城镇合理分工、功能互补、协同发展。2017年的中央城市工作会议指出，要以城市群为主体形态，科学规划城市空间布局，实现紧凑集约、高效绿色发展；要优化提升东部城市群，在中西部地区培育发展一批城市群、区域性中心城市，促进边疆中心城市、口岸城市联动发展，让中西部地区广大群众在家门口也能分享城镇化成果；各城市要结合资源禀赋和区位优势，明确主导产业和特色产业，强化大中小城市和小城镇产业协作协同，逐步形成横向错位发展、纵向分工协作的发展格局。

第三，以人为中心的新型城镇化战略的提出。城镇的发展有其自身的市场规律，我们在制定城镇规划和城镇化战略时要尊重城镇发展的市场规律，依据生产要素和资源的流动取向来不断地调整城镇化发展的重心。自2002年党的十六大提出走中国特色的城镇化道路目标以来，经过近十年的探索，在总结新中国成立以来特别是改革开放以来我国城镇化经验和教训的基础上，2012年党的十八大提出了以人为核心，构建以城市群为主体形态，推动大中小城市和小城镇协调发展的新型城镇化战略，成为中国特色新型城镇化道路探索的最新理论成果。新型城镇化是以城乡统筹、城乡一体、产城互动、节约集约、生态宜居、和谐发展为基本特征的城镇化，是大中小城市、小城镇、新型农村社区协调发展、互促共进的城镇化。此后的中央城镇化工作会议对新型城镇化战略进行了进一步具体论述。2013年12月，中央城镇化工作会议强调，城镇化与工业化一道，是现代化的两大引擎，是现代化的必由之路。走中国特色、科学发展的新型城镇化道路，核心是以人为本，关键是提升质量，与工业化、信息化、农业现代化同步推进。要优化城镇布局，根据资源环境承载能力构建科学合理的城镇化宏观布局，把城市群作为主体形态，促进大中小城市和小城镇合理分工、功能互补、协同发展。在具体的城镇发展空间布局上，中央城镇化工作会议指出，要坚持全国主体功能区规划提出的“两横三纵”的城市化战略格局，在我国已经形成京津冀、长三角、珠三角三大城市群的同时，要在中西部和东北有条件的地区，依靠市场力量和国家规划引导，逐步发展形成若干城市群，成为带动中西部和东北地区发展的重要增长极，推动国土空间均衡开发、提高城镇建设水平和加强对城镇化的管理①。2014年3月，中共中央、国务院印发了《国家新型城镇化规划（2014—2020年）》，该规划指出，城镇化是现代化的必由之路，城镇化是保持经济持续健康发展的强大引擎，城镇化是加快产业结构转型升级的重要抓手，城镇化是解决农业农村农民问题的重要途径，城镇化是推动区域协调发展的有力支撑，城镇化是促进社会全面进步的必然要求。2015年12月召开的中央城市工作会议指出，城市发展是一个自然历史过程，有其自身规律。城市和经济发展两者相辅相成、相互促进。城市发展是农村人口向城市集聚、农业用地按相应规模转化为城市建设用地的过程，人口和用地要匹配，城市规模要同资源环境承载能力相适应。必须认识、尊重、顺应城市发展规律，端正城市发展指导思想，切实做好城市工作。要优化提升东部城市群，在中西部地区培育发展一批城市群、区域性中心城市，促进边疆中心城市、口岸城市联动发展，让中西部地区广大群众在家门口也能分享城镇化成果。各城市要结合资源禀赋和区位优势，明确主导产业和特色产业，强化大中小城市和小城镇产业协作协同，逐步形成横向错位发展、纵向分工协作的发展格局。

① 中华人民共和国中央人民政府．中央城镇化工作会议举行习近平、李克强作重要讲话[EB/OL].(2013-12-14).http://www.gov.cn/ldhd/2013-12/14/content_2547880.htm.

第四，城市群发展进程不断加速，东中西部各区域的城市群格局的雏形基本显现。城市群最早是由法国城市地理学者简·戈特曼于1957年提出来的。伴随我国城镇化进程的快速推进，城市群已经成为我国新型城镇化的主体形态。“城市群是指在特定地域范围内，以1个以上特大城市为核心，由至少3个以上大城市为构成单元，依托发达的交通通信等基础设施网络，所形成的空间组织紧凑、经济联系紧密并最终实现高度同城化和高度一体化的城市群体。”[①]城市群是工业化和城镇化发展到高级阶段的产物，也是都市区和都市圈发展到高级阶段的产物。从高度同城化分析，在城市群空间范围内，将突破行政区划体制束缚，逐步实现‘十同’，即实现规划同编、城乡同筹、产业同链、市场同体、交通同网、信息同享、金融同城、科技同兴、生态同建、环保同治的经济共同体和利益共同体。

城市群是我国新型城镇化战略推动实施的主体形态，也是区域经济一体化空间布局的明显体现，其发展程度决定了一个区域参与全国甚至全球竞争的能力。“城市群是城镇化发展到一定阶段的客观产物，是城市影响地域扩大化、城市间互动联系密切化、城市区域主体多元化、城市区域空间系统复杂化孕育的一种新的区域空间组织形态，是当前我国城镇空间分布的主要形式。”[②]当前，我国城镇化发展进入加速阶段，一定地域内的城市之间、城市与区域之间的空间相互作用不断强化，社会经济联系日益密切，社会经济中的城市群体化现象越来越显著，城市群的作用越来越大，城市区域化和区域城市化趋势愈发明显，我国传统的省域经济，正在向城市群经济转变。根据国家统计局的数据显示，2016年年末，我国城市数量已达到657个。其中，直辖市4个，副省级城市15个，地级市278个，县级市360个。与此同时，我国市辖区户籍人口超过100万人的城市已经到了147个，城镇常住人口比重达到了57.35%[③]。2015年年底召开的中央城市工作会议指出，要以城市群为主体形态，科学规划城市空间布局，实现紧凑集约、高效绿色发展，优化提升东部城市群，在中西部地区培育发展

---

① 马海龙，陈学琴.新型城镇化空间基础[M].银川：宁夏人民出版社，2016：184.

② 新玉言.新型城镇化——理论发展与前景透析[M].北京:国家行政学院出版社，2013：59-60.

③ 中华人民共和国国家统计局.中国统计年鉴：2017[M].北京：中国统计出版社，2017：31.

一批城市群、区域性中心城市。截至2017年3月底，国务院先后共批复了6个国家级城市群，分别是：长江中游城市群、哈长城市群、成渝城市群、长江三角洲城市群、中原城市群、北部湾城市群。

第五，国家级新区建设不断加速。国家级新区是指由国务院批准设立的，承担国家重大发展和改革开放战略任务的综合功能区。国家级新区的总体发展目标、发展定位等由国务院统一进行规划和审批，相关特殊优惠政策和权限由国务院直接批复，在辖区内实行更加开放和优惠的特殊政策。同时，国家鼓励新区进行各项制度改革与创新的探索工作。国家级新区是中国于20世纪90年代初期设立的一种新的大城市区域。自1992年第一个国家级新区——上海浦东新区设立以来，国家级新区已经成为我国新一轮开发开放和改革的试验区，也成为我国城镇化加速发展的重要空间载体。国家级新区的设立，充分体现了国家重大的战略意图，是在新的发展背景下，进一步整合现有资源的基础上，对特定区域的发展做出重新定位，发挥该区域的潜在比较优势和竞争优势，从而解决长期以来困扰中国经济的产业结构同构和产能过剩困局，进而优化产业布局，加快传统产业结构升级转型，提高经济发展的质量和效益，推动产业化和城镇化互动，推进产业和空间融合，以实现工业化和城镇化的良性互动和协同发展的战略目标。

截至2017年4月，我国设立的国家级新区总数共有19个。这19个国家级新区设立的先后顺序分别为：1992年10月上海浦东新区成立，2006年3月天津滨海新区成立，2010年6月重庆两江新区成立，2011年6月浙江舟山群岛新区成立，2012年8月兰州新区成立，2012年9月广州南沙新区成立，2014年1月陕西西咸新区、贵州贵安新区成立，2014年6月青岛西海岸新区、大连金普新区成立，2014年10月四川天府新区成立，2015年4月湖南湘江新区成立，2015年6月南京江北新区成立，2015年9月福建福州新区、云南滇中新区成立，2015年12月哈尔滨新区成立，2016年2月长春新区成立，2016年6月14日江西赣江新区成立，2017年4月1日河北雄安新区成立。

四、我国城镇化道路的经验

第一，从重点发展小城镇到大中小城市与小城镇协调发展的渐进式城镇化路径。城镇化与工业化是现代化的两大动力来源，是通向现代化的必由之路。改革开放后，以经济建设为中心，建设社会主义现代化国家伟大目标的确立，为城镇化的发展提供了强大的动力支撑。在城镇化路径的选择上，我国采取的是依据现实国情，依据城镇等级由低往高逐级发展的渐进式城镇化路径。改革开放初期，面对停滞了长达约20年的城镇化进程以及大城市数量少、发展基础薄弱的现状，党中央和国务院在允许农民进入城市就业的同时，启动了以小城镇为重点的发展战略，鼓励农民迁入小城镇。1978年国家城镇化方针确立为“控制大城市规模，多搞小城镇”。1984—1992年，国家为了促进小城镇的发展，两次降低了建制镇的设置标准。

1998年中共十五届三中全会通过的《中共中央关于农业和农村工作若干重大问题的决定》指出，发展小城镇，是带动农村经济和社会发展的一个大战略。小城镇的发展承载了大量的农村剩余劳动力，对我国城镇化率提升贡献很大。但是由于小城镇的公共服务供给有限，对产业和人口集聚效益有限，在工业化进程不断加速的背景下，我国的城镇化战略需要转变发展重心。2000年10月，中共中央在《关于制定国民经济与社会发展第十个五年计划建议》中提出：“随着农业生产力水平的提高和工业化进程的加快，中国推进城市化条件已渐成熟，要不失时机实施城镇化战略。”在此建议基础上，2001年出台的《国民经济与社会发展第十个五年计划纲要》指出，要有重点地发展小城镇。2002年十六大提出，要坚持大中小城市和小城镇协调发展，走中国特色的城镇化道路。2013年12月的中央城镇化工作会议提出要优化城镇布局，根据资源环境承载能力构建科学合理的城镇化宏观布局，把城市群作为主体形态，促进大中小城市和小城镇合理分工、功能互补、协同发展。

第二，从注重转移农村剩余劳动力的功能到将城镇化作为以城市群为主体推动区域经济协调发展的引擎的转变。城镇化是人类历史发展的必然趋势，是乡村人口向城镇迁移，农业就业人口向第二、三产业转移的过程。同时，伴随城镇化进程不断向纵深推进，大城市作为资源和要素集聚的中心，其对周边地区的辐射和带动作用愈发明显，以若干大城市为核心，以周边相邻的中小城市和城镇为节点的城市群已经成为推动区域经济协调发展的主要空间组织形式。改革开放四十年来我国对城镇化功能的认识，经历了从注重转移农村剩余劳动力的功能到将城镇化作为以城市群为主体推动区域经济协调发展的引擎的转变的过程。改革开放初期，国家通过降低建制镇、县级市设立标准等措施，引导农村剩余劳动力就地或者就近转移。2000年以后特别是新型城镇化战略提出以来，在城镇化战略的顶层设计上，对城镇化空间布局进行了合理安排，突出城市群的规划和建设，重视城市群在区域经济协调发展中的作用，将城镇化作为推动区域经济发展的关键引擎加以推动。《国家新型城镇化规划（2014—2020年）》明确提出，城镇化是推动区域协调发展的有力支撑，将城市群作为新型城镇化的主体形态。党的十九大报告明确提出，城市群是我国新型城镇化的主体。

第三，从单纯追求城镇化速度到城镇化速度与质量并重的转变。与世界绝大多数国家不同，中国的城镇化面临的时间和规模压力在人类城镇化历史上空前的。中国作为后发国家，城镇化起步时间晚，1958—1978年又遭遇了近20年的停滞，留给我国的城镇化时间非常紧迫。同时，我国人口基数大，需要转移进城镇的人口规模大，城镇化面临的规模压力难以想象。如何在较短时间内既解决大规模人口从乡村到城镇的转移问题，又避免因城镇化进程过快导致拉美国家城市化过程中城市大规模贫民窟现象的出现，成为考验我国城镇化道路选择的难题。改革开放四十年来，通过有计划、有步骤地推进城镇化进程，走出了一条中国特色的城镇化的速度和质量并重的城镇化道路。1978—2000年，我国城镇化率从17.92%增加到36.22%，年均增长0.83%[①]。这样的城镇化率和城镇人口规模增长速度在全世界是史无前例的。在我国的城镇化进程飞速发展的同时，我国的小城

① 刘勇.我国城镇化战略的演进轨迹和操作取向[J].改革,2012(9):19.

镇和中小城市集聚了大量的城镇人口，并没有出现拉美国家在快速城市化进程中出现的城镇人口集中在少数几个特大城市、城市贫民窟现象扎堆和犯罪率居高不下的城市治理难题，城镇化呈现出速度和质量并重的态势。

第四，城镇化从由政府主导到市场自发和政府引导相结合的转变。城镇化进程有其自身的发展规律，政府在推动城镇化进程时必须要认识、尊重和顺应城镇化发展规律。同时，由于我国是后发的人口大国，城镇化面临的时间和人口规模压力较大，城镇化进程的推动在市场推动的同时，需要借助于政府行政力量的推动。但是，在改革开放初期，政府主导城镇化色彩较为浓重。例如，我国在城镇化战略方针的制定上，在鼓励小城镇发展的同时，过于对大城市的发展施加人为的控制，导致我国城市体系存在规模大小不适当的问题；在城镇建设用地指标配置上，没有注重人口流动的方向和趋势，过于向中西部地区、中小城市和小城镇倾斜，导致部分人口流入较多的城市因建设用地不足导致房价上涨过快。近些年来，我国城镇化开始向注重政府引导和市场主导相结合的方面转变。2015年12月召开的中央城市工作会议指出，城市发展是一个自然历史过程，有其自身规律。城市和经济发展两者相辅相成、相互促进。城市发展是农村人口向城市集聚、农业用地按相应规模转化为城市建设用地的过程，人口和用地要匹配，城市规模要同资源环境承载能力相适应。必须认识、尊重、顺应城市发展规律，端正城市发展指导思想，切实做好城市工作。《国家新型城镇化规划（2014—2020年）》提出，要探索实行城镇建设用地增加规模与吸纳农业转移人口落户数量挂钩政策。2016年10月，国土资源部、国家发改委等国务院5部委联合下发《关于建立城镇建设用地增加规模同吸纳农业转移人口落户数量挂钩机制的实施意见》，提出到2018年，基本建立人地挂钩机制；到2020年，全面建立科学合理的人地挂钩机制政策体系，为如期实现1亿左右农业转移人口和其他常住人口在城镇落户提供用地保障。

五、我国城镇化进程和战略面临的一些问题

城镇化是人类历史发展的必然趋势，包括人口迁移和产业结构变迁两个方面。从人口迁移趋势来看，城镇化是人口从乡村地区向城镇迁移和城镇人口从小城镇、中小城市向大城市迁移的过程。从产业结构变迁来看，城镇化是从事第一产业的人口向第二产业和第三产业迁移的过程。新中国成立以来，经过城镇化发展战略的不断调整和发展历程的不断推进，我国的城镇化建设取得了显著成就，城镇化水平和质量相比于新中国成立初期已经有了质的飞跃。但同时，受制于多重因素的影响，我国的城镇化发展尚存在诸多问题，亟待我们通过行政区划改革等思路去加以解决。

首先，我国城镇化速度滞后于工业化进程。工业化和城市化密切关联，城市化进程通常伴随工业化进程的加速而快速推进。“理想的城市化模式是工业化与城市化同步推进，二者协调发展。从城市化的历史过程来看，首先是工业化推动了城市化，前者是后者的基础，没有工业化便没有城市化；城市化又反作用于工业化。脱离城市化的工业化将会受到城市化滞后的约束，从而构成了二者之间双向互促共进关系。”[①]新中国成立以来，我国工业化和城镇化进程都得到迅速推进，但总体来看，我国城镇化速度明显落后于工业化速度。这与新中国成立以来一直推行的以重工业为主的工业化道路选择路径有关，相比于轻工业来说，单位资本的重工业投入吸纳的就业人口要远远低于单位资本的轻工业投入带来的就业人口增加。由于重工业占整个工业的比重较高，导致城镇就业人口的增长率低于工业化的增长率，从而导致我国城镇化速度落后于工业化速度。同时，这与我国很多城市，特别是大城市严格的户籍制度对外来人口的限制也有很大关联，许多在大城市就业的外来人口无法获得其所就业城市的户籍或者难以承受落户所需要的经济条件。

此外，很长时期内以小城镇为重点的城镇化战略阻碍了我国工业化和城镇化提升的空间。“在改革开放以后，我国实施了‘离土不离乡、进厂

① 新玉言.新型城镇化——理论发展与前景透析[M].北京:国家行政学院出版社,2013:52.

不进城’的农村工业化方针和以小城镇为主体的城市化道路，城市发展严重不足，阻碍了城镇化的正常发展。该方针的核心在于农业劳动力‘就地转移’为乡镇企业工人，农业劳动力非农化但不城镇化。虽然乡镇企业的发展，吸收了大量的农村剩余劳动力，对我国经济的发展具有很大的支撑作用；但是，由于其规模小，聚集效益低，土地使用浪费，不能带动第三产业发展，劳动力和资金难以转移到聚集效益较好的城市和城镇等问题，使其不能够为产业发展提供现代化的外部环境，难以以此为依托建立现代化的经济体系。2000—2003年，在乡镇企业就业的人员分别为1.28亿人、1.31亿人、1.33亿人和1.36亿人，这些工业人口大多数被滞留在农村，延迟了城镇化进程，使得工业化和城镇化发展不协调。因此，我国迫切需要加快现代城市的发展，走一条以城市为主体的城镇化道路，为工业化提供有效的空间依托。”①

其次，我国的城镇规模等级结构不合理，小城镇数量偏多、规模小，大中城市数量偏少、规模偏大。“从新中国成立后中国城镇化几十年的实践来看，虽然各种规模等级的城市都有所发展，珠江三角洲、长江三角洲、京津唐等地区出现了城市带、城市群，大城市数目增多，出现了一批以地区级城市为主的中等城市，小城市曾经发展迅猛，但从总体上说，特别是改革开放以来，中国的城镇化实际上是以小城镇为主的分散化模式。首先，以小城镇为主的城镇化模式受到了政策上的支持。在改革开放以前，我国各种规模等级城市的发展都受到了抑制。自1978年实行改革开放以来，中国的城镇化由被压制转为松动和放开，但在当初经济高速增长而城乡严格分隔的背景下，积极发展小城镇成为最佳的政策选择。而且，这种城镇化的政策倾向一直延续至今。这种政策在实践中的长期贯彻实施，造成了中国以小城镇为主的城镇化模式。其次，改革开放以来，在各种规模等级城市的成长中，小城镇发展最快、人口总量最大的事实，表明中国的城镇化模式是以小城镇为主的。伴随着中国的城镇化进程，中国各级各类的城市都有所增长。但比较而言，小城镇的发展是最为突出的，不

① 靳玉言.新型城镇化——理论发展与前景透析[M].北京:国家行政学院出版社,2013:119-120.

仅数量大幅度增长，而且聚集的人口规模也在不断增加。从城镇数量上讲，20万人以下的小城镇数量最多，一直占城镇总量的50%左右。从人口比重上看，小城镇（包括20万人以下的小城市和建制镇）非农人口占城镇非农人口数的比重在1978、1984、1998年分别为43%、43.5%、40%。”[①]从上述数据可以看出，我国现有各类城镇构成的规模等级结构中，小城镇数量偏多，单位城镇所集聚的人口规模较少。与此相对应的，却是我国中等以上的城市特别是大城市的数量偏少，少数大城市集聚的人口规模过多以及以地级市为主的中等城市发展空间受限，集聚的人口规模有限。

针对我国现有城镇规模等级结构存在的问题，新型城镇化战略很好地进行了调整，为我国城镇化的空间拓展、结构优化和质量提升奠定了坚实的基础。新型城镇化战略的提出，表明了我国城镇化的主体形态已经由小城镇转变为城市群，要求在发挥中心城市辐射带动作用的同时，加快发展中小城市，有重点地发展小城镇。但是，新型城镇化战略仅仅为我国现有城镇规模等级结构的优化和完善提供了可能性，城市数量的增加、以地级市为代表的中等城市的发展壮大以及单位城镇集聚人口规模的提升尚需要行政区划等改革的协同推进。同时，大城市与小城镇如何协调发展也是当前及今后很长一段时期内我国城镇化战略要重点思考的问题。“在经济向大城市集聚的过程中，小城镇应该如何发展？是否可以通过发展小城镇，让中国走上一条具有中国特色的城镇化道路？这也是我们应该明确给出回答的问题。从国际比较来看，中国的城镇规模差距比较小，这意味着，在未来的城市化进程中，中国的大城市还要进一步长大，小城镇也要大力建设。但是，小城镇的功能恰恰应该是连接大城市与农村，不能在发展小城镇的时候将其脱离于大城市。首先，当大城市的土地和劳动力成本都不断上升之后，只有劳动生产率更高、土地利用效率更高的现代服务业才适宜于在大城市发展，这时，简单的加工制造业必然从大城市向外迁移，其迁移方向如果不是成本更低的其他国家，则必然是在大城市周围的小城镇。这时，大城市和小城镇是相互依存的，没有大城市的生产性服务业，小城

① 靳玉言.新型城镇化——理论发展与前景透析[M].北京:国家行政学院出版社,2013:58-59.

镇的制造业将失去竞争力，如果没有小城镇，大城市的现代服务业就缺少了依托。其次，小城镇当然也可以成为在大城市工作的居民的居住和生活区，而大城市也将为小城镇的居民提供多样的、现代的和优质的服务。此外，小城镇将也是服务于农村的，当农业走向现代化和规模经营时，小城镇将为农村提供专业化的生产性服务，包括播种、包装、运输、销售等。”①

最后，我国城镇的空间分布不尽合理，中西部地区的城市群发展滞后。“经过60多年的发展，新中国城镇的空间分布呈现出网络型和据点型相结合、分散型和集中型相结合、松散型和紧凑型相结合的特征。目前，中国的城镇主要集中分布在长江三角洲、珠江三角洲、环渤海等23个城市密集地区和都市区，城市密集地区的出现和都市区的形成与快速发展，即城市群的形成，是城镇化速度、水平的提升和城镇数量、规模的增长在空间上的突出表现。因此，中国城市群的空间结构集中体现了中国城镇化的城镇空间分布特征。”②从现有城市群的空间分布来看，我国发展较为成熟、具有一定影响力的城市群主要集中于东部地区，例如长三角城市群、珠三角城市群和环渤海城市群，而中西部地区的城市群发展明显滞后，城市群内部的城市与城市之间的协同度较低，综合竞争力较弱。

六、新时代我国城镇化发展展望

改革开放四十年来，一方面，我国的城镇化在探索和实践中不断前进，在城镇化速度和城镇人口规模增加较快的同时，城镇化质量也在不断提升，城镇化对经济发展和社会进步的推动作用日趋明显，探索出了一条符合我国国情的具有中国特色的城镇化道路。另一方面，我国城镇化发展过程中尚存在一些问题，突出表现为城镇体系不尽合理。城镇体系是由不同等级、不同规模和不同功能的城市与城镇之间相互影响、相互作用而形

① 陆铭.空间的力量：地理、政治与城市发展[M].上海：上海人民出版社，2017：213.

② 新玉言.新型城镇化——理论发展与前景透析[M].北京：国家行政学院出版社，2013：58-59.

成的有机联系的统一整体。合理的城市体系一般符合齐夫法则[①]。而我国现有的城镇体系中，不同等级、不同规模和不同功能的城市与城镇之间缺乏有效合理的互补，导致城市体系存在结构性问题，主要表现为：特大城市规模失控；大城市数量过少，集聚效应和规模效应有待提升；中小城市数量偏少，城市人口规模有待提升；小城镇数量过多，集聚人口能力较弱。在新时代，解决我国城市体系结构存在的上述问题，有待城镇化制度和政策层面的进一步调节和完善。

首先，城镇化要坚持以城市群为主体形态，服务于区域经济协调发展要求，确立以发展大城市为核心的城镇化战略。我国的城镇化进程受到制度和政策因素的制约和影响较大，一直以来强调以小城镇和小城市为重点的发展战略，使得我国城镇体系出现了小城镇数量多、规模小、中小城市规模不足和大城市数量少的结构性问题。从集聚效应和规模效应来看，大城市拥有明显优于中小城市和小城镇的优势。而且，“在特定地理范围内，中小城市距离区域性的大城市越近，经济增长越快，这说明，中小城市的经济增长的确依赖于大城市。如果在经济政策上希望通过限制大城市的发展，给中小城镇带来更多的发展机遇，结果却可能是‘双输’的。一方面，经济增长的‘蛋糕’总量可能被做小了，另一方面，当大城市的带动作用不足的时候，中小城市的发展将受到负面的影响，尽管看上去中小城市可能在蛋糕里分得更多了。”[②]大城市发展起来后，可以有效带动周边中小城市和小城镇的发展，形成以城市群为空间载体的区域经济协调发展格局。因此，要对我国的城镇化战略进行必要的调整，确立以发展大城市为核心的城镇化战略，对现有数量众多的小城镇进行必要的合并和内涵提升。

其次，发挥市场在资源配置和要素流动中的决定性作用，推动资源和要素向大城市集聚，最大限度地发挥资源的集聚效应和规模效应，充分发挥大城市作为经济增长极对周边区域的核心带动作用，推动城镇化质量的

① 根据这一法则，一国最大城市的人口，是第二大城市人口的两倍，是第三大城市人口的三倍，依此类推。

② 陆铭.空间的力量：地理、政治与城市发展[M].上海：上海人民出版社，2017：213-214.

提升。城市和城镇化发展有其自身的客观规律，“经济活动向少数具有地理优势的地区集聚是一个全球性的趋势。虽然短期内经济集聚的确可能伴随着地区间发展差距的扩大，但从中长期来说，只要要素（特别是劳动力）可以自由流动，经济将最终在集聚中走向平衡。相反，如果劳动力不自由流动，并限制建设用地使用权进行跨区域再配置，虽然在短期内可能有利于地区间在经济规模意义上的平衡发展，但却使得土地利用效率蒙受了损失，最终也不利于人均收入和生活质量意义上的平衡发展。”①针对之前出现的行政主导城镇化进程中出现的生产要素和资源配置扭曲的问题，需要进行相应的改革，要更好地发挥市场在资源配置和要素流动中的决定性作用，推动资源和要素在大城市的有效集聚和规模效应的发挥。“对于中国来说，如果能够在城市化进程之中推动经济和人口向沿海城市以及内地的区域性中心城市集聚，将为下一阶段的经济持续增长注入新的动力。”②

最后，因地制宜，分区域制定城镇化政策，东部地区以市场机制为主，西部地区是政府主导为主，中部地区以市场机制和政府引导相结合。由于我国国土面积较大，各地区经济发展水平和地理条件差异较大，在制定城镇化战略和选择城镇化的动力机制上，需要因区域来施策。具体来说，对于经济较为发达、城镇化和市场化程度较高的东部地区，要充分发挥市场机制的作用，推动现有城市群的升级。西部地区由于经济欠发达，城镇化水平和市场化程度较低，需要更多地依靠政府来主导城镇化进程，通过行政机制来打造区域性的经济增长极，带动周边区域的发展，助推西部地区城市群的形成和发展。中部地区的经济不太发达、城镇化水平和市场化程度有待进一步提升，可以以市场机制和政府引导相结合的方式，加快现有已具备雏形的城市群的发展，推动城镇化水平和质量的进一步提升。

---

① 陆铭.空间的力量：地理、政治与城市发展[M].上海：上海人民出版社，2017：189.

② 陆铭.空间的力量：地理、政治与城市发展[M].上海：上海人民出版社，2017：189-190.

第三节　新型城镇化和行政区划改革的关系

城镇化是影响人类迁移的大事件，包括乡村人口向城镇集聚和城镇内部的人口由小城镇、中小城市向大城市、特大城市集聚两个方面。“城市化是一个人口集聚的过程。其发生方式有两种：集聚点的不断增加和单个集聚点范围的不断扩大……只要城市存在规模上的扩大或者数量上的增长，城市化的进程就在进行之中。……城市化是一个渐进的过程。它意味着……从集聚性较弱的状态向集聚性较强的状态转移。”①在人口不断地从乡村地区向城镇集聚的同时，资源和要素等也不断地向大城市集聚，资源和要素跨行政区流动成为常态。但是与经济社会发展不协调的行政区划，在一定程度上制约了人口、资源和要素的跨区域流动，进而影响到城镇化的进程和质量，调整行政区划以适应城镇化发展的客观需要是行政区划改革的重要方面。

行政区划设置与城镇化战略之间存在密切的关联。一方面，城镇化战略是行政区划设置和调整的重要依据。“区划问题关系到国家的稳定和发展。我国区划的经济功能突出，与地区经济发展密切相关，行政区划调整不但影响到城市经济发展，更直接关系到城市空间布局，成为影响城镇化发展的重要因素。”②行政区划是政治稳定和经济社会发展的重要影响因素，在不同的历史时期需要进行相应的变革和调整。当前我国正处于城镇化进程的中后期，在行政区划改革模式和路径的取舍上，要依据城镇化战略进行科学合理的选择。另一方面，行政区划改革也是城镇化战略目标实现的重要助推力，城镇化战略目标的有效达成，需要依靠行政区划设置上合理有效的变革。“行政区划改革和调整已经成为我国调控城镇化发展的重要措施，一方面行政区划调整发挥了城镇化发展‘助推器’的作用，另

① 布赖恩·贝利.比较城市化——20世纪的不同道路[M].顾朝林，汪侠，俞金国，等译.北京：商务印书馆，2010：31-32.

② 范毅，冯奎.行政区划调整与城镇化发展[J].经济社会体制比较，2017(06)：66.

一方面也起到了城镇化过热发展‘刹车片’的功能。特别是改革开放以来，中心城市借助于行政区划调整的制度改革红利，获得了优先发展机会，成为带动我国城镇化快速发展龙头。然而随着时间的推移，这项改革所累积的利益关系日趋固化，负面效应逐渐显现。在当前经济新常态背景下，亟须通过行政区划改革，推动城市供给侧结构性改革，激发中小城市发展活力，培育经济增长新动能。”①

一、城镇化战略是行政区划改革模式和路径选择的主导因素之一

从人口流动方向来看，城镇化是人口从乡村向城镇流动的过程。如果没有政府制定的城镇化战略的引导和控制，人们在获取更好就业机会和更多收入动机的驱动下，将会不断地从乡村向城镇流动，然后再从小城市向大城市流动。如果任由人口自然流动，城镇格局必然出现少数区域内的几个大城市集聚了过多的人口而呈现出规模不经济现象，广大的小城镇因人口不断地流失而出现凋敝的问题。国家制定城镇化战略的目的，就是对从乡村向城镇流动的人口在不同等级城市之间的分布进行合理的引导和必要的控制，确保人口在不同区域之间和不同层级的城市和小城镇之间合理分布。

国家制定的城镇化战略不仅影响到城镇人口分布的格局，也会影响到行政区划改革模式的选择，行政区划改革从一定意义上说就是贯彻执行国家城镇化战略的手段之一。改革开放以来，我国城镇化战略在每一次调整和变动后，行政区划改革的模式和路径选择重点也会发生相应的调整，城镇化战略已经成为我国地方行政区划改革的主导因素之一，主要表现在以下几个方面。

第一，鼓励发展小城镇的战略，推动了撤乡建镇行政区划改革的兴起。1978年3月，国务院召开的第三次城市工作会议批准了《关于加强城市建设工作的意见》（以下简称《意见》）。该《意见》要求各地方政府在

① 范毅，冯奎.行政区划调整与城镇化发展[J].经济社会体制比较，2017(6)：66.

切实做好城市整顿工作的基础上严格控制大城市规模，大量发展小城镇。紧接着，国家于1984年和1986年先后两次放宽了建制镇的设置标准，使得建制镇的数量增长较快。为了给小城镇发展增加动力，从1984年起，国务院开始调整户籍政策，允许农村人口在自理口粮的前提下进入小城镇务工经商，使得大量的农村剩余劳动力开始向小城镇转移，小城镇建设也因乡村人口的大量迁入而进入了快速发展期。以发展小城镇为重点的城镇化战略，推动了撤乡建镇改革模式的兴起，大量的乡被撤销或者合并，建制镇数量得以大幅增加。1985—1991年，国家在城镇发展策略上以发展新城镇为主，出现大量的新兴小城镇，到1992年建制镇猛增到1.2万多个，是1979年的4.2倍多，各类小城镇的总数约为5万多个。1992—1994年，国家对小城镇实行“撤、扩、并”，并允许农民进入小城镇务工经商，以发展农村第三产业，转移剩余劳动力。到1992年底，全国建制镇为14 539个，为1978年的6.7倍，3年内建制镇共增加4 247个。1995年4月，由国家体改委、建设部、公安部、国家计委等11家单位联合下发了《小城镇综合改革试点指导意见》（体改农〔1995〕49号），对小城镇综合改革的目标、原则、内容、组织实施做了具体说明，并确定了52个国家级试点小城镇进行小城镇综合改革试点。1998年，《中共中央关于农业和农村工作若干重大问题的决定》中又首次提出“小城镇，大战略”问题，确立了小城镇在我国城市化过程中的重要作用。不久又在《国民经济和社会发展第十个五年计划纲要》中提出要“有重点的发展小城镇”，并明确了发展小城镇是推进我国城镇化的重要途径。到2001年底，我国共有建制镇20 374个[①]。

第二，合理发展中等城市和积极发展小城市的城镇化战略转向，使得撤地设市和撤县设市等行政区划改革模式进入高潮。以小城镇为重点的城镇化战略，虽然推动了小城镇的发展，但也使得中等城市和小城市的发展进程较为缓慢，城市数量难以得到有效增加。1980年，我国开始对以小城镇为重点的城镇化战略进行适当调整，在肯定和继续大力发展小城镇的基础上，增加了对中等城市和小城市发展的重视，“控制大城市规模，合理

① 吴康，方创琳．新中国60年来小城镇的发展历程与新态势[J]．经济地理，2009，29（10）：1605-1606．

发展中等城市，积极发展小城市”成为新的城镇化战略。1989年，我国的城镇化战略又调整为“严格控制大城市规模，积极发展中等城市和小城市”。1990年实施的《中华人民共和国城市规划法》将这一城镇化战略用法律形式加以明确为“国家实行严格控制大城市规模，合理发展中等城市和小城市的方针，促进生产力和人口的合理布局”。

20世纪80年代初，我国地方行政区划基本上实行的是省—县—乡镇三级管理体制，省政府通过设立地区行政公署这一省级政府的派出机构来管理县。在这一时期，我国虽也有数量较少的地级市，但地级市基本上不管辖县。控制大城市发展的城镇化战略和国家对市设置标准的过高要求，导致我国城市数量严重不足。数量偏少的城市使得城市对乡村人口的吸纳空间非常有限，缺乏中心城市带动的乡村地区发展较为缓慢。此后，我国城镇化战略开始发生转向，“合理发展中等城市”被写进城镇化战略。地级市在我国城市行政层级和规模层级中处于中间地位，是中等城市的主体。为了增加中等城市的数量，国家于1984年和1986年先后两次在放宽建制镇设置标准的同时也降低了地级市的设置标准。设市标准降低后，很多地区通过撤地设市、地市合并、设市领县和切块设市等行政区划改革方式，设立了一定数量的地级市，地级市领导县体制改革进入了高峰期，到2000年前后，地级市领导县体制在全国范围内基本确立。

与以地级市为主的中等城市数量偏少一样，我国20世纪80年代初期的县级市的数量也很少。“积极发展小城市”的城镇化战略定位为以县级市为主的小城市的发展赢得了契机。为了增加县级市的数量，从20世纪80年代中后期开始，我国很多地区兴起了撤县设市的行政区划改革高潮，大量的县级市随之产生。撤地建市和撤县设市等行政区划改革的启动和大规模实施，使得我国城市数量得以大幅增加，2000年时，我国的城市数量已经由1978年的193个增加到663个①。

第三，严格控制大城市规模的城镇化战略，使得我国以省会城市和直辖市为主的大城市数量偏少，新设直辖市的行政区划改革难度很大。大城市在吸纳人口和集聚资源上具有明显的规模效益，也是区域经济发展重要

① 刘勇.我国城镇化战略的演进轨迹和操作取向[J].改革,2012(9):19.

的中心和增长极，应该成为发展的重点。新中国成立以来，我国一直实行的是严格控制大城市规模的城镇化战略，使得我国的大城市数量特别是直辖市数量明显偏少，在一定程度上制约了区域经济的发展。经过新中国成立以来多次的省级行政区划调整，我国直辖市的数量从新中国成立初期的15个（北京、天津、上海、南京、武汉、西安、重庆、广州、沈阳、鞍山、抚顺、本溪、旅大、长春和哈尔滨）减少到1996年年底的3个（北京、天津和上海）。期间，许多直辖市被降格为省辖市。1997年，党中央和国务院为了推动三峡工程建设和带动长江上游地区区域经济发展的需要，决定设立重庆直辖市。截至2017年底，我国共设立了4个直辖市。与民国时期的12个院辖市和新中国成立初期的15个直辖市相比，当前我国直辖市的数量明显偏少，新设立直辖市的行政区划改革申请获批难度较大。

第四，取消控制大城市规模的城镇化战略转向和发展以城市群为主体形态的新型城镇化战略的提出，使得撤县（市）设区成为近十年来我国地方行政区划改革的主要模式。改革开放以来，在“小城镇、大战略”口号的指引下，小城镇成为我国城镇化战略的重中之重。但是，小城镇的空间规模和产业结构特征决定了其不可能承担起城镇化主流形态的重任。“乡镇工业和小城镇的兴起，是资金分配和使用属地化的结果。资金分配和使用属地化导致我国乡镇工业和小城镇发展表现出二个互为联系的特征，一是工业和人口向小城镇分散，二是乡镇工业和小城镇在地理上的分散。资金分配和使用的属地性质，使得那些条件较好、内部积累能力强的城市能够得到更快的发展，而那些拥有较好区位动力的城市，由于生产要素不能进行真正意义上的最佳区位选择，也不能吸引要素的流入，它们的发展仍然受到很大限制。乡镇工业和小城镇的发展就是在这样的背景条件下发展起来的。从总体上看，由于城市区位利益难以充分实现，必然导致城市集中程度下降，从而造成资源配置效率的隐形损失。”①

相比于小城镇，大城市具有明显的集聚效应、规模效应和对周边区域发展的带动作用，应该在城镇化进程中扮演重要的角色。2000年以后，国

① 冯云廷.小城镇化战略的反思与我国城市化发展的战略取向[J].中国软科学,2000(11):121.

家对控制大城市规模的限制开始出现松动，经过修订后于2008年开始实施的《中华人民共和国城乡规划法》中已不再有“控制大城市规模”的限制性规定。2013年的中央城镇化工作会议提出，要优化布局，根据资源环境承载能力构建科学合理的城镇化宏观布局，把城市群作为主体形态，促进大中小城市和小城镇合理分工、功能互补、协同发展。2017年召开的中央城市工作会议指出，要以城市群为主体形态，科学规划城市空间布局，实现紧凑集约、高效绿色发展。要优化提升东部城市群，在中西部地区培育发展一批城市群、区域性中心城市，促进边疆中心城市、口岸城市联动发展。党的十九大将城市群确定为新型城镇化的主体。

作为新型城镇化主体的城市群，是以若干大城市为核心，周围地区分布着数量不等的作为城市群重要节点的中等城市和一定数量的小城镇等共同构成的城镇空间组织形态。在城市群内部，以省会城市为主的大城市和以地级市为主的中等城市是发展重点，而地域空间的不足成为制约大城市和中等城市发展的主要障碍。取消控制大城市规模的城镇化战略转向和发展以城市群为主体形态的新型城镇化战略的提出，为大城市和中等城市的人口规模增加和地域面积扩大提供了很好的发展机遇，也推动了地方行政区划改革模式和路径选择的转变。为了推动以省会城市为主的大城市和以地级市为主的中等城市的发展，很多地区推动了以撤县（市）设区为主要模式的行政区划改革，很多直辖市、省会城市和地级市将邻近的县部分或者全部都改为市辖区，大城市人口规模和地域面积不断扩大，部分城市下辖的县目前已经全部改为市辖区。例如南京、上海等城市已经进入“无县时代”。2013年2月，经国务院批准，南京市公布了“四区合二，两县改区”的行政区划调整方案。依据该行政区划改革方案，南京市撤销了秦淮区、白下区，以原秦淮区和白下区所管辖区域为基础设立了新的秦淮区；撤销了鼓楼区、下关区，以原鼓楼区和下关区管辖区域为基础设立了新的鼓楼区；撤销溧水县，设立南京市溧水区，以原溧水县的行政区域为南京市溧水区的行政区域；撤销高淳县，设立南京市高淳区，以原高淳县的行政区域为南京市高淳区的行政区域。经过此轮行政区划调整后，南京市由11区2县精简为11个区，从此，南京市进入了“无县时代”。2016年7月，经国务院批准，上海市将崇明县撤县设区后，上海也正式进入了“无县时代”。

二、行政区划改革是新型城镇化战略目标实现的重要助推力

城镇化是人类社会发展的客观趋势，是现代化的必由之路。推进城镇化是解决我国农业、农村、农民问题的重要途径，是推动区域协调发展的有力支撑，是扩大内需和促进产业升级的重要抓手，对全面建成小康社会、加快推进社会主义现代化建设进程具有重大现实意义和深远历史意义。2013年中央城镇化工作会议提出，现代化的本质是人的现代化，解决好人的问题是新型城镇化的关键。为此，要优化城市空间布局，根据资源环境承载能力构建科学合理的城镇化宏观布局，把城市群作为主体形态，促进大中小城市和小城镇合理分工、功能互补、协同发展。2017年召开的中央城市工作会议指出，要以城市群为主体形态，科学规划城市空间布局，实现紧凑集约、高效绿色发展。要优化提升东部城市群，在中西部地区培育发展一批城市群、区域性中心城市，促进边疆中心城市、口岸城市联动发展。当前，“城镇化发展已经成为中国现代化进程中的一个基本问题。在所有影响城镇化发展的要素中行政区划显得尤为重要。随着工业化、城镇化的发展，城镇型行政区划建制在整个行政区划体系中的比重越来越大，而且在今后一个时期还会进一步加大，因此，深入研究城镇化发展对行政区划改革的需求，就成为城镇化发展研究的一个重点。”①

新型城镇化将城市群作为主体形态，而城市群的构建和有效运作，需要1～2个以直辖市或省会城市为主的区域性中心城市作为核心、若干数量以地级市为主的中等城市作为重要节点、一定数量的小城镇为支撑。当前，我国城市发展呈现出一些困境，主要表现为中心城市和大城市数量过少，部分城市的市辖区数量过多、面积过小、发展空间不足，中等城市规

① 张占斌，谢振东，车文辉. 城镇化与优化行政区划设置研究[M]. 石家庄：河北人民出版社，2013：19.

模不足，小城镇数量过多、规模过小、权限过少。现有城市规模和等级结构存在的这些结构性困境，在很大程度上制约了我国城市群的培育、发展和成熟，进而影响到新型城镇化战略的有效实施。城市的发展需要相应的资源配置和人口集聚，这与城市的行政层级、行政区划归属、地域发展空间有很大关联，城市发展困境的破解有赖于行政区划改革的推动。目前，行政区划改革是解决当前我国城市发展存在的规模和结构不合理，推动新型城镇化战略目标实现的重要动力。

第一，通过有计划地实施撤县（市）设区行政区划改革，可以有效解决制约中心城市和大城市发展空间不足的难题。2017年8月，国务院批准了杭州市部分行政区划改革方案，撤销县级临安市，设立杭州市临安区，以原临安市的行政区域为临安区的行政区域。这是继2015年杭州市管辖的县级富阳市撤市设区后的又一次撤县（市）设区行政区划改革。在此次撤市设区改革之前，杭州市辖9个区、2个县级市和2个县。在临安成为第十个区后，杭州市的发展空间得到有效拓展，为杭州都市圈的发展提供了充足的发展空间。

第二，对中心城市和部分大城市现有市辖区进行适当的合并，严格控制市辖区的数量，有利于解决大城市核心城区市辖区数量过多、单个市辖区面积过小的问题，从而有效提高中心城市和大城市核心城区的承载能力和服务水平。当前，我国的中心城市和部分大城市市辖区的设置存在数量多、单个市辖区面积小的问题，部分城市的核心区因为过多的行政区划分隔导致空间碎片化问题突出，核心区空间承载能力和服务水平难以得到有效提升。以上海市为例，上海市总面积为0.634万平方公里，下辖16个市辖区，平均每个区面积约为396平方公里，而位于上海市核心区的几个市辖区面积远远低于平均标准。其中，黄浦区（2011年6月，原黄浦区和卢湾区撤并，设立新的黄浦区）、徐汇区、长宁区、静安区（2015年11月，原闸北区和静安区撤并，设立新的静安区）、普陀区、杨浦区等面积约为40平方公里。市辖区设置数量过多，推高了行政运行成本；市辖区面积过小，导致各区的发展空间严重不足，难以有效提升城市核心区的发展水平和质量。为了有效解决上海浦东新区等市辖区发展空间不足的问题，

2009年4月，国务院批准了上海市行政区划调整方案，撤销南汇区，将其行政区域范围划入浦东新区。行政区划调整后的浦东新区面积扩大了一倍多，户籍人口也有显著增长，为大浦东发展提供了更大的空间和动力。此后，上海市在2011年合并了黄浦区和卢湾区，2015年合并了闸北区和静安区。

同样，北京市的核心区发展也呈现出核心区内市辖区设置数量过多、面积过小的问题，影响了北京市首都核心区功能规划的编制和实施。首都功能核心区包括原东城、西城、崇文、宣武四个中心城区。由于市辖区设置数量较多，东城、西城、崇文、宣武四个区的经济社会发展不同程度地受到空间不足因素的制约，特别是崇文区和宣武区的发展受到的制约更为明显。2010年7月，国务院正式批复了北京市政府关于调整首都功能核心区行政区划的请示，同意撤销北京市东城区、崇文区，设立新的北京市东城区，以原东城区、崇文区的行政区域为东城区的行政区域；撤销北京市西城区、宣武区，设立新的北京市西城区，以原西城区、宣武区的行政区域为西城区的行政区域。经过此次行政区划调整后，新设立的东城区，辖区面积为41.84平方公里，常住人口86.5万人。新设立的西城区，辖区面积为50.70平方公里，常住人口124.6万人。北京市此次核心区行政区划合并调整的意义主要表现在以下几个方面：一是有利于对现有的空间资源进行有效整合，推进核心区南北均衡发展。二是有利于提高核心区的承载能力和服务水平，通过核心区区划的合并调整，可以大幅度提高合并后的两个区的综合实力，进一步拓展发展空间，有利于提高核心区的承载能力和服务水平，也有利于解决四个区结合部管理薄弱的状况。三是有利于加强对历史文化名城的整体保护，根据《北京城市总体规划（2004—2020年）》和专项规划，核心区与旧城保护区基本重合。旧城保护任务由四个区承担，不利于统一建设、管理和整体保护。区划调整后可以集中力量加快老城区改造，加大历史文化名城保护力度。四是有利于降低行政成本，提高行政效率。行政区划调整后，核心区减少两个行政区，有利于精简机构，合理配置地区经济、社会资源，提高行政效能，降低行政成本，提升核心区规划建设和整体管理水平，增强“四个服务”的能力，以更高的标准推动“人文北京、科技北京、绿色北京”建设，把首都功能核心区打造成为建设中国特色世界城市的示范区。

第三，通过推动部分地级市合并，将部分地级市做大做强为大城市，以解决大城市数量过少和区域经济增长极缺乏的问题。由于我国采取的是行政色彩浓厚的城市规模和等级结构，城市规模和城市行政等级之间存在高度的一致，首位型城市结构格局非常突出。我国的大城市一般以直辖市和省会城市为主，行政层级一般以省级和副省级为主。而地级市由于行政级别低于直辖市和副省级城市，获取的资源有限，特别是市场化程度较低的中西部地区，地级市一般难以发展成大城市。相比于一般地级市，副省级和省级城市的行政运行成本较高，这也是国家近些年来一直不批复设置新直辖市或者将部分地级市升格为副省级市的原因。为了达到既增加大城市数量又不增加行政运行成本的目的，通过推动部分地级市合并，将部分地级市做大做强为大城市是一个很好的选择。同时，我国很多地区在地级市设置上也存在设置数量和地域面积不合理的问题，部分区域的地级市数量过多，部分地级市的地域面积过小。对于此类地区，可以通过推动地级市之间的合并，选择具备一定基础的地级市，将其做大做强为大城市，这样既可以解决大城市数量过少，又能够有效解决中西部经济落后地区的区域经济增长极缺乏的问题。

第四，通过撤县（市）设区行政区划改革，可以有效解决大部分中等城市规模偏小、集聚人口规模有限和发展空间不足的问题。经过20世纪90年代的地级市设立高峰期后，我国以地级市为主的中等城市虽然数量增加很多，但是由于很多地级市是在县或县级市基础上建立起来，很多地级市发展都面临设立时间较短或者市辖区空间有限的困境，导致我国以地级市为主的中等城市普遍存在规模不足的问题。对此，可以通过将地级市周边相邻的县或县级市改为市辖区的方式，来推动资源和要素向地级市集聚，拓展地级市经济和社会发展空间，不断提升地级市综合实力，扩大中等城市发展规模，增强中等城市对周边地区的辐射带动作用。

第五，通过乡镇合并、撤镇设市（镇级）、撤镇设区等行政区划改革方式，来解决小城镇数量过多、规模过小、权限过少和发展不足等问题。

由于长期以来受到“小城镇、大战略”城镇化思维的影响，导致我国的小城镇数量过多、规模过小，绝大部分小城镇承载的人口过少，城镇化水平和质量较低。为此，可以先将部分乡镇合并成规模镇，然后以此为基础设立镇级市，部分经济发达镇可以通过撤镇设区等行政区划改革方式来提升原有镇区的人口和规模集聚度，以达到在有效减少小城镇数量的基础上推动小城镇发展水平和质量提升的目的。

第五章 地级市领导县体制的合理性和改革趋势研究

在我国地方行政区划里，管辖县的行政层级处于不断地变化过程中。从秦代设立郡县制开始，县归属于相当于今天省一级的郡管辖，秦时设立了36个郡，管理当时约1 000个县。到了汉初，依然沿用了秦代的郡县制，不过郡的数量逐渐增多，而县的数量基本变化不大。“汉代的地方政府，共分两级：郡与县。中国历史上的地方政府以县为单位，直到现在还没有变。汉时县的上面是郡，郡县数当然也随时有变动。大体说，汉代有一百多个郡，一个郡管辖十个到二十个县。大概汉代县数，总在一千一百到一千四百之间。”[①]

为了加强中央对地方政府的监督和管理，汉代及其后续朝代开始在全国设立州、道、路等监察机构。在后来的演变过程中，很多监察机构逐渐演变为一级地方行政区划，我国地方行政层级也从原来的郡县二级转变为省—州府—县三级，这可以看作是我国今天实行的省—市—县管理层级的历史渊源。后来，伴随市的建制在我国的确立，我国地方行政区划开始演变为中华民国时期的省—市、县两级，市作为城市型政区，不管辖县，省级政府主要通过设立一定数量的地区专员公署来管辖县。新中国成立后，除了特殊时期允许少数市管辖少量的县之外，我国实行了很长时间的省管辖县的体制。改革开放以后，通过地市合并和地区改市等方式，地级市领导县体制在全国范围内逐步确立，行政区划也由省—县、市—乡镇三级变成省—地级市—县（市）区—乡镇四级。

① 钱穆．中国历代政治得失[M]．北京：生活·读书·新知三联书店，2012：10.

第一节　地级市领导县体制的建立

所谓地级市领导县体制，是指地级市人民政府领导县人民政府的行政体制。这种体制的形成，经历了从方便城市经济发展与经济管理，到简化城乡双轨制的行政体制而使之一体化的两个阶段，是城乡经济一体化和行政一体化的两个过程同步进行的结果①。在20世纪80年代我国开始大规模地推进地级市领导县体制改革之前，我国实行的是城乡分治体制，地级市和县虽同属于省级政府领导，但二者之间没有隶属关系。从1982开始到2000年左右，伴随地级市领导县体制改革的不断推进，地级市领导县体制在全国绝大部分范围内逐步确立。

一、地级市领导县体制的历史变迁和现状

我国地级市领导县体制经历了新中国成立初期的少数大城市领导县、20世纪60年代初期直辖市和较大的市领导县、改革开放初期地级市领导县体制改革迅速推进和2000年左右地级市领导县体制在全国范围内基本确立四个阶段。

（一）地级市领导县体制的萌芽阶段：少数大城市领导县

地级市领导县体制的萌芽，最早可以追溯到新中国成立初期。新中国成立初期，我国在部分城市实行过市领导县的管理体制。1949年底，我国实行市领导县体制的有无锡市、徐州市、兰州市。此后，北京、天津、旅大（今天的大连）、本溪、杭州等市也曾实行过一段时间的市领导县体制。在新中国成立初期实行领导县的市，都是一些行政级别较高或者是规模较大的城市，例如北京、天津、旅大和本溪等在新中国成立初期都是直辖市。因此，这一时期的市领导县体制可以称为大城市领导县。

---

① 浦兴祖.当代中国政治制度[M].上海：复旦大学出版社，1999：184-185.

这一时期实行少部分大城市领导县的出发点，是为了保证城市的蔬菜、副食品供应[①]。新中国成立初期，伴随我国国民经济的逐步恢复，特别是1953年开始的国民经济第一个五年计划中的156个重点项目的实施，我国很多城市的人口数量大幅度增加，城市对蔬菜、鸡、鸭、鱼、肉等副食品的需求量也大幅度提升，如何保障日渐增多的城市人口的生活物资供应成为城市工作的重要任务。而由于大城市对周边的县没有管辖权，导致其很难直接从邻近的县获得蔬菜和副食品供给，如果能将部分县划归大城市管辖，就可以很好地解决这一难题。1954年宪法规定，直辖市和较大的市分为区，无论是地级市还是直辖市都不领导县，但实际上市领导县的做法并未中断。1958年，在原有少部分已经实行领导县的城市的基础上，国务院又先后批准了北京、上海、天津三市和辽宁省全部（后又恢复了几个专区）的市实行领导县的体制。

(二)地级市领导县体制的初步探索:直辖市和较大的市领导县阶段

新中国成立初期，我国在少部分大城市实行的市领导县体制的初步探索，取得了显著效果。此后，中央决定将大城市领导县的体制推广到所有大城市。1959年9月17日，第二届全国人民代表大会常务委员会第九次会议通过了《全国人民代表大会常务委员会关于直辖市和较大的市可以领导县自治县的决定》。该决定指出，为了适应我国社会主义建设事业的迅速发展，特别是1958年以来工农业生产的大跃进和农村的人民公社化，密切城市和农村的经济关系，促进工农业的相互支援，便利劳动力的调配，决定直辖市和较大的市可以领导县、自治县。上述规定，可以看作是我国现在实行的地级市领导县体制的初步探索。这一规定的出台，直接推动了新中国成立后的第一轮地级市领导县的高潮。“至1960年底，全国共有48个市领导234个县、自治县，代管6个县级市，最多的武汉市领导16个县。”[②]由于这次市领导县体制产生的主要原因是“大跃进”和“人民公社

① 靳尔刚,张文范.行政区划与地名管理[M].北京:中国社会出版社,1996:118-119.

② 浦善新.中国行政区划概论[M].北京:知识出版社,1995:400.

化运动”，缺乏客观的经济基础，很快就“降温”了。至1965年底，全国领导县的市下降到25个，领导县的数目还不到1960年的三分之一[①]。

（三）地级市领导县体制大规模推进阶段

1982年底，随着农村经济实力的日益增强，城乡经济一体化的趋势迅速发展，中央决定，首先在江苏省实行地市合并和由市领导县的试点，逐渐形成了以城市为依托的各种规模和各种类型的经济区。江苏省的试验效果使得中央更加坚定了推广地级市领导县的决心，决定将通过实行地市合并或地区改市等方式在全国推广市领导县行政体制，并将此作为当时地方行政机构改革的一项重要内容。1983年2月15日，中共中央和国务院发布了《关于地市州党政机关机构改革若干问题的通知》，通知指出，各地区在进行地、市机构改革时，指导思想上必须明确，要以经济发达的城市为中心，以广大农村为基础，逐步实行市领导县的体制，使城市和农村紧密结合起来，促进城乡经济、文化事业的发展。主要办法是：实行地、市合并，由市领导县；还可以扩大大中城市郊区，让它们多带几个县；把新兴工矿区或城镇改为市，管辖一部分农村；县、市（镇）合并，以及其他适当办法。“从此以后，市领导县的行政体制如同雨后春笋，在全国范围内广为展开，辽宁、江苏、广东三省已全面实行了市领导县体制。截至1994年底，全国已有196个市管辖741个县、31个自治县和9个旗、2个特区，另代管240个县级市。领导县的市占直辖市、地级市总数的93.77%；市领导的县占县（不包括县级市、市辖区）总数的45.13%。”[②]

这段时期地级市领导县体制的大规模推动，使得我国地方行政层级逐渐由省—市县—乡镇三级转变为省—市—县—乡镇四级，地级市也由原来的城市型政区转变为广域型政区。“随着改革从农村向城市的转移，我国城镇行政区划设置发生了根本变化，‘地市合并’、‘市管县’等政策的推行将地区行署从派出机构转变为一级政府，县以上又增加了地级市这一层级。随着行政区划调整政策的实施，城市逐步从城区型政区转变为区域型

① 浦善新. 中国行政区划概论[M]. 北京：知识出版社，1995：400-401.

② 浦兴祖. 当代中国政治制度[M]. 上海：复旦大学出版社，1999：185-186.

政区。在等级化城市管理体制下，高等级城市可以利用行政手段调动和集聚更多的资源，对其发展起到积极推动作用，增强辐射带动能力，并通过先发带动后发，进而带动我国城市发展，推动城镇化进程。”①

（四）地级市领导县体制在全国范围内基本确立阶段：地级市领导县体制改革进入尾声

在地级市领导县体制改革之初，我国的许多省份，特别是中西部地区省份地级市数量偏少，制约了地级市领导县体制推进的速度。当时的地级市领导县体制建立的最大障碍，是如何在较短的时间内迅速增加地级市的数量。2000年左右，在全国掀起了一轮地区改地级市的高潮。经过这一轮地区改地级市的高潮后，很多省份已经完全实行地级市领导县体制。例如，截至2002年底，全国332个地级单位中，已有275个改为地级市，地级市所领导的县占县级单位总数的70%以上，地级市领导县体制已在我国范围内基本确立，地级市领导县体制改革基本进入尾声。

经过1982年到2000年期间的两次地级市领导县改革高潮之后，我国东部地区和绝大部分中部地区都已经实行了地级市领导县的体制。近些年来，我国少量的地级市领导县体制改革基本位于经济欠发达的西部地区。例如从2014年开始，我国西藏和新疆维吾尔两个自治区，通过地区改地级市的方式，在部分地区实行了地级市领导县的体制。以西藏自治区为例，2014年7月之前，西藏自治区辖1个地级市，5个地区，71个县。此后至今，西藏自治区经历了4次地区改地级市：2014年6月，西藏自治区撤销日喀则地区，设立地级日喀则市；2014年10月，西藏自治区撤销昌都地区，设立地级昌都市；2015年3月，西藏自治区撤销林芝地区，设立地级林芝市；2016年1月，西藏自治区撤销山南地区，设立地级山南市。截至2017年底，西藏自治区下辖5个地级市、2个地区和73个县（市、区），地级市数量较2014年7月前增加了4个。新疆维吾尔自治区也出现了部分地区改地级市的情况：2015年4月，经国务院批准，撤销吐鲁番地区和吐鲁番市，设立地级吐鲁番市，实行市领导区、县的体制，原吐鲁番

① 范毅，冯奎．行政区划调整与城镇化发展[J]．经济社会体制比较，2017(6)：68.

市建制（县级）改设为高昌区，鄯善县和托克逊县保持不变；2016年2月18日，哈密正式撤地设市，丝绸之路经济带沿线诞生最年轻的城市，这是继吐鲁番之后，新疆维吾尔自治区第二个撤销地区建制设立的地级市。截至2016年2月，新疆维吾尔自治区辖4个地级市、5个地区、5个自治州。

二、地级市领导县体制建立的方式

20世纪80年代开始，我国开始大力推行地级市领导县体制改革。通过对地级市领导县体制建立过程的分析，可以将地级市领导县体制建立的方式归纳为以下四种。

第一，地市合并。这一方式针对的是一个既存在地区行政公署，又存在不领导县的地级市的区域即地市并存区域。为了实行地级市领导县体制，在这些不领导县的地级市和地区行政公署同时存在的地域，通过将地级市和地区行政公署合并，将属于地区管辖的县归属于地市合并后的地级市来领导，从而实现地级市领导县体制的建立。例如，河北省唐山地区，既有地级唐山市，又有唐山地区。1983年3月3日，国务院批准撤销唐山地区，与唐山市合并，实行市管县体制，将唐山地区管辖的县划归唐山市管辖。同样，在河北省邯郸，邯郸地区和地级邯郸市并存，1993年6月，经国务院批准，撤销邯郸地区，实行地市合并，称邯郸市，将邯郸地区所辖各县划归邯郸市管辖。

第二，设市领县。我国在实行地级市领导县体制时，很多地区是没有地级市的。为了解决地级市缺乏的问题，我国在很多地区新设立了地级市，这种模式被称为设市领县。这种地级市领导县的改革模式，是在一定的地域内，先设立一个新的地级市，然后将新设立的地级市周边的一定数量的县划归地级市管辖而建立起来的地级市领导县体制。例如，安徽省亳州市原来是属于阜阳地区行署管辖的县级市，2000年，经国务院批准，撤销县级亳州市，新设立地级亳州市，将原属于阜阳地区管辖的涡阳、蒙城、利辛三个县从阜阳地区划出后，归亳州市管辖，从而建立地级亳州市领导涡阳、蒙城、利辛三个县的体制。

第三，划县入市。在地级市领导县体制实行之前，我国数量很少的地级市属于城市型政区，其周边的县归属于省级政府管辖，地级市和县之间没有隶属关系。后来，在这些区域实行地级市领导县体制改革时，一般采用的就是划县入市的方式。划县入市就是对于已经存在地级市的地区，将地级市周边的部分县划归地级市管辖的模式。例如，湖北省武汉市、江苏省无锡市、湖南省长沙市原来都没有管辖县，都是通过将周边的部分县划入地级市来实行地级市领导县体制的。例如，1983年3月，为了实行地级市领导县体制，经国务院批准，江苏省将原属苏州地区的无锡县、江阴县与原属镇江地区的宜兴县划为无锡市管辖。

第四，撤地设市。撤地设市又称地区改市。我国很多省份在实行地级市领导县体制之前，地级市数量很少，省政府在全省范围内设立了一定数量的地区行政公署来管理县。这种类型的地区在后来实行地级市领导县体制改革中，一般采用的就是撤地设市模式。这种模式是将管辖一定数量县的地区改为地级市，然后将原来属于地区管辖的县（县级市）划归地级市领导。这一模式是中西部省份推行地级市领导县体制改革过程中所采用的主流模式。例如，安徽省绝大部分的地级市都是由地区撤销而来的。2000年6月25日，国务院批准撤销宣城地区，设立地级宣城市，将原宣城地区管辖的宣州、郎溪、广德、泾县、绩溪、旌德、宁国划归地级宣城市管辖。近几年西藏、新疆等地区，也是通过这种模式来实现地级市领导县体制的。

第二节　地级市领导县体制合理性的争论

地级市领导县体制在改革开放开始后的迅速启动，有其特定的时代背景和现实需求。改革开放之初，随着我国经济社会的发展和经济体制改革的不断深入，城市与其周边县域之间的联系日益密切。而传统的城乡分治体制将城市与其周边县域分别划归不同政府管辖，行政的分割导致了城市和县域之间的城乡分割、流通不畅、多头领导、互相牵制等问题变得越来越突出。为解决城乡分割带来的经济社会发展的困境，中央政府急需找到一种促进经济发展的新体制、新动力和新方式。在此背景下，实行地级市领导县体制，将地级市周边的县（县级市）划归地级市领导，通过发挥城市的中心作用，达到以市带县和城乡共同发展的目的，成为破解城乡分割难题的较为可行的选择。对于地级市领导县体制的作用，可以从宏观和微观两种视角分别来加以看待，“从微观的角度看，实行市管县体制，主要是为了协调城乡发展，以城市带动农村；而从宏观角度看，实行市管县体制，发挥城市的经济中心作用，主要是为了适应和促进改革开放后中国经济发展形势，即农业经济向工业经济的转型。”①

经过多年来不断地变革和发展，目前，我国除了西藏和新疆等尚存在少量的地区行政公署外，地级市领导县已经成为市县关系的主流模式。在地级市领导县体制在全国范围内不断推进的同时，对地级市领导县体制的合法性和合理性的质疑声也一直不断，在这一体制之外寻求构建省、市、县三者间关系新模式的改革也在行政区划实践层面悄然进行。

一、当前学术界对地级市领导县体制的认识和思考

地级市领导县体制在我国建立和实施已有几十年的时间，地级市的经济发展水平和综合竞争力不断提升，地级市在其辖区内的中心城市地位日渐显现。同时，城乡之间的联系和交往日益密切，县域经济发展取得了很大成效。当然，由于地级市领导县体制本身的原因和其他因素的作用，地级市领导县体制也存在很多问题，特别体现在很多地级市对周边县的带动力不强，出现了挤占县域发展资金和资源的问题，导致部分县对地级市管辖的离心倾向日渐显现。

基于地级市领导县体制实行以来取得的诸多成效和存在的部分问题，很多学者对当前地级市领导县体制存续的必要性展开了争论。从现有的研究来看，争论主要分为三种观点：主张废除地级市领导县体制；主张部分

① 周天勇.从市管县到省管县的体制变迁[J].中国党政干部论坛,2014(7):8.

地区保留地级市领导县体制，部分地区废除地级市领导县体制；主张保留地级市领导县体制。

浦善新、吴理财、唐兵等学者认为，地级市领导县体制是国家在特殊时期设立的带有强烈的过渡性质的体制，在现阶段应该予以废除。浦善新认为，地级市领导县体制是我国新旧体制交替阶段的一种过渡体制，在当时的社会背景下起到了一定的积极作用，但是这种体制已经不再符合现阶段我国经济社会发展的新形势，应当逐步予以废除，实行省直管县体制①。吴理财认为，市管县体制无意中塑造了一种城对乡的剥削体制，但是现阶段废除地级市设置是反复折腾，会造成更多的资源浪费，最好的办法是在既成的条件下实行“市县分治”，即市只管理城市自身一块，县改由省直接管理②。唐兵认为，地级市领导县体制是指“在行政区划上，根据行使国家政权和执行国家职能的需要，把同一经济区内的若干县或自治县划归为经济相对发达的中心城市进行管理，以期达到带动周围农村发展的一种行政管理体制”③，该体制的实施“对于密切城乡关系，加强城乡合作，促进城乡经济协调发展起着巨大的推动作用。然而，随着社会主义市场经济体制的逐步建立，这种体制也逐渐失去存在的基础，在实践过程中也暴露出许多的弊病”④，为此，需要“通过强县扩权、市县分治的途径，逐步实现由市管县体制向省直管县体制的转变是我国地方行政管理体制改革的重要趋向”⑤。庞明礼、马晴认为，地级市作为中心城市成为区域增长极，已是现阶段一个较为成熟的考虑。应将省直管县后的地级市定位为“城乡分治、市县并置”格局下的区域增长极，加快政府职能转变，逐渐裁撤涉农职能，强化宏观调控职能，重视文化教育职能，突出公共服务职能。通过行政区划的渐进调整，市县关系重新建构并逐渐匹配⑥。

---

① 浦善新. 中国行政区划改革研究[M]. 北京：商务印书馆，2006：70.

② 吴理财. 三农视野下的市管县体制——建议“市县分治”[J]. 安徽决策咨询，2003(10)：48-49.

③ 唐兵. 我国市管县体制的反思与改革趋向[J]. 理论与改革，2008(1)：57-59.

④ 唐兵. 我国市管县体制的反思与改革趋向[J]. 理论与改革，2008(1)：57-59.

⑤ 唐兵. 我国市管县体制的反思与改革趋向[J]. 理论与改革，2008(1)：57-59.

⑥ 张占斌，谢振东，车文辉. 城镇化与优化行政区划设置研究[M]. 石家庄：河北人民出版社，2013：20.

有的学者主张地级市领导县体制是否废除，要因地而异，部分地区值得继续保留，部分地区应该废除。一方面，我国各地区情况差异较大，地级市领导县体制在部分地区依然适用，并对提高中国城镇化质量至关重要。例如，张占斌指出，“中国是一个地方差异较大的国家，地方行政体制不可能是一种模式。现在看省会城市、计划单列城市、重要的中心城市、省区发展的重要节点城市都适宜市管县体制。对适宜推进省直管县的省区也要兼顾地级市的发展，促其行政区划的合理调整，对需要扩张区域的地级市撤县建区，强化对周边的带动作用，这对提高中国城镇化质量至关重要。”[①]另一方面，在当前我国地方政府职能转变尚未完全到位和运作方式依然不够规范的背景下，废除地级市领导县体制，推行省直管县体制并不一定能解决现阶段市管县体制的弊端，其结果可能会造成新的县与县之间的行政壁垒[②]。例如，袁政认为，对于地级市领导县体制的存与废不能一刀切，应把握每一具体区域在不同发展阶段市管县体制的矛盾主要方面的变化，采取有区别的改革：一些区域仍保留现行市管县体制；一些区域实行省直管县体制；在另一些区域可考虑“区域主义”理论导向的改革框架，将地级市改造为双层式结构：上层政府（地级市）由全能政府简化为仅保留诸如规划、国土、环保等功能的政府，下层政府（县级）维持不变[③]。叶敏认为，断然废除市管县体制不尽合理，一方面，市管县体制作为一种全国性的制度安排已经在较长的时间里累积了巨大的资源权力配置势能，形成了一种难以斩断的路径依赖作用；另一方面，中国区域经济发展的不平衡也意味着市管县体制并没有在全国范围内丧失其制度效果，在中西部地区地级市对其下属的县仍然具有引领和带动作用[④]。熊文钊和曹旭东认为，市县关系的制度安排应当根据各地方的具体情况而定，在县域

① 张占斌，谢振东，车文辉．城镇化与优化行政区划设置研究［M］．石家庄：河北人民出版社，2013：20.

② 何显明．市管县体制绩效及其变革路径选择的制度分析——兼论“复合行政”概念［J］．中国行政管理，2004（7）：70-74.

③ 袁政．我国新一轮市管县体制改革思考［J］．华东师范大学学报（人文社会科学版），2012，51（3）：20.

④ 叶敏．增长驱动、城市化战略与市管县体制变迁［J］．公共管理学报，2012，9（2）：37.

经济不发达和市辖县数目众多的地方，推行省直管县体制可能带来更多的问题。市管县体制的存废必须放在中国经济增长逻辑和城市化进程的脉络中去认识和判断，如果仅仅停留于市管县体制的具体问题和弊端的探讨，实际上并不能在根本上把握我国政府层级管理体制变革的大方向[①]。

与主张废除地级市领导县体制的学者相反，朱光磊、肖金成等很多学者认为地级市在现阶段仍然具有带动区域经济发展、整合地方行政资源的重要意义，不仅不应削弱地级市领导县体制，反而应该加强[②]。朱光磊教授对我国地级市领导县体制的合理性基本持肯定态度。他认为，这一体制在加强城乡联系和促进城乡互动方面有很大帮助，地级市领导县体制取代地区行政公署制是地区结构形式发展中很大的转折，符合我国经济社会长远发展的要求和利益。“多数实行‘市管县’的地方，工农业生产发展顺利，确实起到了加强城乡联系，促进农、工、商结合的作用，特别是城市支农的力度明显加大，对乡镇企业的发展也起了显著的推动作用。”[③]对于地级市领导县体制实施过程中出现的“市刮县”问题，他认为根本原因是政府职能转变不到位，而非地级市领导县体制本身的问题。他指出，“但是在一些城市经济原先并不十分发达的地区，比如属于‘升格型’的那些地方，‘市管县’体制推行后也遇到了某些问题。例如，工作上彼此不适应；在城市经济发达的市，所属县有依赖城市的思想；在辖县市本身不发达的地方，可能出现‘市刮县’的现象等。‘市管县’体制取代地区行政公署制，是中国地区结构形式发展中一个很大的转折，符合中国社会发展的长远利益。现在的许多问题出现在‘市管县’方面，但实际上是政府职能转变不到位造成的。在新模式运行的初期，出现一些不适应之类的问题是正常的。”[④]为此，朱光磊教授认为应该从以下几个方面来完善地级市领导县体制而非废除：“一是要注意城乡之间的历史联系，并在此基础上合理确定管县的数量。中国在长期的发展过程中，一定地域内的各个组成部

---

① 熊文钊，曹旭东．“省直管县”改革的冷思考[J]．行政论坛，2008(5)：46–48.

② 肖金成．地级市地位论——兼与撤地强县论商榷[J]．学术界，2004(2)：112.

③ 朱光磊．当代中国政府过程[M]．天津：天津人民出版社，2008：298.

④ 朱光磊．当代中国政府过程[M]．天津：天津人民出版社，2008：298

分之间总会形成某种传统性的经济、政治联系。这种联系往往有其必然性。在改制时，如果充分考虑到了这种联系，城乡双方的适应就可能快一些。二是要搞好城乡协调发展的宏观控制。地市合并后，工业和农业依然存在分工的问题。工业经济和农业经济、管工业的政府部门与管农业的政府部门、管工业的干部与管农业的干部，既要相互学习又要主动扬长避短，再经过长期发展后逐步使城乡融为一体。三是在改制的初期，要承认历史形成的经济差别，要尊重各地方，特别是相对发达地区的既得利益，不能利用刚刚形成的政治权力搞‘平’、‘调’。经过一段时间的‘磨合’，各方就会形成所谓‘本市’观念和共同的利益关系。四是市县各方的干部都要淡化不必要的权力归属意识，主要领导更应当以‘市域’的观念取代‘市属’的观念。”①

肖金成认为，地级市对周边区域具有较强的带动作用，地级市领导县体制有利于强化地级市和周边县（市）之间的联系，应该予以保留。他认为，“地区级城市作为该区域的经济中心，按其内在经济规律的要求，同周围地区保持着一种自然的而又稳定的经济联系，形成合理的经济网络系统，它以本身所拥有的经济实力，影响带动着周围地区，并把周围地区的发展作为自身不断发展的前提。除少量资源性城市因资源的枯竭而渐趋衰落之外，绝大多数将成为本区域的经济增长极。”②

二、地级市领导县体制的利与弊

地级市领导县体制建立以来，学术界对于这一体制合法性和合理性的争执基本没有停顿过，变革地级市领导县体制和重新调整省市县三级关系的呼声不断高涨。对于一个已经运行多年的体制，不能简单地依据一些存在的问题就加以完全否定。地级市领导县体制的存与废之争，需要建立在对这一体制取得的成效和带来的弊端进行客观分析的基础之上，更需要分清这一体制在运行中出现的问题是体制本身造成的还是其他原因导致的。

① 朱光磊.当代中国政府过程[M].天津:天津人民出版社,2008:298-299.

② 肖金成.地级市地位论——兼与撤地强县论商榷[J].学术界,2004(2):119-120.

(一)地级市领导县体制的利

第一，地级市领导县体制很好地解决了由省直接管理县所带来的管理幅度过大和监督不力的难题。一般来说，管理层级和管理幅度存在反相关，管理层级越少，管理幅度就越大，当管理幅度大到一定限度时，管理的效果必然大打折扣。地级市领导县之前，我国实行的是省管理县，每个省管理的县的数量一般为50~60个，有的省甚至超过100个。由于省政府的管理幅度过大，加上很多县与省会城市的距离较远，省级政府对其管辖的县监督难度较大，管理效果难以保障。为此，省级政府分区域设置了地区行政公署，作为省级政府的派出机构来管辖县。实行地级市领导县体制后，每个省管辖的地级市一般为10~15个，每个地级市管辖的县一般为4~5个，管理幅度显然比之前的省直接管辖县的幅度要合理，监督不力的难题也随之得到有效解决。

第二，地级市领导县体制的实行，有利于实现以城带乡，推动城乡一体化进程，实现城乡融合。计划经济体制下，我国实行城乡分治的体制，城市和县域虽然在地域空间上相邻，但城乡之间的人口、资金、项目等资源和要素的自由流动被城乡分治的体制所阻断，城乡互动和城乡交往受限，城市无法就近获得生产和生活资料，乡镇发展也难以受到城市的带动，城乡差距不断拉大。地级市领导县体制在20世纪80年代初开始实施的时候，正处于计划经济体制开始向市场经济过渡时期，“在计划经济向市场经济转轨时期，实行撤县建市和市管县体制的确对推动城市经济发展发挥了积极作用。在市场经济的发展要求破除城乡分割、建立经济区的同时，生产领域仍处于高度计划之中，城乡经济和不同区域之间经济的沟通完全建立在城乡政府间沟通的基础上，市县之间的经济纽带则依托于市县之间的行政纽带。在这样的政治、经济体制环境下，通过推行‘市管县’体制，借助行政的力量改变‘行政区’以适应‘经济区’的发展要求，整合了行政区和经济区之间的矛盾，扩大了经济区范围，解决了社会转型初期行政区和经济区的磨合问题，对经济和社会的发展起到了促进作用。”①

① 周天勇.从市管县到省管县的体制变迁[J].中国党政干部论坛,2014(7):8.

第三，地级市领导县体制，有利于发挥地级市作为一定区域内的中心城市对周边地区的辐射和带动作用，推进县域经济更好更快地发展。一般来说，区域经济的自然发展过程是一定的土地、劳动力、资本等要素向一个地方的中心地区先集聚后扩散的过程。但是在政府对经济发展有很大影响力的我国，区域的经济中心往往和行政中心重叠，一个区域的行政中心在区域经济发展中通常发挥了对区域内其他地区非常重要的辐射和带动作用。从我国城市和城镇发展的一般水平来看，地级市的发展水平一般要高于县，基础要强于县，一般处于一定地域的中心地位，但是由于地级市的市域面积较小，地级市的发展空间受到土地、人口的制约，在很大程度上制约了地级市对其周边县域的辐射和带动作用。通过实行地级市领导县体制，有利于拓展地级市的发展空间，壮大地级市的产业、人口和空间规模，强化地级市作为区域经济中心的地位，发挥地级市对周边地区的辐射和带动作用，推进县域经济更好更快地发展，实现地级市和县在经济和社会发展上的双赢格局。

（二）地级市领导县体制的弊

地级市领导县体制虽然有利于推动管理幅度优化、城乡统筹发展和区域经济协调发展，在实际运行过程中也存在一些由体制或非体制原因导致的问题，致使学术界产生了对地级市领导县体制的合法性和合理性的质疑。这些问题主要集中在几个方面。

第一，地级市领导县体制存在合法性问题。很多反对地级市领导县体制的学者认为，由于我国宪法规定的是省—市、县—乡镇三级行政层级，没有规定地级市可以管辖县，因此地级市领导县体制不符合我国宪法对行政区划做出的规定，存在合法性不足的问题。

第二，地级市领导县体制增加了行政成本，降低了行政运行效率。有部分学者认为，地级市领导县体制增加了地级市的行政层级，导致人员编制和行政经费等行政成本大幅增加，行政运行流程更加复杂，行政运行效率存在一定程度的降低。例如，有学者做过测算，“地级市成为一级行政管理层，随之要成立相应的管理机构，增加财政供养人口，增加纳税人的供养负担。以一个中等地级市为例，按地厅级干部30人、县处级干部200人、科级干部1 000人计算，财政供养的公务员和事业单位人员一般在1万人以上，每年仅工资一项就需要财政支出2亿元左右，再加上后勤、办公经费等，一年一个市本级的财政支出要在5亿元左右。2009年初，全国共有283个地级市，匡算下来，每年全国仅仅地级市本级的财政支出就要在1 400亿元以上。”①

第三，地级市成为县域经济发展的“抽水机”，阻碍了县域经济的发展壮大。最初设立地级市领导县体制的目的是发挥地级市对其下辖县的带动作用，推动城乡协调发展。但在实际运行过程中，地级市领导县体制使得部分地级市集聚了主要的资金、项目、城镇建设用地指标等资源，县级获得的资源非常有限，原本设想的“市带县”变成了“市刮县”“市卡县”，在一定程度上阻碍了县域经济的发展，背离了体制设计的初衷。

第四，大多数地级市缺乏带动县域发展的实力和能力，导致出现“小马拉大车”的现象。地级市领导县体制在建立之初的目的，是通过发挥地级市在区域内中心城市的核心地位，带动周边城镇和乡村地区的发展，实现城乡共同发展的目标。地级市对其管辖县域的带动作用大小，与地级市的综合实力强弱有很大关联。在中西部欠发达省份，除传统的省会城市和一些中等发达城市带动力量较强外，一些工业基础薄弱甚至由县级升为地级规格的市就很难有力量来帮助县和乡村的发展②。

在对地级市领导县体制的利和弊进行认真分析的基础上，笔者认为部分地级市对周边县域的带动力不强，主要原因是很多地级市建市基础比较薄弱、建立时间较短和发展不充分，与地级市领导县体制本身没有必然关联。并且，地级市领导县体制的设计思路，符合我国当前以城市群为主体形态的新型城镇化战略、城乡协调发展战略和区域经济协调发展战略的需要，地级市领导县体制应该继续作为我国当前及今后很长一段时期内市县关系的主流模式。

---

① 樊雪志.市管县体制的历史作用及历史局限性[N].中国经济时报，2010-07-13(12).

② 湖北省经委课题组，许克振，刘进文.改革市管县体制的研究报告(连载二)——“市管县”体制的利弊分析[J].当代经济，2006(5)：26-28.

第三节　地级市领导县体制存在的合法性和合理性

针对上述学术界对地级市领导县体制存在的合法性和合理性的质疑，笔者认为，地级市领导县体制符合宪法规定，并无合法性不足的问题。同时，地级市领导县体制的建立，并未增加行政层级和行政成本，行政运行效率的降低和部分县域发展的不足，与行政运行流程设计和地级市成立较晚、基础较弱有关，不能完全归咎于地级市领导县体制本身。在当前及今后很长一段时期内，地级市领导县体制的存在并无任何合法性和合理性的隐忧，应该将其作为我国市县关系的主流模式加以继续坚持和不断完善。

第一，地级市领导县体制并没有违反现行宪法关于行政区划的规定，具备合法性。我国现行宪法第三十条规定，我国的行政区域划分如下：（一）全国分为省、自治区、直辖市；（二）省、自治区分为自治州、县、自治县、市；（三）县、自治县分为乡、民族乡、镇。同时规定，直辖市和较大的市分为区、县，自治州分为县、自治县、市。很多学者认为，依据我国宪法对行政区划设置的规定，地级市领导县体制缺乏有效的法律依据。

但是，这种论断是不能成立的，主要依据有两个：一是我国宪法第三十条并没有明确规定我国行政区划是三级制还是四级制；二是宪法规定较大的市可以分为区、县，而“较大的市”既可以是直辖市，也可以理解为地级市，也就是说地级市领导县体制可以成立。宪法第三十条规定了直辖市和较大的市可以设区、县，也就是说直辖市和较大的市可以领导县。直辖市与省、自治区行政级别相同，下辖县、区没有争论。除了直辖市以外，凡是设区的市在某种程度上来说都是地级市，只是为了更好地推动部分地区的经济和社会发展，中央政府赋予了部分地级市拥有经济计划单列的权限，例如，深圳、青岛、厦门、大连、宁波等计划单列市；将部分历史比较悠久、历史上行政区划级别较高的省会城市定位副省级市，例如南京、武汉、广州、杭州、沈阳等。这些城市虽然级别都是副省级，但是在行政区划归属上都属于各自所在省的领导。

第二，地级市领导县体制只是将隐形的行政区划层级显性化，实际上并没有增加行政层级，更没有增加行政运行成本。在地级市领导县之前，地方行政层级表面上是省、市县、乡镇三级，实行地级市领导县后行政层级就变成了省、市、县、乡镇四级。因此，很多学者和专家就认为，地级市领导县体制在原有地方三级行政区划基础上新增加了一个行政层级，必将会大幅增加行政成本。其实，在地级市领导县体制之前，在省和县之间实际存在不作为行政层级的准行政区划——地区，地级市领导县体制只是将地区这一隐形的行政层级或者准行政区划显性化，实际上并没有增加行政层级。

同时，在地级市领导县之前，大多数县都是由省级政府设立的地区行政公署来管辖，由于地区不算一级行政区划，但是地区一级的机构设置、人员编制和行政预算都是实际存在的。因此，地级市领导县之前，我国的地方行政区划是表面上的三级和实际上的四级并存的格局，地级市领导县体制只是将现实存在的地区这一准行政层级做实了而已，地级市领导县体制并没有实际增加行政层级和行政运行成本，不存在管理层级和行政成本增加的问题。以黑龙江省大兴安岭地区行政公署为例，大兴安岭地区行政公署的职责定位是黑龙江省大兴安岭地区的行政管理机关，是黑龙江省人民政府的派出机关，执行黑龙江省人民政府的决定和命令，对黑龙江省人民政府负责并报告工作，领导所属工作部门和大兴安岭地区各县（区）人民政府工作。在机构设置上，除了没有地级市的人大和政协两个机构外，大兴安岭地区行政公署设置了地区行署办公室、人力资源和社会保障局、财政局、公安局、民政局、科学技术局、地震局、住房和城乡建设局、档案局、水务局等近70个部门。

第三，地级市领导县体制运行后的实际效果并没有达到制度设计的预期，其原因很多，并非全是地级市领导县体制本身的问题。地级市领导县体制设立的初衷，是以地级市为中心，通过地级市对其管辖县的辐射和带动作用，实现城乡统筹发展的目标。造成地级市领导县体制运行后的实际效果没有达到制度设计的预期的原因有很多，与县的地理位置、自然资源、政府能力密切关联，当然也与地级市自身的经济和社会综合实力不足有关，但不能将其归咎于地级市领导县体制本身的不足，正如省直管县改革下的那些经济发展好的县域并非完全就是省直管县体制的作用一样。

地级市作为一定区域内经济中心和增长极地位的实现和发挥，一般要经历资源和要素先集聚后扩散的过程。地级市对其管辖县的辐射和带动作用的大小，主要反映的就是城市的外溢效应，这与地级市发展水平和综合实力有很大关联，地级市发展壮大后，对其下辖县的辐射和带动作用必将显著提升。对于地级市对周边县域带动力不足的问题，不能归咎于地级市领导县体制本身。这一问题的根源在于，很多地区在推进地级市领导县体制改革时过于激进，在很多没有中心城市的地区仓促地通过地区改市或者将县升格为地级市等方式来领导县。这种现象在2000年左右中西部地区地级市领导县体制改革中最为常见。这些地区实行地级市领导县体制虽已有十几年的时间，但是地级市综合实力依然较弱，地级市对下辖县的辐射和带动作用并不明显，导致下辖县对地级市的离心倾向比较严重，很多县想被省直管或者升格为县级市。以安徽省宣城市为例，2000年，经国务院批准，撤销宣城地区，设立地级宣城市，将宣城地区行政公署驻地的县级宣州市改为宣州区，作为宣城市驻地，将原宣城地区管辖的郎溪、广德、绩溪、宁国、旌德、泾县划归宣城市管辖。作为宣城市政府驻地的宣州区综合实力较弱，宣州区在1980年时为宣城地区行署驻地，当时称为宣城县。1987年8月，撤销宣城县，设立县级宣州市，2000年宣州市改为宣州区，成为地级宣城市驻地。从宣州的行政区划演变历史来看，其在短短的20年时间内经历了由县到县级市再到地级市驻地的变迁，经济和社会发展的基础比较薄弱，对下辖的其他六个县（市）的辐射带动作用自然也就很难体现出来。例如，宣城市下辖的县级宁国市（为宣城市代管），在各项经济和社会发展指标上都明显强于宣城市驻地宣州区。2015年宁国市入选中国中小城市综合实力百强县市第69位、中国最具投资潜力中小城市百强县市第11位、中国新型城镇化质量百强县市第48位。

第四，地级市领导县体制并没有阻碍县域经济的发展，反而有助于通过地级市作为中心城市的辐射和带动作用来促进区域经济协调发展，推进城乡一体化进程。“追溯国务院在设立地级市之初的意图，就是要发挥地级市作为区域增长极的作用。‘市管县’体制原本的制度预期就是‘城乡合治、以城带乡、实现城乡经济社会共同发展’，而制度效果则表现为‘城市普遍繁荣、乡村相对衰落’、‘城市像欧洲、农村像非洲’城乡差距的进一步拉大，其原因在于忽视了中心城市辐射带动效应约束条件。中心城市辐射带动作用的有效发挥有赖于前一阶段‘极化效应’发展的充分程度，它客观上要求中心城市必须具备一些最基本的经济特征，包括‘经济规模应比较客观，整体实力应比较雄厚，国内生产总值在所属区域中应占有相当的比重，人均GDP应该高于区域平均水平。’而地级市设立之初甚至发展到今天，也很少能真正达到上述衡量指标的合意水平。那么，在条件不具备的情况下让地级市发挥所谓的辐射带动作用，实现‘以城带乡’也就不可能得到满意的结果。”①

当前我国地级市领导县体制运行过程中出现的地级市中心带动作用不强的问题，主要根源还在于部分地级市尚未达到成为区域经济增长极所需要的资源和要素的集聚程度。解决这一困境的路径是在地级市领导县体制下继续推进资源和要素向地级市的集聚，而非废除地级市领导县体制。同时，“市管县体制之所以难以适应区域经济一体化的发展要求，关键不在于行政区划，而在于其背后的政府职能转变滞后的问题”②。因此，地级市领导县体制的制度设计是没有问题的，部分成立较晚的地级市的成长壮大及其对所管辖县域辐射和带动作用的发挥需要一个过程。因部分地级市尚不具备辐射和带动所管辖县域的能力，就要废除地级市领导县体制的主张是不可取的。

第五，行政区划设置的路径依赖和频繁变更行政区划体制的弊端，决定了地级市领导县体制将会存续很长一段时间。行政区划设置和变革涉及经济社会发展、历史文化传统、居民地域认同和心理归属等因素，一个行

① 庞明礼，马晴.“省直管县”改革背景下的地级市:定位、职能及其匹配[J].中国行政管理，2012(4):75.

② 何显明.市管县体制绩效及其变革路径选择的制度分析——兼论“复合行政”概念.中国行政管理，2004(7):72.

政区划体制在确立和运行一段时间后，一般会产生一定的路径依赖，推动着该体制在后续很长时期内保持稳定。已经实行30多年的地级市领导县体制，很多居民已经很习惯了，如果再进行大的调整，必将影响很大。“市管县体制的历史变迁本质上反映了国家在不同时期在增长驱动逻辑下主动权变地革新政府管理体制以获得更好的经济发展目标和治理效果。由于存在现实的路径依赖作用难以消除，在可预期的将来，市管县体制作为一种制度安排将会长期存在，未来中国的行政区划和政府管理体制改革方向应该朝一种包含各种体制内容的、充分反映地区差异性的政府层级管理体系方向努力。”[①]

同时，如果过于频繁地调整行政区划，对特定地区的经济社会发展和历史文化认同等都有很大的消极影响。改革开放以来，在城镇化发展战略变动和经济发展思维变革等多种因素的驱动下，我国的行政区划设置处于不停地变动过程中，我国行政区划调整不是太少而是太多了。减少行政区划变革的频率，维持行政区划设置的稳定性，应该成为我国当前及今后很长一段时期内行政区划改革要遵循的原则之一。

总的说来，地级市领导县体制在实际运行中出现的一些问题，绝大部分都是由体制之外的原因导致的。地级市领导县体制在当前区域经济发展中扮演着非常重要的角色，该体制在现在和未来很长时期内的存续将是合理的。因此，当前围绕地级市领导县体制变革的思路，不是要取消该体制，而是应该在保持地级市领导县体制总体稳定的前提下，在对省直管县、县（市）改区、撤县设市三种改革模式的可行性进行分析和论证的基础上，对省、市、县之间的关系进行适度的变革和调整，以推动地方行政区划设置更好地适应新型城镇化战略和区域经济协调发展目标的要求。

---

① 叶敏.增长驱动、城市化战略与市管县体制变迁[J].公共管理学报，2012，9(2)：41.

第六章　省直管县改革模式的可行性研究

改革开放以来，我国地方行政区划中省、市、县三个行政层级之间的关系经历了不断地调整和变革，到20世纪末，除了西部地区部分县（市）外，我国地方行政区划基本上实行了较为稳定的地级市领导县体制。地级市领导县体制实行多年以来，取得了很大成就，对促进地级市的发展壮大，特别是在发挥地级市作为一定区域的中心城市地位，辐射和带动周边县域，推动区域经济协调发展等方面有很大贡献。但同时，地级市领导县体制也引来了很多质疑，质疑之声多集中于地级市领导县缺乏宪法赋予的合法性和地级市阻碍了被其管辖的县（市）的发展，即出现了“市卡县”“市刮县”现象。随之而来的是理论层面和实践领域对地级市领导县体制进行变革的呼声日渐高涨，“近些年来，为了适应新的发展形势，国家开始寻求一系列旨在超越市管县体制的改革方案，包括通过‘强县扩权’改革、‘省直管县’改革、省域内的行政区划调整，以及跨区域治理框架的构建来弱化和超越市管县体制的负面效应。”①省直管县就是在此背景下悄然推开的地方行政区划改革模式之一。

省直管县改革，是指在现行地级市领导县的体制下，通过将县级财政交由省直接管理、赋予县以地级市拥有的经济和社会管理权限或者由省级政府职能部门对县级的人、财、物和司法权进行直接归口管理等多种形式来实现由省直接管理县的行政区划改革模式。从近些年全国各地推行的省直管县改革实践来看，省直管县改革的基本做法有三种：财政省直管县、扩权强县和行政省直管县。

省直管县改革的提法，最早出现于温家宝在2005年全国农村税费改

① 叶敏.增长驱动、城市化战略与市管县体制变迁[J].公共管理学报，2012，9(2)：41.

革工作会议上的讲话中。2005年6月，时任国务院总理温家宝在全国农村税费改革试点工作会议上指出：“要改革县乡财政的管理方式，具备条件的地方，可以推进‘省管县’的改革试点。”此后，党中央的有关报告和国家的有关文件中多次提到和强调省直管县改革。党的十六届五中全会提出，要优化组织结构、减少行政层级，条件成熟的地区可以实行省直管县的财政体制。《中华人民共和国国民经济和社会发展第十一个五年规划纲要》中提到，要理顺省级以下财政管理体制，有条件的地方可实行省级直接对县的管理体制。《中共中央、国务院关于推进社会主义新农村建设的若干意见》（国发〔2007〕1号）指出，有条件的地方可加快推进“省直管县”财政管理体制改革。2009年2月发布的《中共中央、国务院关于2009年促进农业稳定发展农民持续增收的若干意见》（中发〔2009〕1号）中提出，要推进省直接管理县（市）财政体制改革，将粮食、油料、棉花和生猪生产大县全部纳入改革范围。党的十八大报告指出，行政体制改革是推动上层建筑适应经济基础的必然要求，要优化行政层级和行政区划设置，有条件的地方可探索省直接管理县（市）改革。

在全国开展省直管县改革试点的提法虽然早在2005年就有了，但是《关于开展省直管县体制改革试点的通知》（中央编办发〔2010〕100号）等有关省直管县改革如何实施的顶层设计，一直到2010年才由中央机构编制委员会办公室下发。在此期间，由于中央政府对于省直管县改革到底怎么推进一直没有出台相应的指导意见，地方无法明确把握中央的改革意图，是在维持现行地级市领导县体制不变的前提下进行存量改革，还是要破除现行地级市领导县体制后进行增量改革，致使各省级政府只能结合各地实际进行省直管县改革的不断尝试。在全国各地的省直管县改革实践中，虽然各地的做法不完全一致，但大体上都经历了财政上的省直管县、扩权强县和行政上的省直管县（实质意义上的省直管县）三个阶段，呈现出有代表性的浙江模式、河南模式、安徽模式和海南模式等改革模式。截至2015年底，全国已经有24个省和自治区正在开展以财政省管县、人事省管县以及经济社会管理权下放为主要内容的省管县改革[①]。本章将在对

① 吴金群.市县协调发展何以可能:基于区域主义理论的反思[J].社会科学战线,2016(3):188.

县制特点进行分析的基础上，对省直管县改革历经的几个主要阶段和四种有代表性的省直管县改革模式展开论述，通过对安徽等省份省直管县改革成效的分析，对在当前条件下省直管县改革模式的可行性进行研究。

第一节　县制的含义和特点

一、县制沿革

县是我国自古至今的行政区划设置中最稳定的一个行政层级，也是关系到国家统一和地区稳定的至关重要的行政层级，自古以来便有“郡县治、天下安”的说法。县的建制，最早可以追溯到我国春秋时期，秦朝设立郡县制后，县开始作为最基层的行政层级一直延续到新中国成立初期。“据不完全统计，我国现有县级行政区的名称，有59个县名同秦汉以来使用的县名完全相同。县制所以长青不衰，是因为县的设置不是一种权宜的或任意的措施，而是由于经济、政治、行政等种种因素结合而成的。因此，县在其发展过程中，逐渐形成为在社会政治、经济、文化等方面都具有团粘结构的稳定社区，能够在任何国家制度下，都以不可轻易分解的行政实体而发生作用。”①新中国成立后，随着乡镇一级政权的建立，县不再是我国最低的行政层级。改革开放后，伴随我国城镇化进程的加速，撤县设市和县改区等行政区划改革不断推进，县的数量开始不断减少，特别是从20世纪90年代开始，县的数量下降速度明显加快。

我国现有的县级行政区划设置主要分为三类：县、县级市和市辖区。如表6-1所示，新中国成立以来，我国县级行政区划的总数一直比较稳定，大体维持在2 850个左右。但是不同类型的县级行政区划设置的数量变动较大，特别是县的数量从1990年的1 903个减少到2007年的1 635个，减少了268个，是县级行政区划设置里变动最大和减少最多的类型。而与

① 谢庆奎.当代中国政府[M].沈阳：辽宁人民出版社，1991：304-305.

此同时，县级市和市辖区的数量呈现出显著增加的态势：县级市的数量从1990年的279个增加到2007年的368个，增加了89个；地级市辖区的数量从651个增加到856个，增加了205个。近几十年来我国县级行政区划设置的变动情况，很好地反映出我国在改革开放以来特别是1990年以后快速推进的城镇化进程对县级行政区划设置的影响。不断加速的城镇化进程催生了数量可观的县级市和地级市辖区，县的数量随之减少较多，很多计划单列市、直辖市等大城市已经将下辖的县全部改为市辖区，正式进入"无县时代"。

表6-1　新中国成立以来我国县级行政区划数量变动情况①

年份	县/个	县级市/个	市辖区/个	县级区划总数/个
1949年	2 204	—	—	—
1990年	1 903	279	651	2 833
1995年	1 718	427	706	2 851
1997年	1 690	442	727	2 859
2000年	1 674	400	787	2 861
2002年	1 649	381	830	2 860
2004年	1 636	374	852	2 862
2006年	1 635	369	856	2 860
2007年	1 635	368	856	2 859

二、县政的主要特点

作为乡村型政区，县与县级市、市辖区之间在工作重心、工作任务性质等方面呈现出不同的特点。朱光磊教授在《当代中国政府过程》一书中，将我国县政的特点概括为三个主要方面：第一，县政的核心是"农政"。县是农村经济、政治的区域性中心。县委和县政府的中心工作无疑是农业、农村和农民问题。农业、农村和农民问题不仅是"农口"机构的

① 朱光磊.当代中国政府过程[M].天津：天津人民出版社，2008：290.

主要任务，而且是一切县党政机构的主要任务。第二，县政的综合性强，独立性突出。县和县级市、市辖区，是同等规格的行政区域，但是县的经济活动“自给自足”的程度高、行政管理的综合性强、文化生活的区域性特点明显，加之人口分散、人口和干部的流动率低，导致了县政大于市政特别是市辖区管理的相对独立性，工作中发挥创造性的余地比较大。第三，不是基层接近基层。从郡县制到国民政府的县政，都可以算得上是基层政治。新中国成立以后，将乡镇一级从自治机构变成一级政权，县政不再是最基层的政权。但是它直接面向乡村和农民，直接接触农村实际，中央和省对农村、农业和农民的政策需要经过县一级的具体化后才能在基层实施。新中国成立以来，中国历经经济和政治波折，但始终保持了国家全局上的稳定，与中国的县政机制和对农村基层生活的严密管理是分不开的①。

第二节　省直管县改革历程和模式分析

2002年前后，我国部分地区开始进行财政省直管县改革的尝试和探索。2005年6月，时任国务院总理温家宝在全国农村税费改革试点工作会议上指出，“要改革县乡财政的管理方式，具备条件的地方，可以推进‘省管县’的改革试点”。此后不久，我国大部分省份开始实施省直管县改革的试点。回顾我国省直管县改革的历程，对各地区在省直管县改革实践中的具体做法进行分析，特别是对具有代表性的省直管县改革模式进行总结，有助于更加全面地认识省直管县改革模式的优势和不足，并对这一改革模式在未来实施过程中要注意的问题有更加清晰的认识。

一、我国省直管县改革历程回顾

省直管县改革始于21世纪初，“迄今为止，我国省直管县改革已大致

① 朱光磊.当代中国政府过程[M].天津:天津人民出版社,2008:292-293.

经历了前后三轮。第一轮是2002年前后以财政省直管为主题的改革，二是2005年前后以强县扩权为主的改革，三是2010年后行政省直管为主的改革试点”[①]。

(一)2002年开始推行的财政省直管县

财政省直管县，即实行由省级政府直接管理县级财政的改革模式，就是在地方政府之间的财政收支划分、转移支付、资金往来、财政预决算、年终结算等方面，省财政与市、县财政直接联系，开展相关业务工作，切断地级市和县之间原有的财政联系，实现由省来直接管理县级财政的目的。

作为省直管县改革的第一步，实行财政省直管县即县财省管的目的，是为了缓解县乡基层财政的困难。2005年1月，财政部印发了《关于切实缓解县乡财政困难的意见》（财预〔2005〕5号），开始在全国范围内推行省对县财政管理方式改革的试点。该《意见》指出，各省（自治区、直辖市）要积极推行省对县财政管理方式改革试点，对财政困难县要在体制补助、税收返还、转移支付、财政结算、专项补助、资金调度等方面直接核定并监管到县。暂不具备改革试点条件的地区，省级财政要加强对市级财政的指导，督促其进一步完善和规范市对县财政管理体制，支持和帮助县级财政发展。民族自治州要按照民族自治的有关法律法规，加强对所辖县的扶持和帮助。

2009年6月，财政部发布了《关于推进省直接管理县财政改革的意见》（财预〔2009〕78号）。该《意见》指出，推进省直接管理县财政改革，必须坚持因地制宜、分类指导，各地要根据经济发展水平、基础设施状况等有关条件，确定改革模式、步骤和进度，不搞“一刀切”；必须坚持科学规范、合理有序，要按照分税制财政体制的要求，进一步理顺省以下政府间事权划分及财政分配关系，增强基层政府提供公共服务的能力；必须坚持积极稳妥、循序渐进，保证市县既得利益，尊重实际情况，妥善

① 冯俏彬.“省直管县”何去何从？——基于新型城镇化与行政区划改革背景[J].地方财政研究，2016(2):11.

处理收支划分、基数划转等问题，确保改革的平稳过渡和顺利运行；必须坚持协调推进、共同发展，充分调动各方发展积极性，增强县域发展活力，提高中心城市发展能力，强化省级调控功能，推动市县共同发展。改革的总体目标是，到2012年底前，力争全国除民族自治地区外全面推进省直接管理县财政改革，近期首先将粮食、油料、棉花、生猪生产大县全部纳入改革范围。

从改革的推进过程来看，财政省直管县主要包括几项具体改革内容：第一，明确地级市与县的财政收支划分。在进一步理顺省与市、县支出责任的基础上，确定市、县财政各自的支出范围。同时，按照规范的办法，合理划分省与市、县的收入范围。财政省直管县改革后，地级市和县之间不得要求对方分担应属自身事权范围内的支出责任。第二，财政转移支付。财政省直管县改革后，在财政转移支付、税收返还、所得税返还等方面，将由省直接核定并补助到市、县；专项拨款补助，由各市、县直接向省级财政等有关部门申请，由省级财政部门直接下达市、县。同时，市级财政可通过省级财政继续对县给予转移支付。第三，财政预决算。财政省直管县改革后，地级市和县要统一按照省级财政部门有关要求，各自编制本级财政收支预算和年终决算。市级财政部门要按规定汇总市本级、所属各区及有关县预算，并报市人大常委会备案。第四，资金往来。财政省直管县改革后，省有关部门向省辖市划拨各类事业费、交通规费等建设资金、预算外返还资金、福利救济资金、科技计划项目经费等资金时，凡按规定省直管县（市）应当享有的，直接向省直管县（市）划拨。通过建立省与市、县之间的财政资金直接往来关系，取消了地级市与县之间日常的资金往来关系。省级财政直接确定各市、县的资金留解比例。各市、县金库按规定直接向省级金库报解财政库款。第五，财政结算。在实施财政省直管县的地区，年终各类结算事项一律由省级财政与各市、县财政直接办理，市、县之间如有结算事项，必须通过省级财政办理。各市、县举借国际金融组织贷款、外国政府贷款、国债转贷资金等，直接向省级财政部门申请转贷及承诺偿还，未能按规定偿还的由省财政直接对市、县进行扣款。

（二）2005年开始推行的扩权强县改革试点

在由省级政府直接管理县级财政改革实施一段时间后，地级市对于县级财政的干预减弱了许多，县级财政运转得到了基本保障，有利于促进县域经济更好更快地发展，财政省直管县改革取得了一定的实效。但由于县级政府拥有的经济社会管理权限较小，很多涉及城镇规划、项目申报、工商注册等权限依然掌握在地级市政府手里，很多经济社会管理事务的办理必须要经过地级市层面后才能上报到省级有关职能部门，而省级职能部门对县级的管理也必须要经过地级市层级后方能进行。县和县级市在经济社会事务管理权限上的不足和行政运行流程的繁琐，导致县域经济发展受到很大程度的制约，迫切需要对部分县和县级市进行经济社会事务管理权限扩大的改革尝试。因此，在财政省直管县解决了县级发展的财力保障问题后，接下来要解决的是如何给县级政府在经济和社会管理权限上进行扩权，省直管县改革也从财政省直管县进入了扩权强县的改革阶段。

扩权强县改革就是在原有财政省直管县的基础上，通过将地级市拥有的经济和社会事务管理权限赋予部分县和县级市，以更好地促进县域经济发展，增强县域经济活力的改革方法。获得了扩权的县和县级市，虽然行政级别没有提升，但是拥有了等同于地级市的经济和社会事务管理权限，很多行政事务不再需要经过地级市层面就可以直接对接省级政府部门进行办理，行政审批效率得到大幅提升，这种扩权强县改革模式的实施在很多地区取得了切实成效。目前，这种模式的省直管县改革在县域经济比较活跃的浙江省最为典型。

（三）2010年开始全面推行的以行政省直管县为主的改革试点

财政省直管县和赋予部分县以地级市的经济社会管理权限的扩权强县等改革做法，仅仅是对地级市领导县体制进行调整和变革的初步尝试，县仍然属于地级市管辖，并非是实质意义上的省直管县改革。要想实现真正意义上的省直管县目标，需要对既有的省直管县改革模式做进一步的深化，更需要中央出台有关省直管县改革该如何实施的顶层设计。

2010年，中央机构编制委员会办公室发布了《关于开展省直管县体制改革试点的通知》（中央编办发〔2010〕100号）。该《通知》指出，要在全国部分省份选取部分试点县和县级市，开展省级政府直接领导县和县级市政府工作。根据通知精神，此次省直管县体制改革试点工作的目标是在扩大县级政府行政管理权限、推进省直管县财政体制改革的同时，积极探索省直接管理县的途径和方式；力争用3—5年的时间，将试点县（市）全部实现由省直接管理，以达到为全面真正意义上实行省直管县目标积累经验的目的。这种由省直接管理县的改革模式，为了与财政省直管县相区别，可以称为行政省直管县。

在中央机构编制委员会办公室发出《关于开展省直管县体制改革试点的通知》（中央编办发〔2010〕100号）后不久，安徽省选取了广德县和宿松县作为行政省直管县改革的试点县，江苏省选取了昆山市、泰兴市、沭阳县作为试点县市。此外，河北、辽宁、吉林、黑龙江、江西、河南、贵州、云南、陕西、宁夏等省区都开展了以行政省直管县为主要内容的省直管县体制改革试点工作。总体来说，本次省直管县改革试点省份及县（市）选取有这样几个特点：第一，选取辖县大省进行省直管县改革试点。第二，选取民族省区进行省直管县改革试点。第三，选取农业大县参与试点。例如，本次试点选取的安徽省宿松县，就是一个传统的农业生产大县。第四，选取发达省份不同发展程度县（市）进行试点。第五，选取特色城镇化发展好的县（市）参与试点。例如，安徽省广德县是安徽省经济十强县，城镇化进程较快，而且处在三省交界地区，区位优势明显，具备发展成为中小城市的基础和条件。第六，多数省区选取省际交界县（市）参与试点。第七，选取经济基础好的县（市）参与试点。选择的试点县大都离中心城市较远，处于若干行政区域的结合部，而且人口普遍较多，产业基础好，经济实力较强，具有发展成为中等城市或区域中心城市的条件。例如，江苏省选取的昆山市，是全国经济百强县，经济基础非常好。

从财政省直管县改革到扩权强县改革仅仅是省直管县改革的初步探索，行政省直管县才可谓是真正意义上的省直管县。行政省直管县改革，在试点的内容和推进方式上具有以下特点。

1.行政省直管县改革试点的主要内容有四个方面：第一，扩大县级政府经济社会管理权限。2010年中央机构编制委员会办公室下发的《关于开展省直管县体制改革试点的通知》（中央编办发〔2010〕100号）规定，凡适宜县级政府行使且法律法规不禁止下放的行政管理权，都应逐步下放给县级政府。县级政府需报请上级政府审批、核准的事项，依法改为直接报省审批。第二，在维持试点县（市）行政建制不变的前提下，逐步赋予试点县（市）政府行使地级市政府的行政管理权，由省级政府直接领导试点县（市）政府工作。试点县（市）政府各工作部门直接由省级政府主管部门进行业务指导或领导。第三，理顺省、市、县政府间财政分配关系，在财政体制上由省与县（市）直接联系。积极探索与省直管县体制相适应的干部人事管理制度。第四，配套推进相关领域改革。《关于开展省直管县体制改革试点的通知》（中央编办发〔2010〕100号）指出，要探索实行职能有机统一的大部门体制，优化政府组织结构，规范机构设置，完善运行机制。着力推进乡镇政府职能转变，大力推进扩权强镇改革，充分发挥乡镇在促进经济发展、强化公共服务、加强社会管理、推进基层民主等方面的作用。配套推进事业单位改革，促进公益事业大力发展，激发事业单位生机与活力，进一步优化社会力量兴办公益事业的制度环境，不断提高公益服务水平和效率，切实为人民群众提供更加优质高效的公益服务。

2.行政省直管县改革试点的推进方式。自2010年中央机构编制委员会办公室《关于开展省直管县体制改革试点的通知》（中央编办发〔2010〕100号）下发以来，从现有试点省区已出台的省直管县改革方案来看，都明确了自己的改革重点，具体的改革推进方式主要围绕以下几个方面来展开。第一，进一步扩大试点县（市）经济社会管理权限，赋予试点县（市）行使与地级市相同的经济、社会、文化等方面管理权限。例如，安徽省规定除国家法律、法规有明确规定外，原由设区的市审批或管理的经济社会管理事项，均由试点县自行审批、管理。对国务院及有关部门规定须经设区的市审批的事项，采取委托或授权方式予以下放。河南省规定试点县（市）享有法律、法规、规章规定由设区的市政府行使的经济社会管理权限，以及省政府及其部门下放给省辖市政府及其部门的经济社会管理权限。第二，调整试点县（市）管理体制。例如，安徽省在行政省直管县改革中，调整了试点县的党委和政府管理体制，两个试点县党委、政府直接向省委、省政府负责并报告工作，党委、政府各工作部门受省委、省政府主管部门的业务指导或领导。第三，调整干部管理体制。例如，在干部管理体制上，安徽省将试点县县委书记和县长改由省委直接管理，其他副县级以上干部由省委委托省委组织部管理，其他干部由试点县（市）管理。第四，调整垂直管理部门的领导体制。在本次改革过程中，各试点省区普遍对垂直管理部门的领导体制进行了调整。主要有两种调整模式，一种是将试点县（市）的省以下垂直管理部门直接上收到省直部门管理，湖北、河南、黑龙江等大部分试点省区采取的是这种模式。另一种是将垂直管理部门的管理权下放，例如安徽省将工商、地税、质监等部门设在试点县的管理机构，由省以下垂直管理调整为由试点县党委、政府管理，业务上接受省级主管部门的指导。第五，调整司法管理体制。河南省在省直管县的司法管理体制上，对于试点县市的法院和检察院，采取由省级法院和检察院直接管理的体制。为此，河南省专门设立了河南省第一中级人民法院和河南省人民检察院第一分院，依法行使中级人民法院和检察分院的职权，管辖巩义市、汝州市、邓州市、永城市、固始县、鹿邑县、新蔡县等试点县市。同时，将河南省济源市中级人民法院更名为河南省第二中级人民法院，河南省人民检察院济源分院更名为河南省人民检察院第二分院，管辖济源市、兰考县、滑县、长垣县等试点县市。河南省第一、第二中级人民法院均由河南省高级人民法院直接管理；河南省人民检察院第一、第二分院均为河南省人民检察院派出机构，由河南省人民检察院直接领导。

二、四种有代表性的地方省直管县改革模式

由于省直管县改革是对现有地级市领导县体制的一种调整和变革，甚至在某种程度上来说可能是对地级市领导体制的颠覆，因此中央对于这一改革模式所持态度一直比较谨慎，有关省直管县改革试点的顶层设计——《关于开展省直管县体制改革试点的通知》（中央编办发〔2010〕100

号）——直到2010年才由中央机构编制委员会办公室下发。但在实践层面，全国很多省份在缺乏中央顶层设计指导的情况下早已开始进行了省直管县改革的积极尝试，探索出了一些比较好的做法和成功的经验，其中有代表性的省直管县模式有四种：浙江模式、安徽模式、河南模式和海南模式。

（一）浙江模式

浙江省地处我国东部沿海地区，耕地面积有限，如何发展县域经济是摆在浙江省委和省政府面前的头等大事。浙江省结合本地实际，选择了先给县级政府扩权，然后通过扩权来达到强县目标的改革思路，诞生了省直管县改革中的浙江模式。浙江模式以试点县市拥有与地级市同等的经济和社会管理权限为改革的主要特点。

扩权的县和县级市在获得了地级市的部分经济和社会管理权限后，行政审批权限有效扩大，行政审批程序大为简化，县域经济获得了很大的发展空间，县级经济实力不断提升。扩权县和县级市在发展和壮大后，又产生了获得更多的经济和社会管理权限的冲动。在这种冲动的驱动下，扩权强县改革不断深化，改革效果也得到不断呈现。改革开放以来，浙江省已经历了多次对县级政府进行经济和社会管理权限扩容的改革。例如，浙江省分别于1992年、1997年、2002年、2006年进行了4次对部分县和县级市的扩权强县改革。这四次扩权强县改革的基本历程如下：

第一次，1992年。浙江省政府决定实施扩大萧山、余杭、鄞县、慈溪等13个县（市）部分经济管理权限的改革，具体权限有扩大基本建设和技术改造项目审批权、扩大外商投资项目审批权、简化相应的审批手续等4项。

第二次，1997年。浙江省政府决定在萧山、余杭两市（县级）试行县（市）享受地级市部分经济管理权限的改革试点。萧山、余杭两市（县级）获得的权限主要有基本建设和技术改造项目审批管理权限、对外经贸审批管理权限、金融审批管理权限、计划管理权限、土地管理权限、出国（境）审批管理权限等。

第三次，2002年。浙江省政府决定再次给部分县和县级市下放经济管理和社会管理权限。按照“能放都放”的总体原则，将313项原属地级市的经济管理权限下放给17个县（市）和萧山、余杭、鄞州3个区，主要涵盖计划、经贸、外经贸、国土资源、交通、建设等12大类。

第四次，2006年。浙江省政府确定将义乌市作为进一步扩大县级政府经济社会管理权限的改革试点。改革试点以扩大县级政府经济社会管理权限为重点，除规划管理、重要资源配置、重大社会事务管理等经济社会管理事项外，赋予义乌市与设区市同等的经济社会管理权限，并相应调整和完善有关管理体制和机构设置。此次改革后，义乌市成为浙江省推行扩权强县改革力度最大的县级市，义乌因此也被外界称为“中国权力最大的县”。

为了将扩权强县改革的成果固定下来，也为了更好地推动县域经济的转型升级，2008年，浙江省“以政府规章的形式将法律、法规、规章明确以外的省和设区市的管理权限，下放给所有县（市）级政府，以进一步加强县（市）政府的社会管理和公共服务职能”[①]。

（二）安徽模式

安徽省的省直管县改革试点，是从赋予县级政府更多的经济和社会管理权限开始，再到选择部分县作为实质上的省直管县改革试点。截至2017年底，安徽省实行省直管的县共有两个，分别是广德县和宿松县。安徽省确定的省直管县改革试点县具有以下特征：两个县均距离管辖它们的地级市较远，经济上与地级市关联度不大，地理位置上处于多省市交接地带。纵观安徽省近年来推行的省直管县改革历程，可以发现安徽省直管县改革的模式呈现出渐进式推进的特征。

1.安徽省直管县改革的第一步是县财省管。2004年，安徽省下发《安徽省人民政府关于实行省直管县财政体制改革的通知》（皖政（2004）8号），决定从2004年起对全省57个县（包括县级市，不包括市辖区和马鞍山、铜陵、淮南、淮北市辖县）实行省直管县的财政体制改革。随后，安徽省财政厅出台了具体实施意见，改革内容涉及收支划分、财政收入目标

① 何显明.省管县体制与浙江模式的生成机制及其创新[J].浙江社会科学,2009(11):6.

直接下达和考核、税收返还、转移支付、债务偿还等11个方面，全省57个县（市）被纳入改革范围。

2.安徽省直管县改革的第二步是扩权强县。2006年，安徽省直管县改革跨出第二步，向基层下放权力。安徽省在借鉴全国其他地区“扩权强县”经验的基础上，选择了宁国等12个县开展扩权试点，2008年又增加了18个县，至2009年，在全省61个县全面推开。

3.安徽省直管县改革的第三步是行政省直管县。2011年，安徽省确定选择与浙江省交界的广德县和与湖北省交界的宿松县作为试点县，实行行政省直管县。此次试点主要有四大突破：第一，在党政管理上，两个试点县党委、政府直接向省委、省政府负责并报告工作，试点县党委、政府各工作部门受省委、省政府主管部门的业务指导或领导。第二，在干部管理体制上，试点县的党政主要负责人由省委直接管理，其他副县（处）级以上领导干部由省委委托省委组织部管理，其他干部由试点县（市）管理。第三，设置在试点县的省以下垂直部门都由省直管。第四，试点县在机构设置上实行大部门制。

（三）河南模式

河南省的省直管县改革模式从扩大县和县级市的经济社会管理权限开始，到逐步实施全面省直管县。虽然在改革的具体步骤上和安徽模式具有一定的相同性，但是河南省的省直管县改革具有实施扩权县的数量多、扩权较为彻底和全面省直管县数量多的特点，笔者将其作为省直管县改革的河南模式加以分析。河南省省直管县改革的进程大体体现在以下几个方面。

1.扩大部分县（市）经济社会管理权限。2004年5月，河南省出台《河南省人民政府关于扩大部分县（市）管理权限的意见》（豫政〔2004〕32号），对扩大部分县和县级市经济社会管理权限的原则进行了说明。在2004年的扩权强县改革中，河南省委和省政府在综合考虑各县（市）在区域生产力布局中的地位、经济总量、财政实力、工业基础、城镇化水平、经济特色和发展潜力，以及省本级财政的承受能力，着眼于充分发挥经济强县（市）在促进全省县域经济发展中的示范带动作用，在对各县（市）主要指标认真比较分析的基础上，决定扩大巩义市、项城市、永城市、固始县、邓州市、新密市、新郑市、登封市、荥阳市、偃师市等35个县（市）的管理权限。其中，对巩义市、项城市、永城市、固始县、邓州市等5个区位优势明显、有望培育成未来地区性中心城市的县（市），赋予与地级市相同的经济管理权限和部分社会管理权限。本次扩权后，巩义市、项城市、永城市、固始县、邓州市实现了国民经济和社会发展规划、用地规划、信息统计等直接上报省级有关部门，经费由省直接划拨，财政直接同省结算，税权和工商执照发放权限得到部分扩大。

2.确定10个省直管县体制改革试点县（市）。2011年6月底，在2004年的扩权强县改革7年之后，河南省委、省政府出台了《河南省直管县体制改革试点工作意见》（豫发〔2011〕7号），确定巩义市、兰考县、汝州市、滑县、长垣县、邓州市、永城市、固始县、鹿邑县、新蔡县10个县（市）为省政府直管县试点。本次省直管县改革主要从以下五个方面展开：第一，规划、计划及有关资料报送方式。省直管县（市）编制的中长期规划、年度计划、有关经济社会发展情况资料，直接上报省发展改革委。第二，项目（资金）申报、安排和下达方式。省直管县（市）的项目（资金）申报文件，直接上报省发展改革委；除国家另有规定外，凡由省发展改革委安排省基建资金投资以及省工业结构调整、高新技术产业化、社会事业发展、节能减排、县域经济发展、服务业发展等省专项资金安排的建设项目，对省直管县（市）视同省辖市对待；有关项目（资金）的批复文件，主送省直管县（市）发展改革部门。第三，价格与收费。除省价格主管部门另有要求外，所有价格的制定均由省直管县（市）价格主管部门直接上报省价格主管部门审批。省直管县（市）享有同省辖市等同的收费管理权限，直接向省价格主管部门报告收费管理情况。在全省收费统计系统中增设省直管县（市）名录。第四，证照直接发放。凡属省发展改革委发放和批准的证照，直接发放省直管县（市）。第五，信息直接获得。凡向省辖市发展改革部门发送的投资政策、项目安排、计划等文件，均扩大到试点县（市）；各类信息直接发送试点县（市）；有关会议凡省辖市参加的，均扩大到试点县（市）。

3.实施行政省直管县。2013年11月26日，河南省委、省政府印发了《河南省深化省直管县体制改革实施意见》（以下简称《实施意见》）。《实施意见》规定，从2014年1月1日起，河南省对巩义市、兰考县、汝州市、滑县、长垣县、邓州市、永城市、固始县、鹿邑县、新蔡县10个县（市）全面实施由省直接管理的体制，即行政省直管县。10个试点县（市）享有除部分行政权之外全部省辖市权限，权限目录高达603项，具体内容涉及发展改革、教育、公安、民政、司法、财政、人力资源和社会保障、国土资源、交通运输等各个部门。《实施意见》指出，推进省直管县体制改革，要按照有利于加强党的领导、有利于转变政府职能、有利于提高行政效能、有利于促进经济社会发展、有利于更好服务群众的原则进行。要通过深化改革，形成权责一致、分工合理、决策科学、执行顺畅、监督有力的省直管县管理体制，切实提高行政效能，推动直管县加快建设成为区域性中心城市。《实施意见》明确，直管县党委直接受省委领导，向省委负责并报告工作，直管县纪委和党委各部门直接受省纪委和省委对应部门领导或指导，直管县人大常委会直接受省人大常委会指导和监督，直管县政协直接受省政协的指导，直管县群团组织直接受省级群团组织领导或指导。

（四）海南模式

“在全国各地的省管县试点中，海南的经验最具有典型性，同时也是具备普遍借鉴意义的个案。”[①]海南模式是省直管县改革中比较特殊的一种，海南模式的特征是在全面实行省直管县的同时，赋予县（市）拥有不同程度的地级市经济和社会管理权限。“1987年9月26日，中共中央、国务院发出的《关于建立海南省及其筹建工作的通知》明确要求，建立省直接领导市县的地方行政体制。海南省直管市县体制体现出‘四个直接’明显特点：县一级领导班子由省委直接考核、任命和管理；市县财政与省财政直接发生关系，对市县的财政转移支付、专项支付、专项补贴都由省财

① 周天勇.从市管县到省管县的体制变迁[J].中国党政干部论坛,2014(7):11.

政直接发放；中央、国务院的方针政策由省委、省政府直接指导市县实施落实；所有市、县委书记都是省委委员或候补委员，直接参与省委的重大决策。”①海南省直管县模式的由来，与海南特殊的行政区划设置背景和地理环境有很大关联。

首先，海南建省较晚和陆地面积较小，使得海南在建省时采用了省直接领导县的行政区划体制。海南省是我国目前设立的23个省中最晚建立的。设省之前，海南省行政区域内分别设立了归属广东省管辖的海南行政区和海南黎族苗族自治州。1984年10月，海南行政区公署被撤销，海南行政区人民政府正式宣告成立。1987年撤销海南行政区和海南黎族苗族自治州。1988年，为了更好地推动海南全岛的开发开放，国家决定海南从广东省管辖下独立，1988年4月，海南省和海南经济特区成立。由于陆地面积仅为3.39万平方公里，海南省在1988年成立时，就采用了由省政府同时直接领导地级市和县的行政区划体制，这在全国省的行政区划中独此一例。截至2017年底，海南省共设立了4个地级市和15个归海南省政府直接管理的县、县级市和自治县。其中，海口、三亚、三沙和儋州四个地级市都没有管辖的县。

其次，在省直接管理县的同时，赋予了县部分地级市拥有的经济和社会管理权限。海南省的15个县（市）虽然属于省直接管理，但是行政层级和行政权限上依然是县级架构，与地级市的经济和社会管理权限差距较大。为了更好地推动县域经济发展，海南省于2009年启动了县级扩权改革，通过权力下放，允许县（市）政府根据当地经济社会发展情况和需求，设置政府工作部门，扩大了县（市）政府机构改革的自主权。

第三节 省直管县改革模式的成效和不足研究

省直管县改革是在对地级市领导县体制质疑的基础上提出的，期间正处于我国工业化和城镇化进程的加速期，经济和社会发展的需求催生了对

① 周天勇.从市管县到省管县的体制变迁[J].中国党政干部论坛,2014(7):11.

现有地级市领导县体制进行改革的诉求。省直管县改革被很多学者认为是继地级市领导县体制之后我国管县体制改革的趋势，地级市领导县体制很快会被省直管县体制取代。省直管县改革模式从2005年提出至今已有13年的历史，省直管县改革模式在当前及今后一段时期内会否或者能否取代地级市领导县体制，需要建立在对省直管县改革的成效及存在的不足进行认真分析和研究基础之上，不能轻易地肯定或否定任何一种管县体制。

一、省直管县改革研究概述

省直管县改革自2005年6月提出以后，就受到学术界的密切关注。省直管县改革的动因、优势及完善对策等成为一段时期内的研究热点，很多学者对省直管县改革持肯定态度，但也有部分学者持保留态度。通过对既有研究的分析，可以发现目前对省直管县改革问题的论述主要涉及几个方面。

（一）省直管县改革的动因：地级市领导县体制的弊端

很多学者认为地级市领导县体制的弊端是省直管县改革启动的根本原因。他们认为地级市领导县体制增加了行政层级和行政运行成本、降低了行政效率、加剧了县级财政困难、阻碍了县域经济发展，因此，需要通过省直管县改革来强化省对县的领导，提升行政效能。例如，迟福林认为，“市管县是一个历史阶段的产物，在历史过程中，有它特定的历史作用，也有它的阶段性和局限性。而今天很多条件变化了，它也需要变化。所以我们要作调整。我们现在需要提高行政效率，需要减少行政成本。目前市场经济体制改革已经走到了一定的进程，社会管理问题、公共服务问题突出了，就需要强化省和县的行政效率，强化县的社会管理、公共服务职能。当初省里没有这个财力，现在省一级的财力明显增强了，有能力通过财政体制的调整来强化县一级在基本公共服务、社会管理方面的财力保障。所以无论从提高行政效率，还是适应发展阶段，强化县一级政府的社会管理公共服务职能，是省直管县，县履行其事权的时候了。”[①]汪玉凯认为，“改革到了这个阶段，我认为是思考市管县存在哪些不足，政权结构如何进行调整的时候了。‘省管县’不是回到旧体制，而是在各个层次上推进省直管县。省直管县在当前为什么能够提上日程、能够推行？第一，我们国家区域面积大，约有2 000多个县和县级市，有600多个城市。在这600多个城市中，省会城市、大城市是少量的，地级市约300多个，剩下的300多个是县级市和少量的大城市。我们把县级市看成和县是一个单元的。我们这么大的国家，如果2 000多个县和县级市的经济得不到比较好的发展，会影响城乡一体化的进程，会影响县域经济的发展，也会影响‘三农’问题的解决。省直管县是‘扩权强县’，这是一个大战略。第二，我们经过二三十年的发展，现在交通非常发达，高速公路四通八达。过去有人说省直管县，省管不了那么多，一个县委书记到省上开会，一天到不了，得花费好几天。现在不是了，当天去，当天回，没有问题。再一个就是信息化，电子政务信息化已经完全把信息传递的手段改变了。过去一级一级地传递信息要好几天，现在通过数字化信息，一点击就到达终端了。信息化的快速推进、电子政务的快速推进、交通的四通八达，从客观上为省直管县奠定了基础。”[②]

（二）省直管县改革的成效：保障县级财力，推动县域经济发展

多年来，学术界对于强县扩权这一省直管县改革初期的做法进行了大量研究，得出的结论多集中于强县扩权改革有利于提高县级财政的支付能力、扩大县级政府的经济和社会管理自主权、增强县域经济发展活力和实力等方面。吴金群认为市管县体制下的城乡关系，实际上是一种“板块式的行政合治”。城乡之间不仅没有实现经济社会发展的有机融合，而且形成了政治经济体制上的二元结构，出现了户籍、土地、就业、财税和社保等多种“逆向”制度安排；而省管县体制可以上移公共服务统筹权，实现城乡基本公共服务的均等化；下放公共资源配置权，增强县域经济社

① 迟福林，汪玉凯．稳步推进“省管县”[J]．刊授党校，2009(4)：39.

② 迟福林，汪玉凯．稳步推进“省管县”[J]．刊授党校，2009(4)：39.

会发展的活力[①]。

（三）省直管县改革的完善路径

国家行政学院教授张占斌在《中国省直管县改革研究》一书中，通过对省直管县改革历程和不同地区做法的研究认为，当前，我国加快省直管县体制创新需要解决的重点问题有四个方面：第一，解冻市建制的审批，加快市制创新。第二，重点加强县城中心镇建设，促进县城城市化的快速发展。第三，稳妥进行“镇级市”试点，加快城市化发展。第四，解决垂直管理部门定位模糊问题，理顺和明确权责关系。

（四）对省直管县改革持保留态度

省直管县改革启动以来，在学术界引得了广泛的认同。省直管县制被很多学者当作是继地级市领导县体制之后又一主流的管县体制加以推崇。但也有部分学者对省直管县改革持保留态度，他们对省直管县改革的动因的合理性和成效的可靠性提出了质疑。例如，刘尚希等认为，地级市领导县导致县级财政困难和农村落后的理由不成立，“‘市刮县’、‘市卡县’导致县级财政困难和农村落后，是取消‘市管县’的最基本理由之一。但县级财政困难、城乡关系紧张与‘市管县’体制没有直接的联系。改革开放之前并未实行市管县的体制，但城市汲取农村资源恰恰是最多的时期。而‘市管县’体制的推行却是在改革开放之后，总体上看，也是农村经济得到快速发展的时期，大多数人口脱贫，农民生活得到大大改善。把农村落后、县乡财政困难归结于‘市管县’体制，显然是不成立的。”[②]汪玉凯在肯定“省直管县”改革的同时，表达了对市管县体制合理性的认同，他强调，“市管县还不能定义为计划经济的产物。1978年改革开放以前，中国也实行省管县，但那时候是间接的，就是省通过地区行署管县，这个行署不是一级政权，是省政府派驻机构，由行署管周边的县可能还有地级市，但并不管市。所以那个行署是一个派驻机构。1982年我们在行政体制

---

① 吴金群.市县协调发展何以可能：基于区域主义理论的反思[J].社会科学战线，2016(3)：187.

② 李远，管永昊，姚巧燕.“省直管县”体制改革研究述评[J].兰州商学院学报，2014，30(3)：94.

改革时，为加强中心城市的作用，由中心城市带动周边县的发展。在苏州经济比较发达的地方，率先撤地建市。撤地建市就是把地区行署撤销以后，行署周边的县由中心城市来管，通过它来辐射带动区域经济发展。市管县不能一概否定，市管县在1982年改革时有它特定的历史条件，实行市管县以后，对加快城市发展起到了作用。”①何显明认为，在政府职能和政府运作方式还很不规范，地方政府还在对地方经济社会发展进行强有力的行政干预的前提下，单靠推行省直管县体制并不一定能有效解决市管县体制下诸如行政区壁垒、地方保护主义等问题②。

虽然省直管县改革实践已进行了很长一段时间，但是当前的省直管县改革尚处于地级市领导县体制框架下，地级市领导县体制并没有被废弃，全国范围内真正意义上由省直管的县和县级市尚处于少数。同时，省直管县改革取得的成效并没有完全发挥出来，其存在的不足也在不断显现。因此，这一改革模式在今后将怎样继续推进下去，尚处于不确定状态之中，省直管县体制是否就确定是取代地级市领导县体制的改革模式，尚不能过早下结论，需要在对省直管县改革模式的优势和不足进行认真分析和研究的基础上，做出合理的预判。

二、省直管县改革模式的优势

省直管县改革的动因主要是保障县级财力、推动县域经济更好更快发展。目前，学术界对于省直管县改革模式优势的论述，主要集中在三个方面。

第一，保障县级财力，促进县域经济更好更快发展。地级市领导县体制之下，县和县级市与地级市之间的财政进行直接对接，县和县级市对于上级一般转移支付资金和专项转移支付资金的获取、财政结算、收入报解、资金调度、债务管理等财政管理的各个方面都要经过地级市财政层

① 迟福林，汪玉凯．稳步推进“省管县”[J]．刊授党校，2009(4)：38.

② 何显明．市管县体制绩效及其变革路径选择的制度分析——兼论“复合行政”概念[J]．中国行政管理，2004(7)：70–74.

面，这就为地级市截留、挪用上级拨付给县和县级市的资金提供了机会。很多地级市由于自身财政实力有限，在对上级拨付资金的分配上，优先安排给市本级和市辖区，而很多原本拨付给县和县级市的资金被挪用或克扣，使得县和县级市的发展面临资金短缺的困境。同时，由于中央和省级财政在给下级政府拨付资金时，很多采用的是项目制的形式，而在项目申报上，地级市也掌握了各种项目申报的权限，将一些好的项目都留在市区，导致县和县级市的发展面临项目短缺和资金不足的困境。

实行省直管县后，被直管县获得了更多自留财政资金和省级政府拨付资金的支持，在项目申报上也得到更多机会，有利于保障县和县级市的财力，有助于推动县域经济更好更快地发展。例如，在财政结算、收入报解、资金拨付、调度、债务管理等财政管理的各个方面以及项目申报上，县级政府和地级市拥有相等的权限，直接对接省级政府相关职能部门，资金和项目的下达可以不用经过地级市层面，使得县和县级市可以获得比以前更多的上级财政资金和项目的支持，从而能更好地保障县级发展所需的财政和项目支撑，提升直管县的综合实力。

第二，减少行政层级、优化行政审批程序、提升行政效能。地级市领导县体制下，县级项目的申报、有关证照的发放、用地审批等要经过地级市才能上报到省政府，报批的过程和程序比较复杂，时间也较长，导致县级政府的行政运行效率较低。同时，很多经济和社会管理权限是县级政府不具备的，比如外商投资企业审批、出入境审批、部分行政许可证的发放和审核等权限，导致县里面的企业和居民办理上述事务必须要去地级市或者省会城市，非常不方便。

省直管县改革后，减少了行政层级，县级职能部门和省级职能部门直接对接，压缩和优化了行政审批流程，有利于行政信息更加便捷地上传下达，有利于提高行政运行效率。例如，省直管县后，很多地级市拥有的经济社会管理权限直接赋予县级政府，县级政府在项目申报、证照办理、用地申报等方面直接对接省政府有关部门，行政审批流程得以精简，时间大幅缩短，企业和居民办事更加便利，行政运行效率大幅提高。以安徽省为例，安徽省于2012年3月开始在宿松县、广德县两地试点省直管县行政管理体制改革。2014年，新华社曾就安徽省广德和宿松两个省直管县进行了专题调研。在调研过程中，宿松县发改委负责同志告诉新华社记者，过去宿松县发改委上报项目要经过市里再到省里，报批程序复杂、时间长，而且由于市辖县较多，很多项目“僧多粥少”。对此，广德县发改委负责同志也深有同感。广德县发改委负责同志谈到，以前报批一个投资项目要经过县、市两级的发改、环保、商务、经信委、工商等部门审批，最多的涉及近20个部门，耗时近半年，但省直管县后，同样的投资项目在20个工作日内即能完成全部审批。据初步统计，直管后试点县享有的规划直接上报、资金直接划拨、项目直接申报、用地直接报批等权限约10项。“直通车”管理扩大了县级自主权，提升了行政效能，也便利了百姓办事。广德县政务服务中心负责人说，实行省直管后，一些省市行政审批职权也相应下放，如外资审批、出入境审批、驾照审批等，过去要跑市跑省，现在直接在县里就可以审批，省去了群众跑路之苦①。

第三，拓展县级权力空间，调动县级政府主动性和积极性。一个地区的经济社会发展状况，除了与该地区的区位优势和自然资源禀赋有关外，政府拥有的经济社会管理权限的大小也是一个重要影响因素。县级政府拥有的经济社会管理权限与县域发展客观需求之间的不匹配，是制约县域经济社会发展的重要因素之一，省直管县改革有助于化解这一困境。省直管县后，不管是扩权强县还是实行行政省直管县，试点县和县级市的经济社会管理权限比改革之前都多了很多，许多县和县级市甚至获得了等同于地级市的权限，大大拓展了县级政府的权力空间，有利于调动县和县级市政府工作的主动性和积极性，有利于更好地促进县域经济的发展。

上述省直管县改革优势的论述，是目前学术界赞同此项改革继续推进下去的学者的主要立论依据。其中有部分优势得到了实证层面的验证，但更多地属于理论推导的结果，不一定能够完全成立。例如，很多赞同省直管县改革的学者在论述省直管县改革优势时最喜欢引用的就是浙江省的例子，认为不断推进的省直管县改革是推动浙江县域经济逐步发展壮大的主要原因。但实际上，浙江实施的省直管县改革，是强县扩权改革而非扩权

① 王圣志，杨玉华．安徽，省直管县改革遇上坎了？[J]．半月谈，2014（19）：38-39．

强县改革的典型代表。浙江的省直管县改革的启动，在很大程度上是对部分县在县域经济发展壮大后所产生的管理权限与发展需求严重不匹配困境的回应，即给经济强县扩权，而非赋予了县以地级市经济和社会管理权限后，县域经济才开始不断发展壮大的。因此，浙江省县域经济发达是因，实行省直管县是果，二者的因果关系不能倒置，正是县域经济发展的需求，倒逼着浙江省省直管县改革从启动到推进再到不断走向纵深。

同时，一些对省直管县改革持赞同态度的学者也认为，即使省直管县模式存在诸多优势，但考虑到我国广大县域地区的自然状况、发展水平等差异甚大，省直管县改革不宜在全国搞一刀切。例如，国家行政学院张占斌等指出，“中国是一个地方差异较大的国家，地方行政体制不可能是一种模式。现在看省会城市、计划单列城市、重要的中心城市、省区发展的重要节点城市都适宜市管县体制。对适宜推进省直管县的省区也要兼顾地级市的发展，促其行政区划的合理调整，对需要扩张区域的地级市撤县建区，强化对周边的带动作用，这对提高中国城镇化质量至关重要。”[①]

三、省直管县改革模式存在的问题

省直管县改革涉及省、地级市、县之间行政关系的调整，是对已经实行多年的地级市领导县体制的一次变革和调整，如果在全国层面全部推开，必将对现有的地级市领导县体制产生很大的冲击。当前，“‘省管县’体制改革面临的一个重大现实挑战，是中国地区之间人文地理和区划条件的巨大差异，特别是经济社会发展水平的巨大差距，决定了那种设计出一个‘省管县’体制的标准模式和“最优”操作方案，然后以自上而下的方式推行到全国各地的改革方式，几乎是无法想象的。”[②]因此，需要在对省直管县改革模式存在的不利影响进行分析的基础上，再决定下一步的改革模式选择。下面将从省、地级市和县三个层面来对省直管县改革模式可能

① 张占斌，谢振东，车文辉．城镇化与优化行政区划设置研究［M］．石家庄：河北人民出版社，2013：20.

② 何显明．省管县改革的绩效预期及其现实挑战：一个理性的省察［J］．江苏行政学院学报，2009(5)：98.

存在的不足，进行较为细致的理论推导和实证分析。

（一）省级政府

第一，由省级政府直接管理县，面临管理幅度过大的问题，如果省直管县的数量过多必然影响实际的管理效能。在省—地级市—县的三级行政管理体制下，一般的省管辖10～15个地级市，地级市再管理5～10个县，管理幅度较为适宜。省直管县后，省级政府除了原有的地级市要管辖外，还要管辖60个左右的县和县级市，有的省份管辖的县的数量可能超过100个，管理难度很大，管理成效也难以保证。通过对我国部分省份的县和县级市数量的简单统计可以发现，大陆地区除了海南省因面积过小适宜由省直管县外，其他省区由省来直接管理县存在明显的管理幅度过大的问题。例如，截至2017年年底，安徽省拥有61个县和县级市，其中，6个县级市，55个县。江苏省拥有41个县和县级市，其中，21个县级市、20个县。浙江省拥有52个县和县级市，其中19个县级市、32个县、1个自治县。四川省拥有130个县和县级市，其中17个县级市、109个县、4个自治县。河南省拥有106个县和县级市，其中21个县级市、85个县。海南省拥有15个县和县级市，其中5个县级市，4个县，6个自治县。从这些省份的县和县级市的数量来看，最少的是海南省的15个，最多的是四川省的130个。如果在全国全面实施省直管县后，加上原有被省级政府管辖的地级市，一个省平均管辖的行政区将达到70个左右，这样宽的管理幅度必将带来管理难度的增加，管理效能也很难得到保障。“通过省管县减少政府层级，比如减少地市政府，势必会增加省级政府的管理幅度，省级政府内部协调成本上升，省级政府间关系更加难以协调。而这可能会造成上层与基层政权的行政管理不连贯，政府行政管理失灵等一系列严重后果。其可能带来的混乱，会造成省管县的弊端远大于其预想的有利之处。”①因此，除了海南省外，对于那些地域面积较大、县的数量较多的省份，不宜实行省直管县。

为了解决省直管县改革后可能存在的省级政府管理幅度过大和管理效

① 周天勇.从市管县到省管县的体制变迁[J].中国党政干部论坛,2014(7):10.

能弱化的难题，部分学者给出了通过增加省级行政区数量、缩减每个省的管辖区域的建议，他们认为可以参考美国的做法，将我国分成50个省级行政区。对于这一改革设想，笔者不太认同。首先，省级政府的管理幅度究竟应以多大为宜？以什么尺度为标准？这些问题尚没有定论。一级政府的管理幅度，受到一国或地区的行政管理体制、政府职能范围、行政管理手段、公务员素质、公民社会发育程度、社会自治能力、经济社会发展阶段和公众对公共服务的需求等诸多因素的影响，目前尚未有科学的论证。其次，部分学者提出的我国应设立50个左右省级行政区为宜的观点，都是基于主观的、经验性的判断，并不具有科学性。最后，我国现有省份的名称由来、省域面积大小、省域之间划分界线等都是经历了不断地历史演变而确定下来的，不宜轻易变动，新设省级行政区划带来的震动过大、成本过高，改革后果也充满了不确定性风险。“重新划分省级行政区将引起政治与社会的较大震荡，且涉及因设立新省而耗费的巨大人力、物力和财力。总之，省直管县导致许多省级政府管理幅度过大，而采取分省的方式，将省级行政区划划小，其条件尚不成熟。这是实行省直管县难以绕过的‘坎’。”①

第二，省县之间在职能定位和部门设置上存在显著差异，省级政府的宏观职能定位不适合直接管理承担具体微观事务管理职能的县级政府。我国各层级政府间虽存在职责同构的现象，但不同层级政府间在职能定位和部门设置上还是存在显著差异的。朱光磊教授在《当代中国政府过程》中认为，“中国的省政府对其所辖地区的管理与中央政权机关对整个国家的管理一样，属于战略性管理，其政府过程运转的负担重、责任大、宏观性很强。中国大多数省相当于一个中等规模的国家。目前，中国接近1亿人的大省就有4个，即河南、山东、广东和四川，……因此从政治上看，中央和省这两级领导，均属于战略领导；从经济和社会管理上看，中央和省级的工作均属于宏观管理。也就是说，除了外交和国防以外，中国省级政权的实际负担不比一个中等国家小多少。这就要求省委、省政府，必须摆

① 袁政.我国新一轮市管县体制改革思考[J].华中师范大学学报(人文社会科学版),2012,51(3):22.

脱过去那种事无巨细、事必躬亲的管理模式，拿出一副‘大模样’。也正是在这一实际需要和应有变化的背景下，中央已经提出在全国建立社会主义市场经济的条件下，建立中央和省‘两极调控体系’的要求。要求省政府一般不再管理企业，减少直接管理、具体管理和事务性管理，集中力量搞好宏观调控、综合管理，重点是做好经济调节和经济监督。”[①]相比之下，县级政府的职能定位更加偏重于微观事务的管理。

我国的政府职能“在纵向上的配置，呈现出从宏观到微观逐层次递减的趋势，其具体表现是，中央政府的管理，属于宏观管理，主要集中在全国性事务的宏观调控方面，政治性管理占主导地位；基层政府的主要职责，是为居民提供必要的公共服务。”[②]与这种从宏观到微观逐层次递减的政府纵向职能配置格局相对应的，是我国的中央、省、市、县、乡镇行政层级设置格局。位于这一格局中的省与县，在政府职能定位和部门设置上存在很大的差异。在政府职能定位上，省级政府偏重于宏观调控、综合管理和市场调节等职能，发布的有关政策和规定相对比较笼统，可操作性不强。县级政府偏重于对上级政策的执行和微观事务的管理，需要上级政府给予操作性较强的规定来安排具体工作。因此，由省政府来直接管理承担较多微观事务管理职责的县级政府，在工作的有效衔接上将会产生一定困难。例如，为了更加稳妥地推进工作，很多试点省直管县改革的县，在参加完省级政府的工作布置会议后不敢直接开展工作，又去参加地级市的工作会议，等地级市文件出台后再开展工作。这样的结果与给试点县市赋予更多更大的经济社会管理权限的改革初衷是背离的。同时，省级政府和县级政府在部门设置上也不是完全对应的，省级政府设置的宏观性事务管理部门较多，县级政府设置的“三农”部门较多，省与县部门设置上的不对应，也使得省直接管理县存在体制和机制运行上的障碍。

第三，省级政府和县级政府之间行政层级的级差较大，省县之间在干部的交流、提拔、任用上存在一定难度。省和县在我国行政层级序列中不相邻，存在一定的行政层级级差。省直管县后，县在行政管辖上虽隶属于

---

① 朱光磊.当代中国政府过程[M].天津:天津人民出版社,2008:283.

② 朱光磊,张志红.“职责同构”批判[J].北京大学学报(哲学社会科学版),2005(1):107.

省级政府，但是行政层级并没有发生变化，省和县之间的行政层级级差依然存在。新华社记者在2014年对安徽省广德和宿松两县进行省直管县改革专题调研时发现，基层干部普遍反映，省县之间层级级差较大，实行省直管县后，县内干部很难流动到省级工作，干部晋升流动渠道小，不利于干部积极性发挥。由于大多数省、自治区实行省直管县改革试点的主要模式是将试点县进行省内计划的单列，改革主要集中在政府层面的省直管县，党委、人大、政协、司法以及县级的干部管理体制维持不变，这样客观上形成省和地级市对试点县（市）的双重领导，试点县（市）干部交流受阻。在地级市领导县体制下，县级干部的选拔、调整、后备干部的培养使用等都由地级市负责进行。省内单列以后，一般来说由省和地级市共管，由于试点县和地级市存在着竞争关系，地级市对试点县干部的调配就不会像以前那么主动，这会逐渐加重省里的负担。现在一个县（市）有县级干部30～40人，在一个地级市范围内可以对干部调配。省直管县以后，中间减少一个环节，县处级干部调配管理面临调不出去的困境[①]。

第四，省直管县后，省级政府对县一级的监管难度加大，难以实现省对县的有效监督。省直管县改革虽然减少了行政层级，但是也会带来省级政府监督任务和难度的增加，如何实现省对县的有效监督成为省级政府必须要面对的难题之一。“省直管县改革后，监管的有效性受到严峻挑战。省级因管理幅度的增加而承受巨大的指导和监管压力，监管漏洞大量存在；地级市因与县（市）的权责关系改变而面临监督无效的困境；县（市）因监管能力不足而面临监管水平的考验。……省直管县改革，对县级的监管是一个前沿课题。改革增强了县权，在现有的试点方案中，对县权的监督制约设计明显不够，既缺乏自上而下的制约设计，又缺乏自下而上的制约建设，也缺乏平级权力之间的制约机制。如果省直管县改革增强了最缺乏制约的县级权力，而不能有效监督，那么省直管县改革就是糟糕的改革。”[②]

① 王圣志，杨玉华．安徽，省直管县改革遇上坎了？[J]．半月谈，2014(19)：38-39.

② 张占斌．省直管县改革新试点：省内单列与全面直管[J]．中国行政管理，2013(3)：14.

（二）地级市政府

省直管县改革，是对既有地级市领导县体制和格局的颠覆，对于地级市的冲击最大。在省直管县改革试点过程中，很多地级市政府在权力下放、资金拨付等方面尽可能阻碍改革的推进。省直管县的改革对地级市造成的影响主要有几个方面。

第一，地级市可支配财力减少。在地级市领导县体制下，中央政府和省级政府下拨的转移支付资金特别是一般转移支付资金都要经过地级市后再分配到县，地级市因为有了对这些资金的调配权，就可以将大部分资金优先配置给地级市，县获得的资金数量就很少，这也就是很多学者所说的地级市领导县就是“市卡县”“市刮县”现象。省直管县后，地级市和被直管县在获取上级转移支付资金上获得了同等权限，县级财政留成比例有所增加，上级转移给县级的资金不再经过地级市层级，地级市可以调动的财政资金明显减少，地级市的财力受到一定的限制。

第二，地级市发展空间受到限制和阻碍。部分县被省直管后，地级市领导的县的数量将会减少，地级市发展的空间受到一定阻碍，不利于地级市发展成为中心城市，进而在一定程度上影响我国新型城镇化战略的有效实施。“人们总是有一种担心，认为省直管县改革影响地级市在辖区内统筹县（市）发展空间的决策和实施，地级市与县（市）之间的天然联系被截断，中小城市之间的产业积聚与扩散将被抑制。中心城市功能无法增强，县（市）级城镇的发展也会被割裂。而且最大担心是怕省直管县改革会冲击城镇化发展战略，影响到经济发展的速度。”①

新型城镇化战略提出要以城市群为城镇化发展的主体形态。我国地级市的数量较少，地级市成为城市群的中心城市或者重要节点城市的可能性和现实性要比一般的县和县级市大得多。但由于很多地级市的行政区域面积过于狭小，地级市的发展遇到了人口、土地、空间等方面的制约，迫切需要向周边地区拓展城市发展空间，一些在地级市周边的县和县级市就很自然地被划入地级市，成为市辖区。这就是我们后面将要讨论的将县

① 张占斌.省直管县改革新试点：省内单列与全面直管[J].中国行政管理，2013(3)：13.

（市）改为地级市辖区的改革问题。如果地级市领导的县部分或者全部被省直管后，必然会使地级市发展的空间受到一定的阻碍，不利于地级市发展成为中心城市，也难以推动以城市群为主体形态的新型城镇化发展战略的有效实施。因为，“省直管县”改革不论在财政投入还是资源开发上优惠政策都更多地倾斜于县，这有可能导致城市发展的空间和动力不足，城市的辐射、拉动作用难以有效发挥，最终造成城市发展的边缘化，这将对中心城市的发展乃至整个城市化进程产生不利影响[①]。从区域发展的角度看，中心城市经济增长极是长期培养的结果。省直管县改革在解决现有矛盾的同时，极有可能会引发一些新的问题，如果为解决县域问题而妨碍了中心城市的发展，那就有违省管县改革的本意了。我国省、市、县府际关系改革的本质要求是实现市县协调发展，必须把改革放在新型城镇化以及完善区域治理体系和提高区域治理能力的大背景下思考。

第三，行政区经济现象加剧。“在特定地理范围内，中小城市距离区域性的大城市越近，经济增长越快，这说明，中小城市的经济增长的确依赖于大城市。如果在经济政策上希望通过限制大城市的发展，给中小城镇带来更多的发展机遇，结果却可能是‘双输’的。一方面，经济增长的‘蛋糕’总量可能被做小了，另一方面，当大城市的带动作用不足的时候，中小城市的发展将受到负面的影响，尽管看上去中小城市可能在蛋糕里分得更多了。”[②]

省直管县改革，打乱了由地级市所主导的经济区的发展规划，直管县存在被地级市主导的经济区孤立而成为经济孤岛的可能。我国的行政区和经济区存在重叠的特征，在地级市领导县体制下，地级市和其管辖的县和县级市之间形成了联系较为密切的经济区。省直管县之后，地级市和被省直管的原下辖县之间的行政联系被切断，原有经济区格局也将随行政区设置的变更而被打破。由于新的经济区形成尚需时日，在直管县融入新的经济区之前，直管县的经济发展存在被地级市主导的经济区孤立而成为经济孤岛的可能。县域经济的发展虽然一定时期能够充分发挥县级主体的主观

① 潘小娟.关于推行“省直管县”改革的调查和思考[J].政治学研究,2012(1):3-10.

② 陆铭.空间的力量:地理、政治与城市发展[M].上海:上海人民出版社,2017:213-214.

能动性和积极性，具有较大灵活性和自主性，但毕竟县级主体能够利用和支配的资源（包括资金、人力、土地等）相当有限，当这些资源消耗殆尽时，县域经济的发展必然遇到自身无法克服的瓶颈，乃至走进死胡同。此外，竞争的压力使得县域经济之间相互戒备，缺乏合作共赢，难以形成有竞争力、规模化区域经济体。

第四，财政省直管县的制度安排，违背了事权和支出责任对应的原则，造成了地级市财权和事权不对等的问题，制约了地级市的发展。县级财政被省直管后，地级市原本拥有的部分财权被上收，但事权没有和财权一起上收，地级市仍然要承担与被上收财权相对应的事权。这种制度安排的结果违背了事权和支出责任对应的原则，不利于地级市的发展，必然导致地级市对被财政省直管县的财政投入的减少和发展上的忽视，最终也不利于县的发展。

（三）县和县级市政府

对于被省直管的县和县级市来说，在获得更多财政资金和经济社会管理权限的同时，被直管县也面临很多发展上的困境和难题。

第一，省直管县后，地级市政府对被直管县的资金和政策支持力度将会较弱，上级下达的项目中原有的地级市给予的财政配套资金面临被取消的可能。在省直管县后，被省直管的县在获得经济和社会管理权限扩大的同时，地级市对其支持力度也在减弱，配套资金被取消或者不到位的问题不同程度地存在。按照我国现在项目申报的规定，资金配给比例实行省、市、县“三级负担”原则，县级政府在申报中央和省级财政项目资金支持下，需要地级市给予一定的项目配套资金为前提，而被直管后的县由于不再受原地级市管辖，地级市就取消了对县里的配套资金，导致县里很多项目无法申报，给县的发展造成较大制约。

第二，行政协调难度加大、成本增加。目前的省直管县改革尚处于地级市领导县体制框架下进行的改革试点，地级市和县之间的关系还没有完全理顺，相应的法律法规规定的行政程序并没有按照省直管县的思路进行调整，被直管县大多处于“一个媳妇两个婆婆”的状态。很多法律法规规定的项目审批等行政运行流程，要经过地级市有关部门审批后才能上报省级部门，导致行政协调难度加大、协调成本增加。例如，安徽省直管县试点县宿松、广德两地的基层干部谈到，省直管县改革是为了推动管理重心下移，但在实际改革中，由于试点县的行政区划维持不变，省直管以后的县和原辖市仍为上下级，县里的工作仍然需要两面周旋协调，分散了精力，增加了工作难度。实行直管后，县里要参加省直部门组织的全省性会议，回来后，市里的传达会，往往还要再参加一遍，而且有些工作省里布置得过于笼统抽象，到县里怎么操作仍然要参照市里执行，市县之间的管理关系难以真正脱钩[①]。

第三，被直管县的治理能力有待提升。被直管县在权限扩大的同时，责任也更大，被直管县能否承接得起相应的管理职责，行使好上级政府下放的权限，是对县级政府治理能力的考验。省直管县后，县直接和省进行权力和责任的对接，地级市这一层面的转接作用被取消。在没有地级市的明确指导下，县级政府如何准确理解并结合本地实际执行好省级政府及职能部门较为宏观的文件精神，是对省直管县的一大考验。权力和责任是对应的，试点县和县级市在获得更多更广的经济和社会管理权限的同时，更要意识到身上的担子更重，肩负的责任更大。如果没有利用好扩大的经济和社会管理权限来发展好县域经济，省直管县改革的目的也就没有达到。在省直管县改革的实践层面，我们要破除对省直管县近乎神话的看法，省直管县不是促进县域经济发展的灵丹妙药。不是给予县级政府的权限越大，资金越充分，项目越多，县域经济就一定能发展好。很多县在被直管后几年内经济和社会发展并没有什么明显起色，例如后面要论述的安徽省直管县之一的宿松县就可以很好地说明这个问题。因此，在省直管县改革过程中，比扩大权限更重要的是，在给部分试点县进行扩权的同时有效地改进和提升县级政府的治理能力。

第四，干部人事管理面临一定困境。县虽被省管，但县级很多人事任免权仍然集中在地级市层级。同时，省与县级之间由于行政层级级差较大，县级干部调任、转任、提拔到省级部门任职的难度较大，县级干部人

① 王圣志，杨玉华.安徽，省直管县改革遇上坎了?[J].半月谈，2014(19):38-39.

事管理面临一定的困境。实行省直管县改革，本是为了推动行政管理重心下移，但由于县级的组织和人事管理权限有限，一些关键岗位的管理权限保留在省市两级。比如在安徽省的试点县，除了县委书记和县长等正县级干部由省委组织部直接选拔任命外，其他干部的选拔，还主要由地级市代管。例如，安徽省直管试点县的处级干部选拔任用不仅要报省委组织部，而且市级考察也不能少。往往一个副处级干部任用要县里汇报、市里酝酿、省里同意后，才能由市里启动考察、研究再报省里同意后决定，“试点县使用一个副处级干部最短也要比其他地方干部迟一两个月，有的甚至长达半年。”[①]

同时，试点县由于编制有限，导致与上级机构设置存在不对称和难以有效衔接的困境，不少部门存在事权和责权不匹配和缺人干事的情况。例如，安徽省宿松县有关负责人表示，试点县承接了不少地级市的权力，但县级编制仍然未动，“事权下放，编制不增，很多事没办法干”。比如公路、水利部门下放了质监权力，但县里既无编制也无专业人员从事这一工作，最后只能重新再委托市里。调研中，基层干部普遍反映，省县之间层级级差较大，实行省直管后，县内干部很难流动到省级工作，干部晋升流动渠道小，不利于干部积极性发挥。而且我国现行法律中没有关于省管县体制的明确规定，导致改革面临“无法可依”的窘境。特别是实行省直管县后，以往市管县体制下制定的人大、司法等法律制度规范难以突破，客观上造成改革难度增大，使改革陷入进退两难的尴尬中[②]。

第五，省直管县难以有效行使上级政府下放的权限。由于现有行政管理体制和地级市利益关联等原因，导致很多本应该由直管县行使的权力难以下沉到县级政府。省直管县改革当前仍处于地级市领导县体制之下进行的改革试点，很多行政管理权限的配置和事务的管辖都与这一体制密切相关。省直管县改革实施后，“从县的角度看，一方面虽然‘省直管县’改革加大了行政审批权和管理权下放的力度，但由于涉及体制的调整和利益的分配，许多事权并没有真正下放，事放了权没放，责任落实了权力没到

① 王圣志，杨玉华．安徽，省直管县改革遇上坎了？[J]．半月谈，2014(19)：38-39.

② 王圣志，杨玉华．安徽，省直管县改革遇上坎了？[J]．半月谈，2014(19)：38-39.

位，县级干部普遍感到责权不相符，受到的束缚过多，工作压力巨大，‘上有高压线，下有地雷线’，影响了积极性的发挥。另一方面，虽然省级工作部门下放了大批事权，但并没有提供必要的资源保障，使得许多县（市）没有足够的财力来支持各项公共事务的推行。”[①]因此，在地级市领导县行政管理体制没有正式变更之前，很多省直管县拥有的法律或者政策层面赋予的权限也仅仅是水中月、雾中花，可视但不可触碰。例如，我国社会保险实行的是以地级市为单位的征缴体制，导致省直管县在社会保险的管理上还要与原地级市衔接，并没有独立管理的权限。以河南省直管的邓州市为例，该市的企业养老保险基金、医疗保险基金、失业保险金、机关事业单位养老保险基金的年度征收任务未纳入省直管范畴，依然由省辖市下达。在失业保险金的管理方面，仍存在省、市双重管理的现象。

此外，地级市在给省直管县放权的过程中，在很多利益关联度较大的收费权、处罚权等方面不愿松手，下放的虚权多，下放的实权少。地级市的很多政府部门往往从部门利益出发，以“代管”为由，阻滞“实权”下放，部分实权仍然掌握在市级政府部门手中，直管县并没有实质性获得很多已经赋予其的权限，导致直管县在实际运行中进退两难。

第六，省直管县虽获得了更多的经济和社会发展自主权，但割裂了地级市和县域之间原有的经济联系，原地级市管辖区域内的行政区经济现象呈现加剧态势。由于受到有限的地域面积、资源和要素的制约，县域经济很难形成集聚效益和规模经济，县域经济的发展要同周边区域进行合理的分工，形成区域经济协调发展格局。由于行政区经济问题的存在，一定地域内的县与县、县与地级市之间的产业趋同、重复建设、恶性竞争、诸侯经济等问题较为凸显，县被省直管后，原地级市管辖区域内的行政区经济现象呈现加剧态势。“‘省直管县’易形成新的行政壁垒，造成资源配置在县域间的区隔和不经济。从目前一些省份进行的‘省管县’试验的情况来看，省级政府并没有发挥在全省范围内统一规划、协调城乡经济建设和对经济、社会公共事务整体布局的功能，其结果很可能使原来‘市管县’体制下出现的市与市之间的行政壁垒演变为县与县之间的行政壁垒（例

① 潘小娟.关于推行“省直管县”改革的调查和思考[J].政治学研究,2012(1):8.

如，浙江省就出现一些地方基础设施建设上的分散和重复）。”[①]

第七，行政层级减少与县域经济发展和行政运行成本内在关联度不足，省直管县改革推动县域经济发展和降低行政成本的逻辑不一定成立。主张省直管县的学者通常认为，省直管县改革将会使行政层级减少，有利于节约行政成本，推动行政效率的提升，促进县域经济更好更快发展。行政层级与经济发展之间虽有一定联系，但二者之间的内在关联度到底有多大，尚存在很大疑问。赵聚军认为，已有的研究不足以证明较少的行政层级就一定能够促进县域经济的发展。原因有两点：一是现有省直管县体制是否促进县域经济的持续发展，并没有大量的实证统计验证；二是在少量实证研究中，研究的结果也并不支持省直管县一定促进了县域经济的增长[②]。

同时，被省直管县有着强烈的提升行政层级的诉求和动机，省直管县改革面临行政运行成本增加的不确定性风险。市管县变成省管县后，县由地级市的下级变成地级市的同级。虽然同属省级政府管辖，但是在行政级别上地级市还是比县要高一级，县级政府存在提升行政级别与地级市平起平坐的动机和需求，如果省直管的县被赋予副地级或者地级行政层级的话，行政运行成本必然会大幅提高。而且，虽然市管县体制存在诸多问题，但是这并不能直接就得出省管县就能解决市管县造成的结构性问题和成本问题的结论。已经有研究表明，在短期内，省管县的财政体制并不能节约政府的行政成本[③]。

第八，省直管县改革后，被省直管县也面临财政资金被省级政府截留的可能。省直管县后，县级发展资金被地级市截留的可能性已不复存在，但这也并不意味着县级获得的资金必然会比以前多。地级市领导县体制下，地级市会截留县（市）发展资金。同样，在省直管县体制下，省级政府也存在截留县级发展资金的动机和可能。由于省直管县目前仅仅停留在

① 袁政.我国新一轮市管县体制改革思考[J].华中师范大学学报（人文社会科学版），2012，51(3)：22.

② 张占斌，谢振东，车文辉.城镇化与优化行政区划设置研究[M].石家庄：河北人民出版社，2013：17.

③ 汤伶俐.政府行政成本的内在机理：省管县与市管县财政体制比较[J].改革，2009(10)：93.

少数县（市）的试点层面，现有的资料很难反映这种情况，但我们可以从部分省的省会城市与非省会城市发展的巨大差异上，类推出省直管县后省级政府截留县和县级市发展资金的可能性。现有的省份一般管辖10~15个地级市，除少部分市场化程度较高的省份，行政中心和经济中心未必重叠、地级市之间发展比较均衡外，绝大部分省份的省会城市和非省会地级市的差距在近十年呈现不断扩大的趋势，省会城市在资金配置、项目获取、政策倾斜等方面优势明显，省会城市的地区生产总值占全省的比重在不断上升，笔者将这种现象称之为“省会崛起”。与省会城市发展日新月异相比，一般地级市的发展却遇到资金和项目短缺、人口流失严重等问题。例如，以安徽省为例，2006年至2015年的十年中，合肥市与安徽省内其他地级市之间的差距明显扩大，合肥作为省会城市的经济首位度不断提升。同样，这一现象在湖北、江西、贵州、河南、云南等中西部地区省份普遍存在。

上述对省直管县改革模式存在问题的分析，主要是从理论推理层面进行的论述。同时，对于部分已经进行过省直管县改革地区的经济发展的实证研究也可以发现，省直管县改革与县域经济发展之间并不存在较强的关联。例如，以安徽省宿松县为例，宿松县位于安徽省西南部、长江北岸，行政区划上归属于安徽省安庆市管辖，也是安徽省下辖的两个省直管县之一。2011年，宿松被确立为安徽省直接管理县体制试点县。笔者通过对宿松县近年来的经济发展情况的分析发现，2011年至2015年，正好是宿松县在被确立为省直管县之后的五年，宿松县的经济并没有因实施省直管县改革而实现快速增长，地区生产总值（GDP）增长速度反而呈现逐年下降态势，省直管县改革对直管县经济的推动作用并未显现。虽然宿松县仅仅是省直管县改革中的个案，其在省直管县改革前后经济和社会发展状况的对比，并不能完全代表所有省直管县的情况。但也从一个侧面说明，省直管县改革并非一定能够带来被直管县经济和社会发展状况的改善，省直管县改革模式能否在全国范围内加速推进仍有待进一步的思考。

第四节 完善省直管县改革的对策和建议

2005年启动的省直管县改革试点在实践中取得了一些成果，但是也出现了很多问题。国家行政学院冯俏彬教授认为，“从效果上看，此次试点中无论是所取得的成绩、还是所反映出来的问题，都没有走出此前两轮改革的窠臼，而是与此前有着极大的相似性。比如成绩方面，试点县主要反映提高了行政效率、释放了县域发展实力、增强了统筹能力、有效地扶持了区域节点城市、稳定了粮食生产和农业基础，等等。在问题方面，也仍然是此前试点中一再反映出来的市县关系问题、省管理能力不足的问题、通过放权仍然不能促进当地经济社会良好发展的问题、县级政府履职能力素质不足的问题、垂直部门与当地发展所需脱节的问题、干部制度问题，等等。以此而论，这轮试点仍然没有达到效果、没有形成改革共识。事实上，现在各方面对于省直管县的认识不是越来越清楚，而是越来越模糊；实践层面的省直管县改革的问题不是越来越少，而是越来越多；对于下一步省直管县如何进行，更是仁者见仁，智者见智。”①

笔者认为，作为省、市、县三级关系调整的主要模式之一的省直管县改革在实施过程中，需要对其具体的适用地域和情形进行具体分析，不能不顾改革本身存在的问题和改革地区的实际情况，盲目地将省直管县作为省、市、县关系变革的唯一模式在全国进行推广和实施。同时，对已经实行省直管县的省份和地区，需要对已推开的省直管县改革进行进一步的完善。

一、省直管县改革模式不宜在全国大规模推广实施的原因

省直管县改革与撤县设市、县（市）改区属于省、市、县三者间行政

① 冯俏彬.“省直管县”何去何从？——基于新型城镇化与行政区划改革背景[J].地方财政研究，2016(2):11.

关系变革和调整的三种主要模式，具有各自适用的地域和情形，没有哪种改革模式可以作为唯一的模式在全国进行大规模推广和实施。就省直管县改革模式来说，其不适宜在全国大规模推广实施的原因主要有几个方面。

第一，现阶段地级市领导县体制的合理性降低了省直管县改革的必要性。地级市领导县体制有利于推动以城带乡、城乡一体化和乡村振兴目标的实现，符合推进以城市群为主体形态的新型城镇化战略的要求。现有地级市领导县体制的合理性，使得不宜采用对现有体制稳定性冲击较大的省直管县改革方案。朱光磊教授认为，"'市管县'模式的出现有其合理性。地区行政公署在以农业为主的地区是适用的。但是一旦一个地区的工业有了较大的发展，或是本来就包容着若干较有规模的城市，地区行政公署模式不可避免的城乡分隔的弊端就要明显地表现出来。在计划经济的条件下，由于省领导城市，行署领导农村，即使一个地域内存在着城市和乡村，工业和农业也不能统筹安排，人员、物质、资金也不能相互流通，更不能形成统一的市场；相反，在'大而全'、'小而全'的思路和'单位'体制下，倒可能出现生产项目的重复建设。……由城市领导乡村，是当代中国社会发展的必然趋势，也必然应当成为中国政府过程发展的一个战略性选择。搞现代化建设，以城市领导农村是一个普遍规律。80年代以来，中国关于'市管县'体制的改革和建设，与以经济相对发达的城市为中心，带动周围的农村地区，组织统一的流动和生产，形成以城市为依托的各种类型和各具特色的经济区和行政区这一现代化建设的一般要求是完全一致的。"①

第二，区域经济协调发展需要密切而非疏远地级市与县之间的关联，省直管县改革的大规模实施必将严重削弱地级市与县之间的经济联系。省直管县改革模式之所以受到不同层级政府的欢迎，很大程度上是因为这一改革除了地级市之外，对于我国行政层级中的中央、省、县政府都会有很大收益，因此很容易得到这三个层级的接受。"按照目前的财税政策，省直管县体制改革带来了地方经济的快速发展，中央和地方按照商定的财税分成比例，中央政府能够更多地分享到制度创新的好处。……对省级政府

① 朱光磊.当代中国政府过程[M].天津:天津人民出版社,2008:297.

而言，省直管县体制改革的收益是实实在在的，县域经济的快速发展壮大了省的经济实力，税收的增加让省里有更多的财力进行基础设施建设，改善和保障民生，这也是省级官员最显眼的政绩。……省直管县体制改革，县是直接受益者。县经济实力的增强不仅让县里有了更多可以支配的财力，也为政府官员提供了展现政绩的机会。县级官员与地级市官员的关系从下级转为基本平等，政治地位提升带来的好心情却是前所未有的，更重要的是县级官员有了更多与省级官员直接沟通的机会，这为争取项目、专项转移支付的获得等创造了条件。县域资源不再被市里截留，这相当于多了一块收入。……地级市政府在省直管县改革中处境尴尬。……行政层级上的政治优势感也不复存在，地级市成为利益净流出的群体。"①

但是，一个关系到地方和全国经济社会发展全局的行政层级改革模式，不能因为给诸多行政层级的政府带来了现实经济利益就要向全国推广，行政层级改革的目的要服务于经济和社会发展的大局。已运行多年的地级市领导县体制催生出了特定的市域经济发展格局，地级市与县之间的关联度逐渐增强。省直管县模式的大规模推广和实施，削弱了地级市与县之间的经济联系，会导致地级市发展所需的人口、资源集聚进程受阻，地级市未来的发展空间大幅受限，会严重制约地级市的发展，对周围县域的辐射和带动能力将会减弱，不利于区域经济协调发展。

第三，省和县在政府职能定位和机构设置等方面差异较大，省不适合直接管理县。省直管县体制的有效运行，需要省、县两级政府在职能对接和机构设置对应等方面能做到有效衔接。在政府职能定位上，省与县之间存在宏观与微观的差异。省级政府的职能定位偏重于宏观管理，主要承担宏观调控、市场监管等职能，而县级政府的职能定位较为微观，主要负责执行上级政府的各种政策和具体微观事务的办理，没有了地级市政府在省与县之间的上传下达的转接作用，省级政府和县级政府之间很难做到有效衔接。同时，省级政府和县级政府因承担的职能不同，在具体的机构设置上也存在一定的差异，不能做到机构设置完全对应，机构设置的错位导致

① 张占斌.中国新型城镇化背景下的省直管县体制改革[EB/OL].(2013-08-26). http://www.prcfe.com/web/meyw/2013-07/27/content_1063256.htm.

了行政运行存在一定的障碍。此外，省直管县面临管理上的困境，例如所辖县数量过多，交通不便，管理成本会上升，管理效能会下降等。这些问题的存在，决定了省不适合直接管理全部的县。

第四，全国各地情况差异很大，不宜盲目推广某一种地方行政区划改革模式。海南省是我国唯一一个由省直管地级市和县的省份，这与海南建省较晚、地域面积较小有着密切关联，但这种省直管县模式不适合在全国推广。省直管县有利于县域经济的发展，特别是对于东部县域经济实力较强的地区非常适合，将县改区反而会阻碍县域经济进一步的发展。而对于县域经济实力较弱的中西部地区来说，例如安徽省，省直管县虽然可以让试点县获得更多的经济社会管理权限和资金、项目等资源，但由于很多县的底子薄、基础弱，被省直管后的县也不一定就能立即发展起来。区域经济的发展是一个资源和要素先向区域经济增长极集聚，然后再往周边地区扩散的过程，是一个由不均衡到均衡的发展状态和发展过程。省直管县后，市域和县域原有的经济联系会因行政管辖权的变革而被人为割裂，会在一定程度上阻碍地级市的发展，县域的发展动能也会因失去地级市的带动而减弱，县和地级市在发展上可能会陷入双输的尴尬境地。如果能维持现有的地级市领导县体制或者将邻近地级市周边的部分县改为市辖区，通过市场作用和政府引导相结合的方式推动资源和要素向地级市集聚，将地级市发展成为中心城市，然后再通过地级市对周边地区的扩散效应来带动周边县域经济的发展，不失为一个好的路径选择。

第五，行政层级具体设置为几级，要符合一国的国情和各地区的实际，没有几个行政层级是绝对最好的说法。行政层级是行政区划设置的重要方面，行政层级的数量受到经济发展、政治统治、政府管理能力等多种因素的影响，我国现有的地方行政区划层级是经历了漫长的历史演变而来的，符合我国的国情和绝大部分地区的实际。地级市领导县体制作为改革开放以来国家推动的以城带乡的管县体制已经运行多年，省、市、县三级政府的职能定位和机构设置能做到有效衔接。我国的国情和地区实际与西方国家差异较大，部分西方发达国家实行的三级行政区划设置模式，不能成为我国也要实行三级行政区划设置模式和废除地级市领导县体制的理由。

二、适宜实施省直管县改革地区的类型

省直管县改革模式在全国试点推广已经有很长一段时间，改革取得了一定实效，但也存在一些问题。在省直管县改革过程中，“对于中国这样一个地区间经济社会发展水平千差万别的大国而言，尊重地区之间的差异性，在一个原则框架内，允许多种地方政府管理模式存在，包括多种形式的行政层级设置（如实三级与虚四级同时并存），是合理的、必要的。地区之间的非均衡格局，决定了我们无法设计出一种适用于全国各地的标准模式，更不可能按照整齐划一的改革时间表来推进这项改革。具体地讲，‘省管县’改革需要因地制宜，根据各个省和自治区在国家政治和法律体系中的地位，它们的面积和人口规模，以及经济社会发展的不同水平，研究、设计多个地方政府管理模式，制定多种‘省管县’改革的实施方案”[①]。通过对既有省直管县改革模式取得的成效和存在问题的分析，笔者认为，以下地区适宜推行省直管县改革模式。

一是中西部地区的农业大县和产粮大县。我国是个人口大国，粮食是重要的战略资源，但耕地资源有限。为了保障粮食的自给自足和为工业提供必要的原材料，必须要保证一定的农业生产区域。那些产粮较多、耕地资源较多和以农业为主的县适宜被省直管，撤县设市和县（市）改区模式很容易减少该类型县的耕地资源，进而威胁到国家的粮食安全。

二是远离地级市、与地级市经济和社会发展关联度不大、地级市对其带动力和辐射力弱的县。地级市相对于县来说，集聚了更多的人口和资源，经济实力一般要强于下辖县，对管辖的县有一定的辐射带动作用。由于各地级市的综合实力差异较大和辐射范围存在一定的地理空间限制，对于那些综合实力较弱的地级市管辖的部分县、在地理空间上远离地级市的县、与地级市经济和社会关联度不大的县、地级市对其带动力和辐射力弱的县可以由省来直管。

---

① 何显明.省管县改革的绩效预期及其现实挑战：一个理性的省察[J].江苏行政学院学报，2009(5)：102.

三是少数经济发达的县，如全国经济百强县等。经济发达的县在经济和社会事务的管理权限上有着强烈的扩权冲动，特别是那些全国经济百强县，如果由地级市管辖必然会制约这些县自身的发展。因此，对于少数经济发达的县，特别是全国经济百强县适宜由省级政府直管，通过赋予其地级市的经济和社会管理权限可以有效解决“小马拉大车”的问题。同时，也可以考虑将这些县升格为县级市，以有效解决我国城市数量偏少的问题。

综合上述分析，安徽省的省直管县改革不宜搞一刀切。依据对适宜实施省直管县改革地区类型的界定，安徽省适宜推行省直管县改革的有以下地级市的部分县：亳州市、宣城市、池州市、宿州市、阜阳市、六安市、安庆市、黄山市、滁州市。

三、不适宜实施省直管县改革地区的类型

行政区划设置是影响区域经济发展格局的重要因素，行政区经济现象的存在是我国区域经济协调发展的阻碍之一。从破除行政区经济影响和推动区域经济协调发展视角来看，不适宜进行省直管县改革的地区主要有几类。

一是国家级或区域性中心城市的下辖县。伴随我国城镇化进程的加速，城市群正逐渐成为我国城镇化未来的趋势。2013年中央城镇化工作会议提出，要优化布局，根据资源环境承载能力构建科学合理的城镇化宏观布局，把城市群作为主体形态，促进大中小城市和小城镇合理分工，功能互补，协同发展。区域性城市群的形成和发展，需要以一个国家级或区域性中心城市作为内核，分散在内核周边的城镇与内核共同组成产业分工明确、职能定位清晰的协同发展格局。为了防止行政区划和行政管辖权对城市群发展造成负面的影响，给城市群核心城市的发展留下充足的空间，国家级或区域性中心城市下辖的县和县级市不能被省级政府直管。

二是省会城市的下辖县。在不断加速的城镇化进程中，都市圈或者大都市区正加速形成。所谓大都市区或都市圈，是指由起核心作用的一个中

心城市加上受到中心城市辐射、有着紧密联系的周边地区所组成的城市经济区域。大都市区或都市圈是城市群发展到成熟阶段的空间组织形式，相比于城市群较为松散的连绵状的结构体系，都市圈更加强调中心城市与其周边地区的紧密联系和一体化进程。在我国近些年来形成的都市圈中，以省会城市为核心的都市圈不断发展壮大已经成为一个趋势，特别是在中西部地区尤为明显，这一现象被称为省会独大。大都市圈的形成和发展，需要一定的人口规模和一定的发展空间。省会城市市辖区的地理空间一般都在2 000平方公里左右，随着省会都市圈的不断发展壮大，需要的地理空间必将进一步扩大，省会城市周边的县和县级市被纳入省会都市圈的可能性较大。因此，为了保障省会都市圈的形成和发展壮大，省会城市下辖县不宜被省直管。近些年来，我国许多省份的省会城市纷纷将下辖县改成市辖区，有的省会城市已无下辖县而进入“无县时代”。例如，2015年8月，国务院正式批复了南昌市部分行政区划调整方案，同意撤销新建县，设立南昌市新建区，以原新建县的行政区域为新建区的行政区域。此次行政区划调整后，南昌市辖3县6区，其中城区由东湖、西湖、青云谱、青山湖、新建、湾里6个区组成。2013年2月，国务院批复了南京市行政区划调整方案，秦淮区、白下区合并为新的秦淮区，鼓楼区、下关区合并为新的鼓楼区，溧水、高淳两县撤县建区，南京市将由11区2县精简为11个区，南京市正式进入“无县时代”。

三是省域内区域性中心城市的下辖县。一个省份的发展一般需要若干个核心城市带动，除省会城市外，这些核心城市可以称为省域内区域性中心城市。这些省域内区域性中心城市是现实的或潜在的区域经济增长极，也需要为其未来的发展预留必要的人口规模和地理空间。除了省会城市下辖县不宜被省直管外，这些省域内区域性中心城市的下辖县也不宜被省直管。以安徽省为例，在皖江城市带承接产业转移示范区规划和建设过程中，安徽省提出了“双核”的理念①，以省会合肥市和安徽经济、文化次中心的芜湖市为核心城市，打造在长江流域有一定影响力的皖江城市带。

① 参见2010年1月20日国家发改委印发的《皖江城市带承接产业转移示范区规划》(发改地区〔2010〕97号)。

同样的“双核”理念也出现在江西省，江西省省会南昌市和九江市是江西省打造的双核城市。因此，类似于芜湖市和九江市这样的省域内区域性中心城市的下辖县也不宜被省直管。

四是空间上与地级市相近、经济和社会发展与地级市之间关联度大的县。除了国家级或区域性中心城市、省会城市和省域内区域性中心城市外，为了保障一般的地级市的发展空间，在地级市管辖的县中，那些与地级市在地理上距离较近、经济和社会关联度大的县也不宜被省直管。省直管县改革的推进并不意味着要完全否定和推倒地级市领导县体制，更不是意味着要否定地级市在区域经济发展中所扮演的重要角色。即使是在已经完全实行省直管县的地区，地级市虽然不再管辖县了，但地级市的建制还是保留的，必须要为地级市现在和未来的发展预留必要的地理空间。“可通过一系列指标，测试县与邻近市的经济联系强弱程度判别：凡是那些与中心城市空间距离较近、产业联系度高、资金人员信息往来频密的县，其行政建制上的取向都是改区，以维护市场经济内在联系，促进区域经济一体化的逐渐生成。”①

综合上述分析，安徽省有部分地区不适宜进行省直管县改革。依据对不适宜实施省直管县改革地区类型的界定，安徽省不适宜推行省直管县改革的地区有以下地级市：合肥市、芜湖市、马鞍山市、淮南市、铜陵市、蚌埠市、淮北市。

四、完善部分地区省直管县改革的对策和建议

从理论分析和实践层面来看，省直管县改革不宜作为调整省、市、县关系的主要模式在全国大规模推广实施，但这不妨碍部分地区继续推动省直管县改革的进程。对于已经进行省直管县改革的地区，可以从以下几个方面加以完善，为我国地方行政区划改革和府际关系调整积累有益经验。

第一，要推动省直管县改革试点县（市）政府职能转变。当前，通过

---

① 冯俏彬.“省直管县”何去何从？——基于新型城镇化与行政区划改革背景[J].地方财政研究，2016(2):15.

省直管县改革，制约县级经济和社会管理权限过小的问题已经得到解决，但这些县的经济和社会发展并未见明显起色，这与试点县（市）政府职能尚未转变或者转变不到位密切相关。政府职能的切实转变，是省直管县体制改革试点能否取得切实成效的关键，不能把解决县域经济发展问题简单理解为一个行政区划问题，没有试点县（市）政府职能的转变，省直管县改革的红利也难以得到有效发挥。

第二，要加强对省直管县改革试点县（市）政府权力运行的监管。省直管县改革实施后，省级政府对县级的监管是一个要重视的问题。我国在财政省直管县、扩大试点县的经济社会管理权限和行政省直管县过程中，过于注重对试点县的放权，在很大程度上忽视了对试点县权力运行的制约和监管。在各地的改革实践中，省直管县改革增强了县权，在现有的试点方案中，对县权的监督制约设计明显不够，既缺乏自上而下的制约设计，又缺乏自下而上的制约建设，也缺乏平级权力之间的制约机制。按照权责一致要求，有权必有责，在扩大试点县（市）经济社会管理权限的同时，试点县（市）要承担起与管理权限相对应的责任。"'省管县'改革一方面将在相当程度扩大县级政府的自主权，另一方面又解除了原先或多或少能够对县级政府起到一定监督制约作用的地市级对县的领导关系，在省级政府对管理幅度的成倍扩大还需要有个适应过程，短期难以借助法律手段、政策手段和经济手段，建立对县级政府的有效监督机制和控制机制的情况下，'省管县'改革面临的最大政治挑战，就是如何有效地监督和约束自主权不断扩大，行为自主性不断提升的县级政府的行为。这一问题如果得不到有效解决，'省管县'改革不仅可能导致政府间竞争进一步趋于恶化，甚至可能诱发县域政治陷入失控境地。为此，探索和建立'省管县'体制下的地方政府分权机制问题，就成为一个重大的现实课题"①。

第三，要加强地级市与省直管县改革试点县（市）之间区域合作机制的构建，推动区域经济更好更快发展。行政区划设置对区域经济社会发展影响很大，行政隶属关系的变化往往会改变区域经济发展格局。地级市领

① 何显明.省管县改革的绩效预期及其现实挑战：一个理性的省察[J].江苏行政学院学报，2009(5)：104.

导县体制下的市县之间属于上下级关系，彼此间的经济联系较为密切。省直管县后，地级市和省直管县改革试点县（市）之间的经济联系逐渐减弱，对区域经济发展非常不利。省直管县改革，使得试点县（市）与地级市在行政隶属关系上发生了变化，但由于同在一个经济板块上，加上历史文化、社会生活的多方联系，还需要地级市和试点县（市）之间进一步的合作才能共同发展。因此，在已经实行省直管县改革的地区，要加强地级市与试点县（市）之间区域合作机制的构建，在省直管县和地级市之间建立一种新型的竞争—合作—分工关系，坚持错位发展，以实现推动区域经济更好更快发展的目标。

五、当前我国部分省份省直管县改革的最新动向

从当前学术界的研究动向和地方行政区划改革的实践来看，省直管县改革是变革当前地级市领导县体制的重要模式之一。但近年来，在部分省直管县改革试点较早和已经实行了完全省直管县的地区，却出现了部分与省直管县改革不一致的行政区划改革行为。就当前我国部分省份省直管县改革的最新动向进行简要论述，可以使我们更加全面而客观地认识当前地方行政区划改革的趋势。

第一，河北省停止部分省直管县改革试点工作。2013年，河北省政府启动了在定州、辛集两市进行深化省直管县（市）体制改革试点的工作。2014年3月，河北省政府又决定将迁安市、宁晋县、涿州市、怀来县、平泉县、任丘市、景县、魏县8个县（市）作为河北省第二批省直管县（市）体制改革试点县（市），试点时间为半年。半年后，河北省政府决定除第一批定州、辛集两个县级市继续进行省直管之外，第二批试点的8个县（市）恢复到试点前的管理体制，仍由所在设区的市管理。

第二，海南省三亚市撤镇设4区，改变地级市直管镇的格局，实行地级市—区—镇三级行政管理体制。海南省三亚市是我国少数几个不管县的地级市之一，三亚市直接管辖海棠湾镇、吉阳镇、凤凰镇、天涯镇、育才镇、崖城镇。从城乡格局来看，由于镇属于乡村区域，三亚市属于城市区

域，由地级市直接管辖镇，导致三亚主城区的发展和较偏远镇区的发展不能作为一个整体进行统一规划建设，6个镇的村民无法享受三亚市市民的福利待遇和社会保障，城区和各镇之间发展差距明显。为了更好地统筹三亚市城乡发展，2014年1月，经国务院批准，海南省三亚市正式撤镇设区，撤销海棠湾镇、吉阳镇、凤凰镇、天涯镇、育才镇、崖城镇等6个镇，设立了海棠区、吉阳区、天涯区、崖州区4个区。

第三，西藏自治区、新疆维吾尔自治区等地掀起将部分地区改为地级市的高潮。2016年上半年，经国务院批准，西藏自治区山南地区正式改为山南地级市，成为继昌都、日喀则、林芝三个地区后第四个撤地设市成功的地区，山南市也成为西藏第5个地级市。此外，新疆的哈密、吐鲁番地区也改为地级市。

第四，最早进行扩权强县改革的浙江省推进部分县改地级市辖区，突出地级市的中心城市地位。作为在全国最早实行省管县体制的省份之一，浙江曾树立了县域经济发展的标杆。但发展至今，在县域经济蓬勃发展的同时，浙江中心城市弱小的弊端也不断凸显，中心城市的综合服务功能不完善，在集聚高端要素、发展高端产业方面，与广东、江苏存在明显差距。最突出的表现是，由于没有良好的城市平台，浙江大量企业外迁，巨额民资外流，出现产业空心化苗头。而要吸引人才服务转型升级，形成二、三产业协调发展，都离不开城市化平台的支撑，都需要做大做强中心城市。为了更好地促进中心城市的发展，近年来浙江省开始有步骤地将部分县改为地级市辖区。例如绍兴市的撤县设区行政区划改革。2013年，浙江省绍兴市根据《国务院关于同意浙江省调整绍兴市部分行政区划的批复》（国函〔2013〕112号）进行了行政区划调整。具体调整情况如下：撤销绍兴县，设立绍兴市柯桥区，以原绍兴县（不含孙端镇、陶堰镇、富盛镇）的行政区域为柯桥区的行政区域，柯桥区人民政府驻柯桥街道群贤路1661号；撤销县级上虞市，设立绍兴市上虞区，以原上虞市的行政区域为上虞区的行政区域，上虞区人民政府驻百官街道市民大道987号；将原绍兴县的孙端镇、陶堰镇、富盛镇划归绍兴市越城区管辖。

第五，河南省暂停实行省直管县改革试点工作。2011年，经中央编办批准，河南省委、省政府决定自2011年6月1日起在巩义市、兰考县、汝州市、滑县、长垣县、邓州市、永城市、固始县、鹿邑县、新蔡县等10个县（市）开展省直管县改革试点。河南省选择的省直管县试点的10个县（市）的标准有三个：一是远离中心城市，二是经济增速较快，三是人口基数较大。2013年11月26日，河南省委、省政府印发的《河南省深化省直管县体制改革实施意见》提出，从2014年1月1日起，对巩义市、兰考县、汝州市、滑县、长垣县、邓州市、永城市、固始县、鹿邑县、新蔡县等10个县（市）全面实行由省直接管理的体制。此次深化改革的主要内容是调整党委体制、人大体制、政协体制、法院和检察院体制、群团体制。《河南省深化省直管县体制改革实施意见》明确规定，直管县党委直接受省委领导，向省委负责并报告工作；直管县纪委和党委各部门直接受省纪委和省委对应部门领导或指导；直管县人大常委会直接受省人大常委会指导和监督；直管县政协直接受省政协的指导；直管县群团组织直接受省级群团组织领导或指导；直管县四大班子正职由省委管理，直管县法院、检察院由省级直接管理。经过近4年的省直管县改革实践，2017年9月6日，河南省委决定，自2018年1月1日起，对巩义市、兰考县、汝州市、滑县、长垣县、邓州市、永城市、固始县、鹿邑县、新蔡县等10个县（市）结束省管县体制，十个直管县的组织人事、人大、政协、司法隶属、扶贫、环保等回归省辖市统一管理，经济优惠政策不变。这一决定意味着2014年1月1日起实行的河南省省管县体制，于2017年12月31日正式结束。

第七章　城乡一体化和新型城镇化视角下的县(市)改区研究

改革开放以来，我国经济和社会发展取得了很大成就，但是也存在一些问题，例如城乡差距不断扩大、县域的城镇化水平和质量较低等。这些问题的产生，与新中国成立以来我国一直推行的城乡分治的行政管理体制和城镇化长期以来推行的以小城镇为重点、控制大城市发展的战略选择密不可分。在城乡二元结构没有实质性突破之前，县（市）改区是一条在特定地域内化解城乡二元矛盾、推动城乡一体化的有效且可行的改革路径。

新型城镇化战略的提出，改变了传统城镇化战略以小城镇为发展重心的思路，为我国地方行政区划的调整和变革提供了新的方向。2015年12月召开的中央城市工作会议指出，新型城镇化要以城市群为主体形态，科学规划城市空间布局，实现紧凑集约、高效绿色发展，优化提升东部城市群，在中西部地区培育发展一批城市群、区域性中心城市。我国中西部地区在城市群发展上，面临的一大难题是区域性中心城市较少、竞争力较弱。在现有的各类城市中，地级市的城市数量最多，许多人口和要素集聚初具规模的地级市具备培育成为区域性中心城市的可能性，做大做强地级市是打造区域性中心城市、培育和建设城市群的关键一环。地级市的发展，需要一定的地域空间和人口规模，需要资源和要素的不断集聚，但现有的城乡分治的行政区划设置使得大多数地级市呈现出地理面积较大而市域面积过小的问题，地级市发展空间受到很大限制。同时，地级市因要素和人类集聚规模有限和发展空间不足，导致集聚效应和扩散效应难以充分显现，制约了地级市对周边地区的辐射和带动作用的发挥。对此，我们需要通过不断优化行政区划设置，推动行政区划设置与国家经济社会发展要求相适应，而县（市）改区有利于拓展地级市发展空间，符合新型城镇化战略的内在要求。

县（市）改区是一种将地级市领导下的县或者由地级市代管的县级市建制撤销，改为地级市辖区的行政区划改革模式。县（市）改区是当前我国地方行政区划改革中省、市、县关系变革的主要模式之一。从推动城乡一体化进程和通过拓展地级市发展空间来做大做强地级市、推进以城市群为主体形态的新型城镇化战略有效实施等方面来说，县（市）改区改革具有显著的成效，应该成为在地级市领导县体制下变革市县关系的主流模式之一。本章将在对区的建制沿革和特点进行分析的基础上，从城乡一体化和新型城镇化两个视角来分析县（市）改区改革模式的可行性。

第一节　区政的沿革及其特点

区的建制，最早出现于中华民国时期，一开始是作为县政府的派出机构。新中国成立以后，区的建制被沿袭下来，经历了由县的派出机构到市辖区的演变历程。

一、区的建制沿革

1.作为县政府派出机构的区。新中国成立后，国家力量开始介入县以下的乡村地区。在县级以下的基层政权建设上，党中央和国务院在将乡镇（人民公社）从社会自治的领域转变为最基层一级政权的同时，还在县和乡镇（人民公社）之间设立了区这一机构。区不是一级人民政府，是县级人民政府的派出机构，代表县来领导和管理若干个乡镇（人民公社）。从20世纪80年代开始，我国开始推行撤区并乡改革，区和部分乡镇进行了合并，区作为县级政府派出机构的历史正式终结。

2.市辖区。与作为县级政府派出机构的区不同，市辖区是城市政府根据城市管理的需要，将市域按照一定标准划分为若干个管辖区域而成立的行政区划建制。根据领导市辖区的城市的行政层级不同，我国的市辖区大体分为三类。

（1）直辖市辖区：地市级。直辖市的区在行政层级上，与一般的地级市平级，属于地市级。例如，北京市西城区、东城区就和安徽省芜湖市等属于同一行政层级，均为地市级。

（2）副省级市辖区：副地市级。副省级城市的市辖区，比直辖市的市辖区的行政层级要低半级，属于副地市级。目前，我国除了深圳、厦门、宁波、大连和青岛五个计划单列市属于副省级外，南京、杭州、武汉、成都、哈尔滨、沈阳、长春、西安、成都、广州等十个省会城市也属于副省级。

（3）地级市辖区：县级。地级市辖区就是一般意义上的市辖区，通常说的市辖区就是指地级市辖区，与县和县级市是平级的，属于县级。

二、地级市辖区的特点

市辖区的类型有三类，本章所讨论的市辖区一般指的是地级市辖区。"（地级市）市辖区是在城镇人口总量超出一定范围，市政府难以直接承担全部城市事务管理和服务时，为确保城市社会的正常运行，而分设市辖区，分担市政府的部分城市管理和服务职责，协助市政府工作。"[①]具体来看，地级市辖区的特点有两个方面。

第一，市辖区政府的权限不完整，只具有相当有限的独立性，受到多方面的制约。县和市辖区虽是同等政治规格的行政区，但是县区政府在权限的完整性以及工作的重心和独立性等方面差别很大。市辖区政府工作的主要任务是在地级市市委和市政府的领导下，做好城市的日常管理和基本公共服务保障，而城市规划、国土资源管理、环境保护、公共安全等工作主要由地级市政府负责。因此，市辖区政府作为一级行政区划来说，其经济和社会管理权限是不完整的。相比于市辖区政府来说，县政府的权力更大、更全面，独立性也更强。县政府主要负责执行国民经济和社会发展计划、预算，管理本行政区域内的经济、教育、科学、文化、卫生、体育事

① 田穗生，罗辉，曾伟．中国行政区划概论[M]．北京：北京大学出版社，2005：64-65.

业、环境和资源保护、城乡建设事业和财政、民政、公安、民族事务、司法行政、监察、计划生育等行政工作。

市辖区和县之间的职权和职能差异在各自的机构设置上体现得非常明显。以安徽省芜湖市镜湖区政府和芜湖县政府的机构设置为例，从表7-1和表7-2可以比较清晰地看出，芜湖县政府组成部门要多于镜湖区政府，其职权更加完整。其中，城乡规划、公安、环境保护、国土资源、地方税务等机构属于县政府的组成部门。但是在区这一层级，上述机构属于市政府职能部门在区级设置的分局，不属于区政府组成部门。

表7-1　安徽省芜湖市镜湖区政府机构设置情况

上级垂直管理部门	区政府办事机构	区政府组成部门	区政府直属机构	区政府直属事业单位
芜湖市环境保护局镜湖分局、芜湖市国土资源局镜湖分局、镜湖区人民检察院、镜湖区人民法院、镜湖公安分局、芜湖市镜湖国税局、芜湖市地方税务局镜湖分局、芜湖城市规划局镜湖分局	镜湖区人民政府办公室	镜湖区住房与城乡建设委员会、镜湖区安全生产监督管理局、镜湖区信访局、镜湖区房屋征收办公室、镜湖区商务局(旅游局)、镜湖区司法局、镜湖区教育局、镜湖区财政局、镜湖区经济和发展改革委员会、镜湖区审计局、镜湖区人力资源和社会保障局、镜湖区科技局(知识产权局)、镜湖区卫生和计划生育委员会、镜湖区民政局、镜湖区监察局、镜湖区民族宗教事务局	镜湖区统计局、镜湖区城市管理局、镜湖区市场监督管理局、镜湖区农水局、镜湖区社会服务管理局	镜湖区招商局、镜湖区重点局、镜湖区档案局(馆)、镜湖区文化广电新闻出版(体育)局、镜湖区环卫所

资料来源：作者根据芜湖市镜湖区人民政府信息公开专栏中政府机构信息整理所得，时间截至2018年6月30日。

表7-2　安徽省芜湖市芜湖县政府机构设置情况

上级垂直管理机构	县政府办事机构	县政府组织部门	县政府直属机构	县政府直属事业单位
芜湖县气象局、芜湖县国税局、芜湖县地方税务局、芜湖县人民法院、芜湖县人民检察院	芜湖县人民政府办公室	芜湖县安全生产管理局、芜湖县城乡规划建设委员会、芜湖县农业委员会、芜湖县人力资源和社会保障局、芜湖县财政局、芜湖县教育局、芜湖县经济和信息化委员会、芜湖县发展和改革委员会、芜湖县交通运输局、芜湖县水务局、芜湖县公安局、芜湖县司法局、芜湖县民政局、芜湖县国土资源局、芜湖县文化广电新闻出版局、芜湖县商务局、芜湖县科技局、芜湖县公共资源交易监督管理局、芜湖县环保局	无	芜湖县招商局、芜湖县档案局（馆）

资料来源：作者根据芜湖市芜湖县人民政府信息公开专栏中政府机构信息整理所得，时间截至2018年6月30日。

第二，市辖区政府的工作与居民联系较为紧密。市辖区和县是同等行政级别的地方行政区划，但是县政府不属于最基层行政层级，县下面还设立了一定数量的乡镇政府，很多行政管理事务在乡镇一级可基本得到解决，县政府与人民群众之间存在乡镇政府作为缓冲。市辖区政府则是基层政府，只有少数通过整县改建而来的市辖区或者从一个县中拆分出若干乡镇后成立的市辖区，还保留部分乡镇建制。区政府为了便于城市管理，一般下设一定数量的街道办事处。但街道办事处仅仅是区政府的派出机构，而非一级政府，很多社会事务还是需要到区政府层面进行办理，区政府的工作与居民联系较为紧密。

第二节 县（市）改区的改革历程与类型

县（市）改区，是在保证县的行政层级不变的前提下，将属于地级市管辖的县和代管的县级市的行政建制撤销，设置为地级市辖区行政建制的行政区划改革模式。从政区类型看，县改区是地域型政区和城市型政区之间的转换过程；从政府管理看，县改区是独立性政区向依附性政区的转变过程；从行政层级看，县改区是不同类型政区之间的同级转换过程[①]。

一、改革开放以来我国县(市)改区发展历程

自古以来，县是我国行政层级中非常重要且最稳定的一级行政区划。“郡县制、天下安”，就是对县在国家治理中的重要性的肯定和强调。从秦设置郡县制至今，我国行政区划设置经历了多次的层级增减和幅员变动，行政区划称谓也经历了多次调整和变化，唯独县这一行政层级一直保持比较稳定的状态。我国今天很多只有一个字称谓的县，其作为县的建制历史一般都有千年之久，例如安徽省古徽州地区的歙县、黟县和江淮地区的寿县等。

新中国成立后到改革开放前，我国县级行政区划设置基本保持稳定。改革开放以来，随着工业化和城镇化进程的加快，我国县一级的行政区划改革逐渐频繁。从20世纪90年代开始，我国县级行政区划设置结构开始发生明显变化，其中，县的数量开始减少，区的数量不断增多，特别撤县设市改革被冻结后，县（市）改区成为很多地区县级行政区划改革的主要模式。截至2000年底，我国共有259个地级市、37个地区、787个市辖区、400个县级市和1674个县。到了2004年底，我国拥有283个地级市、852个市辖区、374个县级市和1 636个县。相比于2000年底，我国地级市

① 肖萍，侯爱敏，孟凡霄，等．撤县(市)设区不同划界模式对城市空间演变的影响研究[J]．规划师，2017，33(8)：92-97．

数量增加了24个，市辖区数量增加了65个，县级市数量减少了26个，县的数量减少了38个。截至2010年底，我国共有283个地级市、853个市辖区、370个县级市和1 461个县。从2000—2010年的10年时间内，我国地级市数量增加了213个，市辖区数量增加了66个，县级市数量减少了30个，县的数量减少了42个，县（市）改区改革趋势十分明显。截至2017年底，我国的县级行政区划中共有962个市辖区、363个县级市、1 355个县，相比于2010年底的县级行政区划情况，县的数量又减少了106个，市辖区的数量又增加了109个，县级市数量减少了7个[①]。

改革开放以来，伴随我国地级市领导县体制的逐步确立和城镇化进程的加速推进，县（市）改区改革大体经历了从快速发展到缓慢发展再到高速发展的三个阶段，正逐渐成为市县关系调整的主流模式。

第一阶段，改革开放初期到21世纪初的县（市）改区的快速发展阶段。改革开放以后，我国停滞了近20年的城镇化进程重新启动，城镇化进程开始进入正轨，县（市）改区改革的序幕也由此启动。同时，从20世纪80年代开始，党中央和国务院决定在全国推行的地级市领导县体制改革，为县（市）改区改革的快速发展提供了强大的体制改革动力。20世纪的最后十年，是我国地区改地级市改革进入高潮的十年，同样也是县（市）改区的快速推进的十年，催生出我国县（市）区改革的第一个高潮。同时，城镇化进程的加速在一定程度上也推动县（市）改区步伐的加快。“改革开放以来，随着中国城镇化战略的逐步转型，尤其是市管县体制的全面推行，地改市成为行政区划调整的重要形式。通过撤地设市与地市合并，中国地级市数量由改革开放之初的98个增加到2003年的282个，年均增加7.4个，同期全国市辖区数量增加437个，年均增加17.5个，平均每增加一个地级市就增加2.4个市辖区。这一方面说明地级市数量的增加直接促进了市辖区数量的增加；另一方面也意味着这一时期中国开始放松对市辖区设置的控制力度。”[②]

---

① 根据民政部网站公布的数据整理所得，上述数据中县的数量不包括自治县，2010—2017年减少的县级市主要是被改为地级市辖区。

② 魏后凯，白联磊．中国城市市辖区设置和发展评价研究[J]．开发研究，2015(1)：1.

第二阶段，2003年到2012年新型城镇化战略提出之前的县（市）改区的缓慢发展阶段。20世纪最后十年掀起的地区改地级市的改革高潮，到2002年基本结束，县（市）改区改革在此后也进入了缓慢发展阶段。“2003年以来，中国市辖区数量增长缓慢，由845个增加到2012年的860个，年均增加1.7个。”[①]期间，由于受到部分地级市市辖区合并重组，导致部分地级市辖区的数量出现减少的现象。例如，“从2006年到2010年，全国市辖区数量甚至一度减少，由856个减少到853个”[②]，此后随着新批准的县（市）改区改革的推进，市辖区的数量又由2010年的853个增加到2012年的860个。总体来说，这段时期的县（市）改区改革处于较为缓慢的发展阶段，市辖区的数量在十年时间内只增加了15个。

第三阶段，2013年新型城镇化战略实施以来的县（市）改区的高速发展阶段。2012年底，中共十八大提出了构建以城市群为主体形态的新型城镇化战略，使得城镇化进程开始加速推进，我国县（市）改区改革开始由缓慢发展进入到高速增长阶段。这段时期，我国的市辖区数量不断增加，由2012年的860个增加到2017年底的962个，5年时间内增加了102个，平均每年增加20.4个，不仅远远高于前一阶段，也超过了改革开放以来的第一阶段。

二、县(市)改区的主要类型

(一)为设立地级市而将县(市)改区

这种类型的县（市）改区，是我国改革开放以来掀起的第一轮县（市）改区改革高潮时采用的主要做法。从20世纪90年代开始，全国很多地方通过地市合并或撤地建市等方式建立了较为稳定的地级市领导县体制，很多县也随着地级市的成立被改为市辖区。地市合并是将一定区域内原来的地区行政公署与地级市合并，由新组建的地级市政府领导市区和原

① 魏后凯，白联磊．中国城市市辖区设置和发展评价研究[J]．开发研究，2015(1)：2.

② 魏后凯，白联磊．中国城市市辖区设置和发展评价研究[J]．开发研究，2015(1)：2.

来地区行政公署所管辖的县。在地市合并过程中，为了改变原地级市管辖区域面积过小的问题，有的县被改为地级市辖区。撤地建市是指撤销地区行政公署，设立地级市，然后将原地区行政公署驻地的县（市）改为地级市的市辖区。例如，安徽省在撤销宣城地区设立地级宣城市后，将原宣城地区行政公署驻地的县级宣州市改为宣州区，成为地级宣城市的一个市辖区。

根据我国现行宪法的规定，直辖市和较大的市分为区、县。虽然宪法和法律并未对“较大的市”进行明确界定，但在行政区划改革实践中我们通常将较大的市理解为地级市（包括副省级市和计划单列市）。“在20世纪90年代至2003年，市管县体制普遍推行之后，大量辖域内原来并不存在市辖区建制的新设地级市纷纷通过撤县（市）改区等形式增设市辖区，从而引发了改革开放以来的第一次市辖区设置高潮。”①因此，这种类型的县（市）改区，在很大程度上是为设立地级市而进行的配套改革，“相关政策因素的影响成为这一时期市辖区数量快速增长的主要推力，而城镇化水平、城市自身人口和空间规模的变化以及政府管理的现实需要等因素的影响，反而处于次要地位，并最终导致了一系列问题，其中较为普遍和突出的是大量‘单区市’的出现”②。例如，安徽省宣城市、池州市、滁州市、宿州市、亳州市等都只有1个市辖区，是明显的单区市。

（二）整县（市）改区

这种方式是县（市）改区类型中最多的一种。很多地级市为了提升整体的竞争力、拓展城市发展空间，经国务院批准后，直接将下属的某个县或代管的县级市整体改为地级市辖区。例如，江苏省苏州市将吴江市改为苏州市吴江区，山东省青岛市将胶南市改为胶南区，四川省雅安市将名山县改为名山区。安徽省近年来进行的一次整县改区改革是铜陵市的铜陵县撤县改区。2015年12月3日，经国务院批准，安徽省铜陵市撤销铜陵县，设立铜陵市义安区，行政区域不变。

① 赵聚军.我国市辖区行政区划调整导向的合流与分野[J].天津社会科学,2018(1):78.

② 赵聚军.我国市辖区行政区划调整导向的合流与分野[J].天津社会科学,2018(1):78.

整（市）县改区依据原有县域与地级市空间不同，可以分为整建制拼合式和整建制包围式[①]。整建制拼合式是将一个县的行政区划变成地级市若干市辖区中的一个。整建制拼合式是在我国撤县设区中存在较为广泛的一种模式，这种模式下原有县级的行政边界未发生变动，县级政区类型发生变化，由地域型空间转变为城市型空间，与城市的原辖区共同成为城市的发展空间。整建制拼合式最大的特点就是原县政区边界未发生变动，容易保障政区的稳定性和文化的传承，方便撤县设区前后地方政府的对接工作，但是也容易造成原县级政府在实现权力向市一级政府集中的过程中权力衔接不到位，撤县设区过程中的体制摩擦难以避免，同时还可能带来城市整体空间的蔓延，导致被撤县虚假城市化现象严重[②]。整建制包围式是通过原本在地域上将地级市包围的县改为市辖区。典型案例城市如江苏省的常州市武进撤县改区、镇江市丹徒撤县改区等。“这类城市撤县（市）设区主要是为了破除‘蛋黄结构’城市空间结构所带来的城市空间发展的限制问题。周边的县市级政区对城市的建成区呈半包围状，中心城市空间严重不足，该模式一定程度上能破除城市空间的‘蛋黄结构’，将城市空间拓展至包围的县市级政区空间，但也极易带来诸多空间问题：由于该模式边界较长，原有的县市空间对中心城区的包围之势没有被打破，边界空间往往成为断裂带和矛盾集中区，如果存在弱市强县或者市政府对新设区的规划不到位、权力交接不顺的情况，那么城市的发展空间的拓展和发展方向的选择仍面临着阻碍，边界空间被低效浪费，相关体制机制与新区的空间规划落实也会受到影响。”[③]

① 肖萍，侯爱敏，孟凡霄，等．撤县（市）设区不同划界模式对城市空间演变的影响研究［J］．规划师，2017，33（8）：92-97.

② 肖萍，侯爱敏，孟凡霄，等．撤县（市）设区不同划界模式对城市空间演变的影响研究［J］．规划师，2017，33（8）：92-97.

③ 肖萍，侯爱敏，孟凡霄，等．撤县（市）设区不同划界模式对城市空间演变的影响研究［J］．规划师，2017，33（8）：92-93.

（三）隐形或变通的县（市）改区：县（市）部分区域划入地级市辖区

整县（市）改区改革需要经过国务院批准，在具体操作过程中可能会遇到部分被改革县的抵制，难度较大。由于县（市）改区后，原有县（市）政府的财政、规划、人事等权限都要部分或者全部上交，所以只要经济实力较强或者发展潜力较好的县（市）一般都很抵制县（市）整体改区。2013年5月，浙江省湖州市长兴县抵制将长兴县改为湖州市辖区的现象就是一起典型例证。相比于整县改区的做法，这种将部分乡镇就近划入市辖区的做法操作性最强、县（市）的抵制也最小。而经济实力较弱、地理位置不好的县对于县（市）改区的意愿很强烈，而地级市一般不愿意将其改为市辖区。

部分地区在整县（市）改区难以通过的情况下，往往采用将县（市）的部分乡镇就近划入市辖区的做法，这样的区划调整只需要省级政府同意即可，在改革效果上既达到了扩大地级市空间的效果，也保留了县（市）的建制，笔者将这种改革方式称为隐形或变通的县（市）改区。在具体实践中。很多地级市通常选择将县（市）中那些经济发展较快、财政实力较强或者地理位置优越的乡镇就近划入市辖区。例如，2000年以来，安徽省芜湖市就进行了几次变通或者隐形的县（市）改区。芜湖市先后将原属于芜湖县的清水镇、火龙岗镇、方村镇和原属于无为县的汤沟、白茆等乡镇划入市辖区。其中，清水镇是全国非常有名的花卉苗木基地，火龙岗镇是安徽海螺集团公司总部所在地，经济基础都比较好。方村镇与芜湖市镜湖区相邻，汤沟、白茆位于长江之滨，拥有较长的长江岸线资源，与芜湖市主城区隔江相望，地理位置优越。

（四）分县（市）设区

县（市）和区虽然行政级别相等，但从经济和社会管理权限上来看，县（市）政府的权限要比区政府更大，独立性也更强。因此，县（市）改区往往会遭到县里有关领导的抵制。为了将县（市）改区的阻力降到最小，部分地区在县（市）改区时不是整县（市）改区，而是采用分县（市）设区的模式，将一个县的部分区域切块出来后，单独成立一个新的市辖区。安徽省芜湖市的三山区和马鞍山市的博望区就是采用这一模式设立的。2006年，芜湖市繁昌县行政区划被调整，繁昌县下辖的三山、峨桥等镇划出成立了三山区。马鞍山市博望区位于马鞍山市最东端，地处长三角经济圈和南京一小时都市圈内，与江苏江宁、溧水、高淳三区接壤。博望区成立于2012年9月12日，是由马鞍山市当涂县分出的博望、新市、丹阳三镇合并而来的。

三、县(市)改区的现实性和可行性

县（市）改区与省直管县、撤县设市是当前我国省、市、县之间行政层级关系改革的三种主要模式。虽然县（市）改区改革模式在实践层面推动的力度较大，且与统筹城乡发展、推进城乡一体化和新型城镇化战略较为契合，但由于这一改革模式是在地级市领导县的体制框架内推动的，受到很多主张废除地级市领导县体制学者的质疑或反对。目前，学术界在对待省、市、县三级关系调整模式上，主要还是倾向于省直管县做法。

当然，对于县（市）改区改革，也有很多学者持赞同态度。其中罗震东、谢涤湘等进行了深入而全面的分析。罗震东在《改革开放以来中国城市行政区划变更特征及趋势》一文中，对撤县（市）设区即本章论述的县（市）改区的改革历程进行了分析。他认为，撤县（市）设区模式带来的积极影响正是这一行政区划改革得以持续进行的依据。他将撤县（市）设区模式的积极影响总结为三点：一是县（市）改区有利于扩大中心城市的发展空间，使城市产业布局与发展模式更趋合理有序。这一点几乎是所有撤县（市）设区调整的首要依据。二是县（市）改区有利于整合县级单位的经济发展力量，扩大中心城市规模，增强中心城市整体经济实力。解决市管县体制中的市县矛盾往往成为撤县（市）设区的主要动因。三是县（市）改区有利于协调中心城市与周边县（市）的公共基础设施规划和建设，减少不同行政单元间的摩擦，特别是重复建设和环境污染。尤其是同城地区，如苏州无锡常州地区[①]。谢涤湘也认为，撤县（市）设区有助于为中心城市营造更广阔的发展空间；扩大中心城市的规模，增强中心城市的实力；协调中心城市与周边县（市）的道路、港口、机场等重大基础设施的建设和规划；解决部分城市之间的同城化问题[②]。

同时，罗震东也对撤县（市）设区模式存在的问题进行了分析。他认为，撤县（市）设区作为一种行政集权的手段，在中国当前仍然是单中心的组织或计划秩序主导的环境下，其存在的问题主要有以下三个方面：一是不利于城市间的竞争，尤其不利于大城市周边中小城市的发展。撤县（市）设区将行政权力高度集中在市一级政府，可以使得政令畅通，政府权威得到加强，但也增多了行政干预，增加了管理层级，从而损害地方发展的积极性、主动性和灵活性。二是行政区划调整带来了虚假城市化和建设上的浪费。某种程度上撤县（市）设区对于城市和城市化发展的影响类似于撤县设市，甚至更消极。中心城市城区人口、空间规模的扩大，形成了一种虚假的城市化，大面积城区内仍然是农村产业、农村人口、农村管理体制。这不仅不利于管理，而且容易导致对农村、农民问题的进一步忽视，甚至造成对本该属于农民、农业的利益和资源的掠夺。三是作为一种协调手段仍未跳出“分权集权”的循环，破坏了制度创新的可能基础。集权手段的应用减少了能动单元的数量，因此也破坏了制度创新的可能基础。因为，与由数量众多的小中心单元组成的共存结构相比，由少量的大型单中心单元组成的结构的创新能力无疑更差。某种程度上可以认为，集权手段的应用是都市区治理的一种倒退。四是区的规模不断扩大，城区治理难度增加，街道有进一步实化的趋势[③]。

统筹城乡发展和推动城乡一体化目标的实现，需要改变当前城乡分治的行政管理体制，推动城乡分治走向城乡合治。同时，新型城镇化战略的实施将会使更多人口进入城市，我国不可能像西方发达国家那样建几个特

① 罗震东.改革开放以来中国城市行政区划变更特征及趋势[J].城市问题，2008(6)：77-82.

② 谢涤湘，文吉，魏清泉.“撤县(市)设区”行政区划调整与城市发展[J].城市规划汇刊，2004(4)：20-22.

③ 罗震东.改革开放以来中国城市行政区划变更特征及趋势[J].城市问题，2008(6)：77-82.

大型的中心城市来解决所有人的城镇化问题，需要不断拓展地级市的发展空间，做大做强地级市，推动以地级市为核心或者节点的城市群的培育、发展和成熟。从推动城乡一体化进程和通过拓展地级市发展空间来做大做强地级市、推进以城市群为主体形态的新型城镇化战略有效实施等方面来说，县（市）改区改革具有显著的成效，县（市）改区可以也应该成为在地级市领导县体制下变革市县关系的主流模式。

第一，县（市）改区有利于推动新型城镇化战略的有效实施。城镇化是人类社会发展的客观趋势，是现代化的必由之路。推进城镇化是解决我国农业、农村、农民问题的重要途径，是推动区域协调发展的有力支撑，是扩大内需和促进产业升级的重要抓手，对全面建成小康社会、加快推进社会主义现代化具有重大现实意义和深远历史意义。“城镇化发展已经成为中国现代化进程中的一个基本问题。在所有影响城镇化发展的要素中行政区划显得尤为重要。随着工业化、城镇化的发展，城镇型行政区划建制在整个行政区划体系中的比重越来越大，而且在今后一个时期还会进一步加大。因此，深入研究城镇化发展对行政区划改革的需求，就成为城镇化研究的一个重点”①。2013年中央城镇化工作会议提出，现代化的本质是人的现代化，解决好人的问题是新型城镇化的关键。要优化布局，根据资源环境承载能力构建科学合理的城镇化宏观布局，把城市群作为主体形态，促进大中小城市和小城镇合理分工、功能互补、协同发展。2017年召开的中央城市工作会议指出，要以城市群为主体形态，科学规划城市空间布局，实现紧凑集约、高效绿色发展。要优化提升东部城市群，在中西部地区培育发展一批城市群、区域性中心城市，促进边疆中心城市、口岸城市联动发展。城市群是新型城镇化的主体，而城市群的构建和有效运作，需要1~2个以直辖市或省会城市为主的区域性中心城市作为核心、若干数量以地级市为主的中等城市作为重要节点、一定数量的小城镇为支撑。

当前，在我国的城镇规模结构中，大部分地级市的规模偏小，人口规模和市域面积有限，综合实力较弱，对周边地区的辐射带动能力有限。

---

① 张占斌，谢振东，车文辉．城镇化与优化行政区划设置研究[M]．石家庄：河北人民出版社，2013：19.

"目前，中国正在经历人类有史以来最大规模的城镇化进程，行政区划作为地方行政体制的基础，必然会受到城镇化进程的影响。与此同时，科学合理的行政区划设置亦是城镇化战略顺利健康推进的重要保障。由实践层面来看，近年来的行政区划改革与调整，主要是在城镇化持续快速发展的背景下所进行的适应性整合：调整的目标主要是服务于城市的空间扩张，撤县（市）设区和市辖区合并重组成为县级以上行政区划调整的主导类型。"[①]通过将地级市周边部分县（市）改为市辖区，有利于拓展地级市的发展空间，推动地级市集聚更多的生产要素和资源，有利于将地级市培育成为经济增长极，从而更好地带动周边地区的发展。国家行政学院经济学部冯俏彬教授认为，"基于区域经济健康发展的考量，对一些在地理位置上邻近中心城市，与其经济、社会等关联度极强的县，其发展方向就不是设市、而应当是改区。市场经济是自动扩展的经济，能自动地将周围的要素、空间等内卷到某种自发的秩序之中，进而获得区域协同、规模发展的巨大效应，这在长三角、珠三角已经看得十分清楚。对此，只能顺应，不能违背，绝不能因一县之私、一人之私，将这些应当同周遭城市协同发展的县也变成市。原因很简单，在我国现行体制下，多一个市，就多一道行政藩篱，就多一道阻隔要素流动的无形之墙。这对于与邻近中心城市已事实上融为一体的县而言，有百害而无一利。"[②]

第二，县（市）改区能有效解决城乡基础设施建设和基本公共服务供给不均衡的问题，推动城乡统筹发展和城乡一体化目标的实现。在我国行政区划设置上，县属于乡的区域建制，市属于城的区域建制，市县之间的差异在很大程度上体现了城乡差别，并且城乡分治的行政管理体制更加剧了城乡之间的差距。目前，我国城乡差别的主要表现之一是城乡基础设施建设和基本公共服务供给存在双重标准，导致城乡基础设施和基本公共服务水平差距较大，不均等问题突出。我国城乡二元分治的行政管理体制由来已久，短期内期待能有完全的突破难度很大。县（市）改区后，有助于

① 赵聚军.我国市辖区行政区划调整导向的合流与分野[J].天津社会科学，2018(1)：77.

② 冯俏彬."省直管县"何去何从？——基于新型城镇化与行政区划改革背景[J].地方财政研究，2016(2)：15.

使划入市区的县域在基础设施建设和基本公共服务供给上获得同等于城市的标准，有利于解决原有双重标准的问题，有利于改革区域内的城乡之间更好地统筹发展，推动城乡一体化目标的实现。

第三，县（市）改区反映了近十几年来我国县级行政区划调整和变革的总体趋势。在目前的省、市、县三级行政关系调整和变革模式中，虽然省直管县呼声较高，但是省直管县目前仅仅停留在财政省直管县层面，行政省直管县改革难以大规模推广实施。同时，撤县设市虽受到广大县级政府的期待，但申请者多，获批者少。近十几年来，在我国县级行政区划设置的变革上，呈现出市辖区的数量明显上升、县和县级市的数量不断减少的态势，在很大程度上反映县级行政区划调整和变革的总体趋势。

第四，高速公路、高速铁路和城市轨道交通建设的提速，使得地级市与县之间的联系更加密切，越来越多的县（市）具备改为地级市辖区的可能和必要。伴随近年来我国高速公路、高速铁路和轨道交通建设的快速发展，地级市与所辖县之间的交通已经越来越便捷和快速，阻碍城乡一体化发展的区域发展的交通瓶颈正在弱化。特别是国家高速铁路网建设的提速和越来越多的地级城市获批建设轨道交通，大大拓展了地级及以上城市的发展空间，地级市和县的同城化时代已经或即将到来，市县同城化和一体化进程加快背景下的部分地级市辖县改为市辖区不仅已经成为可能，而且已经非常必要。根据2016年出台的国家《中长期铁路网规划》（发改基础〔2016〕1536号）要求，到2020年，高速铁路规模将达到3万公里，覆盖80%以上的大城市，到2025年，达到3.8万公里左右，基本连接省会城市和其他50万人口以上大中城市。从表7–3中可以看出，自2011年以来，我国城市轨道交通建设进入了快速发展的阶段，建成轨道交通线路长度从2011年的1 672公里增加到2016年的3 586公里。截至2016年末，全国有30个城市建成轨道交通，线路长度3 586公里，分别比上年增加6个城市，增长16.8%，车站数2 383个，其中换乘站541个，配置车辆数19 284辆。全国39个城市在建轨道交通，线路长度4 870公里，分别比上年增加1个城市，增长21.9%，车站数3 080个，其中换乘站827个[①]。

表7-3 2011—2016年我国城市轨道交通发展情况

年份	建成轨道交通城市数量/个	建成轨道交通线路长度/公里	正在建设轨道交通的城市数量/个	正在建设轨道交通线路长度/公里
2011年	12	1 672	28	1 891
2012年	16	2 006	29	2 060
2013年	16	2 213	35	2 760
2014年	22	2 715	36	3 004
2015年	24	3 069	38	3 994
2016年	30	3 586	39	4 870

资料来源：中华人民共和国住房和城乡建设部《2016年城乡建设统计公报》。

四、适宜进行县（市）改区的地区

同任何一种改革模式一样，县（市）改区模式也不能在全国进行一刀切，要因时因地而异。例如，在我国经济比较发达的东部地区，市场化程度较高，县域经济规模和发展质量较高，如果不顾县域经济自身发展比较强势的现状和经济发展规律，强行推行县（市）改区改革，不但不会推进中心城市的发展，反而会损害县域经济发展的良好态势。以浙江省湖州市为例，该地级市下辖的长兴县是全国综合实力百强县、县域经济基本竞争力百强县，湖州市曾想将长兴县改为市辖区，后因受到县域经济发展较好的长兴县的抵制而作罢。而在权力主导资源配置比较突出的中西部地区，市场化程度较低，相比于东部地区发达的县域经济来说，中西部地区的县和县级市经济总量偏小、人口规模较小、县域经济实力较弱，地级市尚处于资源和要素集聚阶段，县（市）改区模式不失为政府在尊重经济发展规

① 中华人民共和国住房和城乡建设部.2016年城乡建设统计公报[EB/OL].http://www.mohurd.gov.cn/xytj/tjzljsxytjgb/201708/t20170818_232983.html.

律，培育省会城市、地级城市作为中心城市和经济增长极的一种非常好的行政区划调整模式。因此，在未来一段时期内撤县（市）设区模式还将成为我国行政区划中市县关系调整的主要模式之一①。

我国各地发展水平差异较大，并不是所有的县或者县级市都适合县（市）改区。按照有利于推进城乡一体化进程和推动新型城镇化战略有效实施的原则，笔者认为，下列类型的县和县级市适宜进行县（市）改区改革。

一是距离地级市主城区较近的县（市）。县（市）改区，不仅是为了地级市自身的发展，也要有利于被改革县的发展。如果被改为区的县，在地理上与主城区距离较远或者与主城区不接壤，就算被改为市辖区，也属于“飞地”类型的市辖区，对地级市和县域自身的发展没有任何益处。因此，在选择哪些县被改为市辖区时，应该首先选择那些地理上与主城区较近的县或县级市。例如，安徽省合肥市的肥西县和肥东县、芜湖市的芜湖县和繁昌县、滁州市的全椒县等适合进行县改区改革。

二是部分区域已经划入地级市辖区的县（市）。这种情况主要存在于那些已经有部分区域被切块设区的县。这类县在部分区域被切块设区后，自身的管辖面积和人口规模已经非常有限，从行政运行成本来看，保留县的建制已经不太合算。同时，部分区域被切块设区后，现有的县域与地级市的主城区已经对接，地域情感认同没有障碍，也便利于县（市）改区改革的顺利推进。这种类型的县（市）改区，可以采用县（市）改区与现有市辖区合并的方式来展开，以达到改革后县级行政区划数量不增加的目的。例如安徽省芜湖市管辖的繁昌县，该县原有的部分区域在2006年时被切块设立了芜湖市三山区，现有的地域面积只有590平方公里，人口约28万。根据芜湖市2018年政府工作报告，芜湖市计划在“十三五”期间完成繁昌县的撤县设区改革。

三是严重影响和制约地级市发展空间的县（市）。这类型的县，与地级市主城区已经基本连为一体，但县的建制使得地级市和县之间在行政管

① 张占斌，谢振东，车文辉．城镇化与优化行政区划设置研究[M]．石家庄：河北人民出版社，2013：44-45.

理和城乡规划上各自为政、很难统一，严重阻碍了地级市的发展和中心城市的培育。“从发生的空间区域来看，我国近年来的撤县（市）设区行为基本发生于城乡接合部，主要目的是扩展城市的发展空间，统筹市域发展，推动城镇化进程，与韩国广设广域市和我国台湾地区的市县合并存在一定的相似性。但需明确的是，韩国和我国台湾地区的相关调整主要集中于发展空间不足问题较突出的区域中心城市，而我国则无论是在人口和空间规模较大的直辖市、副省级市和其他省会城市，还是在一些中小城市，均有发生”。[①]因此，在为拓展地级市发展空间而进行的县（市）改区改革过程中，不是所有地级市都要进行县（市）改区改革，特别是那些现在仍然只有一个市辖区的“单区市”不宜推行县（市）改区，应该要以规模较大、等级较高、已经是或未来将会成长为区域、地区中心城市的地级市为重点来推进县（市）改区的进程。例如，安徽省的合肥市和芜湖市，作为全省的两个核心城市，适宜将其部分下辖县改为市辖区。

四是与地级市在产业结构上比较协调的县（市）。县（市）改区的目的是更好地推动以地级市为中心的区域经济的协调发展，对于那些在产业结构上与地级市存在良好分工协作的县（市），可以通过县（市）改区的方式来更好地推动产业协作体系的构建，推动区域经济更好更快地发展。

下列县（市）不适宜进行县（市）改区改革的试点：一是全国百强县或者部分省级十强县；二是中西部地区特别是西部地区行政区划面积太大的县或县级市；三是与地级市距离较远、空间整合难度较大的县或者县级市；四是成立时间较晚、综合实力较弱、对下辖县带动力不明显的地级市管辖的县。例如，安徽省的宣城、池州、亳州、宿州等地级市不适宜推进县（市）改区改革。

第三节　城乡一体化与县（市）改区改革

县（市）改区模式就是将原来归地级市管理的县或者由地级市代管的

① 赵聚军.我国市辖区行政区划调整导向的合流与分野[J].天津社会科学,2018(1):80.

县级市改为地级市的一个市辖区，从而和地级市融为一体的县级行政管理体制改革模式[①]。相比于省直管县和县升格为县级市，县（市）改区应该是最适宜在大部分地区实施和推广的一种地方行政区划改革模式，与党中央和国务院推进实施的城乡一体化和新型城镇化战略具有高度的契合性。

城乡关系是我国经济和社会发展要处理的重大关系之一，城乡关系是否协调，直接关系到我国经济和社会发展的大局。新中国成立以来，我国的城乡关系大体经历了从城乡间有序互动到城乡二元结构逐步确立再到通过不断调整城乡发展战略来尝试破解城乡二元格局这样三个阶段。目前，我国的工业化进程基本进入了中后期，而城市化进程明显落后于工业化进程，这与当前还很强势的城乡二元结构有着密切的关联。为此，党中央先后提出了统筹城乡发展、推进城乡一体化、实施乡村振兴和城乡融合发展等战略，期望通过城乡关系的调整来推进我国经济和社会发展取得更大的成绩。城乡二元结构的顽疾由来已久，在短期内破除无望的现实面前，县（市）改区是一条在特定地域内化解城乡二元矛盾、统筹城乡发展、实现城乡一体化目标的有效且可行的路径。

一、新中国成立以来我国城乡关系的演变历程

(一)新中国成立初期开放的城乡结构

新中国成立初期，我国处于国民经济的恢复时期。这一时期从社会性质来说属于新民主主义社会阶段，多种经济成分并存，乡村地区的农民获得了土地、牲畜等生产资料的所有权，城镇的私营工商业者和手工业者可以自由经营和参与市场交换等业务。这一时期，国家对城乡关系采取的是允许土地、劳动力、资本等生产要素在城市和乡村之间自由流动的政策，城乡结构是开放式的。生产要素在城乡之间的自由流动和合理配置，加快了国民经济恢复的步伐，推动了城市的快速发展，城市人口也因有较多的

① 本章所说的县或县级市改区改革一般指县或县级市改为地级市辖区，也包括县或县级市改为副省级市的市辖区。

农村人口迁入增加较快。1952年时，我国城市人口的比重由1949年时的10.64%上升到12.50%，城市人口从1949年时的5 765万人增加到7 163万人，增加了1 398万人[①]。

（二）城乡二元结构初步形成

经过新中国成立初期三年左右时间的努力，国民经济恢复任务基本完成。从1953年开始，我国进入工业化建设和对农业、手工业和资本主义工商业的社会主义改造同时推进的阶段，中央政府开始有计划地限制劳动力、土地、资本等生产要素在城乡之间的自由流动，城乡二元结构开始构建。在1953年开始实行的国民经济和社会发展第一个五年计划中，由于国家投资增长过快，积累与消费、市场与计划（实质上是个体农民与国家）、农业与工业的矛盾突然以农副产品供应短缺的形式表现出来[②]。为了配合从1953年开始的第一个五年计划的顺利实施和项目推进，国家开始对粮食和棉花等物资实行统购统销政策，乡村人口向城市迁移开始受到限制，开放的城乡结构开始转向城乡之间的封闭，城乡二元结构初步形成。

（三）城乡二元结构形成和固化阶段

如果说限制城乡间生产要素自由流动是城乡二元结构形成的开端，那么城乡二元户籍制度的实施就是城乡二元结构正式确立和固化的标志。从1958年国家实行户籍制度开始，我国的城乡关系进入二元结构正式形成和固化阶段，一直持续到1978年改革开放前夕。1958年1月9日，经第一届全国人大常委会第九十一次会议审议通过，《中华人民共和国户口登记条例》正式公布实施，标志着城乡分割的二元户籍制度以法律的形式正式确立。户籍制度将我国居民户口分为农业户口和非农业户口，限制人口在城乡之间的自由流动，将城乡分割为两个不同的利益群体。农民群体被限制在农村、束缚在土地上，除了少数人通过升学、参军、招工等形式进入城市外，农民基本失去了自由流入城市的机会。同时，二元户籍制度不仅有

---

① 刘勇.我国城镇化战略的演进轨迹和操作取向[J].改革,2012(9):19.

② 武力.1949—2006年城乡关系演变的历史分析[J].中国经济史研究,2007(1):23.

限制人口流动的功能，而且与户籍制度相连的是农业户籍和非农业户籍人口在粮食供给、副食品供给、升学、就业、就医、住房、退休养老等福利保障等方面的巨大差异。不断扩大的城乡差距与这种二元户籍制度设计有很大关联，在城镇非农业户籍人口享受国家供给的各种福利的时候，广大乡村地区的农民却被国家福利制度排除在外。

1958年，我国开始启动人民公社化运动，实行“一大二公”的所有制结构和大锅饭的组织和分配方式。人民公社实行“政社合一”的制度，分为公社、生产大队和生产小队三级管理体制，社员以生产小队为单位，集体经营、按劳分配。农民生产的粮食、棉花等要按照一定比例上交国家，由国家统一调拨和交换，严重挫伤了农民的生产积极性。同时，由于生产要素在城乡之间、产业之间、农业内部各部门之间不能自由流动，也严重束缚了生产力的发展。在统购统销制度、二元户籍制度及人民公社制度等共同作用下，新中国成立初期建立的城乡之间开放联系和要素自由流动的格局基本被打破，城市和乡村之间成了相互隔绝的二元世界。

(四)城乡二元结构出现松动阶段

1978年以后，伴随安徽省凤阳县小岗村家庭联产承包责任制改革的启动和我国经济体制改革的深入推进，固化长达二十年的城乡二元结构开始出现松动的迹象。1978年，安徽省凤阳县小岗村发起的“包产到户”改革，将农村最小的生产单元由传统的生产队变成了家庭，农民从事农业生产的积极性空前提高，农业产量和生产效率开始不断提升，农村开始出现一定数量的剩余劳动力。随后，受到农村家庭联产承包责任制改革的影响，城市经济体制改革开始迅速跟进。1984年10月20日召开的党的十二届三中全会通过了《中共中央关于经济体制改革的决定》，明确了今后一段时期内我国经济体制改革的方向、性质、任务和各项基本方针政策，由此拉开了城市经济体制改革的序幕。城市的国有企业和集体企业获得的经营自主权不断扩大，加上外资企业和个体私营经济的蓬勃发展，城市对劳动力的需求量不断增加。为了有效解决城市对劳动力的需求和农村剩余劳动力转移的问题，党中央和国务院开始有意识地在制度供给和政策设计等层面解决城乡二元结构固化问题，城市二元户籍制度开始有所松动，城乡之间的要素流动开始加速。城乡二元户籍制度的松动，使得农村人口更多地前往城市，我国城镇人口占总人口的比重也不断上升，由1985年的23.71%提高到2002年的39.09%[①]。

（五）统筹城乡发展阶段

改革开放以来，经过户籍制度和政策层面的多轮改革后，城乡二元结构虽出现了很大程度的松动，但城乡之间的要素流动的自由化和基本公共服务的均等化目标依然没有实现，城乡之间的差距并没有缩小，在一些地区反而呈现出不断扩大的趋势。为了从根本上解决城乡差距过大的问题，2002年召开的党的十六大提出了统筹城乡发展的重大战略，将对城乡关系的认识推向了新高度。党的十六大报告指出，统筹城乡经济社会发展，建设现代农业，发展农村经济，增加农民收入，是全面建设小康社会的重大任务。2007年召开的党的十七大提出了要构建以工促农、以城带乡的长效机制，形成城乡经济社会发展一体化新格局。党的十七大报告指出，解决好农业、农村、农民问题，事关全面建设小康社会大局，必须始终作为全党工作的重中之重。要加强农业基础地位，走中国特色农业现代化道路，建立以工促农、以城带乡长效机制，形成城乡经济社会发展一体化新格局。坚持把发展现代农业、繁荣农村经济作为首要任务，加强农村基础设施建设，健全农村市场和农业服务体系。2008年10月，十七届三中全会通过的《中共中央关于推进农村改革发展若干重大问题的决定》提出，到2020年要基本建立城乡经济社会发展一体化的体制和机制。2010年10月，党的十七届五中全会通过的《中共中央关于制定国民经济和社会发展第十二个五年规划的建议》提出，推进农业现代化，加快社会主义新农村建设，指出在工业化、城镇化深入发展中同步推进农业现代化，是“十二五”时期的一项重大任务，必须坚持把解决好农业、农村、农民问题作为全党工作重中之重，统筹城乡发展，坚持工业反哺农业、城市支持农村和多予少取放活方针，加大强农惠农力度，夯实农业农村发展基础，提高农

① 刘勇.我国城镇化战略的演进轨迹和操作取向[J].改革.2012(9):19.

业现代化水平和农民生活水平，建设农民幸福生活的美好家园。

（六）城乡发展一体化阶段

统筹城乡发展战略的实施，给城乡间的人口和生产要素的自由流动和合理配置提供了很好的机遇，农村面貌发生了很大程度的变化，但城乡二元结构尚没有从根本上得到改变，城乡间发展差距依然较大。面对城乡发展的现状和存在的问题，党的十八大提出了城乡发展一体化的目标。党的十八报告指出，解决好农业农村农民问题是全党工作重中之重，城乡发展一体化是解决“三农”问题的根本途径。要加大统筹城乡发展力度，增强农村发展活力，逐步缩小城乡差距，促进城乡共同繁荣。坚持工业反哺农业、城市支持农村和多予少取放活方针，加大强农惠农富农政策力度，让广大农民平等参与现代化进程、共同分享现代化成果。加快发展现代农业，增强农业综合生产能力，确保国家粮食安全和重要农产品有效供给。坚持把国家基础设施建设和社会事业发展重点放在农村，深入推进新农村建设和扶贫开发，全面改善农村生产生活条件。着力促进农民增收，保持农民收入持续较快增长。加快完善城乡发展一体化体制机制，着力在城乡规划、基础设施、公共服务等方面推进一体化，促进城乡要素平等交换和公共资源均衡配置，形成以工促农、以城带乡、工农互惠、城乡一体的新型工农、城乡关系。

推进城乡发展一体化，是工业化、城镇化、农业现代化发展到一定阶段的必然要求，是国家现代化的重要标志。加快推进城乡发展一体化，是党的十八大提出的战略任务，也是落实“四个全面”战略布局的必然要求。只有这样，才能给农村发展注入新的动力，让广大农民平等参与改革发展进程、共同享受改革发展成果①。十八届三中全会报告指出，城乡二元结构是制约城乡发展一体化的主要障碍。必须健全体制机制，形成以工促农、以城带乡、工农互惠、城乡一体的新型工农城乡关系，让广大农民平等参与现代化进程、共同分享现代化成果。要加快构建新型农业经营体

---

① 郑风田.三中全会城乡关系新论断影响农民的五个政策突破[EB/OL].(2013-11-25).http://theory.people.com.cn/n/2013/1125/c112851-23648045-3.html.

系，赋予农民更多财产权利，推进城乡要素平等交换和公共资源均衡配置，完善城镇化健康发展体制。习近平总书记在关于《中共中央关于全面深化改革若干重大问题的决定》的说明中指出，城乡发展不平衡不协调，是我国经济社会发展存在的突出矛盾，是全面建成小康社会、加快推进社会主义现代化必须解决的重大问题。

（七）实施乡村振兴战略，实现城乡协调发展的新型城乡关系阶段

改革开放以来，我国城镇化进程不断加速，从1978年到2017年底，我国城镇化率从17.92%增加到58.52%，年均增长1.04%；城镇人口规模从1978年的1.72亿增加到2017年底的8.13亿，年均增加0.16亿人[①]。这样的城镇化率和城镇人口增长速度，在人类城镇化历史上实属罕见。在我国城镇化进程快速推进、城市发展日新月异的同时，大量乡村因人口进入城市后而呈现出人口和产业空心化严重的问题，乡村的衰败与城市的繁华形成鲜明的对照。为了解决日益严重的乡村空心化和城乡差距不断拉大等问题，2017年10月召开的党的十九大提出了要实施乡村振兴战略，实现城乡融合和城乡协调发展。十九大报告指出，农业农村农民问题是关系国计民生的根本性问题，必须始终把解决好“三农”问题作为全党工作重中之重。要坚持农业农村优先发展，按照产业兴旺、生态宜居、乡风文明、治理有效、生活富裕的总要求，建立健全城乡融合发展体制机制和政策体系，加快推进农业农村现代化。巩固和完善农村基本经营制度，深化农村土地制度改革，完善承包地“三权”分置制度。保持土地承包关系稳定并长久不变，第二轮土地承包到期后再延长三十年。深化农村集体产权制度改革，保障农民财产权益，壮大集体经济。确保国家粮食安全，把中国人的饭碗牢牢端在自己手中。构建现代农业产业体系、生产体系、经营体系，完善农业支持保护制度，发展多种形式适度规模经营，培育新型农业经营主体，健全农业社会化服务体系，实现小农户和现代农业发展有机衔接。促进农村第一二三产业融合发展，支持和鼓励农民就业创业，拓宽增

---

① 刘勇.我国城镇化战略的演进轨迹和操作取向[J].改革,2012(9):19.

收渠道。加强农村基层基础工作，健全自治、法治、德治相结合的乡村治理体系。培养造就一支懂农业、爱农村、爱农民的“三农”工作队伍。

二、城乡差距扩大和发展不平衡的主要表现

新中国成立以来形成的城乡二元户籍制度，将城乡固化成两个对立的空间，成为我国城乡差距不断扩大和城乡发展不平衡的体制根源。改革开放以来，虽然党中央和国务院出台了一系列缩小城乡差距的政策，但收效甚微，一些地区城乡差距不但没有缩小，反而呈现出不断扩大的趋势。目前，我国城乡差距扩大和发展不平衡主要表现在以下几个方面。

第一，城市和乡村之间的经济和社会发展水平差距较大。新中国成立到改革开放初期，我国城乡居民收入比例大体保持在2.5∶1左右。1978年城乡居民收入比例为2.57∶1，农村经济体制改革后比例逐渐降低，到1984年缩小到1.84∶1。1985年我国拉开了城市改革的序幕，城乡差距重新扩大，1992年城乡居民收入比例扩大到2.58∶1，2005年扩大到3.22∶1，2009年进一步扩大到3.33∶1，2010年为3.23∶1，绝对差距已达13 190元。城市和乡村的差距不仅仅表现在居民收入差距的不断扩大上，也表现在城乡居民的受教育程度上。在教育方面，据第五次全国人口普查统计，农村人口中初中及以上文化程度占总人口的39.1%，远低于城市人口65.4%的水平，小学文化程度占42.8%，15岁以上文盲率为8.3%，高于城市23.8%和4.0%的水平[①]。

第二，城市和乡村之间在基础设施建设、基本公共服务供给水平和数量上的差距较大。城市在基础设施建设的标准和供给数量上都远远高于乡村地区。同时，在城乡基本公共服务的供给上，优质的教育资源、医疗资源、文化资源主要集中在城市特别是大城市，乡村的基础教育、基本医疗和文化资源非常缺乏。城乡之间在基础设施建设、基本公共服务供给数量和水平上的巨大差距，是乡村人口不断向城市特别是大城市集聚的重要原

① 谢志强，姜典航．城乡关系演变：历史轨迹及其基本特点[J]．中共中央党校学报，2011，15(4)：68-73.

因之一。习近平总书记在2015年全面深化改革领导小组第十一次会议上强调，发展乡村教育，让每个乡村孩子都能接受公平、有质量的教育，阻止贫困现象代际传递，是功在当代、利在千秋的大事。近些年来，虽然党中央和国务院对乡村地区的财政资金投入不断增多，但是由于乡村地区的人口基数大、基础设施和基本公共服务起点低和历史欠账多，导致现阶段的城乡之间在基础设施建设和教育、医疗、文化等基本公共服务供给的数量、水平上的差距依然较大。

第三，城市和乡村之间在社会保障类型和保障水平上差距较大。我国的社会保障制度在城市和乡村地区差异较大，不仅城市的城镇职工基本养老保险和城乡居民养老保险（2014年时由新型农村养老保险和城镇无固定单位居民养老保险合并而来）的保障水平差距较大，而且城镇居民医疗保险和新型农村合作医疗保险水平之间的差距也比较大。例如，我国城镇退休职工每月领取的养老金基本都在2 000元以上，而我国广大中西部地区60岁以上的农民每月领取的养老金大约在100元，城镇60岁以上领取城乡居民养老保险的居民每月领取的养老金也只有大约200元。对于中西部地区60岁以上的农民来说，每月领取的100元左右的养老金只具有象征意义，基本无法保障养老支出，养老还是需要依靠子女或者自己每日的劳动所得。“受户籍制度的结构性影响，城市的基本公共服务等制度安排都是以户籍为基础的，户籍人口与非户籍人口的鸿沟成为难以逾越的障碍。农民工从进入城市就业开始，到参加社会保障，再到子女接受教育，都因户籍问题而遭受到权利剥夺。调查数据显示，在绝对贫困阶层中农业户口的样本占到39%，在相对贫困阶层中农业户口的样本占到32%，绝对贫困阶层和相对贫困阶层中农业户口的比例都高于非贫困阶层。但在现有的城市以户籍为基础的社会救助政策安排下，这部分群体并不是救助对象，因而无法享有接受社会救助的权利。农民工的社会保险也基本上以户籍地为主，他们大多参加农村的基本养老和基本医疗保险，或者不参加社会保险。”①

① 孙远太.城市贫困阶层的再生产机制及其治理政策研究[M].北京:中国社会科学出版社，2016:207-208.

第三，城乡二元结构向城乡新三元结构的转变。城乡二元结构的根源在于城乡的二元户籍制度，从短期来看，这一建立长达近60年的制度在短期内不会被取消。农民从乡村地区向城市的流动不仅受到户籍制度导致的城乡二元结构的严重束缚，而且这种二元结构正伴随大量农民的进城而在城市得到复制和强化，形成了城市二元结构或者城乡“新三元结构”①。受到城乡二元户籍制度的限制，进城务工的农民工只能参加城市当地的社会保险，无法享受到以城市户籍为基础的社会救助政策和城市住房保障政策的关照。“中国政府加强了在农民工群体中推进社会保险，但他们仍然基本被排除在城市最低生活保障制度和住房救助制度之外，这将使得他们面临着严峻的贫困化风险。”②

第五，农民工群体在城市遭遇社会排斥，社会融入难度大，制约了我国城镇化质量的提升。改革开放以来，我国乡村地区的农民纷纷外出务工，为工业化和城镇化进程做出了巨大贡献。随着时间的推移，现阶段我国的农民工队伍呈现出老一代农民工和新生代农民工并存的局面。老一代农民工在逐步退出舞台的时候，面临的是“老无所依”的困境和陷入“老年贫困”的风险。新生代农民工作为“融不进城市、回不到乡村”的一代，尽管有在城市定居和工作的强烈愿望，但其自身条件妨碍他们成长为技术型工人。“这就使新生代农民工依然无法真正面对城市较高素质人群的竞争，不能进入高层次的阶层和群体当中，像其父辈一样，极易深陷‘低技能—险行业—累岗位—低收入’的就业循环困境。”③新生代农民工群体只能在非正规的次级劳动力市场就业，游离于正式的社会保障之外，承受着较高的贫困化风险。

同时，城乡二元户籍制度对进城乡村群体的排斥在很大程度阻碍了我国城镇化进程，导致出现了城镇化进程与工业化进程不协调的问题。以户籍制度、城乡差别劳动就业和福利保障制度为主要内容的城乡隔离制度，

① 甘满堂.城市农民工与转型期中国社会的三元结构[J].福州大学学报(哲学社会科学版)，2001(4):30-31.

②《中国扶贫开发年鉴》编委会.中国扶贫开发年鉴2014[M].北京:团结出版社,2014:568.

③ 李国强,金源云,左彩金,等.新生代农民工代际传递问题研究[J].石家庄经济学院学报,2014,37(2):77.

使得这些已经离乡、离土、进城的农民工，无法成为真正的城市居民，无法摆脱农民的身份。从而造成工业化进程与城镇化相分离，农民的职业转移和空间转移相分离，直接阻碍了城镇化进程。虽然近年来我国在推进城乡二元户籍制度改革方面取得了明显进展，但大多数城市仅把户籍制度改革停留在“投资移民”“技术移民”层面上，阻碍了农民工转化为稳定的城市产业工人和市民。一些地区虽取消了农业户口和非农业户口的名称，但并未改变附加在户口上的不平等制度。目前，“计划经济体制遗留的那些阻碍农村劳动力流动的政策条文已大多废除，可是进城的乡村户籍人口仍未得到与城市户籍人口同等的权利。”①由于户籍制度的限制，他们不能顺利地转变为稳定的城市产业工人和城市居民，只得“候鸟式”地常年徘徊于城乡之间。从狭义角度讲，可以说这些人口的存在是我国城市化滞后于工业化、城市化与工业化发展不相协调的集中体现，如何将这些“待城市化人口”转变为真正的城市人口，是城市化与工业化协调发展的最根本的要求。这些“待城市化人口”逐渐增多，表明我国城镇化与工业化不协调程度日益增加；反之，这些“待城市化人口”消失之日，正是我国城市化与工业化协调之时②。

三、城乡一体化与县(市)改区改革

城乡一体化主要包括城乡规划一体化、城乡产业布局一体化、城乡基础设施一体化和城乡公共服务一体化。党的十七届三中全会提出，要建立促进城乡经济社会发展一体化制度。尽快在城乡规划、产业布局、基础设施建设、公共服务一体化等方面取得突破，促进公共资源在城乡之间均衡配置、生产要素在城乡之间自由流动，推动城乡经济社会发展融合。

---

① 朱玲，何伟．工业化城市化进程中的乡村减贫40年[J].劳动经济研究，2018，6(4)：6.

② 新玉言．新型城镇化——理论发展与前景透析[M].北京：国家行政学院出版社，2013：120-121.

(一)县域是城乡一体化战略推进的重点区域

县域是城乡一体化战略推进和实施的重点区域。据民政部统计数据显示，截至2017年年底，我国共有2 851个县级行政区，其中，962个市辖区、363个县级市、1 355个县、117个自治县、49个旗、3个自治旗、1个特区、1个林区[①]。这一区域承载了我国大部分的人口，只有这一区域发展好了，我国的城乡一体化的目标才能完全实现。

城乡一体化目标的实现，需要坚决破除城乡二元结构。城乡二元结构的建立和存在，有其特定的时代背景和合理性。改革开放以来，中央政府和很多地方政府都尝试对这一制度进行变革，但尚没有从根本上撼动城乡二元结构。城乡二元结构制度变革之难，反映出该制度的根基较深，涉及的利益纠葛和纷争较大，短期内被废除的可能性较小。城乡二元结构的存在，使得城乡居民之间在基础设施建设、教育和医疗等基本公共服务、社会保障等方面权利差异甚大，是造成城乡发展差距不断扩大的重要原因。中国人民大学郑风田教授认为，“城乡二元结构是目前制约我国城乡发展一体化的主要障碍，也是我国城乡差距愈拉愈大的主因，这种制度不但使城乡生产要素交换不平等，而且形成一个巨大的抽水机系统，单向地把农村生产要素抽向城市：农村大量的资金通过邮政储蓄及设在农村的金融机构网点输向城市，而农村居民因为主要财产承包地与宅基地难以进行抵押从而很难得到金融贷款；农村每年大量的土地被低价征收用于工业与城市建设，而给予农民的补偿却极低。目前巨大的城乡公共品服务‘势差’更加剧农村宝贵的人力、物力、财力大量单向地流入到城市。农村失血比造血多，长此以往，只能造成城市畸形繁荣，农村陷入衰落。必须在制度上进行探索，让城乡要素平等交换，城乡互动，实现城乡双重循环反复的链接，让城里的人力、物力、财力也能够向乡村转移，从而真正地实现城乡

---

① 中华人民共和国民政部.中华人民共和国行政区划统计表[EB/OL].http://xzqh.mca.gov.cn/statistics/2017.html.

一体化梦想。”[①]

在城乡二元结构短期内难以被废止的背景下，可以尝试在行政区划改革上寻求突破口。通过将部分县（市）改为地级市辖区，可以做到在不改变县（市）居民户籍身份的前提下，使他们享受到与地级市相同的基础设施、基本公共服务和社会保障标准，从而有效缩小城乡差距，推动城乡一体化目标的实现。

（二）县（市）改区有利于城乡从分治走向合治，推动城乡一体化进程

现有的城乡划分标准和城乡制度设计使得城乡处于分治的格局之下，导致城乡一体化目标很难实现。按照我国城乡划分标准，市属于城的范畴，县属于乡的范畴。在地级市领导县体制下，县虽属于地级市领导，但是在城乡规划、产业发展、基础设施建设和基本公共服务供给等方面拥有完全独立于地级市的权限。例如市和县的规划是分开的，地级市规划部门负责城市和市辖区区域的规划，县负责县域城镇和乡村的规划。

城乡分治结构制约了生产要素和资源在城乡之间的自由流动和合理配置，阻碍了城乡基本公共服务均等化目标的实现，需要通过行政区划设置的调整来推动城乡从分治走向合治，而县（市）改区是推进城乡分治走向城乡合治的可行的行政区划改革模式。通过将县改为地级市辖区，可以使城乡基础设施建设、基本公共服务供给和社会保障标准完全统一，有效抵消因制度设计带来的城乡差距，有利于加速城乡一体化目标的实现。例如，安徽省芜湖市2006年新设立了三山区，该区管辖的范围原属于芜湖市繁昌县的部分乡镇，在新区设立后，芜湖市政府按照城市标准，对新区的城乡规划、道路建设、公交线路、基本公共卫生服务等进行了升级改造，有效地缩小了与地级市主城区的差距，城乡一体化进程向前迈进了一大步。

---

① 郑风田.三中全会城乡关系新论断影响农民的五个政策突破[EB/OL].(2013-11-25).http://theory.people.com.cn/n/2013/1125/c112851-23648045-3.html.

第四节　新型城镇化与县（市）改区改革

一、县域是新型城镇化的重点区域

新型城镇化不同于以往的“只见物、不见人”的以小城镇为重点的城镇化，主张以人为核心和根本，以城市群为主体形态，推动大中小城市与城镇协调发展。中共中央和国务院印发的《国家新型城镇化规划（2014—2020年）》指出，中心城市是我国城镇化发展的重要支撑，直辖市、省会城市、计划单列市和重要节点城市等是中心城市。规划指出，要优化城镇规模结构，增强中心城市辐射带动功能，加快发展中小城市，有重点地发展小城镇，促进大中小城市和小城镇协调发展。华中师范大学徐勇教授在谈到新型城镇化时指出，如果城镇化造成的是农村被抛弃和遗弃，那将是一场社会“灾难”。我们追求的是中国特色的新型农村城镇化，“新”在不抛弃和遗弃农村，反而是以农村繁荣为前提条件。而衡量农村是否衰败和繁荣的重要标志是农村人口也能享受城镇均等的公共服务。在温饱阶段，城乡差距在于收入。在小康阶段，城乡差距主要在于公共服务。农村人口实现温饱后最渴求的是有良好的教育、医疗、养老、社会救助、文化生活等。因此，在城镇化进程中，一方面是“人口进城”，另一方面是“服务下乡”，这才是完整的城镇化。发达国家的富人之所以愿意居住在乡镇，原因除了有更新鲜的空气，更适合人居的环境外，也可以享受城市一样的公共服务①。

改革开放以来，我国城镇化进程不断加快，到2017年我国城镇化率已经达到58.52%。我国城镇化水平在不断提升的同时，也暴露出发展不均衡的问题，主要表现为以直辖市和省会城市为主的大城市的城镇化水平和质量不断提升，大部分地级市和县域的城镇化水平和质量亟待提升。新

① 徐勇.深化对农村城镇化认识十题[J].东南学术,2013(3):4-8.

型城镇化战略的有效实施，不仅仅需要大力发展属于城市群地位的核心城市，也需要发展作为城市群重要节点的地级城市、县级城市和城镇。近些年来中西部地区因区域性中心城市缺乏导致城市群培育不足，在很大程度上影响和制约了我国城镇化整体水平和质量的提升。

县域是我国新型城镇化战略的重要区域，县城因自身的规模和产业集聚的弱势，依靠自身难以有效发展且规模不经济现象突出，需要与周边的地级市和其他县之间进行产业分工和有效协作，实现协调发展的格局。而当前地级市的发展，也受到发展空间不足、人口规模有限等问题的制约，影响地级市对县域的带动和辐射能力的有效发挥。通过将地级市管辖的部分县或者代管的地级市改为市辖区，有利于拓展地级市发展空间，更好发挥地级市的中心城市的带动作用，推动县域的城镇化水平和质量，从而更好实现新型城镇化期待的大中小城市和小城镇协调发展的目标。

二、新型城镇化与县(市)改区改革

新型城镇化与县（市）改区之间存在着高度的契合点。一方面，县（市）改区改革使得城市型政区空间和人口规模得到有效扩大，有利于地级市的发展壮大，增强地级市对周边小城市和城镇的辐射带动作用，符合新型城镇化的要求和发展方向。另一方面，新型城镇化战略也为县（市）改区改革的推动提供了强大的动力支撑。

首先，新型城镇化提出的以城市群为主体形态的战略，为县（市）改区改革的深入推进提供了强大的动力支撑。城镇化作为人口从乡村地区向城镇的转移，有其自身发展和演变的客观规律。在城镇化进程不断发展过程中，形成了有一定规律的城镇空间布局即城镇化的空间结构。“城镇化的空间结构从最直接的角度看是城镇的分布，主要包括城镇人口和经济活动的分布，尤其是城镇人口的分布构成是其最主要的内容。人口分布是人类长期开发、生息、繁衍的结果，分布的差异与各地区的水土条件、气候条件、交通条件、开发历史及发展水平密切相关。有关城镇空间结构的理论和事实都表明城镇布局、城镇规模是人们选择居住区位、企业选择生产区位以及政府对公共服务配置共同作用的结果。显然，城镇化的空间结构并不完全由政府的‘规划’所决定，研究城镇化空间结构的目的也并不在于提出一个具体的、‘合理’的城镇化空间布局，而是要探索总结城镇化的空间结构有何规律可以遵循。这就要求不仅要观察人们做出区位选择的结果，而且要试图去辨别影响人们做出区位选择的因素和作用机制，只有这样才能更好地理解和引导各种要素的流动和集聚，做好城市规划，完善城市的功能。通常，城镇化的空间结构要求城镇的规模能够充分发挥城市集聚优势，促进效率的提高；城镇的布局能够与经济活动、资源环境的承载力相匹配，城镇间的连接和城镇的内部结构能够促进城镇功能的完善和融合发展。”①特大城市和大城市由于具备较强的集聚效益和规模效益、更多的就业机会、更高的工资回报、更好的生活环境和更优质的基本公共服务资源等方面的优势，成为企业生产区位和人口居住区位的首要选择，而小城镇因集聚效益和规模效益不足、就业机会较少、工资回报较低、生活环境一般和优质基本公共服务资源缺乏等问题，对企业和人口的吸附能力较弱。

在推进城镇化进程的实践活动中，需要尊重和顺应城镇化的客观规律，而不能逆规律而动。与我国传统城镇化忽视城镇化发展规律，采取重点发展小城镇、限制发展大城市、合理发展中小城市的战略不同，新型城镇化战略非常重视城镇发展的客观规律，提出了要以城市群为主体形态，推动大中小城市和小城镇协调发展的目标。城市群的形成需要以特大城市、大城市为核心，以中等城市为重要支点，以小城市和小城镇外围地区，形成一个等级规模分布合理的城镇体系。经过多年来的发展，我国城镇化速度虽然很快，但是城镇体系结构不尽合理，大城市和特大城市数量较少，后续承载空间和能力有限；小城市和小城镇数量虽多，但不具备集聚包括劳动力在内的生产要素的能力；本应承担承载人口主力、有效衔接大城市和小城镇的以地级市为代表的中等城市，因发展空间限制而没有担负起应该承担的功能。目前，以地级市为代表的中等城市经过近些年的发展已具备一定的产业基础，具备吸纳更多人口和产业的优势，部分城市已

① 方创琳等.中国新型城镇化发展报告[M].北京:科学出版社,2014:259.

经具备发展成为大城市甚至特大城市的潜力，但面临行政区划导致的发展空间的制约。通过将与地级市相邻、产业联系较为密切的县（市）改为市辖区，可以有效解决地级市人口、空间规模不足的问题，做大做强地级市，使其承担起有效衔接（特）大城市和小城市及城镇的功能，可以推动现有城市群的发展壮大。同时，将部分经济基础和资源禀赋较好的地级市做大做强成为特大城市或者大城市，有利于培育新的区域经济增长极，更好地推动区域经济协调发展。

其次，县（市）改区改革的持续推进，为新型城镇化战略的实现提供了坚实保障。城市群作为新型城镇化战略的主体形态，已经成为现代国家和区域经济发展的强大引擎，我国的经济发展正逐步由传统的行政区经济、省域经济向城市群区域经济转变。纵观我国经济发展较快的长江三角洲和珠江三角洲地区，城市群的发展水平都较高。长三角地区形成了以上海为核心，南京、杭州、合肥为次核心，苏州、无锡、常州、宁波等城市以及一批中小城市和城镇分散在周边的世界级城市群，珠江三角洲地区形成了以广州、深圳为核心，佛山、东莞、中山、惠州等城市分散在周边的珠三角城市群。截至2017年底，我国经国务院批准的国家级城市群就已经达到6个，包括长三角城市群、珠三角城市群、长江上游城市群等，待批准的城市群还有多个。

城市群的培育和发展，需要依托一个或两个（特）大城市作为核心，以若干个中等城市为次核心。作为城市群的核心和次核心城市，必须要具备较强的资源和要素集聚能力，并同时能对周边地区产生明显的扩散效应。但是，目前我国城市群发展尚面临不少问题，比如绝大部分城市群发展尚处于不成熟阶段，城市群内部核心城市与次核心城市、一般城市、小城镇之间内在经济联系紧密度不高；绝大部分城市群是行政规划出来的，而非市场自然生长出来的；绝大部分城市群缺乏强集聚力、强扩散效应的核心城市或次核心城市；城市群内部没有形成等级规模分布的城市体系等。在市场化程度一般和较低的区域，行政区划作为影响资源和要素在一定空间分布的重要因素，其设置是否合理，直接关系到区域经济发展的格局和质量。当前，除了长三角和珠三角地区的城市群形成主要来源于自下而上的市场推动和地方政府主动合作，城市群结构较为合理外，大部分城市群尚处于培育期，以省会城市为主的首位城市规模分布特征较为明显，一般的地级市发展较为滞后，难以承担次核心的地位，需要必要的行政区划调整来推动城市群的培育和成熟。通过将部分县（市）改为地级市辖区，可以为地级市集聚更多的人口，为产业提供更大的空间，为集聚效应的产生和未来对周边区域的扩散效应的发挥创造有利条件，推动城市群经济和区域经济更加有效协调地发展。

以安徽省为例，安徽省在城市群的培育和发展过程中，先后提出了皖江城市带、皖北城市群、合肥都市圈等规划，但一直以来皖江城市带和皖北城市群的发展非常滞后，名义上几个城市同属一个城市群，但城市群内部的各城市之间往往各自为政，产业分工与合作意识淡漠，恶性竞争、重复建设问题突出，跨区域的基础设施建设缺乏统一的规划和有效的协调，基本处于有城市群之名、无城市群之实状态。相比之下，合肥都市圈的核心城市合肥市，依托全省行政中心的地位，通过必要的行政区划调整，近十年来经济规模和综合实力得到不断提升，对周边的六安、淮南等地区的影响力不断扩大，合肥都市圈的影响力显著增强。合肥都市圈发展的历程，有力地说明了行政区划设置的合理变革，是优化城市群发展格局，提升城市群综合实力和竞争力，推动新型城镇化战略有效实施的坚强保障。

再次，县（市）改区改革，有助于优化我国现有城市空间布局，构建更加合理有效的城镇体系。改革开放以来，城镇化和区域经济协调发展成为我国行政区划改革应遵循的两大主要逻辑。城市尤其是大城市，在经济特别是区域经济发展中的重要性日益显现。“城市成为一种手段，使得专业化的亚区域地区融入全国的经济网络。城市成为活动和创新的中心、交通网络的节点，良好的可达性使得这里的公司能够很容易获得本土化和城市化的规模经济优势。城市周围的农业企业变得更加有效率。大城市周围分布着有前景看好的商业化的农业区，而大城市区域的那些可达性不好的外围地带的经济则是落后的，停留在生存状态。”[1]城市“空间组织包括两

① 布赖恩·贝利.比较城市化——20世纪的不同道路[M].顾朝林，汪侠，俞金国，等译.北京：商务印书馆，2010：110.

个重要的因素：城市体系，根据每个城市的承担的功能呈等级体系排列；受城市影响的相应区域或者是在这些体系中围绕着每一次城市的城市场。一般来说，城市的规模和功能与城市场的发展程度成正比。每一个主要区域围绕着大都市等级中心进行发展，把这些区域进行网络的大都市间的网络联系开始出现。与大都市间的距离开始对经济增长的空间关联起作用。在大都市之间的那些可进入性不好的外围地带，经济一直比较落后。一些更小区域的连接由一些处在稍低等级的小的成功的中心来承担，如小城市、城镇、乡村等。当交通条件改善后，这些处在最低水平的中心，在发挥最初的主要作用后将逐渐地衰退"[①]。

合理的城市空间布局，有利于区域经济的协调发展。但是，我国现有的城市空间组织和结构布局，阻碍了城市特别是地级市在区域经济发展中作用的发挥。当前，我国的城市空间布局中，行政等级较高、辐射力较强的（特）大城市数量较少，行政等级低、辐射力弱小城市和城镇数量较多，行政等级和辐射力处于中间状态的以地级市为主的中等城市数量适中，但发展空间不足，没有承担起在区域经济发展中应该承担的角色。同时，我国的城市辖区和受城市辐射的区域间存在错位的情况，城市辖区面积一般小于受城市辐射和影响的区域，大城市和中等城市对周边区域的辐射和带动作用在很大程度上被城乡分治的行政体制和市县分割的行政区划设置所冲抵。通过将部分地级市周边的县（市）改为市辖区，有助于优化我国现有城市空间布局，构建更加合理有效的城镇体系，解决城市辖区和受城市辐射区域错位难题，有效推动区域经济更好地协调发展。

最后，县（市）改区是符合新型城镇化背景下乡村人口转移意愿和趋势的行政区划改革模式。新型城镇化是以人为核心的城镇化，在通过行政区划推动新型城镇化进程和质量提升过程中，要充分尊重乡村人口的转移意愿，尊重城市发展客观规律和市场规律。乡村人口向城镇迁移的目的，是在充分考虑自身可负担成本的前提下，获取更好的就业机会和享受更好的基本公共服务。县城和小城镇虽落户成本低，制度限制少，但缺乏就业

① 布赖恩·贝利.比较城市化——20世纪的不同道路[M].顾朝林，汪侠，俞金国，等译.北京：商务印书馆，2010：110-111.

机会，基本公共服务供给数量和水平有限，不是乡村人口向城镇迁移的首选之地。而大城市虽然就业机会多，基本公共服务供给标准较高，但落户成本和条件较高，一般人不符合标准且也难以承受巨大的经济成本。同时，少数特大型城市已接近资源和环境承载力的极限，城市人口规模与城市有限的承载力之间的矛盾日益突出，城市人口规模扩展空间已经非常有限，以北京和上海为代表的部分特大城市已经将严格控制人口规模作为现在和未来很长一段时期内的城市工作的重点之一。以北京市为例，根据北京市制定的《北京城市总体规划（2004—2020）》，到2020年北京实际居住人口要控制在1 800万人，但是2010年北京市常住人口就已经达到了1 962万人，2012年时更是达到了2 069万人，远远超过了规划要求的2020年1 800万人的目标。这种情况在上海、深圳等特大型城市中表现得也非常突出。国家统计局2015年的调查显示，2014年我国外出农民工中，30.5%流向直辖市和省会城市，34.2%流向地级市，地级以上大中城市所占比重高达64.7%。“农业转移人口向大中城市高度集聚，导致城市规模结构出现严重失调。一方面，一些大城市特别是超大城市规模急剧膨胀，出现了交通拥堵、房价高企、环境污染、资源短缺等城市病；另一方面，一些小城市和小城镇由于缺乏产业支撑，公共服务落后，人气不足，出现了相对衰落的现象。”①

相比于对乡村转移人口缺乏吸引力的小城镇和吸纳空间有限的（特）大城市而言，以地级市为主的中等城市是绝大部分乡村人口向城镇转移的合理且可行的选择。从满足就业需要和落户成本来说，地级市因自身经济基础和人口规模适度，能提供相对适中的就业机会，落户条件较为宽松，落户成本适中，基本公共服务供给也较小城市和小城镇更为完善。从吸纳乡村转移的空间来说，我国地级市拥有较强的人口承载力空间，同时，地级市规模经济和规模效应的发挥，也需要更多的人口进入。县（市）改区可以有效地拓展城市发展空间，使得更多人口进入地级市，是一个符合新型城镇化战略背景下乡村人口转移意愿和趋势的行政区划改革模式。

---

① 魏后凯，苏红键．中国城市贫困状况研究——聚焦外来务工人员[M]．北京：中国社会科学出版社，2016：57-58.

第五节　县（市）改区对城乡一体化和新型城镇化推动作用的实证分析

对于任何一种行政区划改革模式，除了理论层面的论证之外，也需要从实证层面展开必要的分析。本节将以安徽省的县（市）改区为主，同时选择北京和南京的部分县（市）改区案例，来论证县（市）改区对我国城乡一体化、新型城镇化和区域经济协调发展等战略的推动作用。

第一，县（市）改区有利于拓展地级市发展空间，推进资源和要素在一定区域内的合理配置，更好地发挥地级市的集聚效益和扩散效益，推动区域经济协调发展。中国城镇化有一个重要使命就是带动农村发展。而少数特大城市和大城市对农村的带动是十分有限的。北京五环以外的郊区农村与五环以内的城区是两个迥然不同的世界，城乡差距巨大[①]。同时，城市的发展只有在人口、产业集聚、城市区域面积达到一定规模的情况下，才会很好地发挥它的集聚效应和扩散效应。改革开放以来，我国城镇化进程不断加快，在大量乡村人口向城镇转移的同时，我国不同等级的城镇对人口的吸引力存在着很大的差异，三四线城市和小城镇集聚的人口规模较为有限，人口向一线城市和二线省会城市集聚的趋势较为明显。

区域经济增长极理论认为，“增长并不是在任何地方出现，它以不同的强度首先出现在一些增长点或增长极上，然后通过不同的渠道向外扩散，并对整个经济产生不同的最终影响。”[②]地级市领导县体制在全国范围内基本确立至今，我国地级城市的发展较快，地级城市在产业和人口集聚等方面的优势较为明显，很多地级城市已具备发展成区域经济增长极的可能。通过将地级市主城区周边的县全部或者部分改为市辖区，按照统一规划和建设的原则，在更大的范围内整合配置资源，既可以解决地级市发展遇到的人口、土地、空间障碍，加速地级市成为区域经济增长极的进程，

① 徐勇.深化对农村城镇化认识十题[J].东南学术，2013(3)：4-8.

② 郭熙保.发展经济学经典论著选[M].北京：中国经济出版社，1998：236.

也有利于提升县域城镇化水平和质量。地级市有了发展空间和产业支撑，第三产业的发展将更加迅速，对人口的集聚能力和周边乡镇的辐射能力将更强，能够更好地解决城市空间布局与资源承载能力不匹配、城市功能定位趋同的问题，地方的城镇化发展因此将进入良性轨道，从而有利于更好地统筹协调区域内城乡的经济和社会协调发展，实现城乡一体化目标。

以安徽省芜湖市为例，芜湖市辖四县四区，经过几次区划调整后，芜湖市下辖的繁昌县和芜湖县的地域面积较小，人口较少。从发展前景来看，繁昌县和芜湖县的发展空间受到地域面积不足和人口规模有限的约束，很难达到城市规模效应和集聚效应的要求。因芜湖市主城区发展受到地域空间和人口规模不足的严重制约，在之前的多次行政区划调整过程中，已经将芜湖县的部分乡镇划入芜湖市弋江区和镜湖区管辖，从繁昌县中切块设立了三山区。历经多次市县边界调整后，繁昌县和芜湖县与芜湖市的市辖区接壤，距离芜湖市的距离在30公里左右，由快速通道和高速公路连通，交通便利，两县的经济开发区已经基本上与市区连成一片。同时，从产业发展来看，两县的产业结构和产业发展规划与芜湖市的产业发展布局和规划高度一致，融合度高。其中，芜湖县以高端装备制造、汽车及零部件、电子信息、新能源、新材料、出口家电、现代物流等为主要支柱产业，繁昌县以水泥建材、纺织服装、冶金机械、船舶制造等为支柱产业。如果能够将两县改为市辖区，能够更加有效地拓展芜湖市的发展空间，推动资源和要素在更大范围内的合理配置，推动芜湖市成为区域性经济增长极。

以江苏省南京市县改区为例，2013年2月，江苏省南京市正式公布了“四区合二，两县改区”行政区划调整的方案。撤销秦淮区、白下区，以原两区所辖区域设立新的秦淮区；撤销鼓楼区、下关区，以原两区所辖区域设立新的鼓楼区；撤销溧水县，设立南京市溧水区，以原溧水县的行政区域为南京市溧水区的行政区域；撤销高淳县，设立南京市高淳区，以原高淳县的行政区域为南京市高淳区的行政区域。本轮行政区划调整后，南京市由11区两县精简为11个区，从此，南京市进入了无县的时代。此次动作之大，涉及南京全市行政区域总面积的30%左右、户籍总人口的40%

左右。改革之前，南京市部分市辖区规模较小、实力较弱。南京市位于江南主城的8个市辖区中，白下、秦淮、鼓楼和下关的面积都不足30平方公里。其中秦淮、下关两区人口都仅有30万左右，不但发展空间局促，严重影响历史文化名城保护，而且行政运行成本较高。部分区的产业同构，不利于整合，制约了经济社会发展。通过对已有市辖区的重组，南京市部分市辖区发展空间得以有效拓展。同时，对于改为区的溧水、高淳来说，两个区将享受其他区一样的待遇，将被纳入南京市整体的城市规划和经济发展框架中考虑，有助于优化原有落后的产业布局，提升城镇化水平和质量，推进城乡一体化进程。

第二，县（市）改区有利于促进城乡之间在基础设施建设、基本公共服务和社会保障等方面一体化的进程，促进城乡要素平等交换和公共资源均衡配置，有助于更好地实现人的城镇化。下面将分别以安徽省芜湖市三山区和鸠江区为例，来说明县（市）改区对推进城乡一体化进程的积极作用。

芜湖市三山区成立于2006年，采用的分县切块设区模式，由原属于繁昌县的几个乡镇合并而成。三山区虽然属于市辖区，但由于建区较晚和原有基础薄弱，全区的基础设施和基本公共服务水平非常落后。区划调整完成后，芜湖市在基础设施建设和基本公共服务供给等方面对三山区投入巨大。先后开通了多条公交线路，引进了北京师范大学芜湖实验学校等优质教育资源。2017年，为了改变三山区优质医疗资源配置不足的问题，芜湖市将全市最优质的医疗资源引入该区，规划建设一个拥有1 000张床位、集医疗和养老于一体的三甲医院。

芜湖市鸠江区沈巷镇，原属于安徽省巢湖市和县，2011年8月，地级巢湖市撤销后，原属于和县的沈巷镇整体划入芜湖市鸠江区。此后不久，芜湖市和鸠江区政府按照城市主城区标准，先后给沈巷镇进行了电网扩容升级、乡村公路市政改造建设、保障房建设、医疗、养老和失业等社会保障提高到与市区同等待遇，整个镇的面貌发生了很大变化，城镇化建设取得初步成效。行政区划调整后，沈巷镇开通了多条公交线路，覆盖了全镇大部分地区，70岁以上的老年人还能办理优待卡，享受芜湖城市居民待遇，既方便又省钱。同时，全镇困难户的扶持、低保户的情况了解、养老保险和医疗保险等社会保障和公共服务的办理都可以在村里办理，且标准和市区完全一致。

第八章 撤县设市改革模式的可行性研究

撤县设市是指将县的行政建制撤销，设立属于城市型政区建制的县级市的行政区划改革模式。县域经济的快速发展和城镇化水平不断提升后城市数量的严重不足，使得撤县设市成为当前我国地方行政区划改革中的一个重要模式。

改革开放以来，我国城镇化进程不断加速，从1978年到2017年底，我国城镇化率从17.92%增加到58.52%，年均增长1.04%；城镇人口规模从1978年的1.72亿增加到2017年底的8.13亿，年均增加0.16亿人[①]。这样的城镇化率和城镇人口规模增长速度在全世界是史无前例的。在我国城镇化水平不断提升和城镇人口规模不断增加的同时，我国的城市数量却并没有增加多少，甚至近年来伴随县级市改为地级市辖区改革的不断推进，导致城市数量不升反降的现象，这与我国在1997年之后将撤县设市改革冻结了很多年有很大关系。1997年国务院决定暂停对撤县设市的审批，通过撤县设市增加城市数量的路径基本被阻断。加之我国很多地区推行的县（市）改区改革，使得我国城市的数量在很多年间不但没有增加反而减少了。城市数量的不足，在一定程度上严重阻碍了我国城镇化水平和质量的提升。因此，为了更好地推进县域经济特别是经济发达县的发展和提升我国城镇化水平和质量，对于部分符合条件的县进行撤县设市的改革很有必要。

2013年，党的十八届三中全会通过的《中共中央关于全面深化改革若干重大问题的决定》提出，优化行政区划设置，完善设市标准，严格审批程序，对具备行政区划调整条件的县可有序改市，撤县改市政策再次放

① 刘勇.我国城镇化战略的演进轨迹和操作取向[J].改革,2012(9):19.

开，许多县开始积极申报。本章在对我国市制的历史沿革和类型进行回顾的基础上，对现阶段撤县设市改革的可行性、现实性及其完善路径进行分析和研究，以期撤县设市改革模式在实践层面的运作更加有效。

第一节 我国市制的历史沿革与类型

一、市制的历史沿革

在中国几千年的历史中，除了宋代时期城市的商业较为发达外，我国的城市是作为国家或区域政治中心的治所而存在的，即先有城后有市。因此，我国城的历史虽然较为久远，但是市制的历史较短。

中国的市制确定于20世纪初。1909年，清政府为实行所谓“地方自治”，颁布了《城镇乡地方自治章程》，在全国第一次以法律的形式把城镇区域和农村区域分别开来。1921年7月3日，北京北洋政府颁布了《市自治制》，规定1万以上人口的城镇均可设市，并将市划分为特别市和普通市两种，特别市相当于县，普通市由县领导。

南京国民政府成立后，我国的市制设置开始步入正轨。1928年7月3日，中华民国南京国民政府颁布了《特别市组织法》和《市组织法》，对特别市和普通市的组织形成进行了规定，也标志着市正式成为我国行政区划设置中的一级。依据《市组织法》的规定，城市分为特别市和市两种，特别市直属于中央政府。“1930年，又颁布新的《市组织法》，将市分为行政院辖市和省辖市两种。其中规定，院辖市的条件是：‘一、首都；二、人口在百万以上者；三、在政治上经济上有特殊情形者。省会所在地不能设立院辖市，人口在30万以上或者人口在20万以上营业税、牌照费、土地税占总收入的1/2以上的城市设为省辖市。’”[①]1943年5月，国民政府

① 邵彦涛.民国设市标准与财政能力之关系——以兰州设市为中心的考察[J].甘肃社会科学，2016(2)：101.

又颁布了重新修订后的《市组织法》，对原有的设市标准进行了降低，规定只要人口超过20万就可以设市。设市标准降低后，“从1943年至1949年，国民政府新设市86个，占民国时期设市总数（151个）的57%。”[①]

新中国成立后到改革开放前，我国的市制一方面沿袭了民国时期的设置格局，同时也结合我国社会主义现代化建设实际进行了大胆的探索和尝试，在很多工矿基地设置了一定数量的市，市制得到一定程度的发展。但由于新中国成立至改革开放初期，我国一直实行较为严格的城市人口政策，市的数量并没有得到大幅增加，1964年时我国的城市为167个，到1978年才发展到193个[②]。

改革开放以后，伴随党和国家工作中心转移到经济建设上来，我国的城镇化进程明显加快，市的发展也迎来了春天，明确设市标准、增加城市数量成为改革开放后我国市制发展的两个重要方面。1984年和1986年，中央两次降低了设市标准，规定符合下列条件即可设市：聚集7万以上城镇人口；是一定地域内的重要工（矿）业基地；是一定地域内的政治、经济、文化、科学以及交通运输中心，对周围乡村有一定的辐射力和吸引力。经过修订后的设市标准，淡化了市作为政治治所的色彩，更加强调市的经济功能，明确了城市要起到对农村地区的辐射和带动作用，对于推动我国城镇化进程和城乡经济互动起到很大促进作用。

在20世纪的最后20年里，中国的城市化程度进一步加快，尤以县级市数量的增加最为明显。这主要是由于大规模的撤县改市导致的，但其根本原因是我国第二产业和第三产业，特别是乡镇企业的大发展，导致城镇人口数量的不断增加和建成区面积的不断扩大，客观上需要增加城市的数量，撤县设市改革正是顺应这一要求的必然结果。同时，已有城市的规模也普遍有了较快的发展。像北京、天津、上海这样的大都市，已经取消了郊区的称谓。其他城市的城区面积也普遍迅速地扩大，为增强城市的综合功能创造了条件，像南京市1995年4月就一次性地正式将城区面积扩大了

① 邵彦涛.民国设市标准与财政能力之关系——以兰州设市为中心的考察[J].甘肃社会科学，2016(2):101.

② 刘勇.我国城镇化战略的演进轨迹和操作取向[J].改革，2012(9):19.

一倍。经过1997年之前的一波撤县设市高峰之后，到2000年，我国的城市总数已经达到了663个[①]。自此以后，城市的数量大体保持稳定，城市的人口规模和建成区面积不断扩大。

二、新中国成立以来市制的类型

市作为一级行政区划建制，在我国行政区划中类型最多，层级差异最大，也是变动最频繁的行政层级。根据新中国成立以来的市制的变动和调整情况，可以将我国当前市制的类型基本上确定为四种：直辖市、地级市、县级市和尚处于政策试点阶段的镇级市。

（一）直辖市

直辖市是直接隶属于中央人民政府管辖的省级行政区划，在行政层级上是和省、自治区平级的市，也是所有市制类型中级别最高的。直辖市一般是全国的或者区域的政治、经济和文化中心。直辖市概念源自1930年南京国民政府颁布的《市组织法》中的规定，当时称为（行政）院辖市。1927—1947年，中华民国政府共设立了南京、汉口、北平、天津、青岛、上海、西安、广州、重庆、大连、哈尔滨、沈阳12个院辖市。

新中国成立时，全国共设有12个中央直辖市，即北京、天津、上海、南京、武汉、西安、重庆、广州、沈阳、鞍山、抚顺、本溪。这些直辖市中除北京、天津由中央政府直管外，其他皆由各大行政区代管。1953年3月，增设旅大为中央直辖市。1952年11月，南京降格为江苏省省辖市。1953年7月，长春与哈尔滨升格为中央直辖市。至此，全国一共有14个中央直辖市。这些直辖市除北京由中央政府直管外，其他皆由各大行政区代管。1954年6月19日，中央人民政府委员会第三十二次会议通过的《关于撤销大区一级行政机构和合并若干省、市建制的决定》规定，撤销东北、华北、华东、西南、西北和西南6个大区的行政机构，北京、上海、天津

① 刘勇.我国城镇化战略的演进轨迹和操作取向[J].改革,2012(9):20.

仍为中央直辖市，其余11个直辖市均并入邻近省降格为省辖市①。北京、上海、天津共三个直辖市的格局一直维持到1997年。1997年6月18日，重庆市由计划单列市升格为直辖市。截至2018年9月，我国直辖市的数量为4个。

（二）省辖市

省级市是指在行政上归属于省或自治区政府领导的市，行政级别比省和自治区低。属于省辖市范畴的市在具体的行政级别上可以分为两级三类，即副省级的计划单列市、副省级的省会城市、地级市。

1. 计划单列市。计划单列市的全称为国家社会与经济发展计划单列市，即在行政建制不变的情况下，省辖市在国家计划中列入户头并赋予这些城市相当于省一级的经济管理权限。计划单列，按照字面上的理解，意为在计划经济体制下，国家针对特定地区在进行生产、资源分配以及产品消费等各方面的计划时，打破原有的行政隶属关系，对其单列户头，分配调拨计划指标。“行政上省辖，经济上直辖”是对计划单列市的最好概括。经过不断地变化，目前我国的计划单列市有5个，分别是深圳、厦门、宁波、大连和青岛。新中国成立以来，我国的计划单列市大体经历了几个阶段。

第一阶段，20世纪50年代的由直辖市降格为省辖市为主体的计划单列市阶段。新中国成立初期，我国设立了13个直辖市，分别是北京、沈阳、鞍山、抚顺、本溪、上海、南京、武汉、广州、重庆、西安、天津和旅大。1952年南京降为江苏省省辖市。1953年东北的长春、哈尔滨升格为中央直辖市。至此，全国一共有14个中央直辖市。这些直辖市除北京外，皆由各大行政区代管。1954年6月19日，中央人民政府委员会第三十二次会议通过《关于撤销大区一级行政机构和合并若干省、市建制的决定》。据此，6个大区行政机构撤销，北京、上海、天津仍为中央直辖市，其余11个直辖市均并入邻近省降格为省辖市。其后，鉴于原各大行政区政治、经济中心的沈阳、武汉、广州、重庆、西安等大城市在经济、政治

① 俞荣新.新中国成立以来我国计划单列市的历史演进[J].党史文苑，2014(13):50-52.

上的特殊地位，国家对其在改为省辖市后“政治、经济待遇不变”，实行国家计划单列体制，时间为1954年到1958年。第一次计划单列，各计划单列市的计划得以纳入全国综合平衡，在所在省的计划中单独列出，市作为省级计划单位参加全国计划会议和全国性的各种业务会议，体现了各计划单列市在经济、政治上的特殊地位。同时，加强了中央政府集中统一的计划管理，使各计划单列市能够继续发挥老工业基地作用，以便集中资源支持以156项重点建设项目为核心的“一五”计划实施①。

第二阶段，20世纪60年代的第二次计划单列。20世纪60年代初，针对“大跃进”中“一放就乱”的问题，中央开始重新加强集中统一，采取了上收企业、各级计划“一本账”、上收基本建设项目审批权、扩大统配物资品种等措施，计划管理不再“以地区为主”，再度实行“以中央为主”。从1964年到1968年实际施行的第二次城市计划单列，共有沈阳、武汉、广州、重庆、西安、哈尔滨6个省辖大城市。这次单列仅仅实行了3年多时间，到1967年“文化大革命”开始不久后被取消。第二次计划单列时期，各计划单列市的计划管理接受中央和所在省的双重领导，但以省领导为主，实行中央、省、市、县（区）四级计划。第二次城市计划单列还不是全面、彻底的计划单列，各计划单列市在经济、科技和社会事业领域有多项计划没有直接纳入国家计划，仍由所在省按省辖市地位来安排②。

第三阶段，20世纪80年代以省会城市为主体的计划单列阶段。20世纪80年代，为了更好地推动部分城市的经济和社会快速发展，国务院批准设立的计划单列市数量不断增多，重庆、武汉、沈阳、大连、哈尔滨、广州、西安、青岛、宁波、厦门、深圳、南京、成都和长春等先后被批准为计划单列市，其中8个属于省会城市。

第四阶段，20世纪90年代计划单列市经过重大调整后进入稳定阶段。20世纪80年代设立的14个计划单列市中，除了重庆、大连、青岛、厦门、宁波和深圳外，其余8个都是省会城市。省会城市在经济计划上单列、行使省级经济管理权限，虽然有利于推动省会城市的发展，但是割裂

① 俞荣新.新中国成立以来我国计划单列市的历史演进[J].党史文苑,2014(13):50-52.

② 俞荣新.新中国成立以来我国计划单列市的历史演进[J].党史文苑,2014(13):50-52.

了省会城市与所在省之间的经济联系，对于省级政府的权威和地方政治的稳定大局不利。为此，20世纪90年初期国家开始针对计划单列市过多的问题进行改革，除重庆、深圳、大连、青岛、宁波、厦门仍保留计划单列市外，其余省会城市不再实行计划单列。自此，我国计划单列市由14个减少为6个，分别是重庆、大连、青岛、厦门、宁波和深圳。1997年6月18日，重庆市获批设立直辖市，由此，计划单列市减少为5个。此后到现在，我国的计划单列市数量一直稳定为大连、青岛、厦门、宁波和深圳五个城市。

2.非计划单列的副省级市。非计划单列的副省级市是指归属于省级政府管理的，经济上没有省级经济管理权限，但行政级别比直辖市低半级，比一般省会城市和地级市高半级的省辖市。我国现有哈尔滨、长春、沈阳、济南、武汉、杭州、南京、广州、西安、成都10个非计划单列的副省级市，它们都是省会城市。在社会主义市场经济体制下，由计划单列市向副省级市过渡，通过提高城市的行政级别，进一步消解市与省之间矛盾，有利于加快中心城市自身的经济与社会发展，有利于更好地发挥中心城市的宏观调控作用，有利于更好地发挥中心城市对周边地区经济发展的带动作用[①]。

3.地级市。地级市是指行政上归属于省级政府管辖的市，包括一般的省会城市和非省会地级市即省辖市。地级市拥有地方性法规和地方政府规章制定权。依据《中华人民共和国立法法》第七十二条规定，设区的市的人民代表大会及其常务委员会根据本市的具体情况和实际需要，在不同宪法、法律、行政法规和本省、自治区的地方性法规相抵触的前提下，可以对城乡建设与管理、环境保护、历史文化保护等方面的事项制定地方性法规，法律对设区的市制定地方性法规的事项另有规定的，从其规定。设区的市的地方性法规须报省、自治区的人民代表大会常务委员会批准后施行。省、自治区的人民代表大会常务委员会对报请批准的地方性法规，应当对其合法性进行审查，同宪法、法律、行政法规和本省、自治区的地方性法规不抵触的，应当在四个月内予以批准。

① 俞荣新.新中国成立以来我国计划单列市的历史演进[J].党史文苑,2014(13):50-52.

（三）县级市

县级市是指在行政层级上与县、一般地级市辖区平级、名义上属于省级政府管辖、实际上由地级市代管的市。县级市由专辖市、地辖市沿革而来。1949年新中国成立后，到1970年专区改称地区以前，专区管辖的市称为“专辖市”，其行政地位与县相同。1970年专区改称地区以后，地区所辖市（即原“专辖市”）改称“地辖市”，其行政地位与县相同。1983年地级行政区划改革以后，部分县改称“县级市”，其地位与县相同。自此以后，县级市作为行政区划术语正式确立下来。截至2017年年底，我国大陆地区共有363个县级市[①]。现在的县级市绝大部分是在20世纪八九十年代时撤县设市而成立的。

（四）镇级市

镇级市是行政上属于县或县级市管辖，行政级别一般属于副县级并被赋予县级经济和社会管理权限的市。当前，镇级市尚处于改革试点阶段，未来会否成为县以下经济发达镇的改革方向尚没有完全定论。十一届全国人大常委会第十三次会议提出，我国将积极研究完善设立县级市的标准，把人口、经济、财政、税收以及城市建设达到一定规模和标准的县（镇），适度改设为市。2014年3月由国家发改委等部委联合出台的《国家新型城镇化综合试点方案（2014—2020年）》（中发〔2014〕4号）中提到，探索建立行政管理创新和行政成本降低的新型管理模式，按照城市设置与简化行政机构联动原则，在符合行政区划合理调整的前提下，选择部分有条件的地方进行撤镇设市设区试点，优化行政层级和行政区划设置，积极借鉴经济发达镇行政管理体制改革试点的经验，探索更加精干、高效的组织架构和行政体制、推进扩权强镇改革、促进这些镇更好地吸纳人口、增强经济实力，实现经济社会更好更快发展，充分发挥其在新型城镇化建设中的示范带动作用。同时，还选取了浙江省苍南县龙港镇和吉林省安图县二

① 中华人民共和国民政部.中华人民共和国行政区划统计表[EB/OL].http://xzqh.mca.gov.cn/statistics/2017.html.

道白河镇作为建制镇撤镇设市改革的国家试点。

第二节　撤县设市改革的历程

一、县和县级市的区别

县和县级市虽然同属于县级行政层级，都下辖数量不等的乡镇，而且在《中华人民共和国地方各级人民代表大会和地方各级人民政府组织法》中也并没有对县和县级市政府的经济和社会管理权限进行区分，但是两者在行政区域性质、工作重心、设置标准、机构设置、产业结构等方面存在很大的区别。

第一，县和县级市的行政区划性质和工作重心不同。我国的行政区划存在城市和农村的划分。县级政府驻地是镇的建制，县级行政区在行政区域性质上属于农村即乡的区域。县级市行政区属于城市行政区域，在我国市的行政建制中处于最低等级。行政区划的性质不同，使得县和县级市的工作重心也不同。县的工作重心在农村，兼顾城镇的建设和发展，政府工作侧重于农业生产发展。县级市的工作重心在城市，侧重于城市规划和基础设施建设等，兼顾下属乡镇农村工作，政府工作侧重于第二产业和第三产业的发展。

第二，县和县级市的设置标准不同。县和县级市虽然行政级别相同，但在设置标准上县级市的要求比县的要求高。1986年民政部公布了县级市设置标准，1993年又对设置标准进行了修改。1998年之后撤县设市工作基本暂停，新的县级市设置标准一直没有出台，但是可以明确只有县达到一定标准以后才可以设置为县级市。从以往公布的县级市设置标准来看，主要是从每平方公里人口密度、县人民政府驻地所在镇从事非农产业的人口数量、全县乡镇以上工业产值在工农业总产值中的比例、地区生产总值、财政收入、自来水普及率、道路铺装率、排水系统等城区公共基础设施水平等方面做了明确具体的规定。

第三，县和县级市产业结构和人口户籍结构上存在不同。在产业结构上，一般意义上的县以农业为主要产业，第二产业的比重随着改革开放以来在县级国民经济中的比重不断提升，但是第三产业的比重较低。县级市在产业结构上农业的比重相对较低，第二产业和第三产业的比重较大。产业结构的不同决定了县和县级市在人口户籍结构上的不同。县的人口中以农业户籍人口为主，县级市人口中的非农业户籍人口占总人口的比重要高于县。

第四，县和县级市在经济和社会管理权限上存在一定差异。从城乡分治角度来说，县属于乡的行政区划建制范畴，使得县的农业生产、农村管理等方面的经济和社会管理权限较大，城镇规划和市政建设的权限较弱。相比于县级市来说，县获得的城镇国有建设用地指标要少很多，这也是很多县积极申报撤县设市的重要原因之一。同时，在地方财政权限上，与县级市相比，县的财政权限相对较小，在地方财政收入中的占比也不如县级市大。特别是县的财政权限的独立性不如县级市，在使用上级政府一般转移支付和专项转移支付资金方面，县往往受制于地级市，也就是人们常说的“市卡县”现象。县级市属于城市的行政区划建制范畴，县级市的经济和社会管理权限主要集中于发展以制造业为主的第二产业、以服务业为主的第三产业，以及城市规划和市政建设领域，同时适当兼顾下辖乡镇的农村工作。在城镇国有建设用地指标获取上要多于县，在财政权限上更加独立，在地方财政收入中所占比重更大。

二、撤县设市改革的历史演变

（一）撤县设市改革的启动阶段

改革开放以后，我国的县域经济开始得到快速发展，部分经济发达县的产业结构中农业的比重不断下降，第二产业和第三产业的比重迅速上升，县城市政建设水平提升，城镇人口规模不断增加，县的行政区划定位已经严重制约了经济发达县的经济和社会发展，撤县建市改革呼声不断高涨。1983年，位于经济发达的江苏苏南地区的常熟县撤县设市获批，成为改革开放以来我国第一个获批设立县级市的地区。此后，越来越多的县开始申请撤县设市。但是由于这一阶段国务院没有出台具体明确的县级市设置标准，使得这一阶段的撤县设市工作尚处于摸索阶段。

（二）撤县设市改革的高潮阶段

为了更好地推进我国城市化进程和县域经济的发展，也为了更好地推进撤县设市工作的规范化和有序化，1986年4月19日，国务院下发了《国务院批转民政部关于调整设市标准和市领导县条件报告的通知》（国发〔1986〕46号），对包括县级市在内的市的设置标准进行了明确规定。上述《通知》指出，为了适应经济、社会发展和改革开放的新形势，适当调整设市标准，对合理发展中等城市和小城市，推进我国城市化进程，具有重要意义。各地要认真总结设市工作的经验，坚持实事求是的原则，搞好规划，合理布局，严格标准，有计划、有步骤地发展中小城市。已经设市和拟设市的地方，都要十分重视农村工作，十分重视农业生产，以使城乡经济协调发展。该《通知》按照“控制大城市规模，合理发展中等城市，积极发展小城市”的方针，对县级市设置标准规定如下：

第一，非农业人口（含县属企事业单位聘用的农民合同工、长年临时工，经工商行政管理部门批准登记的有固定经营场所的镇、街、村和农民集资或独资兴办的第二、三产业从业人员，城镇中等以上学校招收的农村学生，以及驻镇部队等单位的人员，下同）6万以上，年国民生产总值2亿元以上，已成为该地经济中心的镇，可以设置市的建制。少数民族地区和边远地区的重要城镇，重要工矿科研基地，著名风景名胜区，交通枢纽，边境口岸，虽然非农业人口不足6万、年国民生产总值不足2亿元，如确有必要，也可设置市的建制。

第二，总人口50万以下的县，县人民政府驻地所在镇的非农业人口10万以上、常住人口中农业人口不超过40%、年国民生产总值3亿元以上，可以设市撤县。设市撤县后，原由县管辖的乡、镇由市管辖。总人口

50万人以上的县，县人民政府驻地所在镇的非农业人口一般在12万人以上、年国民生产总值4亿元以上，可以设市撤县。自治州人民政府或地区（盟）行政公署驻地所在镇，非农业人口虽然不足10万、年国民生产总值不足3亿元，如确有必要，也可以设市撤县。

县级市设置标准确立后，全国掀起一轮撤县设市的高潮。1983—1986年我国约有100个县成为县级市。

（三）撤县设市标准的调整阶段

1986年设市标准的确定，对于规范撤县设市工作和推动我国的城市化进程起到了很大的促进作用。但是，这一轮撤县设市改革由于推进过快，存在不少问题：在撤县设市标准的审核上把关不严，一些市政设施基础比较薄弱和农业产业占国民经济比重过高的县也批准撤县设市；不少县在申请撤县设市过程中存在材料弄虚作假的严重问题等。同时，1986年设置的县级市设立标准也存在一定的问题，需要结合实际进行必要的修订。

1993年5月，在经过有关部门深入调查研究和征求多部门意见的基础上，国务院下发了《国务院批转民政部关于调整设市标准报告的通知》（国发〔1993〕38号），对县级市的设置标准进行了调整。该《通知》指出，按照1986年的设市标准，我国积极而稳妥地新设了一批市的建制，加快了这些地方的繁荣和发展，促进了具有中国特色的城市化进程，推动了我国城市总体布局逐步趋于合理。但是，在实施过中，现行设市标准也反映出一些不足，主要是：有的指标统计难度较大，且难以核实；一些设市时需要考察的重要条件在现行标准中尚未体现；有些指标还不尽科学合理；分类指导的原则在标准中反映不充分；没有规定设置地级市的标准等。经过调整后的县级市的设立标准如下：

1.每平方公里人口密度400人以上的县，达到下列指标，可设市撤县：第一，县人民政府驻地所在镇从事非农产业的人口不低于12万人，其中具有非农业户口的从事非农产业的人口不低于8万人。县总人口中从事非农产业的人口不低于30%，并不少于15万人。第二，全县乡镇以上工业产值在工农业总产值中不低于80%，并不低于15亿元（经济指标均以

1990年不变价格为准，按年度计算。下同）；国内生产总值不低于10亿元，第三产业产值在国内生产总值中的比例达到20%以上；地方本级预算内财政收入不低于人均100元，总收入不少于6 000万元，并承担一定的上解支出任务。第三，城区公共基础设施较为完善。其中自来水普及率不低于65%，道路铺装率不低于60%，有较好的排水系统。

2.每平方公里人口密度100人至400人的县，达到下列指标，可设市撤县：第一，县人民政府驻地镇从事非农产业的人口不低于10万人，其中具有非农业户口的从事非农产业的人口不低于7万人。县总人口中从事非农产业的人口不低于25%，并不少12万人。第二，全县乡镇以上工业产值在工农业总产值中不低于70%，并不低于12亿元；国内生产总值不低于8亿元，第三产业产值在国内生产总值中的比例达到20%以上；地方本级预算内财政收入不低于人均80元，总收入不少于5 000万元，并承担一定的上解支出任务。第三，城区公共基础设施较为完善。其中自来水普及率不低于60%，道路铺装率不低于55%，有较好的排水系统。

3.每平方公里人口密度100人以下的县，达到下列指标，可设市撤县：第一，县人民政府驻地镇从事非农产业的人口不低于8万人，其中具有非农业户口的从事非农产业的人口不低于6万人。县总人口中从事非农产业的人口不低于20%，并不少于10万人。第二，全县乡镇以上工业产值在工农业总产值中不低于60%，并不低于8亿元；国内生产总值不低于6亿元，第三产业产值在国内生产总值中的比例达到20%以上；地方本级预算内财政收入不低于人均60元，总收入不少于4 000万元，并承担一定的上解支出任务。第三，城区公共基础设施较为完善。其中自来水普及率不低于55%，道路铺装率不低于50%，有较好的排水系统。

4.具备下列条件之一者，设市时条件可以适当放宽：第一，自治州人民政府或地区（盟）行政公署驻地。第二，乡、镇以上工业产值超过40亿元，国内生产总值不低于25亿元，地方本级预算内财政收入超过1亿元，上解支出超过50%，经济发达，布局合理的县。第三，沿海、沿江、沿边境重要的港口和贸易口岸，以及国家重点骨干工程所在地。第四，具有政治、军事、外交等特殊需要的地方。具备上述条件之一的地方设市时，州（盟、县）驻地镇非农业人口不低于6万人，其中具有非农业户口的从事非农产业的人口不低于4万。

5.少数经济发达，已成为该地区经济中心的镇，如确有必要，可撤镇设市。设市时，非农业人口不低于10万人，其中具有非农业户口的从事非农产业的人口不低于8万人。地方本级预算内财政收入不低于人均500元，上解支出不低于财政收入60%，工农业总值中工业产值高于90%。

6.国家和部委以及省、自治区确定予以重点扶持的贫困县和财政补贴县原则上不设市。

7.设置市的建制，要符合城市体系和布局的要求，具有良好的地质、地理环境条件。

8.县级市不设区和区公所，设市撤县后，原由县管辖的乡、镇，由市管辖。

（四）撤县设市冻结阶段

由于前期撤县设市进程过快，超过了党中央和国务院原有的改革预期，很多地方出现条件不成熟就急于撤县设市改革的问题，导致新设立的县级市并没有发挥城市应有的功能。随着我国城镇化目标和城市建设方针的调整，1994年10月，中共中央和国务院决定暂时停止审批撤县设市改革申请，1997年国务院批准湖北省汉川县撤县设市后，正式冻结了撤县设市改革进程。

（五）撤县设市重新启动阶段

1998年开始，国务院停止了撤县设市改革的审批，撤县设市改革被冻结，直到2013年，撤县设市改革才进入重新启动阶段，但是改革进程和力度较20世纪90年代的撤县设市改革高潮明显降温。

2013年十八届三中全会通过的《中共中央关于全面深化改革若干重大问题的决定》提出，要优化行政区划设置，完善设市标准，严格审批程序，对具备行政区划调整条件的县可有序改市，撤县改市政策再次开放，许多城市都开始申报。2014年3月，由国家发改委等部委联合出台的《国家新型城镇化综合试点方案（2014—2020年）》（中发〔2014〕4号）提出，加快发展中小城市，完善设市标准，严格审批程序，对具备行政区划调整条件的县可有序改市，把有条件的县城和重点镇发展成为中小城市。

2013年开始，陆续有少部分的县获批撤县设市。2013年吉林省扶余县、云南省弥勒县、青海省玉树县成功撤县设市。2013年1月24日，经国务院批准，民政部批复同意云南省撤销弥勒县设立弥勒市，同年3月28日，弥勒县正式撤县设市。2014年12月16日，经国务院批准民政部批复同意云南省撤销香格里拉县设立香格里拉市，2015年6月19日，香格里拉县正式撤县设市。2015年四川康定撤县改市。2016年，新疆维吾尔自治区的昆玉县、黑龙江省的抚远县、云南省的泸水县、江西省的星子县获批撤县设市。截至2017年4月，民政部又批复设立了6个县撤县设市：河北省撤销平泉县设立平泉市、浙江省撤销玉环县设立玉环市、陕西省撤销神木县设立神木市、四川省撤销隆昌县设立隆昌市、湖南省撤销宁乡县设立宁乡市、贵州省撤销盘县设立盘州市。2018年7月，安徽省潜山县撤县设市获批，潜山县改名为潜山市，这也是安徽省自2013年撤县设市重新启动以来至今唯一获批设立的县级市。

第三节　撤县设市改革的现状和特征分析

1997年国务院批准湖北省汉川县撤县设市之后，我国的撤县设市改革开始进入长达十几年的冰封期。直到2013年吉林省扶余县、云南省弥勒县、青海省玉树县成功获批撤县设市，我国才重启撤县设市改革。但撤县设市改革自重启以来，国务院也仅仅批复了部分县的撤县设市申请，力度大不如前。目前，我国的撤县设市改革呈现几个方面的特征。

第一，全国申请撤县设市的县数量很多，但获批的很少。2013年中共十八届三中全会提出，要优化行政区划设置，完善设市标准，严格审批程序，对具备行政区划调整条件的县可有序改市。该表述发布后，很多县将这一提法理解为中央将要重新启动撤县设市工作的信号，纷纷开始上报撤县设市的计划和方案。据不完全统计，全国申请撤县设市的县多达200多个，热情高涨。虽然申请的县很多，但是获批成功的很少。从2013年到2015年，只有吉林扶余、云南弥勒和香格里拉、青海玉树、四川康定共五个县获批撤县设市，申请成功的概率非常低。

第二，县级市设置标准严重滞后，新标准的缺失阻碍了撤县设市的改革进程。国家从2013年开始虽然重新启动了撤县设市工作，但是县级市的设置标准还停留在1993年的标准上，这一设市标准与我国二十多年来快速发展的县域经济和城镇化进程的现状相比已经严重滞后。2013年中共十八届三中全会提出要完善设市标准，但是设市的标准直到现在也没有出台。县级市设置标准的滞后，严重制约了我国撤县设市改革进程的有效推进，不利于新型城镇化战略的有效实施。

第三，撤县设市动机多样化，部分并非客观需要。县级市虽然和县的行政级别相同，但县级市是城市，比县拥有很多的经济和社会管理权限以及财政、项目、城镇建设用地指标等资源和优势。国家启动和批准撤县设市改革的初衷，是通过将部分经济发展较快和城镇建设基础较好的县改为市，加快当地的城镇化进程，发挥城市对乡村地区的辐射和带动作用。但是很多申请撤县设市的县，其改革的出发点并非是因城镇化进程的客观需要，而是出于县改市后能够获得更多的好处。这样的改革动机，容易导致撤县设市改革存在一哄而上的可能性。

地方政府之所以热衷于撤县设市，是因为通过这种行动可以得到诸多实实在在的好处。主要表现在：一是可以得到更多的财税收入，比如县改市后，市就可以得到更高上级返还比例以及增加城市维护建设税等收入；二是市的名头更好听，对于地方招商引资和扩大地方知名度有直接好处；三是市的主要领导往往会高配或得到更多的提拔机会；四是地方可以得到更多上级分配的土地指标、工业项目、水资源占用量等。

第四，近年来撤县设市改革的重心位于城镇化水平较低的西部民族地区。近年来我国撤县设市改革批准力度虽然不大，但呈现出区域较为集中的特征。从近年来成功申请撤县设市的地区来看，主要集中于中西部的少数民族集中地区，与东部地区比较发达的县域经济和较高的城镇化率相比，中西部地区特别是西部少数民族地区的县域发展基础比较薄弱，城镇化率较低，城市数量较少。2013年中央在重新启动撤县设市改革后，当年批准设立的5个县级市都位于西部地区的少数民族地区，反映出国家有意通过将中西部地区的部分县撤县设市，来提升中西部地区城镇化水平的政策意图。

第五，2016年以来的撤县设市改革进程呈现加速态势。2016年开始，我国撤县设市行政区划改革开始再次提速。2016年，共有4个县获准撤县设立县级市，分别是新疆维吾尔自治区的昆玉县、黑龙江省的抚远县、云南省的泸水县，江西省的星子县撤销，设立县级庐山市。从2017年开始，我国撤县设市速度明显加快。2017年4月9日，民政部就先后批复了6个县的撤县设市申请，超过了2016年全年撤县设市的数量。河北省撤销平泉县设立平泉市，浙江省撤销玉环县设立玉环市，陕西省撤销神木县设立神木市，四川省撤销隆昌县设立隆昌市，湖南省撤销宁乡县设立宁乡市，贵州省撤销盘县设立盘州市。

第四节　安徽省撤县设市改革的几点思考

撤县设市改革在经历了20世纪90年代的高潮后突然于1997年之后进入了冰封期，直到2013年国家才开始有计划地批复地方的撤县设市申请。从一哄而上到突然停止再到重新启动，学术界一直以来对撤县设市改革的争论不断。对撤县设市持赞同态度的学者认为，撤县设市是我国改革开放以来最主要的设市模式，我国实行撤县设市的地区主要集中在东部经济发达地区，有利于推动县级政区城镇化水平和促进县域经济发展。例如，“罗振东认为，总体而言，撤县设市和中国区域经济发展水平比较吻合，撤县设市密集发生的地区都是中国经济和城市化水平发展较高、较快的区域，如长江三角洲、珠江三角洲、山东半岛、江汉平原以及中原地区等。刘君德等认为，县改市模式作为改革开放以来我国市制改革的新生事物，对促进县域经济的发展有一些积极的影响。整县改市实现了从县到市的政体转变，带来了城市意识，促进了县域经济的功能、管理体制、领导决策、发展战略由农村向城市转变。”①

同时，也有部分学者对撤县设市改革持反对态度。对撤县设市持反对态度的学者普遍认为，撤县设市改革模式冲击了我国地方以县制为主要特色的传统行政管理体系，在一定程度上会引发假性城市化问题。例如，“浦善新认为，中国特有的广域型设市模式，不符合设置城市型政区的基本宗旨。城乡属于两种不同范畴的地域，它们在人口分布、经济发展及社会环境方面的差异性，决定了城市与乡村对行政管理体制的不同需求，在城市内部需要统一规划，集中式管理，而农村则可以相对分散、放权。有效地管理城市地区的人口、经济、社会活动，是设置城市型政区的目的所在，也是西方国家始终坚持‘城乡分治、城乡分立’原则的根本原因。中国现行的广域型设市模式，使市县在地域上趋于一致，管理对象的趋同性失去了设置城市型政区的意义，市政府在管理上无法突出城市这个中心，甚至会造成城乡两方面管理的顾此失彼。戴均良、汪宇明、杭觉、黄茹、黄智晖认为，由于整县改市的标准偏低以及其他因素，造成部分县改城建制市以后，辖区的城市特征不明显，含有大量的农村人口，行政管理上要花很多的精力统筹兼顾城区和农村地区，影响了整县改市模式的政策声誉。”②

在我国的县级行政政区数量中，县级市的数量相对偏少，在一定程度上制约了城市化的进程。我国于2011年城镇化率首次突破50%，2017年底我国的城镇化率达到58.52%，但是距离城镇化成熟期尚有很长一段距离，我国城镇化空间还比较大。同时，我国城镇化还存在结构性问题，中西部地区特别是西部地区的城镇化率尚低于全国平均水平、城市数量偏少等问题突出。因此，笔者认为，目前我国尚处于城市化进程的中后期，撤县设市改革模式有利于增加县域的城市数量，带动县域的城镇化水平，特

① 张占斌，谢振东，车文辉．城镇化与优化行政区划设置研究[M]．石家庄：河北人民出版社，2013：14.

② 张占斌，谢振东，车文辉．城镇化与优化行政区划设置研究[M]．石家庄：河北人民出版社，2013：15.

别是对于改善城镇化水平尚处于全国平均水平以下的中西部地区的城镇化水平和质量非常重要。因此，撤县设市模式是我国今后很长一段时间内，特别是中西部地区县级政区改革的主导模式之一。同时，对于撤县设市改革需要从几个方面来加以更加科学合理的认识和评价。

一、20世纪90年代撤县建市改革中出现的问题不应成为阻碍当前中西部地区撤县建市改革进程的理由

市这个行政区划层级在我国一段时期内一直属于大城市专享。随着1983年第一个县级市常熟市设立开始，撤县建市的改革拉开序幕。在“控制大城市规模，合理发展中等城市，积极发展小城市”的城市发展方针的指引下，我国的撤县建市改革进入了一个高潮。1983—1986年，我国约有100个县撤销改为县级市。过快的撤县设市改革进程让党中央和国务院意识到撤县设市改革存在一定的问题，如不加以解决必然会严重影响我国城镇化进程。于是，从1997年以后撤县设市改革基本停止。

对这轮撤县设市风潮，要理性看待。既要肯定这种现象背后有价值的东西，加以继续推进，从而在更深层次上破解当前中国城镇化过程中存在的难题；也要注意把握改革节奏，不可一哄而上。客观来说，尽管当年的县改市存在一些问题，但很多县在改为县级市后，拥有了更多的经济社会管理权限、城镇建设用地指标和财政分配份额，经济和社会发展取得了很大成就，成为区域经济发展的重要带动力量，也为完善我国大中小城市合理布局发挥了作用，一定程度上缓解了特大城市和大城市存在的“城市病”，其积极的价值和意义是需要得到肯定的。当然也不能否认，部分通过弄虚作假手段改出来的市，因为自身实力不够，反而耽误和影响了区域经济发展，尤其削弱了对“三农”的支持。总的来说，不能因为少数县在撤县设市过程中的造假行为和部分县因为撤县设市改革后发展缓慢，就以此来否定撤县设市改革模式的成效。20世纪90年代撤县建市行政区划改革过程中出现的问题，不应成为阻碍当前我国应大力推进中西部地区撤县建市改革进程的理由。当前，我国的城镇化率已经接近60%，但是与东部

地区相比，中西部地区的城镇化率仍然还有很大差距，这固然与中西部地区经济发展水平相对落后有一定关联，但与中西部地区的城市数量偏少也有很大关联。1990年前后，我国东部地区的大部分县都进行了撤县设市的改革，而中西部地区在城镇化过程中却经历了从1997年到2013年长达16年的撤县设市改革的冻结。为此，我国当前和今后很长一段时期内，撤县设市改革的重心应该放在中西部地区，特别是城镇化水平较低的少数民族聚居地区。

二、撤县设市是加速我国中西部地区城镇化进程的重要行政区划改革模式

首先，县级市数量少、在县级行政区划中占比较低，需要不断增加数量和比重。县属于乡的行政区建制。县要变成城市的行政区建制，有两条路径可以走：一是撤县建市；二是撤县设区。相较于撤县设区改革来说，撤县建市更加符合县级领导者的意图，改革阻力也更小。当前，在我国地级市城市规模不断扩展的同时，我国中小城市的发展却相对滞后，并且中小城市的数量也比较少。从2017年年底我国县级行政区划数量来看，在全国2 851个县级行政区中，市辖区962个、县1 355个，而县级市只有363个[①]，县级市占我国县级行政区划的比例仅为12.7%。为此，由国家发改委等部委联合出台的《国家新型城镇化综合试点方案（2014—2020年）》（中发〔2014〕4号）提出，要加快发展中小城市，完善设市标准，严格审批程序，对具备行政区划调整条件的县可有序改市，把有条件的县城和重点镇发展成为中小城市。因此，撤县建市改革对于推动我国未来几年的新型城镇化进程非常有必要，需要不断增加县级市的数量。

其次，有限的县级市行政区划建制在东中西部地区分布还不均衡，城镇化水平高的东部地区多，城镇化水平相对较低的中西部地区少，中西部地区县级市建制增加的需求较为迫切。20世纪90年代，国内出现过一波

① 民政部网站http://xzqh.mca.gov.cn/statistics/2017.html.省以下行政区划单位统计不包括港澳台地区。

撤县设市的热潮，其后政策收紧，撤县设市改革基本处于冻结状态。直至2013年年初，吉林省扶余县设市才获得国务院批准。2013年以来，虽然撤县设市改革开始重启，但是改革的进程还是比较谨慎的。我国现有的县级市数量不仅存在整体偏少的问题，还存在区域性分布不均衡的矛盾。从我国现有的县级市数量分布来看，呈现出东部地区多、中西部地区少的格局。例如，截至2017年年底，东部地区的江苏省有21个县级市，中部地区的安徽省只有6个县级市，西部地区的甘肃省只有4个县级市，青海省只有3个县级市。

最后，撤县设市的行政区划改革应该向中西部地区倾斜，以推动中西部地区新型城镇化的水平与质量提升。我国的城市数量相对偏少，这在一定程度上阻碍了我国新型城镇化的进程。在地方县级行政区划改革上，撤县设市的行政区划改革应该向中西部地区倾斜，可以从设立差异化县级市设置标准和撤县设市指标数量两个方面来进行优化。第一，我国幅员辽阔，各地区的经济发展水平、人口规模、产业结构、经济规模、城镇建成区面积等指标差异甚大。因此，我们在制定新设县级市的标准时，不能用一个全国统一的县级市设立标准来推进撤县设市的行政区划改革，可以通过按东、中、西部三个地区分别设置三类县级市设置标准，这种改革模式可能更加符合各地区的发展实际。第二，从目前撤县设市改革进度来看，虽然2013年开始已经重新启动撤县设市，但是从国务院对于这一行政区划改革的态度来看还是非常谨慎的，相比于数量众多的申请撤县设市的县来说，每年批复的数量非常少。因此，在撤县设市指标有限的情况下，我们应该要优先考虑城镇化水平低于东部地区的中西部地区的撤县设市的申请，在指标分配上要向中西部地区倾斜，以推动中西部地区新型城镇化的水平与质量提升。

三、撤县设市有利于推动县域经济更好更快发展

县和县级市虽然都属于县级行政区划建制，但由于县级市属于城市的范畴，在经济管理权限上特别是国有城镇建设用地指标分配、上级财政转

移支付资金使用和支配权限、地方财政收入分配结构中的占比要大于县，产业发展重心偏向于第二和第三产业。因此，从县域经济发展角度来看，县级市更加有利于推动县域经济的发展。县域经济的发展和县级市的设立二者之间可以说是互为因果的关系。20世纪90年代苏南县域经济的迅速崛起推动了该区域撤县设市改革的进程，苏南的县基本都完成了撤县设市的行政区划改革。撤县设市后，苏南地区的县级市获得了更多更大的经济社会管理权限，对于苏南地区县域经济的持续健康发展又起到很大的推动作用。

在行政区划研究中，很多学者认为，在一个地区设置某个级别和类型的行政区划应该要以这一地区完全符合该级别和类型行政区划的设置条件为必要条件，这种认识没有错，但是不能绝对化，不能非要坚持瓜熟蒂落的原则，有时候也可以适当地“拔苗助长”。行政区划设置与区域经济社会发展水平应该遵循一致性，但是有的时候，为了推动经济落后地区的经济社会发展，可以适当地提前推动行政区划的变革，用政府和政策的力量推动该地区经济更好更快发展，使得行政区划改革成为推动一定区域经济社会发展的重要推手。同时，城市的发育、发展和壮大，固然是市场配置资源的结果，但也离不开行政力量的推动。就目前而言，将中西部地区的一些尚不完全具备条件的县进行撤县设市，使其实现从农村政区向城市政区的转化，带动区域经济发展和城镇化水平，也是可行的改革探索。

四、安徽省撤县建市行政区划改革问题的认识和思考

安徽省现有的县级市，基本上是在20世纪90年代我国撤县建市高峰期时设立的，2013年国家重新启动撤县设市改革以来，一直没有获批新的县级市。截至2017年年底，安徽省地域面积约14万平方公里，共有105个县级行政区划，其中55个县、44个县级区和6个县级市。安徽省县级市设置存在数量少、占县级行政区划比重低和地域分布不平衡的特征。2018年7月，潜山县撤县设市成功，安徽省县级市数量增加到7个。从7个县级市的数量分布来看，合肥市1个，宣城市1个，滁州市2个，阜阳

市1个，安庆市2个，呈现出地域分布不均衡特征。此外，从安徽省现有县级市的数量来看，远少于同安徽省地域面积相当的东部地区的江苏省，比位于西部地区的甘肃省的县级市数量略多。截至2018年9月底，安徽省县级市占县级行政区划的比重只有6.66%，远低于全国平均水平的12.7%。

县级市属于城市型政区，在新型城镇化战略实施过程中扮演着重要角色。国家近年来虽然恢复了撤县设市改革的审批工作，但批复的数量较少，也反映出国家对撤县设市问题的慎重态度。当前安徽省在推进撤县建市改革过程中，需要注意几个方面的问题。

第一，安徽省城镇化率不高，与县级市数量较少有很大关联。因此，在县级行政区划改革路径选择上，应该将部分具备条件的县撤县设市作为主导模式之一，特别是那些距离地级市主城区较远、具备一定的经济基础和产业优势的县，可以优先考虑申请撤县设市改革。

第二，选取进行撤县设市的县，在经济和社会发展应该要强于一般的县，地域面积不宜过小，城市建成区面积和人口规模要适当。县级市在设立后应该承担起提升县域城镇化水平和带动周边经济发展的功能，经济基础较弱的县不宜强行申报或者被推荐进行撤县设市改革。虽然民政部门尚未出台最新的县级市设置具体标准，但是安徽省在撤县设市改革过程中也要严格推荐程序，推荐标准不能过低，推荐数量不能过多，可以优先将经济基础、地域面积、建成区面积和人口规模位于地级市前列的县作为撤县设市改革的重点。

第三，选取进行撤县设市的县，与地级市主城区的距离宜远不宜近。县级市和地级市虽然行政区划层级有高低之别，但是二者同属于城市的范畴，二者肩负的经济社会发展任务基本一致，二者的发展应该要保持一定的地理空间距离，避免出现产业同构、重复建设等恶性竞争的问题。如果新设立的县级市距离地级市太近，有可能会阻碍地级市的发展空间或者最终会被地级市吞并。例如，山东省青岛市将其代管的县级即墨市由市改为市辖区，浙江省杭州市将其代管的县级临安市由县级市改为市辖区。

第四，允许每个地级市选择一个县进行撤县设市改革试点。可以考虑在每个地级市内选择一个距离地级市城区较远、具备一定的经济基础、城市建成区面积和人口达到一定规模的县作为撤县设市的改革试点。以安徽省芜湖市为例，适宜推行撤县设市的是无为县。无为县地处皖中，临江滨湖，承东启西，距离芜湖市区约57公里。现辖20个镇、2个省级经济开发区。全县总面积2 022平方公里，总人口121.4万。《2017年芜湖市政府工作报告》中明确提出，支持无为县进行撤县设市的行政区划改革。

第九章　区域经济协调发展与地方行政区划改革

区域经济发展是人口、资本等生产要素，依据一定的规律和机制，在一定地域内进行不断流动、配置的过程和结果。在经济全球化浪潮中，区域经济一体化的趋势愈发明显。区域经济发展遵循的是经济区的逻辑，但生产要素在一定区域内的流动，也非常容易受到该区域内行政区划设置格局的影响。行政区边界对生产要素跨行政区的流动存在一定的刚性约束作用，这种约束作用的大小和强烈程度直接影响到区域经济发展的格局和质量。本章将在简要论述区域经济发展相关理论的基础上，对区域经济发展与行政区划改革的内在关联进行分析和研究，提出通过行政区划改革路径推动区域经济协调发展的思路。

第一节　区域经济发展相关理论

影响一个地区经济发展的因素有很多，例如该地区地理区位优劣、自然资源禀赋多寡、行政层级高低、交通基础设施状况和是否属于中央或省级政府规划的经济发展重点区域等。对由若干行政区组成的区域经济发展的原因、过程和结果进行分析，是学术界一直以来的重点研究领域，由此也形成了诸多理论。其中，区域经济增长极理论和行政区经济理论是两个影响力较大的理论。本节将以区域经济增长极理论和行政区经济理论为重点，对区域经济发展的有关理论进行简单介绍。

一、区域经济发展中心地理论：区域经济的非均衡发展格局

中心地理论是研究城市化过程和城市群的基础理论之一，也是西方马克思主义地理学奠基理论之一。该理论是由德国城市地理学家克里斯塔勒于1933年提出的，20世纪50年代起流行于英语国家，之后传播到其他国家，被认为是20世纪人文地理学中最重要的理论贡献之一。

克里斯塔勒曾经敏锐地提出过这样的问题："人们探索这个原因，为什么城市有大有小？人们相信，城市一定有什么安排它的原则在支配着，仅仅是人们仍然不知道而已！"由此，他开始探索城市的分布规律。通过对德国南部地区城镇分布情况的调查，克里斯塔勒于1933年发表了《德国南部的中心地》一书，系统地阐述了中心地的数量、规模和分布模式，建立起了区域经济发展的中心地理论。克里斯塔勒认为，"某个城市的经济功能对于某个地区越重要，这个城市的人口就越多。而这个城市的周围腹地——小城镇和乡村地区——则要逐渐依赖于大城市来获得各种商品与服务，因为它们人口规模小，生产这些产品和服务的企业难以在这里立足。这反过来又使这个大城市发展得更大。"①克里斯塔勒还认为，"城市特别是小城市往往在空间上会自我隔离，以免侵犯彼此的市场。小城市之间相距遥远，每个小城市只服务于自己周围的那边腹地。"②

在克里斯塔勒看来，中心地主要提供贸易、金融、手工业、行政、文化和精神服务。中心地提供的商品和服务的种类有高低等级之分。提供高级中心商品的中心地称为高级中心地，反之则称为低级中心地。低级中心地的特点是数量多、分布广、服务范围小，提供的商品和服务档次较低、种类较少。高级中心地的特点是数量少、服务范围广，提供的商品和服务档次较高、种类较多。在二者之间还存在一些中级中心地，其供应的商品类型和服务范围介于两者之间。不同规模等级的中心地之间的分布秩序和

① 约翰·J.马休尼斯，文孙特·N.帕里罗.城市社会学：城市与城市生活[M].6版.姚伟，王佳，等译.北京：中国人民大学出版社，2016：154.

② 约翰·J.马休尼斯，文孙特·N.帕里罗.城市社会学：城市与城市生活[M].6版.姚伟，王佳，等译.北京：中国人民大学出版社，2016：154.

空间结构，构成了区域经济的非均衡发展格局。“因此，我们可以认为，在一个相当大的地理范围内，不同的城市规模是不同的，并存在等级的分化。其中绝大多数都是较小的地方城市，诸如纽约的日内瓦市；其次是数量更少，但规模更大的区域性城市，诸如纽约的罗彻斯特；然后是数量又更少、规模又更大的全国性城市，诸如匹兹堡和费城；最后才是数量极少的、十分巨大的世界性城市，诸如纽约、巴黎和东京等。”①

区域经济发展格局可以分为均衡发展格局和非均衡发展格局两种类型。中心地理论主张区域经济发展是一个存在中心城市和周边地区区分的非均衡发展格局。中心地理论对区域经济发展过程的描述表明，在一定的地理区域内，会存在一个区域中心，距离该中心一定范围内的周围地区构成了该中心经济和社会发展的腹地。这些外围地区受到该区域中心的影响力，会随着到中心地的距离由近及远逐渐减弱，区域经济最终将呈现出以中心地为圆点，由内向外经济规模逐渐由大到小、竞争力由强到弱的非均衡发展格局。

虽然中心地理论很好地解释了区域经济发展过程中的中心地和腹地之间的关系，对区域经济发展的非均衡格局进行了合理论述。但是对于要素和资源为何和如何会在中心地地区集聚，然后如何向中心地外围地区进行有效的扩散，并对外围地区形成一定的辐射和带动作用，中心地理论并没有做出更加深入的论述，而经济增长极理论正好对此进行了论述。

二、区域经济自然发展过程：先集聚、后扩散的区域经济增长极理论

在经济全球化浪潮席卷全球的同时，区域经济一体化趋势也不断得到强化。在区域经济发展中，作为资源和要素的集聚地，城市是区域经济发展的强大引擎，特别是那些被定位为国家、区域和地区的中心城市，在区域经济发展中的重要性越来越凸显，从某种程度上来说，我国已经由区域

① 约翰·J.马休尼斯，文孙特·N.帕里罗.城市社会学：城市与城市生活[M].6版.姚伟，王佳，等译.北京：中国人民大学出版社，2016：154.

创造城市进入城市创造区域的发展阶段。纵观全国经济发达和增长较快的区域，都有一个或者若干个国家、区域或者地区中心城市作为区域经济增长极，起到引领和带动区域经济协调和快速发展的重任。不同区域之间的经济竞争，俨然已经演变成区域中心城市间的竞争。区域经济增长极理论，就是对区域中心城市作为经济增长极的形成过程及其功能发挥进行论述的理论。

(一)经济增长极理论的基本内容

经济增长极理论是从物理学的"磁极"概念引申而来的，由法国经济学家佩鲁在1950年首次提出，属于区域经济学中的一个非常重要的基础理论。该理论认为，受力场的经济空间中存在着若干个中心或极，产生类似"磁极"作用的各种离心力和向心力，每一个中心的吸引力和排斥力都产生相互交汇的一定范围的"场"。这个增长极可以是部门的，也可以是区域的。该理论的主要观点是，区域经济发展主要依靠条件较好的少数地区和少数产业带动，应把少数区位条件好的地区和少数条件好的产业培育成经济增长极。

经济增长极理论认为，一个区域经济发展的自然过程，就是资源和要素在区域内特定中心地区先集聚后扩散的过程。区域经济增长通常是资源和要素首先通过集聚到一个或数个地区形成一个或数个经济增长中心，然后再逐步向其他部门或者地区扩散或传导的过程。资源、要素向一个或数个经济增长中心集聚的过程被称为极化效应，资源、要素从一个或数个经济增长中心向其周边地区扩散或传导的过程称为扩散效应。通过分析资源和要素在区域内集聚和扩散的过程，经济增长极理论认为，要实现一个国家或地区区域经济平衡发展的目标是很难的，在现实中也是不可能的。一个国家或地区在选择区域经济发展战略时应该放弃均衡发展的战略，而应该在正确地认识和比较不同地区存在的优势和劣势的基础之上，选择特定的地理空间作为区域经济增长极，通过增长极的先集聚资源和要素形成规模经济，再向周边地区扩散资源和要素的过程来带动整个区域的经济发展。

(二)区域经济发展逻辑:先产生集聚效应后发挥扩散效应

依据经济增长极理论，区域经济发展会经历资源和要素先产生集聚效应，后发挥扩散效应两个阶段。

第一阶段：集聚效应阶段。在这一阶段，资源和要素向潜在或现实的区域经济增长极地区集聚，推动集聚效应产生。集聚效应，又称极化效应，是指迅速增长的推动性产业吸引和拉动其他经济活动，推动资源和要素向经济增长极不断流入的过程。在这一过程中，首先出现经济活动和经济要素的极化，然后形成地理上的极化，从而获得各种集聚经济，即规模经济。规模经济反过来又进一步增强增长极的极化效应，从而加速其增长速度和扩大其吸引范围。极化效应促成了区域内各种生产要素向增长极的回流和聚集，会出现发达地区越来越发达，不发达地区越来越落后的结果，经济发展的不平衡状态越来越突出，甚至会形成一个国家或地区内地理空间上的二元经济局面。

改革开放以来，我国经济保持了年均10%左右的增速，经济发展取得了巨大成绩。但同时，我国区域之间和区域内部发展不平衡的问题也较为突出。一方面东部地区与中西部、东北地区之间差距较大；另一方面，同一个区域内部不同行政等级的城市之间，特别是省会城市与非省会城市之间发展不平衡问题呈现出加剧态势。对于这些区域之间和区域内部发展不平衡的问题，经济增长极理论中的集聚效应和极化效应正好可以给出较为合理的解释。区域经济发展是资源和要素在区域内流动和配置的过程和结果。在市场或者行政力量的驱动下，资源和要素向自然区位优势明显和行政等级较高的地区集聚，推动极化效应的产生，而那些自然区域优势欠佳和行政等级较低的地区，就成为资源和要素的流出地，区域间和区域内部的差距开始显现或呈现加剧态势。近年来，伴随着我国以国家级或者区域中心城市为主要枢纽的高速铁路的快速发展，人口、资源和要素向以国家级中心城市和省会城市集聚的态势愈发强烈，给周边地区造成的巨大的虹吸效应非常明显。

第二阶段：扩散效应阶段。在这一阶段，资源和要素在区域经济增长极地区集聚到一定程度后，规模经济逐渐变成规模不经济，区域经济增长极开始推动资源和要素向外围地区扩散的过程。扩散效应，又称外溢效应，是指增长极的推动力通过一系列联动机制不断向周围发散的过程。扩散作用的结果，是以收入增加的形式对周围地区产生较大的乘数作用。扩散效应促进了各种生产要素从增长极向周围不发达地区的扩散，即通过经济增长极带动周边落后地区经济的发展，有利于逐步缩小增长极与周边地区的发展差距，最终实现区域经济协调发展的目标。

在区域经济发展过程中，集聚效应比较明显，扩散效应在时间上要晚于集聚效应，并且要等待集聚效应到一定程度后才开始显现。在区域经济发展的初级阶段，集聚效应是主要的，当增长极发展到一定程度后，集聚效应会逐步削弱，扩散效应会不断增强。“经济活动向少数具有地理优势的地区集聚是一个全球性的趋势。虽然短期内经济集聚的确可能伴随着地区间发展差距的扩大，但从中长期来说，只要要素（特别是劳动力）可以自由流动，经济将最终在集聚中走向平衡。相反，如果劳动力不自由流动，并限制建设用地使用权进行跨区域再配置，虽然在短期内可能有利于地区间在经济规模意义上的平衡发展，但却使得土地利用效率蒙受了损失，最终也不利于人均收入和生活质量意义上的平衡发展。”[①]

经济增长极效应是多种效应的复合体，如上游下游效应、集聚效应和互利效应等。集聚效应会使得一定区域内的经济增长极因获得大量从周边地区集聚而来的资源和要素而发展得更快，而周边地区则会因为资源和要素的大量流失而成为不发达地区或者贫困地区。这一现象在一些国家级经济增长极的周边地区存在的较为明显，例如我国北京市周边存在的环北京贫困带就是明显的例子。这种经济增长极的发达状态和周边地区的贫困状态，在集聚效应还在持续发生作用的状态下不但不会减弱反而会持续强化，但也不会一直持续下去。由于边际收益递减规律的存在，人口、资源和生产要素在经济增长极地区集聚到一定程度后，边际收益开始递减直到成为负数，这时规模经济就变成规模不经济，集聚效应开始转为扩散效应，增长极对周边地区的带动作用不断增强，区域内发展差距也开始不断

① 陆铭.空间的力量：地理、政治与城市发展[M].上海：上海人民出版社，2017：189.

缩小。“在这种条件下，改变经济和社会的推动力围绕三个方面进行：从中心地带的大都市区域向区域内陆地区的国家层面上的‘扩散效应’；从高等级的中心向低等级的中心进行‘等级扩散’；从城市中心区向其周边地区的内陆式的扩散模式。”①

(三)区域经济增长极理论在世界部分国家的实践

经济增长极理论提出后，被许多国家用来解决区域规划和发展问题。20世纪70年代以后，增长极理论曾广泛应用于不发达经济和不发达地域经济发展，成为指导经济发展的重要工具，许多国家试图运用这一理论消除落后地区的贫困，促进各地区经济协调发展。在一些发达国家和不发达地区也曾收到一定的效果。其中取得较大成功的国家有巴西和马来西亚。例如，巴西“把国家首都从海滨的里约热内卢转向内地的巴西利亚，井喷式地发展了南部100多个新城镇；鼓励通过基础设施和投资激励来发展大范围增长极项目，从而刺激东北部的发展，起到阻止人口的快速流出的作用；建设横穿亚马孙河的高速公路，使得该地区向外开放并刺激沿线战略性城市增长中心发展”②。马来西亚在制定区域经济发展规划和政策时，也以区域经济增长极理论为基础，从自身国情出发，既充分发挥经济增长极的扩散效应，又力求克服其不利的回波效应；既考虑到地区优先发展战略，又兼顾了落后地区的发展，从而较好地解决了地区发展差距和地区收入差距问题。马来西亚“在第一个国家发展五年规划中提出了综合计划。该计划优先发展城市，把城乡移民看作是基于重建社会目的从而满足更大需求和把更多的马来人带入经济主流的一种手段。这是一个促进基础性快速社会化的巨大尝试。为了帮助协调和贯彻新规划中的城市化内容，在总理办公室新成立了城市发展局；总理办公室其他部门也积极参与到规划的实施中。无论是总体规划还是如此高层次的城市发展协调贯彻机构都是前

① 布赖恩·贝利．比较城市化——20世纪的不同道路[M].顾朝林，汪侠，俞金国，等译．北京：商务印书馆，2010：111.

② 布赖恩·贝利．比较城市化——20世纪的不同道路[M].顾朝林，汪侠，俞金国，等译．北京：商务印书馆，2010：116.

所未有的”[①]。

在巴西和马来西亚等国运用区域经济增长极理论，取得了区域平衡发展目标的同时，也有一些国家将区域经济增长极理论作为制定区域发展战略的依据，希望借此实现经济增长，但结果并不理想，例如法国、意大利、西班牙、加拿大等。意大利、西班牙曾参照增长极理论，组成几个大小不等的“工业发展区域”和“工业化核心”，却因为忽视农业和中小企业的作用、推进型企业与当地自有资源脱节、严重依赖外国资源、不能有效吸收当地劳动力等原因，未能促进当地经济增长。这些增长极被喻为“嵌在落后地区的飞地”。

巴西和马来西亚运用经济增长极理论成功的经验和其他很多国家失败的教训表明，在运用经济增长极理论来指导一国或一个地区经济发展时，要将增长极理论与具体的国情或区情相结合，并且要充分考虑到政府在区域经济发展过程的中的重要影响。在不具备区位、资源禀赋优势的区域，政府可以考虑通过赋予某一地区较高的行政等级，采用行政干预的方式引导资源和要素向这一地区的集聚，通过人工打造经济增长极的方式来推动区域经济更好更快发展。

（四）经济增长极理论的例外：经济增长极只集聚不扩散的黑洞效应

区域经济增长极在区域经济发展中的集聚效应的产生和扩散效应的发挥，在时间上存在先后关系，如果经济增长极的扩散效应大于集聚效应，就会带动周边地区经济的共同发展，推动区域经济发展因集聚效应产生的不均衡走向均衡发展格局。相反，如果经济增长极的扩散效应小于集聚效应，就会导致经济增长极对周边地区经济增长的贡献小于其从周边地区集聚资源和要素所获得的回报，从而使得区域经济发展不平衡的格局继续维持并不断扩大，经济增长极就像宇宙中的黑洞一样不停地吸附来自周边地区的资源和人口等生产要素，导致经济增长极地区越来越发达，增长极周

① 布赖恩·贝利.比较城市化——20世纪的不同道路[M].顾朝林，汪侠，俞金国，等译.北京：商务印书馆，2010：116.

边地区越来越落后，形成地理空间上的二元经济，这种现象就是经济增长极所带来的只集聚不扩散的黑洞效应。

经济增长极给周边地区带来的黑洞效应主要表现在几个方面：第一，经济增长极对周边地区资金的吸附能力加强，导致外围地区发展缺乏资本或者资本筹集困难。第二，经济增长极对周边地区人口特别是人才的强大吸附能力，导致外围地区发展缺乏必要的劳动力资源和优质的人力资本供给。经济增长极在就业机会、工资收入、工作环境、基本公共服务等方面具有很大优势，这些优势产生了强大的对周边地区的人口吸附能力，给外围地区的发展造成了十分不利的影响。例如，近十年来我国的城镇化进程中，在人口继续从乡村地区向城镇转移的同时，城镇内部的人口也呈现出从小城镇、中小城市向大城市、特大城市转移的趋势，一方面是人口不断膨胀的一、二线城市，另一方面是人口不断流失的三、四线城市和县城。

对于这种由经济增长极只产生集聚效应而不产生扩散效应的黑洞现象，可以从几个方面来加以认识：一是区域经济增长极理论是区域经济发展中非常重要的基础理论，可以很好地解决绝大部分地区的区域经济增长的逻辑和过程，不能因为个别地区的黑洞现象的产生，就此来否定区域经济增长极理论的正确性和适用性。二是经济增长极只产生集聚效应而不产生扩散效应的黑洞现象的产生，很大程度上与区域内市场化程度不高有很大关联，资源和要素因市场难以发挥决定性作用而难以自由流动到经济增长极的周边地区，导致区域经济增长极的扩散效应难以有效发挥，导致周边地区发展与区域经济增长极之间的差距不断拉大。三是经济增长极只产生集聚效应而不产生扩散效应的黑洞现象的产生，与区域经济增长极生成的原因有很大关联，依靠自身地理位置、资源禀赋和交通基础设施优势等发展起来的经济增长极，对周边地区的辐射和带动作用非常明显，例如以上海为中心的长江三角洲地区和以广州、深圳为中心的珠江三角洲地区。这种方式形成的区域经济增长极在发展初期，尚处于资源和要素的集聚阶段，对周边地区带来的黑洞效应只是暂时的，等到集聚到一定程度，规模经济开始转变为规模不经济时，扩散效应将开始替代集聚效应成为主导，经济增长极和周边地区的差距将不断缩小直到渐趋均衡。而依靠较高的行政中心地位和行政权力推动产生的区域经济增长极，对周边地区的资源集聚和人口等要素的吸附能力远远大于对周边地区的扩散效应，这种情况下，在没有外部行政权力的强大干预下，最容易出现经济增长极只集聚不扩散的黑洞效应，例如，我国北京和环北京地区的贫困带。对于这种依靠行政等级地位而产生的区域经济增长极，需要政府采用一定的行政手段，从外部推动增长极对周边地区的扩散效应的发挥，驱动区域均衡、协同发展目标的实现。近年来，党中央和国务院针对京津冀地区协同发展战略以及河北雄安新区的设立，就很好地推动了北京、天津和河北地区的均衡发展。

三、行政区划对区域经济发展的影响：行政区经济理论

行政区划的设置一般以政治因素为主，综合考虑经济、历史、文化、地理、民族、心理认同和地域归属等因素。一个地区的行政区划设置格局会对该地区的区域经济发展产生很大的影响，“行政区划对于区域经济的发展有着基础性的影响作用，当经济发展到一定程度时，行政区域的划分就会制约区域之间资源的有效配置和合理流动，进而影响经济的进一步发展。”①对于行政区划与区域经济发展之间的关联，行政区经济理论进行了充分的说明和论证。

行政区经济理论是由华东师范大学刘君德先生最早提出来的，“所谓行政区经济，是指由于行政区划对区域经济的刚性约束而产生的一种特殊的区域经济现象。”②该理论认为，我国现行的区域经济表现为突出的“行政区经济”特征，它不仅与以统一为标志的市场经济体制相悖，而且也与国际上地区性的区域经济一体化发展趋势背道而驰。③行政区经济的特质可以归纳为五大表现：第一，企业竞争中渗透着强烈的地方政府经济行

① 周振超，林珂．省级政区调整之谜的文本分析——基于海南省、重庆市、“三峡省”的考察[M]//赵永茂，朱光磊，江大树，等．府际关系——新兴研究议题与治理策略．北京：社会科学文献出版社，2012：165.

② 刘君德，林拓．中国行政区经济与行政区划：理论与实践[M]．南京：东南大学出版社，2015：4.

③ 舒庆．中国行政区经济与行政区划研究[M]．北京：中国环境科学出版社，1995：7.

为；第二，生产要素跨行政区流动受阻；第三，行政区经济呈稳态结构；第四，行政中心与经济中心的高度一致性；第五，行政区边界经济的衰竭性①。

随着近些年我国区域经济发展格局的不断变化，需要适时修正和完善行政区经济的内涵，以使之能够更好地解释当前区域经济发展的实际问题。为此，刘君德先生的团队对于行政区经济现象与区域经济发展的关系演变进行了认识上的更新。根据新的认识，刘君德认为，行政区经济的概念做如下表述更为妥帖，“所谓‘行政区经济’，是指在中国特色的政治—经济制度背景下，由于行政区划对于区域经济发展的‘空间约束’而形成的一种特殊的区域经济现象和区域经济运行规律。行政区经济概念的新表述着重突出以下几点内涵：一是行政区划的‘空间约束’效应，尽管行政区经济运行之初的‘刚性约束’有所弱化，但由于中国国情的特殊性，行政区的空间约束仍将长期存在；二是行政区经济不仅是一种现象，更蕴涵着特定的经济运行规律；三是行政区经济的本质内涵表现为‘权力空间’与‘市场空间’的博弈过程。随着地方政府治理理念和行动逻辑的转变，中国行政区经济的运行将从20世纪八九十年代的‘刚性约束’向未来的‘柔性治理’迈进。”②

行政区划对区域经济的刚性约束，使得生产要素和资源只能在各自行政区内封闭运行，难以跨区域的自由流动和合理配置，导致一定区域内各行政区之间各自为政，产业同构和重复建设问题突出，无法形成合理的产业分工与协作格局，区域经济协调发展格局难以塑造。行政区经济现象在市场程度较高的长三角和珠三角地区表现得相对较弱，而在市场化程度不高的中西部地区表现得尤为突出。在市场化程度较低的地区，破除行政区划对区域经济刚性约束的行之有效的方法之一，就是按照区域经济协调发展的趋势和需要，进行必要的行政区划调整。由于经济区处于不断变动过程之中，按照经济区的需求来变革和调整行政区设置以达到完全消除行政区经济的做法不具备可行性。但市场化程度较低地区的适度且合理的行政

① 刘君德，林拓．中国行政区经济与行政区划：理论与实践［M］．南京：东南大学出版社，2015：5.

② 刘君德，林拓．中国行政区经济与行政区划：理论与实践［M］．南京：东南大学出版社，2015：7-8.

区划设置变革和调整，对于区域经济协调发展格局的塑造和区域经济发展质量的提升有很大帮助，具体内容将在本书的第十章进行展开。

随着社会主义市场经济体制逐渐走向成熟，市场在资源配置中的决定性作用日益凸显，生产要素和资源跨行政区流动也将不断加速，跨行政区的产业分工与协作格局才能有效地推动区域经济实现协调发展。区域经济增长极对于区域经济发展的带动和引领作用非常强大，“在区域规划中，区域发展的增长中心和增长极的概念可能是被应用得最普遍的。国家规划框架内的关于此点的最典型的例子当属哥伦比亚。为了进行规划，国家被分为四个主要的经济区，每一个经济区都把一个主要城市作为增长极：大西洋海岸的巴兰基利亚，西南的卡利，西北的麦德林和中部的波哥大。肯尼亚也有一个融合了增长极概念的区域实体发展规划。印度尼西亚的规划师意识到区域规划影响着城市发展，这些影响包括确定经济区功能、识别区域内的增长极、评价这些城市在区域和亚区域内的实际或潜在作用”①。

目前，随着区域经济增长极对区域经济带动作用的显著提升，以点状的都市圈和带状的城市群为主体的区域经济发展格局正逐步成型，我国传统的省域经济和行政区经济正逐步向城市群经济过渡。2015年底召开的中央城市工作会议指出，要以城市群为主体形态，科学规划城市空间布局，实现紧凑集约、高效绿色发展，优化提升东部城市群，在中西部地区培育发展一批城市群、区域性中心城市。城市群的发展，需要在城市群内部区域之间推动生产要素和资源的自由流动。当前我国实行的城乡分治体制和一些区域不合理的行政区划设置格局，导致城市群等经济区内部合作成本较高，在区域合作利益不具备可视化和可量化的前提下，区域经济协调发展的成本较高、难度较大、前景不甚明朗。根据区域经济增长极理论，区域经济发展遵循的是资源和要素先集聚到一个核心地区形成经济增长极，然后通过经济增长极的扩散效应带动周边地区的发展的过程。行政区边界的存在，在很大程度上制约了区域经济增长极集聚效应的生成和扩散效应的发挥，为此，以区域经济发展需要为依据，推动行政区划进行必要调

① 布赖恩·贝利.比较城市化——20世纪的不同道路[M].顾朝林，汪侠，俞金国，等译.北京：商务印书馆，2010：117.

整，打造区域经济增长极是推动区域经济协调发展的必由之路。

第二节 区域经济发展与行政区划

区域经济发展与行政区划之间存在密切的内在关联。一方面，区域经济发展是行政区划设置应该考虑的重要因素。当行政区划设置成为区域经济发展严重障碍时，应该推动必要的行政区划调整，通过行政边界和尺度的重组来推动区域经济发展，有效缓解行政区、经济区和地理区之间不协调的局面。另一方面，行政区划设置对推动区域经济发展、形塑区域经济发展格局有重大影响。区域经济发展格局的形成，主要由区域内生产要素和资源的流动方向来决定的，而“在等级化城市管理体制下，高等级城市可以利用行政手段调动和集聚更多的资源”[①]，行政区划设置中的行政中心一般会成为区域内生产要素和资源集聚的中心，即会出现行政中心和经济中心重叠的局面。同样，区域行政中心和行政等级的变更，也会影响到区域经济中心的更换，进而对现有区域经济发展格局产生重大影响，这种情况在市场化程度较低的区域尤为常见。

一、区域经济发展的三种逻辑：市场逻辑、权力逻辑和混合逻辑

区域经济发展是一定地域内的人口、资本等生产要素和资源，依据一定的规律和机制进行不断的流动、配置的过程和结果。其中，市场和政府是对生产要素和资源在区域内流动和配置状况产生至关重要影响的两种因素，也由此导致了区域经济发展三种逻辑的出现，即区域经济发展的市场逻辑、区域经济发展的权力逻辑和区域经济发展的混合逻辑。

---

① 范毅，冯奎．行政区划调整与城镇化发展[J]．经济社会体制比较，2017(6)：68.

(一)区域经济发展的市场逻辑

一般而言，区域经济发展存在均衡和非均衡两种格局。在市场逻辑的推动下，区域经济发展一般呈现出由最初的区域经济不均衡到差距缩小再到区域经济均衡格局出现的过程。在一定区域内，由于不同地区的自然资源禀赋、地理区位、产业结构等存在差异，生产要素和资源在市场机制的引导和作用下，通过在一定区域的特定空间内不断集聚后形成经济中心和增长极，这时的区域经济呈现出不均衡的格局。然后，在经济中心和增长极对周边地区产生的扩散效应的带动下，经济中心和周边地区的发展差距不断缩小，直到形成各地区之间产业分工协作、功能有机互补的区域经济均衡发展格局。这种区域经济发展的逻辑，被称为区域经济发展的市场逻辑。

区域经济发展市场逻辑体现得比较明显的区域是我国的东部地区，例如江苏省苏南地区的苏州、无锡和常州经济带。江苏省省会是南京市，但是在江苏区域经济格局中，南京市的经济总量在江苏省内一直处于苏州之下。通过毗邻上海的地理区位优势以及由此而产生的产业优势，苏州、无锡和常州三个城市组成的苏锡常都市圈，构成了江苏省内区域经济发展最快的区域增长极。例如，在2016年江苏省地级市地区生产总值（GDP）排名中，苏州市以15 475.09亿元位列第一，南京市以10 503.02亿元位列第二，无锡市以9 210.02亿元位列第三，充分显示出苏锡常经济带强大的经济实力[①]。

(二)区域经济发展的权力逻辑

区域经济发展属于经济行为，市场应该起到决定性作用。但在区域经济发展的实际过程中，部分区域的政府对区域经济发展的干预和影响非常明显。政府规划的经济区所包含的行政区范围、制定的区域经济发展规划和政策等，在很大程度上决定了区域经济发展的现状并影响到区域经济发展的未来，权力主导区域经济发展格局的特征非常抢眼。这种由政府权力

① 资料来源于2017年江苏省统计年鉴。

主导的区域经济发展格局，被称为区域经济发展的权力逻辑。

区域经济发展权力逻辑体现得较为明显的区域是我国的中西部地区，最明显的表现是一定区域内经济中心和行政中心的高度重合，省会城市的首位度非常高。例如，安徽省合肥都市圈、湖北省武汉城市群就是典型例证。武汉城市群以湖北省省会武汉为中心，包括武汉市及其周边的黄石、鄂州、孝感、黄冈、咸宁、仙桃、天门、潜江九个城市。张梦洁、淼雯纬、杨颖颖等基于DMSP/OLS夜间灯光数据，对武汉城市群区域发展格局的时空演化特征进行研究后发现，武汉城市群的发展在经济地理空间上具有明显的不均衡性，整体呈现出“武汉市一极突出，西强东弱”的发展态势，2009—2015年武汉城市群经济发展总体差异有所缩小，经济增长能力较好的地区为武汉及周边区域和沿江城市，但武汉市市辖区的相对发展率仍远远超过城市群内的其他市县。

区域经济增长极在区域经济发展中起到核心和引领地位，区域经济增长极的培育和发展对区域经济发展非常重要。在经济发展较为落后的地区，往往缺乏经济增长极来引领区域经济发展，而区域经济发展的权力逻辑在推动区域经济中心形成方面有很大的优势。通过政府权力推动资源和要素在特定空间内的集聚，有利于推动区域经济中心和经济增长极的形成，带动周边区域的经济发展，推动区域经济整体竞争力的提升。但是等到区域经济增长极开始逐步形成并具备一定规模后，这时的区域经济发展应该要向市场逻辑或者市场主导、政府引导的混合逻辑转变，否则长期由政府权力主导区域经济发展格局必然会带来要素的扭曲和资源配置的效率损失。

（三）区域经济发展的混合逻辑

市场和政府是对生产要素和资源在区域内流动和配置状况产生至关重要影响的两种因素。从正确处理政府和市场关系的角度来说，应该在发挥市场对资源配置决定性作用的前提下，更好地发挥政府作用。在区域经济发展中，可以采用市场主导和政府引导相结合的区域经济发展逻辑，这也是区别于上述市场逻辑和政府逻辑的第三种区域经济发展逻辑即混合逻辑。

区域经济的发展离不开市场的主导地位，但由于市场存在内在的功能性缺陷，在部分地区和部分领域中，市场的作用可能会受到一定程度的影响，甚至会出现市场失灵现象。这就需要政府在区域经济发展中发挥作用，在尊重市场主体地位和市场规律的同时，通过制度设置、体制变革和机制调整来推动区域经济更好更快地发展。区域经济发展的混合逻辑虽是区域经济发展的最佳状态，但在现实中很难实现，特别是在我国中西部地区的很多省份，行政权力主导经济发展、形塑区域经济格局的特征非常明显，混合逻辑往往被权力逻辑所替代。

二、区域经济发展和行政区划的内在关联

行政区划与区域经济发展之间，彼此相互影响、相互作用。行政区划与区域经济发展之间的内在关联主要表现在几个方面。

首先，区域经济发展是行政区划改革的重要动力，在一定程度上决定了行政区划改革的方向。行政区和经济区是内在主导因素不同的两种区域划分类型，行政区是由权力主导、以政治因素为主的区域；经济区是由市场主导、以经济因素为主的区域。改革开放以来，经济建设成为党和国家的工作中心，发展成为党执政兴国的第一要务，经济区的重要性开始凸显。在中国特色社会主义进入新时代后，我国社会主要矛盾已经转变为人民日益增长的美好生活需要和不平衡不充分的发展之间的矛盾，区域协调发展被党中央确定为五大发展战略之一。行政区的设置，对经济区的发展状况有很大影响，在协调发展成为五大发展战略之一的大背景下，行政区的设置要遵循发展逻辑，要服从和服务于经济区发展的现实需求。

行政区划作为特定区域地理空间的权力划分，行政区划设置的合理与否，是影响区域经济发展的重要因素，关系到区域协调发展战略目标实现的程度和质量。因此，区域经济发展是行政区划设置应该遵循的重要依据，区域经济发展应成为行政区划变革的重要动力。当行政区划设置成为区域经济发展障碍的时候，应该推动必要的行政区划调整和改革，通过区

域内行政边界的合理重组来解决制约资源和要素跨行政区流动的障碍，推动区域经济协调发展目标的实现。以安徽省合肥都市圈为例，2006年，安徽省提出合肥市要“提高经济首位度，形成具有较强辐射带动力的省会经济圈”的构想后，以省会合肥为核心的合肥都市圈迅速成为安徽省区域经济发展战略的重心，但合肥及其周边区域在行政区划设置上存在的诸多问题，阻碍了省会经济圈的发展速度和辐射带动力的增强。为了解决以合肥为核心的省会经济圈即后来的合肥都市圈区域内存在的行政区划分割过细和合肥市发展空间不足的问题，2011年经国务院批准，安徽省地级巢湖市被撤销，原巢湖市管辖的居巢区、庐江县划入合肥市，合肥市的地域面积超过10 000平方公里，人口也增加到700多万，由此获得了更大的发展空间。在此轮行政区划改革完成后，合肥市在全省的经济首位度和全国省会城市中的综合排名不断提升，合肥都市圈已经成为带动安徽省江淮地区经济发展的重要板块。

其次，行政区划改革是影响区域经济发展的重要因素，是区域经济协调发展目标实现的重要手段和坚实保障。区域经济协调发展需要区域内的资源和要素能够自由且合理的流动，而行政区划设置的状况是影响区域内资源和要素流动的重要因素。从20世纪90年代开始，为了实现区域经济协调发展目标，国家先后出台了西部大开发、中部崛起、东北地区振兴、长江经济带、京津冀协同发展等中央层面的区域经济发展规划，并成立了国家层面的领导和协调机构，例如国务院于2014年8月2日成立的京津冀协同发展领导小组。全国很多省份也制定和出台了省内的区域经济协调发展规划和政策，比如湖南省提出的长株潭一体化和安徽省打造的沿江经济带等。这些国家级和省级层面的区域经济协调发展规划在具体实施过程中，因行政区划设置的制约和影响，除了在少部分市场化程度较高、市场动力较为强大的区域取得了比较显著的成效外，绝大部分区域经济发展规划收效甚微。为了更好地推动区域经济协调发展，需要依据已经制定的区域经济发展规划，通过必要的行政区划改革来打破既有行政区划格局对区域经济发展的制约，推动生产要素和资源在区域内的有序流动和合理配置，以实现区域经济更好更快和协调发展的目标。

第三节　自然经济增长极和人工经济增长极

影响和制约一个地区经济增长的因素有很多，归纳起来主要有以下几种：地理区位、自然资源禀赋、行政等级、交通设施状况、是否属于区域发展规划的重点区域等。其中，地理区位和自然资源禀赋属于先天的自然因素，行政等级和交通设施状况、是否属于区域发展规划的重点区域与政府的规划导向和政策设计密切相关。

一、影响地区经济发展的因素

（一）行政区的地理区位

行政区的地理位置属于经济发展的自然因素，优越的地理区位，有利于资源和要素低成本地集聚和高效率地扩散，有利于地区经济的发展。相反，地理区位欠佳的地区，对资源和要素的吸附能力往往较弱，地区经济发展水平和质量往往一般。从古代四大文明古国到近现代很多国家的崛起的历程可以看出，地理位置对一个国家、区域和地区的经济发展至关重要。全国性的或者区域性的经济中心一般都位于大江、大河、大海、大湖的重要节点位置。黄河流域孕育了灿烂的古代中国农业文明，尼罗河流域孕育了古代埃及文明，恒河流域孕育了古代印度文明。近代荷兰、英国等大国的崛起很大程度上是由于这些国家地处海洋要冲，是世界贸易的重要中转地。现代的新加坡在建国后的迅速崛起，与其位于马六甲海峡的咽喉也有很大关联。作为我国经济中心的上海市处于长江入海口，国家中心城市之一的武汉市处于长江和汉江交汇之处。

作为生产和制造业的中心与人口的集聚地，不同城市由于所处的地理位置不同，“各个城市的经济优势可能不同，从而导致某些城市比另一些城市发展得更快。那些最大的城市往往是产品与服务的中心。芝加哥之所以是一个重要的城市，就是因为它位于密歇根湖的南端，又是美国的人口中心。在一个世纪前，芝加哥就是作为东北部生产的大量产品通过航运销售到美国各地的集散中心而兴盛起来的。同样，对于那些向西部前进的人而言，它也是一个自然的中转站和中途歇脚点。而位于大湖区进出口的另一个重要城市密尔沃基则没处在那么中心的位置，所以芝加哥逐渐发展为一流的大城市，而密尔沃基却逐渐演变为一个二流城市。"①

随着区域经济一体化进程的加快，区域的地理区位状况对区域经济发展的影响越来越大。"新经济地理学注重从空间集聚的角度研究经济增长，并且该理论也得到了越来越多的实证研究的支持，这也使得我们能够在一国内部不同城市和地区的层面上来研究经济增长的差异。对于中国区域和城市经济发展的研究也不例外，不论是采取省级还是城市级的数据都可证实，中国地区经济发展中存在'空间集聚'现象，地区经济发展受到地理位置的显著影响，其突出的表现就是，沿海地区和大城市获得了更快的经济增长。"②新中国成立以来珠江三角洲、长江三角洲等区域的快速发展，与这些区域自身优越的地理位置关联很大。

（二）自然资源禀赋

一个地区拥有的自然资源禀赋的差异是很大的，这在一定程度上也影响到一个地区的经济和社会发展程度。新中国成立以来，我国很多城市的兴起就是因为该区域发现了重要的金属矿产等资源。例如，新中国成立后，安徽省在矿产资源丰富的地区设立了四个地级市。其中，铜陵市主要是因为铜矿的开采和加工而建立，马鞍山市是因为铁矿的开采和加工而建立，淮南市和淮北市是因为煤炭的开采和加工而建立的。至今，矿产资源的开采和加工对于上述四个地级市的发展都至关重要。此外，辽宁省大庆市是因为大庆油田的发现而成立的，内蒙古的鄂尔多斯市因为其丰富的煤炭、天然气和稀土资源而成为内蒙古自治区的经济重镇。

---

① 约翰·J.马休尼斯，文孙特·N.帕里罗.城市社会学：城市与城市生活[M].6版.姚伟，王佳，等译.北京：中国人民大学出版社，2016：153-154.

② 陆铭.空间的力量：地理、政治与城市发展[M].上海：上海人民出版社，2017：194.

当然，自然资源总有被开发殆尽的一天，如果在现有资源枯竭之前，资源型城市没有寻找到替代性产业并进行产业转型升级，原来自然资源禀赋较好的地区反倒会走向衰败。例如，近年来我国东北地区部分资源型城市的经济发展处于比较艰难的转型期，经济增长乏力，人口流失现象较为严重。

（三）行政等级的高低

一个地区在行政管理体制中的级别，对于一个地区的经济和社会发展影响很大。一般来说，一个地区的行政等级越高，该地区在区域经济发展中的影响力就越大。在权力对资源配置格局影响较大的地区，国家、区域和地区的行政中心往往也是国家、区域和地区的经济中心，行政中心和经济中心重叠现象较为突出。因此，为了推动某一区域或者地区的经济发展，可以采用提升区域或者地区行政等级的做法。例如，巴西和韩国为了推动落户地区经济发展和缩小区域发展差距的目标，都进行了迁都计划，希望通过将首都迁移至落后地区，来带动该区域的经济发展，实现区域经济发展平衡的目标。

韩国的政治、经济和文化中心是首尔，以首尔为中心的首都圈（包括首尔、仁川及其他周边卫星城镇）面积虽只有2 000平方公里，但集聚的人口多达4 800万人。相比于较为发达的首尔都市圈，韩国中部地区经济发展却比较落后。由于经济、社会、政治一系列的发展变化，韩国希望通过迁都到中部地区的世宗市，建立经济首都和行政首都的双首都模式来拉动韩国中西部地区经济发展，缩小区域发展差距。为此，韩国国会通过了《地方分权特别法》和《国家均衡发展特别法》。可惜的是对于迁都世宗的计划，韩国国内的反对声音一直不断，2010年6月底，韩国总理因迁都计划遭国会否决拟向总统提出辞职。目前，韩国的迁都工作因遭到韩国民众的反对并没有完全成功，仅仅只有部分中央政府机构搬迁到行政首都，韩国总统府等机构依然在首尔，迁都对韩国中西部地区的经济发展的成效也因改革没有完全成功至今没有显现出来。

相比于韩国，巴西迁都非常成功，体现出行政中心对地区经济发展的巨大推动作用。巴西原来的首都是里约热内卢，1960年，巴西利亚就取代了里约热内卢，成为巴西新首都。巴西政府选择从里约热内卢迁都到巴西利亚，主要有两个原因：首先，解决里约热内卢因城市空间快速蔓延带来的城市治理困境。伴随着巴西经济快速发展，里约热内卢的城市化程度不断提高，城市规模越来越大。原本山清水秀的城市开始出现一系列问题，堵车、环境污染、贫民窟涌现等“大城市病”逐渐显现，城市治理陷入困境。其次，推动巴西内陆地区的经济发展，缩小内陆地区与沿海地区的发展差距。在里约热内卢作为巴西首都的时期，巴西的经济重心位于里约热内卢所在的东南沿海地区，广大的中西部虽然自然资源丰富，却发展缓慢。所以，巴西将中央政府迁到中部地区可以加速内陆地区开发，也可以加强联邦政府对整个国家的有效管控。

行政等级高低与地区经济发展水平呈现正相关的情况，不仅在国外存在，在我国表现得也很突出。一个地区的行政等级越高，该地区所获得政策、项目和资金优势愈发明显。同时，国家干线铁路、高速公路、航空等交通枢纽也都基本围绕国家或者省级行政中心来布局，更加强化了行政中心和经济中心重叠的态势。如果行政中心变更了，原行政中心在区域内的经济地位和社会影响力将会大幅降低，区域经济发展格局也会随之发生很大变化。新中国成立以来我国部分省份的省会发生了变动，新设立的省会城市发展较快，而原来的省会城市发展逐渐变慢，甚至出现停滞。例如，安徽省在新中国成立前的省会是安庆，新中国成立后省会迁到了合肥，经过多年的发展，合肥已经成为经济首位度和综合经济实力位于安徽第一的长江三角洲副中心城市，而安庆在2017年安徽省16个地级市经济总量排名中仅位列第四。同样的情况也出现在河北省的原省会城市保定和现省会城市石家庄、河南省的原省会城市开封和现省会城市郑州之间。

目前，特定区域内行政中心的变更，对该区域经济发展格局的影响已经非常显著。特别是在市场化程度较低的中西部地区，新成为行政中心的地区，可以利用行政权力克服其在地理位置和资源禀赋上的先天不足，将基础设施、交通、医疗、人口、教育等资源迅速地向行政中心集聚，资源的集聚使得行政中心很快就能成为经济中心，成为经济中心后的行政中心更加强化了资源向其集聚的态势，经济中心的地位更趋稳固。因此，为了更好地实现区域经济发展目标，通过将经济落后区域的部分行政区的行政级别进行提升，推动其成为带动区域发展的经济中心和增长极，不失为解决区域经济发展不均衡问题的一条可行路径。

（四）交通基础设施状况

经济的发展需要人口、资本等要素和资源的集聚。一个地区资源和要素集聚的数量和程度除与其行政等级有关外，也与该地区拥有的交通基础设施状况有很强的联系，如是否有机场（最好是国际机场）、是否有高铁（最好是全国性高铁枢纽）、是否有大的港口（最好是国际深水良港）、是否有密集的高速公路网等。自然地理位置是制约地区经济发展的先天因素，这个很难改变。但是自然区位不佳的地区，可以通过后天的交通基础设施的建设来改变原有的区位劣势。有的原来不具备任何地理区位优势的地区，通过交通基础设施的建设可以演变成区域性交通中心，进而成为区域经济中心。例如，新中国成立以来的国家铁路规划和建设，改变了我国很多地区的区域经济发展格局。比如，河北省的省会石家庄、河南省的省会郑州就是因为其成为铁路枢纽而发展起来的。同时，近年来我国很多地区爆发了争夺高铁站点设置的斗争，甚至部分地区的老百姓提出了争不到高铁就要求市长下课的口号。例如，以京九高铁规划为例，京九高铁是我国“十三五”时期重点建设的南北走向的高铁骨干网，该线路的具体走向一开始就受到全国很多地区的关注，不同的站点设置方案会对沿线各个地区的发展产生很大影响，沿线的安徽、河南、江西等都力争在本省内多设几个站点。

从我国“十二五”时期已经建成的高铁网络和“十三五”时期在建和规划建设的高铁网络可以明显地看出，高铁枢纽站点的设置与城市行政层级的位次排序基本一致，国家或者区域中心城市、省会城市都是重要的高铁枢纽站点。伴随机场、高铁等交通基础设施在区域经济发展中的地位日益重要，我国的区域经济版图正在随着高铁线路走向和航空港布局的变化而发生着巨变。以安徽省为例，蚌埠市原为铁道部蚌埠铁路分局所在地，被很多人称为“火车拉来的城市”，但是随着省会合肥在近些年高铁建设中的枢纽地位的崛起，蚌埠在安徽省内的铁路中心地位也随之逝去，在一定程度上影响到蚌埠市经济的发展。

（五）是否属于国家或者省级区域规划的重点地区

除了地理区位、自然资源禀赋、行政层级、交通设施状况外，是否属于国家或者省级区域发展规划的重点地区，对一个地区的经济发展也至关重要。一个行政区一旦成为国家级新区、自由贸易区或者省级重点规划地区，就意味着会获得更多的城镇建设用地指标、项目和资金投入、灵活的体制机制改革试点等多方面的政策眷顾，经济发展速度、水平和质量必然会得到大幅提升。例如，我国的深圳特区、上海浦东新区、天津滨海新区、重庆两江新区的快速发展就属于这一类型。此外，2017年批准设立的河北雄安新区和2018年4月国家在海南全岛建设自由贸易区并在未来建设自由贸易港政策的落地，使得雄安和海南也将迎来前所未有的重要发展机遇期。

由于各地区在地理区位的优劣、自然资源禀赋的多寡、行政等级的高低、交通设施状况的差异和是否属于政府区域规划的重点地区等情况差异很大，使得区域经济发展必然呈现出不均衡的发展格局。部分地区发展较快，处于区域经济发展的中心，属于区域经济增长极；部分地区发展较慢，属于区域经济发展的边缘地区。同时，可以依据区域经济增长极形成过程中的主导因素的不同，将由于地理区位优越、自然资源禀赋良好等因素发展起来的区域经济增长极，称为自然经济增长极；而将由于行政等级较高、交通设施状况较好以及属于政府区域规划的重点地区等因素发展起来的区域经济增长极，称为人工经济增长极。近些年来，在区域经济增长极中的主导因素中，自然因素的作用开始不断下降，行政等级的影响力不断攀升，一个行政等级较高的地区，通常是铁路、港口和机场的枢纽，往往也是国家和区域规划发展的重点区域。区域之间的竞争已经演变成区域中心城市和经济增长极之间的行政等级的竞争，我国的区域发展已经由区域创造城市的时期进入到城市创造区域的阶段。

二、自然经济增长极：区域创造城市

自然经济增长极的形成，得益于该地域拥有的优越的地理位置、丰富的自然资源禀赋、地方政府的体制和机制创新等优势，使其在激烈的地区经济竞争中脱颖而出，成为区域经济增长极，例如上海市和深圳市。上海市是地处长江入海口，地理位置优越，是中国的经济中心和长江三角洲城市群的核心城市。长江三角洲丰富的人口、土地、便捷的长江水运等优势，使得上海成为近代以来我国经济快速发展的区域，也成为引领中国经济增长的重要增长极。目前，上海已经成为中国重要的经济、交通、科技、工业、金融、会展和航运中心，是世界上规模和面积最大的都会区之一，上海与江苏、浙江、安徽共同构成的长江三角洲城市群已成为具有较强竞争力的世界级城市群之一。深圳市地处珠江三角洲东岸，与作为远东金融中心的香港隔着深圳河相望，地理位置非常优越。20世纪80年代，深圳经济特区建立以后，借助于毗邻香港的地理位置优势，深圳开始不断承接来自香港等地区转移的产业和资本，经过近40年的发展，深圳已经发展为比肩香港的国际大都市。在2017年3月5日召开的十二届全国人大五次会议上，国务院总理李克强在政府工作报告中提出，要推动内地与港澳深化合作，研究制定粤港澳大湾区城市群发展规划，发挥港澳独特优势，提升粤港澳大湾区在国家经济发展和对外开放中的地位与功能。

从地域分布来看，我国的自然经济增长极主要分布在市场经济比较发达的东部地区。在自然经济增长极的带动下，以上海为核心的长江三角洲地区和以广州、深圳为核心的珠江三角洲地区的区域经济发展水平和质量走在全国前列。以我国长江三角洲地区为例，2016年5月出台的《长江三角洲城市群发展规划》[①]对长三角城市群的规划范围和发展目标进行了明确。依据《长江三角洲城市群发展规划》，长三角城市群位于上海市、江

① 《长江三角洲城市群发展规划》是为了以改革创新推动长三角城市群协调发展而制定的规划，经2016年5月11日国务院常务会议通过，规划包含26个城市（上海1个、江苏9个、浙江8个、安徽8个），自2016年5月11日起实施。

苏省、浙江省、安徽省范围内，由以上海为核心、联系紧密的多个城市组成，主要分布于国家“两横三纵”城市化格局的优化开发和重点开发区域。规划范围包括：上海市，江苏省的南京、无锡、常州、苏州、南通、盐城、扬州、镇江、泰州，浙江省的杭州、宁波、嘉兴、湖州、绍兴、金华、舟山、台州，安徽省的合肥、芜湖、马鞍山、铜陵、安庆、滁州、池州、宣城等26市，地域面积21.17万平方公里，2014年地区生产总值12.67万亿元，总人口1.5亿人，分别约占全国的2.2%、18.5%、11.0%。《长江三角洲城市群发展规划》指出，长三角城市群滨江临海，环境容量大，自净能力强。气候温和，物产丰富，突发性恶性自然灾害发生频率较低，人居环境优良。平原为主，土地开发难度小，可利用的水资源充沛，水系发达，航道条件基础好，产业发展、城镇建设受自然条件限制和约束小，是我国不可多得的工业化、信息化、城镇化、农业现代化协同并进区域。经过多年发展，长江三角洲已经发展成为城镇体系完备的世界级城市群，拥有1座超大城市、1座特大城市、13座大城市、9座中等城市和42座小城市，各具特色的小城镇星罗棋布，城镇分布密度达到每万平方公里80多个，是全国平均水平的4倍左右，常住人口城镇化率达到68%[①]。目前，长三角城市群内各城镇间联系密切，省市多层级、宽领域的对话平台和协商沟通比较通畅，以长三角经济协调会为载体的长江三角洲地区的区域经济一体化程度正不断加深。

在自然经济增长极形成和发展过程中，行政区划是制约生产要素和资源向增长极地区流动的主要障碍，同一行政区域内的经济增长极和跨行政区域的经济增长极在发展的难易程度上有着显著差异。例如，珠江三角洲和长江三角洲都属于我国重要的区域经济增长极，但是珠江三角洲的城镇化率和各城镇间发展的协调程度要高于长江三角洲地区，其中重要原因之一就是珠江三角洲地区在行政区划设置上的优势。珠三角地区同属一个省管辖，在资源的整合和产业分工协作难度上明显小于长三角地区。相比之下，长三角区域分布着苏浙沪皖三省一市，共四个省级行政区划，跨行政区的资源整合和产业结构优化难度较大。因此，为了推动以自然经济增长

① 参见2016年5月出台的《长江三角洲城市群发展规划》。

极为核心的区域经济协调发展，对于阻碍资源、要素跨行政区自由流动和合理配置的行政区划设置，需要进行必要且适时的调整和变革。

三、人工经济增长极：城市创造区域

有些经济增长极，从地理区位和自然资源禀赋来看没有任何优势，但是其凭借行政等级上属于国家行政中心或者省级行政中心的地位，在资源和要素集聚上拥有强大的优势，迅速成长为国家、区域或者省域经济中心，这类人工经济增长极在区域经济发展格局塑造和演变中的作用正日益重要。

人工经济增长极在市场化程度较高、政府对经济发展干预较弱的国家和地区一般不太常见。例如，美国的政治中心是华盛顿，但华盛顿在美国经济领域中的影响力非常小，并非美国的经济中心之一。澳大利亚的首都是堪培拉，在澳大利亚经济发展中的影响力也不大。但是，人工经济增长极在市场化程度较低、政府对经济发展干预较强的国家和地区却较为常见，巴西新首都巴西利亚的建设和发展就是其中非常典型的一个。"新城规划是增长中心规划的一部分，在发展中国家有很多这样的案例。例如，在巴西，为了建设位于内陆地区的新首都巴西利亚，人们付出了艰苦的努力；在象牙海岸，实施了将新乡村社区与班达玛河谷连接起来的项目。在中等尺度上采取的是建设卫星城的方法，在主要城市中心的外围地带建设新城，有的是卧城，有的是工业区，有的是具有工业、商业和居住功能的综合体。"[①]巴西沿海地区和内部地区的发展存在严重的不均衡问题，巴西联邦政府通过在内陆地区规划和建设巴西利亚新城，成功实现了一个人工经济增长极的培育目标，有效带动了巴西内陆地区的经济，沿海地区和内陆地区经济发展不平衡的状况得到明显改善。同时，在巴西政府政策的扶

---

① 布赖恩·贝利．比较城市化——20世纪的不同道路[M]．顾朝林，汪侠，俞金国，等译．北京：商务印书馆，2010：118．

持下，位于亚马孙河中游的玛瑙斯自由贸易区[①]成为巴西最大的经济特区，它作为推动巴西中西部经济发展的增长极和辐射中心，有效地带动了周边地区经济的发展。

改革开放之前，我国一直实行的是高度集中的计划经济体制，政府权力对资源配置和要素流动起着决定性作用。改革开放以来，伴随市场化进程的不断推进，市场对资源配置的作用和影响不断强大，但等级制的行政管理体制依然在资源流动和要素配置上发挥着重大影响，在市场化程度不高的区域，行政中心和经济中心重叠的现象尤为明显。例如，我国中西部地区出现的省会城市“一家独大”和“省会经济依赖症”问题非常突出。我国中西部地区，市场化程度相对较低，很多省会城市在地理区位和自然资源禀赋上并没有明显优于省内其他地级市之处。但是，省会城市凭借其作为全省行政中心的优势，成为国家高铁和机场等交通规划和建设的枢纽，集聚了全省很多很优质的资源和要素，迅速发展成为区域经济中心，与其他非省会地级市的差距不断拉大，经济首位度不断提升。这些省会城市的崛起，就是政府通过一系列制度和政策优势来打造人工经济增长极的典型例证。

中西部地区省会城市“一家独大”现象的出现，在一定程度上反映出在市场化程度较弱的地区，地理位置优劣与自然资源多寡对于一个地区和城市发展的影响力正在逐步减弱，行政层级和行政区划等正在成为影响区域经济发展的主要因素。行政区划与区域经济发展之间的关联度正越来越大，通过行政区划设置的必要调整和变革，有利于推动人工经济增长极的形成和区域经济更好更快地发展。以安徽省为例，为了更好地提升合肥市在全省经济首位度、构建合肥都市圈以及推动沿江地区芜湖、马鞍山等地级市的发展，2011年8月，经国务院批准，安徽省地级巢湖市被撤销，原地级巢湖市管辖的区域被合肥、芜湖和马鞍山3市获得。行政区划调整后，合肥、芜湖和马鞍山3个地级市发展空间得到了很大程度的拓展，合

① 为平衡巴西经济的发展，巴西国会于1957年通过法令成立玛瑙斯自由港，并于1967年将自由港改为自由贸易区。玛瑙斯自由贸易区面积1万多平方公里，亚马孙黄金水道使万吨远洋巨轮可直达这里。

肥的经济首位度不断提升，合肥都市圈发展步伐不断加快，目前已成为与杭州都市圈、南京都市圈并立的长江三角洲地区三大都市圈之一。

当然，很多经济增长极的形成和发展，既有地理区位的优势，也有行政等级和国家发展规划重点地区等行政因素，这类增长极可以称为混合型经济增长极。例如，深圳的崛起，既可以看作是我国改革开放后通过设立经济特区打造出的人工经济增长极，也可以看作是深圳因为比邻香港的地理位置优势而发展起来的自然经济增长极。考虑到行政力量在区域经济增长极形成中的作用越来越大，故本书将混合型经济增长极纳入人工经济增长极范畴内加以讨论而不再专门论述。

第四节　地方行政区划改革推动区域经济协调发展路径分析

在区域经济发展过程中，区域经济增长极的作用非常重要。但由于行政区经济现象的客观存在和部分区域行政区划设置的不合理，使得很多经济增长极的形成困难重重，自然经济增长极的优化和人工经济增长极的培育、发展都需要行政区划的合理调整和适时变革。

一、行政区划制约区域经济协调发展的破题：雄安新区的设立及其启示①

近些年来，为了推动某一特定区域内各行政区域之间的经济和社会能够协调发展，国家层面和省级层面出台了很多区域协调发展规划。其中，最具代表性的是关于北京、天津和河北3个省级行政区域的京津冀协同发展战略。北京、天津和河北3省市在地理区域上同属一地，都属于华北平原，北京和天津行政区域被河北省环绕。但在行政区划上，3省市属于3

① 河北雄安新区虽然定位是功能区，但是其实际运行类似于行政区，本节将其作为准行政区划，来论述行政区划调整对区域经济发展的作用和影响。

个独立的行政区域，生产要素和资源在三地之间的流动受到行政区划边界的影响和制约。京津冀同属华北平原，三地在地理位置和自然禀赋没有太大差异，在区域经济发展水平上，三地本应该差异不大。但由于三个行政区域的行政等级位次不同，致使三地在对全国和周边地区的资源、要素的集聚和人口的吸附能力上存在一定的差异，导致各自的经济发展水平存在一定的差距，京津地区和河北省之间发展水平差异甚大。北京是首都，定位为国家的政治、经济和文化中心，集聚了全国最优质的教育、医疗、科技、文化和企业总部资源。天津是直辖市，定位为北方的国家中心城市、超大城市、环渤海地区经济中心、北方国际航运核心区、金融创新运营示范区、改革开放先行区。相比之下，河北就是一个普通的省级行政区划，没有特别的政策倾斜和照顾，在发展水平上远远落后于北京和天津。

京津冀协同发展思路虽已提出多年，但进展缓慢。“长期以来，京津冀协同发展一直停留在京津冀三地的各种文件中，无法真正推行的主要原因还在于地方政府内在合作动力不平衡。学理上看，北京经济发展迅猛对于周边城市吸附功能远远高于辐射效应；天津曾经作为环渤海经济合作的首创者和推动者，始终无法促使北京积极主动融入合作机制；河北省作为内陆省份，长期渴望融入京津冀协同发展的大环境，无奈从政治势能、经济当量和人才储备来讲都无法与京津两地平等对话，只能在两地的不同发展规划中见缝插针地寻找自我发展空间。这种不平等的合作结构始终无法形成区域发展的合力。此时中央政府的及时介入，实际上打破了原有的地方间不平等的竞合关系。”①

为了更好地推动京津冀三地协同发展，党中央和国务院规划出台了京津冀协同发展战略。2014年2月26日，习近平总书记在北京主持召开座谈会，专题听取京津冀协同发展工作汇报，强调实现京津冀协同发展，是面向未来打造新的首都经济圈、推进区域发展体制机制创新的需要，是探索完善城市群布局和形态、为优化开发区域发展提供示范和样板的需要，是探索生态文明建设有效路径、促进人口经济资源环境相协调的需要，是实现京津冀优势互补、促进环渤海经济区发展、带动北方腹地发展的需要，

① 张志红.雄安新区建设中的央地关系新特点[J].国家治理,2018(17):39.

是一个重大国家战略，要坚持优势互补、互利共赢、扎实推进，加快走出一条科学持续的协同发展路子来。为此，习近平总书记就推进京津冀协同发展提出了7点要求。一是要着力加强顶层设计，抓紧编制首都经济圈一体化发展的相关规划，明确三地功能定位、产业分工、城市布局、设施配套、综合交通体系等重大问题，并从财政政策、投资政策、项目安排等方面形成具体措施。二是要着力加大对协同发展的推动，自觉打破自家“一亩三分地”的思维定式，抱成团朝着顶层设计的目标一起做，充分发挥环渤海地区经济合作发展协调机制的作用。三是要着力加快推进产业对接协作，理顺三地产业发展链条，形成区域间产业合理分布和上下游联动机制，对接产业规划，不搞同构性、同质化发展。四是要着力调整优化城市布局和空间结构，促进城市分工协作，提高城市群一体化水平，提高其综合承载能力和内涵发展水平。五是要着力扩大环境容量生态空间，加强生态环境保护合作，在已经启动大气污染防治协作机制的基础上，完善防护林建设、水资源保护、水环境治理、清洁能源使用等领域合作机制。六是要着力构建现代化交通网络系统，把交通一体化作为先行领域，加快构建快速、便捷、高效、安全、大容量、低成本的互联互通综合交通网络。七是要着力加快推进市场一体化进程，下决心破除限制资本、技术、产权、人才、劳动力等生产要素自由流动和优化配置的各种体制机制障碍，推动各种要素按照市场规律在区域内自由流动和优化配置。

京津冀协同发展战略自提出以来，北京市向周边地区的产业转移步伐逐步加快，北京市将一些诸如服装批发产业和类似于首都钢铁这样的高耗能、高污染的大企业迁往了河北。据有关媒体报道，2014年全年，北京市就调整退出了392家污染企业到河北省。并且从北京搬迁到河北省的企业不是完全搬迁，而是将生产性研发、产业配套和制造环节向河北、天津主动迁移，而总部研发中心则继续在北京聚集[①]。事实上，北京、天津和河北省三地之间在产业转移和承接上的动机存在很大差异，导致协同发展难度较大、成效不佳。河北想承接的产业不是这些北京不需要的高耗能、高

① 孙奇茹.总部研发在北京 生产制造扩津冀 数十明星京企今年津冀“落子”[N].北京日报，2015-01-25(003).

污染企业，更不想只成为总部和税收依然保留在北京市的企业的生产车间，河北省是希望北京和天津将一部分优质的产业、教育、文化和科技资源迁移到河北，带动河北地区的发展，缩小河北和北京、天津在产业结构、创新能力等方面的差距。因此，在不改变行政区划设置现状和不变更以地区生产总值为核心指标的地方政府绩效考核方式的前提下，推动同一地理区域内不同行政区之间经济协调发展的任务是非常艰巨的。京津冀协同发展作为国家层面的区域发展规划，遇到的阻力已经很大，由此也可以预见到地方层面的区域协同发展规划实施的难度和阻力将会更大，实施的效果也必将是差强人意。

为了从根本上打破京津冀三地的本位主义，调整优化京津冀地区城市布局和空间结构，促进城市间分工协作，提高城市群一体化水平，2017年4月，党中央和国务院宣布设立河北雄安新区，这是在行政区划层面上做出的推进京津冀协同发展的重大战略部署，是继深圳经济特区和上海浦东新区之后又一具有全国意义的新区，是千年大计、国家大事。雄安新区规划范围涉及河北省雄县、容城、安新3县及周边部分区域，地处北京、天津、保定腹地，区位优势明显、交通便捷通畅、生态环境优良、资源环境承载能力较强，现有开发程度较低，发展空间充裕，具备高起点高标准开发建设的基本条件。雄安新区规划建设以特定区域为起步区先行开发，起步区面积约100平方公里，中期发展区面积约200平方公里，远期控制区面积约2 000平方公里。设立雄安新区，是以习近平同志为核心的党中央深入推进京津冀协同发展做出的一项重大决策部署，对于集中疏解北京非首都功能，探索人口经济密集地区优化开发新模式，调整优化京津冀城市布局和空间结构，培育创新驱动发展新引擎，具有重大现实意义和深远历史意义①。

深圳经济特区和上海浦东新区属于行政区，管理机构为特区和新区政府。雄安新区属于功能区，管理新区的是副省级的河北省雄安新区管理委员会。虽然雄安新区是功能区而非行政区，但是在行政区域的管辖权上，

① 中央设立河北雄安新区 与深圳特区浦东新区同级别[EB/OL].(2017-04-01).http://finance.sina.com.cn/china/dfjj/2017-04-01/doc-ifycwyns4238308.shtml.

雄安新区管理委员会行使的经济社会管理权限与一般地方政府无异，这种通过设立国家级或者其他层级新区的方式来变革一定行政区域管辖权的改革，笔者称之为“准行政区划改革”。设立雄安新区这种准行政区划改革的做法，对于那些市场化程度不高、区域经济协调发展内生动力不足、区域经济协调发展机制缺失的区域，如何通过区域行政管辖权的变革来打造新的区域经济增长极、推动区域经济协调发展有着深刻的启示。

第一，一般区域特别是市场化程度较低区域，地方政府之间在区域经济合作上的内生动力不足。在经济全球化背景下，区域经济一体化进程不断加速，地域内各行政区之间的经济联系日益加深，一个地区只有参与区域内产业分工与协作，才能获得经济增长上的比较优势，不断提升自身的经济竞争力。同样，一个区域内部的各政府之间只有通过合作，寻求区域内合理的产业分工与协作，才能实现区域经济协调发展。在经济发达地区，市场对资源配置的决定性作用较为明显，区域合作和区域协调发展的市场动能比较充足，区域合作机制比较完善，区域协调发展格局较好，例如我国的长三角地区和珠三角地区。而在经济发展程度一般的中西部地区，市场化程度较低，区域合作的内生动力不足，行政区经济现象较为明显，区域经济发展一体化程度较低。

区域合作和区域经济协调发展程度，与区域内各地方政府的行为动机和策略选择密切相关。地方政府作为理性的行政主体，深知区域合作和区域协调发展的重要性和益处。但在以地区生产总值、地方财政收入等为核心指标的绩效考核方式面前，政治晋升动机强烈的地方行政官员，通常选择通过竞争而非合作的方式以实现短期内经济总量最大化的目标，从而达到政治晋升的目的。以京津冀地区为例，北京作为首都，是国家的政治中心和文化中心，但是多年来北京市也在大力发展钢铁、汽车、电子等产业，借此来打造经济中心的地位。天津作为国家定位的北方经济中心和重要的港口城市，在产业结构上同河北省同质化竞争现象较为严重。河北省在经济发展过程中，大力发展唐山港的曹妃甸港区，形成了与天津港的同质化竞争态势。

第二，行政区划是制约区域内要素自由流动和合理配置、影响区域经济协调发展的重要因素。区域经济协调发展目标的实现，需要生产要素和资源在区域内的自由流动，需要一定的机制对区域内的空间、产业和人口进行合理的配置。一定区域内行政区划的设置，是影响生产要素在该区域内自由流动和合理配置的重要因素。在内生市场动力较为强劲的区域，行政区划设置对区域经济发展的制约作用较弱；但在市场化程度较低的地区，行政区划对区域经济发展的刚性约束作用则表现得淋漓尽致，行政区经济现象非常严重。

在京津冀区域，北京作为国家政治中心、文化中心和大多数国有企业总部所在地，集聚了大量的生产要素和优质资源，也是我国重要的经济中心之一。天津因濒临渤海湾的地理区位优势和直辖市的政治优势，被国家定位为北方经济中心。按照区域经济发展的一般逻辑来看，环抱北京和天津两大经济中心的河北省应该是接受京津辐射和带动作用最明显的地方，经济发展水平本应该和京津地区差距不大。但是河北省内的环京津地区，由于行政区划的阻隔，京津冀区域交通基础设施一体化进程受阻，京津地区向河北地区的产业迁移受到严重制约，导致河北省环京津贫困带的出现。

第三，高层级政府设立的区域协调发展领导机构，是内生合作动力不足地区的区域经济得以协调发展的体制和机制保障。京津冀区域属于区域合作内生动力不足的地区，通过中央层级政府的协调和强力推动，区域合作和协调发展取得了长远进步。在“雄安新区的运行架构中，中央政府也始终发挥重要的作用。雄安新区的管委会和工委会作为河北省政府的派出机构，同时接受国务院京津冀协同发展领导小组办公室指导。需要注意的是，该领导小组的组长为国务院副总理，领导小组办公室设置于国家发改委，时任发改委主任为领导小组办公室主任。与此同时，在发改委系统中，北京、天津分别设立各自的京津冀协同发展领导小组办公室，河北省推进京津冀协同发展领导小组办公室同时成立。这样在中央和地方政府之间形成了更加有利于规划和资源配置调整的内部政府间网络。这种新型工作网络的形成，将更加有利于解决雄安新区建设中跨区域问题”①。

① 张志红.雄安新区建设中的央地关系新特点[J].国家治理,2018(17):40.

第四，自上而下的适度合理的行政区管辖权变革等行政区划改革，是推动区域经济协调发展的重要手段和制度保障。行政区划设置是区域经济协调发展的重要影响因素，要想破除行政区划对区域经济协调发展的阻碍作用，除了培育和增强市场作为推动区域经济协调发展的内生动力外，自上而下的适度合理的行政区管辖权变革等行政区划改革做法，也是推动区域经济协调发展的重要手段和制度保障。京津冀区域合作的雏形，最早出现在20世纪80年代中期的“环渤海经济区”，后又经历了一系列的区域合作尝试。2004年2月12至13日，国家发改委地区经济司召集北京市、天津市、河北省暨秦皇岛市、承德市、张家口市、保定市、廊坊市、沧州市、唐山市发展改革部门负责同志，在廊坊市共同召开京津冀区域经济发展战略研讨会，会议达成了推动京津冀区域合作的“廊坊共识”。“廊坊共识”是北京、天津和河北三方第一次真正意义上的区域合作机制构建的成果，也正式标志了京津冀三方区域合作的开始。从2004年2月“廊坊共识”达成后，国家发改委就开始会同北京、天津和河北三方开始编制京津冀都市圈区域发展规划，京津冀区域合作终于从务虚转为务实。此后，虽经过多年的编制和规划，京津冀都市圈区域发展规划始终未见成形。京津冀区域合作的实质性突破口是2013年开始中共中央和国务院提出京津冀协同发展战略以及2017年4月1号批准成立的河北雄安新区。

二、地方行政区划改革推动区域经济协调发展的路径

当前，伴随城镇化进程的不断加速，我国区域经济发展格局已经从传统的省域经济和行政区经济逐步向城市群经济过渡，城市群对资源和要素的集聚效应日益凸显。同时，国家、区域和地区性中心城市作为区域经济发展中的核心增长极的地位正不断提升，区域内核心城市的经济规模、空间规模和竞争力，在很大程度上决定了区域经济一体化的进程和区域经济协调发展的水平与质量。

区域经济一体化和区域经济协调发展是市场和政府共同作用的结果，如果完全由市场因素来主导区域经济发展进程，要素和资源在区域内先集

聚后扩散的自然生长过程往往耗时较长，对于我国这种后发国家来说意味着较大的时间成本。在区域经济发展实践中，行政区划设置和政府的行政权力对区域经济协调发展的影响非常深刻。政府可以在尊重市场和经济发展规律的前提下，通过必要的行政区划改革，从四个方面来减少或消除资源和要素在跨行政区自由流动和合理配置时遭遇的障碍，加快区域经济协调发展。

第一，通过行政区划设置的合理调整，推动自然经济增长极的成长壮大。在已经成为自然经济增长极和具备成为自然经济增长极潜力的地区，政府要顺应区域经济发展要求，通过行政区划设置的微调，加速区域内生产要素和资源向增长极地区的集聚，助推自然经济增长极的发展壮大，推动区域经济协调发展。

在市场化程度高的地区，行政区划设置对区域自然经济增长极的影响力较弱，行政区划设置变革的内在需求不足。以上海为例，上海市和江苏省昆山市（县级）相邻，昆山受上海都市圈辐射较大，在经济发展上已经和上海无缝对接，很多在上海工作的人居住在昆山，一度出现过昆山要并入上海的传闻。由于上海和昆山分属两个行政区划，生产要素和资源的自由流动受到一定程度的限制。但经过多年的发展和市场动能的不断增强，虽然昆山和上海之间的行政区划设置没有进行任何调整，但是两地之间的基础设施同城化不断提速，最典型的标志是2013年上海市轨道交通11号线开进昆山市的花桥站，这也是我国第一条跨省地铁线路。同样的情况也出现在安徽，安徽省境内的滁州和马鞍山紧邻江苏南京，也是南京都市圈的重要成员，南京市开通的轨道交通8号线又称宁天城际，规划目标是直达安徽省滁州市代管的天长市（县级）。

在市场化程度较低的区域，行政区划的设置对自然经济增长极的形成和发展影响很大。在已经成为自然经济增长极和具备成为自然经济增长极潜力的地区，政府要顺应区域经济发展要求，通过行政区划设置的微调，推动区域内生产要素和资源向增长极地区的集聚，加速自然经济增长极的培育和发展壮大，以推动区域经济更好地协调发展。以安徽省沿江地区为例，安徽省沿江地区共分布有安庆、池州、铜陵、芜湖和马鞍山5个地级市，5市在地理位置上同处于沿江地区，自然资源禀赋相差无几，行政区划层级同属于地级市，交通区位条件上通过一条宁安高铁相通，5市都已经建成了长江大桥，区域合作的硬件条件基本完备。经过多年的发展，安徽沿江地区的发展取得了一定成绩，但区域合作进展缓慢，作为皖江经济带核心城市和安徽省双核城市之一的芜湖市，并没有在沿江区域经济发展中发挥区域经济中心的地位，安徽省沿江区域的区域协调发展水平较低。由于缺乏经济增长极的带动和区域内各行政区之间没有进行合理的产业分工，致使安徽省沿江区域在整个长江经济带沿线区域的竞争中始终处于弱势地位。安徽省也曾计划通过在沿江地区跨行政区划设置江南和江北两个产业集中区的做法，来实现推动沿江地区区域经济协调发展的目标，但因为行政区划的阻隔，江南和江北两个产业集中区的发展成效不佳，并未实现政策预期的目标。目前，安徽省沿江地区的经济发展，迫切需要通过必要的行政区划调整来推动自然经济增长极的培育和发展壮大，以实现区域经济协调发展的目标。这部分内容将在本书的第十一章专门论述。

第二，通过行政区划设置的较大变动，打造人工经济增长极，带动区域经济发展。在缺乏自然经济增长极的地区，要选取区域、省级或者地区行政中心作为核心城市，通过行政区划的大幅调整，推动区域内的生产要素和资源向该地区集聚，通过打造人工经济增长极的方式来推动区域经济协调发展。

在区域经济发展中，人工经济增长极将通过先集聚区域内资源和要素形成区域经济中心，然后再通过发挥扩散效应带动区域经济发展的过程来实现区域经济协调发展的目标。“随着人口、资源的过度聚集等因素导致的成本上升，部分中心城市的规模不经济现象开始凸显，涓滴效应逐步取代聚集效益，成为推动区域经济增长的主导力量。在这种情况下，很多企业开始倾向于离开中心城市，转向区域次中心城市，一些地区由此步入了区域协同发展的‘自动阶段’”[①]。先集聚后扩散效益的发挥，使得区域经济发展呈现出的是一个由点到面不断拓展的不平衡发展过程，随着扩散效应逐步由内而外、由核心到边缘的扩散，区域内的地区差异逐渐缩小，

① 孙久文，原倩．京津冀协同发展战略的比较和演进重点[J]．经济社会体制比较，2014(5)：7.

最终将趋于平衡发展的目标。

在缺乏自然经济增长极的地区，通过行政区划改革，打造人工经济增长极来带动区域经济协调发展，已经成为很多经济欠发达地区的现实选择。如果说纵向行政层级的县（市）改区做大区域中心城市、打造人工经济增长极是改革的第一步，那通过横向行政区划的区界重组则是做大做强区域中心城市、打造人工经济增长极的第二步。县（市）改区的问题在前面有关章节已经涉及，在此不再赘述。本章将重点就横向行政区划的区界重组问题展开研究。

在区域经济发展中，对于自身形成自然经济增长极可能性较小的地区，可选取区域、省级或者地区行政中心作为核心城市，通过行政区划的大幅调整来打造区域人工经济增长极，以此来带动区域经济协调发展。以安徽省为例，安徽省地级巢湖市被撤销的行政区划改革与合肥都市圈（原为省会经济圈）的形成之间有着强烈的内在关联。安徽省省会合肥市在2006年前，经济总量占全省总量的比重一直维持在16%左右，省会首位度不高，对全省经济的影响力非常有限，合肥经济圈还停留在规划层面。2006年开始，安徽省的发展重心开始向合肥倾斜。2011年8月的地级巢湖市区划调整为合肥市的发展壮大赢得了更大的空间，加上国家在高铁和机场规划建设上对省会城市的倾斜，合肥市的区位优势开始不断提升。经过十年左右的发展，合肥经济总量占安徽省的比重从2006年的16%提高到2016年27.58%，安徽省政府规划的省会经济圈基本成型。2014年9月，国务院印发《关于依托黄金水道推动长江经济带发展的指导意见》（国发〔2014〕39号）中，合肥与南京和杭州一起被定位为长三角城市群副中心。近十年来，类似于安徽省省会经济圈崛起这样的现象在中西部地区非常抢眼，安徽省合肥市从一个综合竞争力较弱的普通省会城市发展成为长江三角洲城市群三大副中心城市之一的经济增长极，与2011年的行政区划变革有密不可分的关联。当然，相比于南京都市圈和杭州都市圈的现有发展水平和质量，合肥都市圈的发展还需要进一步的提升，必要的行政区划调整也是需要的。

第三，通过行政区划设置调整，推动区域经济增长极扩散效应的发挥。在区域经济增长极对资源和要素的集聚达到一定程度后，通过部分行政区划调整和运用必要的行政手段，推动经济增长极发挥扩散效应，向周边地区扩散资源、产业和人口，有利于更好地实现区域经济协调发展的目标。在市场对资源配置起决定性作用的情况下，推动经济发展的主要因素应该是地理区位、自然资源禀赋，但我国政府对经济社会发展的影响和控制作用不容小觑，中央和省级政府的介入，往往会改变一个区域的经济版图。由于不同地区所处的地理位置存在优劣、自然禀赋存在差异、在行政层级体系中的高低位次不同，因此一定区域内的各地区经济发展的自然格局将会呈现出一种不均衡、不协同的状态。这些问题的解决需要政府运用行政手段进行必要的干预。政府可以在遵循市场和区域经济发展规律的前提下，通过一定的行政区划设置调整等行政行为来影响、干预甚至主导资源和生产要素在一定区域内的流动方向和配置过程，推动经济增长极向周边地区扩散产业、资源和人口，进而改变区域内或者区域间的经济发展格局，实现区域经济协调发展的目标。

第四，市场化程度较低的中西部地区，区域经济协调发展遇到的行政区划障碍较多，行政区划改革尤为迫切。区域经济发展表面上看是一个经济问题，实际上受到行政区划设置等诸多因素的影响。“从理论上分析，在一国之内，如果没有地方政治上的割据，不同行政区域之间的经济运行一般不会出现分割现象，而是按照区域经济一体化或经济区网络的规律组织经济运行。然而，在我国，由于特殊的历史与体制背景，各级行政区的经济功能十分突出，在地方政府强烈追求自身利益最大化的动机驱使下，政府干预经济的行为十分严重，地方本位与保护主义盛行，从而使区域经济运行带有强烈的地方政府行为色彩，正是这种行为，使行政区划界线如同一堵‘看不见的墙’对区域经济横向联系产生刚性约束，跨区域流动严重受阻，一体化难以实现。”①市场化程度不充分的中西部地区，区域经济协调发展在行政区划上遭遇的障碍因素较多，行政区划改革需求比较迫切。例如，安徽省作为中部地区，政府主导经济发展格局比较突出，除了省会合肥主导的合肥都市圈之外，省内其他区域的经济发展缺乏有带动力

---

① 刘君德.中国转型期凸现的“行政区经济”现象分析[J].理论前沿,2004(10):20.

的经济增长极，需要通过行政区划的必要调整和政策倾斜来助推具备成为经济增长极潜力的地区成为现实的经济增长极，通过先集聚后扩散的路径来实现区域经济协调发展的目标。

第五节　安徽省行政区划设置与区域经济发展

安徽省作为地理上承东启西的中部地区，在地理上被长江和淮河分成三个区域：长江以南区域的皖南地区、淮河以北的皖北地区和长江与淮河之间的江淮地区。从自然区位来看，安徽拥有800余里的长江岸线资源，地处长三角地区，区位优势较为明显。但是，当前安徽省的区域经济发展整体水平不高，区域竞争力特别是沿江区域的竞争力非常有限，通过必要的行政区划改革来推动和提升区域经济发展水平与质量的需求非常迫切。

一、改革开放以来安徽省区域经济发展政策的演变历程

改革开放以来，安徽省在省内区域经济发展上经历了区域发展重心的转移、区域经济协调发展模式和机制创新的尝试、寻求省内区域经济发展的平衡等政策调整和变迁。总体来看，改革开放以来安徽省区域经济发展的历程大体可以分为三个阶段。

第一阶段，顺应国家开发上海浦东的战略布局，提出了“开发皖江、呼应浦东”的口号，将皖江地区作为全省重点发展的区域。20世纪90年代初，党中央和国务院决做出了开发上海浦东的重大战略决策，长江流域的经济发展开始进入国家战略层面。为了呼应开发上海浦东的国家战略，安徽省委、省政府于1995年提出了“开发皖江、呼应浦东”的口号，以芜湖为皖江开发的突破口，全力打造安徽沿江经济带。目标是通过产业结构调整，将芜湖建设成为具有一定综合经济实力、具有沿江特色的开放城市，使芜湖成为安徽沿江经济带上对外开放的窗口和门户，连接内地和沿海经济发展的枢纽。在具体政策上，安徽省对芜湖市进行了很大的倾斜，

安徽省第一个国家级经济技术开发区设立在芜湖，第一家国家出口加工区也设立在芜湖。经过十多年的发展，芜湖市从20世纪90年代初经济总量位居全省第九位一直增长到全省第二位，已经成为全省的经济次中心和皖江城市带承接产业转移示范区的核心城市之一。

第二阶段，以国家批复的皖江城市带承接产业转移示范区为契机，提出了构建以合肥和芜湖为“双核”的区域经济发展战略。20世纪90年代的“开发皖江、呼应浦东”的口号，有力地推动了安徽沿江地区的经济发展，沿江地区的产业集聚形成了一定的基础。为了更好地推动沿江地区经济的协调发展，安徽省开始全力推动皖江地区产业集聚和产业升级步伐。2010年1月12日，国务院正式批复了《皖江城市带承接产业转移示范区规划》，安徽省沿江城市带承接产业转移示范区建设也正式纳入国家发展战略。该《规划》范围包括合肥、芜湖、马鞍山、安庆、滁州、池州、铜陵、宣城8个地级市全境以及六安市的金安区和舒城县，确立了以沿长江一线为“发展轴”、合肥和芜湖为“双核”、滁州和宣城为“两翼”的“一轴双核两翼”产业布局。这是迄今全国唯一以产业转移为主题的区域发展规划，是促进区域协调发展的重大举措，为推进安徽参与泛长三角区域发展分工，探索中西部地区承接产业转移新模式，也为中部地区加速崛起点燃了助推器。

安徽省在承接产业转移过程中，统筹皖江城市带承接产业转移示范区内的产业布局和产业分工，在推动现有产业园区升级改造的基础上，依托中心城市，突破行政区划限制，规划建设了马芜巢产业集中区和安池铜产业集中区，后改名为江北产业集中区（起步区设在芜湖市鸠江区沈巷镇）和江南产业集中区（起步区设在池州市贵池区梅龙镇）。从目前来看，虽然集中区的发展现状与当初的构想和规划差距甚远，产业集中区发展成效并未显现，但是依托中心城市、打破行政区划、跨行政区建设经济区的思路是正确的，也为下一步安徽省沿江区域的行政区划改革明确了思路。可以借鉴现有江南产业集中区和江北产业集中区的选址，通过必要的行政区划调整，打造1~2个沿江区域经济增长极，实现安徽沿江地区区域经济协调发展的目标。

第三阶段，开始重点打造省会经济圈、合肥都市圈。同时，提出振兴皖北，启动了对口援建皖北计划。20世纪90年代开始启动的“开发皖江、呼应浦东”口号，以打造沿江经济带为目标，沿江地区是安徽省区域经济发展的重心所在。在芜湖等沿江城市经济实力不断提升、发展步伐不断加快的同时，省会合肥市的经济发展却陷入了困局。合肥作为省会在省内的经济中优势不甚明显，在全国省会城市中的排名也处在中下等水平，如何提升合肥作为省会在全省经济中的首位度和竞争力开始成为全省区域经济发展的重要任务。2006年，安徽省委、省政府在安徽省第八次党代会上明确提出合肥要“提高经济首位度，形成具有较强辐射带动力的省会经济圈”。以此为标志，安徽省区域经济发展的重心开始从沿江地区向合肥及其周边区域开始转移。2007年初，安徽省十届人大五次会议上进一步确定了“规划建设以合肥为中心，以六安、巢湖为两翼”的省会经济圈构想。2008年5月，安徽省政府颁布实施《安徽省会经济圈发展规划纲要（2007— 2015年）》。2009年8月，安徽省委、省政府下发了《关于加快合肥经济圈建设的若干意见》，正式将省会经济圈更名为合肥经济圈，同时把淮南市和桐城市纳入合肥经济圈范围。2011年8月，因地级巢湖市行政区划调整和定远县的加入，合肥经济圈的范围发生了变化，具体包括合肥市、淮南市、六安市、桐城市和定远县。2013年底，合肥经济圈建设领导小组办公室会议研究决定，同意滁州市整体加入合肥经济圈。2016年2月，安徽省十二届人大六次会议提出了推动合肥都市圈一体化发展战略，加快合肥经济圈向合肥都市圈战略升级，努力把合肥都市圈打造成为全省核心增长极乃至全国有重要影响力的区域增长极。2016年5月11日，国务院常务会议审议通过的《长江三角洲城市群发展规划》将合肥都市圈纳入，标志着合肥都市圈正式由地方发展战略上升为国家发展战略。2016年12月3日，安徽省人民政府办公厅印发了《长江三角洲城市群发展规划安徽实施方案》。该《方案》明确，要把合肥打造成长三角世界级城市群副中心城市，将合肥经济圈升级为合肥都市圈，芜湖市和马鞍山市被正式纳入合肥都市圈规划范围。同时，通过完善都市圈协调推进机制，加快建设合肥都市圈，力争形成区域增长新引擎。经过近十年的发展，合肥的经济总量和全省的首位度得到明显提升，在全国省会城市中的竞争力排名也不断上升，合肥都市圈和南京都市圈、杭州都市圈并列为长三角城市群三大都市圈。在商务部中国会展经济研究会发布的2017中国城市会展业竞争力指数中，合肥入选2017年中国省会城市及地级城市最具竞争力会展城市前10强。

安徽省在全力打造省会经济圈即现在的合肥都市圈的同时，针对皖北地区经济增速较慢和皖北地区与皖南地区、江淮之间经济社会发展差距不断拉大的现实，安徽省委和省政府提出了加快皖北振兴和皖北崛起计划，启动了部分地级市对口援建皖北战略。皖北地区主要是指安徽淮河以北地区的淮北、亳州、宿州、蚌埠、阜阳、淮南六市及沿淮的寿县、霍邱、凤阳、明光、定远等五个县（市）。“皖北地区的国土面积占安徽全省的近四成，人口为全省的一半以上，是安徽‘大块头’地区。但由于历史等多种原因，整体经济总量偏小、人均水平靠后、发展基础薄弱，一直是安徽经济发展的难点。”[①]安徽省委、省政府在2008年出台的一系列扶持皖北发展的10条政策基础上，2010年又推出“升级版”的“新10条”，进一步扶持皖北重点地区加快发展。同时，安徽省还专门成立了正厅级机构——加快皖北地区发展领导小组办公室，简称为皖北办，统一协调皖北振兴和皖北崛起战略制定和实施工作。“党的十八大以来，省委、省政府着眼安徽南北经济发展梯级差异明显的省情，适时将政策支持重点从以输血为主转向输血与造血并重，及时做出了开展南北结对合作、共建现代产业园区的重大决策，着力增强皖北内生动力，促进区域协调发展。截至目前，皖北地区共建立合作园区10家，建成面积达53.1平方千米，累计投入共建资金132.4亿元，完成固定资产投资902.4亿元，实现财政收入52.3亿元，税收34.8亿元，带动皖北地区就业近4万人。”[②]以合肥对口援建阜阳为例，“2012—2016年，阜阳合肥现代产业园这块面积仅有16平方公里的共建园

① 张宝顺.振兴皖北将是十二五安徽统筹发展战略重点[EB/OL].(2011-03-09).http://www.gov.cn/2011lh/content_1820853.htm.

② 新华网.安徽促进区域协调发展 南北合作共建助力皖北振兴[EB/OL].(2017-10-15).http://m.xinhuanet.com/ah/2017-10/15/c_1121804339.htm.

区捧出了骄人的‘成绩单’：园区生产总值、工业总产值、社会消费品零售总额、财政收入年均分别增长55.2%、61.8%、38%、128.9%。全社会固定资产投资累计完成140亿元，年均增长35.6%，招商引资到位资金累计86.2亿元，年均增长40.4%，已经成为当地经济发展的重要增长极。”①

改革开放以来，在安徽省区域经济发展政策的推动下，全省形成了皖南、皖北和以合肥为中心的江淮地区三大区域板块，区域经济协调发展取得了一定成效。同时，安徽省在区域经济发展政策也存在一些问题，主要表现在两个方面。

第一，摇摆不定的安徽省城市群发展战略，制约了区域经济增长极的形成、发展和壮大，阻碍了区域竞争力的有效提升。以安徽省沿江地区为例，长江流经安徽800余里，安徽沿江地区位于长江的下游段，处于长江经济带承东启西的重要节点，航运优势明显，矿产资源丰富，紧靠经济发达的苏浙沪地区，地理位置优越。中共中央、国务院印发的《国家新型城镇化规划（2014—2020年）》提出，要构建以陆桥通道、沿长江通道为两条横轴，以沿海、京哈京广、包昆通道为三条纵轴，以轴线上城市群和节点城市为依托、其他城镇化地区为重要组成部分，大中小城市和小城镇协调发展的“两横三纵”城镇化战略格局。安徽沿江地区正好位于我国“两横三纵”城镇化战略格局中的两横之一的长江通道上，发展潜力巨大。但在实际发展过程中，安徽省的城市群发展战略始终处于摇摆不定的状态，在省会经济圈快速发展成为合肥都市圈的同时，地理区位优越和自然资源禀赋良好的安徽省沿江地区的发展却相对较慢，区域内经济增长极的培育和发展缓慢。

针对安徽省皖南、皖北和江淮地区的发展现状，安徽省提出了构建合肥都市圈（前身为省会经济圈）、皖江城市带和皖北城市群三大城市群的规划，同时明确了合肥和芜湖为安徽省“双核”城市。从上述规划可以看出，沿江地区的芜湖市作为“双核”城市之一，应该成为安徽沿江地区经济发展的中心城市，应将其与合肥一起培育成为区域经济增长极。同时，

---

① 新华网.安徽促进区域协调发展 南北合作共建助力皖北振兴[EB/OL].(2017-10-15).http://m.xinhuanet.com/ah/2017-10/15/c_1121804339.htm.

芜湖的地理区位和资源优势也有利于其区域经济增长极地位的培育和塑造。孙中山先生在《建国方略》中就曾以芜湖和安庆为重点，对安徽沿江地区的发展规划进行了论述。

孙中山先生在《建国方略》中对芜湖和安庆发展前景给予了很高的定位。安徽省沿江地区的安庆，是安徽建省伊始直到中华民国时期的安徽省省会①；芜湖市是近代通商口岸和四大米市之一，是一座重要的商贸城市。孙中山先生在《建国方略》中，将芜湖和安庆列为七个内河商埠中的两个，并提出将芜湖和安庆联动建设成为安徽长江段的重要中心城市的设想。“在扬子江此一部建设内河商埠，将为此发展计划中最有利之部分，因此部分在中国为农矿产最富之区，而居民又极稠密也。以整治长江工程完成之后，水路运送，所费极廉，则此水路通衢两旁，定成为实业荟萃之点，而又有此两岸之廉价劳工附翼之。则即谓将来沿江两岸，转瞬之间变为两行相连之市镇，东起海边、西达汉口者，非甚奇异之事也。此际应先选最适宜者数点，以为获利的都市发展。依此目的，吾人将从下游起，泝江逐港论之如下：甲镇江及其北岸。乙南京及浦口。丙芜湖。丁安庆及其南岸。戊鄱阳港。己武汉。”②

在将芜湖和安庆联动建设成为安徽长江段的重要中心城市方面，中山先生认为“芜湖为有居民十二万之市镇，且为长江下游米粮市易之中心，故吾择取此点为引水冲刷上海黄浦江底之接水口，而此口亦为通上海或乍浦之运河之上口。……安庆者，安徽之省城，自从经太平天国战争破坏之后，昔日之盛不可复睹矣。……以芜湖为米市中心言，则此安庆之双联市将为茶市中心，而此双联市之介在丰富煤铁矿区中心，又恰与芜湖相等。此又所以助兹港使于短期之间成为重要工业中心者也。故在长江此部建此双联市，必为大有利益之企业”③。

依据三大地理板块，构建三大区域经济板块是符合安徽省区域经济发展现实的理想选择。区域经济增长极的培育和区域经济协调发展格局的塑

① 期间，因太平天国运动、抗日战争等，安徽省会曾发生过短暂的变动。

② 孙中山．建国方略[M]．北京：生活·读书·新知三联书店，2014：191-192.

③ 孙中山．建国方略[M]．北京：生活·读书·新知三联书店，2014：195-196.

造，需要一定的周期。频繁变动的区域发展规划，不利于区域经济的健康协调发展。但是，安徽省在区域都市圈和城市群规划上，却始终处于摇摆不定的状态，严重制约和阻碍了安徽沿江区域的经济发展。例如，芜湖市是沿江地区的中心城市和安徽双核城市之一，应该以芜湖为中心，打造区域经济增长极，构建沿江地区经济板块。但是，在合肥都市圈规划上，安徽省却将芜湖和沿江地区的马鞍山一并纳入合肥都市圈，严重破坏了既有的区域经济发展格局，对沿江地区的发展非常不利。

纵观长江中下游地区，长江安徽段的区域经济实力和竞争力最为薄弱，这与安徽省频繁变动的不合理的城市群发展规划存在很大关联。湖北段长江有武汉、江苏段有南京这样的区域性中心城市，而位于武汉与南京之间的安徽长江地区到目前为止没有一座有一定影响力的区域性中心城市，沿江地区的几个地级市发展水平差异不大，中心城市功能较弱，加之不合理的行政区划设置格局，严重制约了安徽沿江地区的经济发展水平和质量。因此，为了更好地提升区域竞争力，推动安徽沿江地区成为安徽省和长江经济带的重要经济增长板块，需要在中央和安徽省政府的引导和推动下，通过行政区划的必要调整和改革来推动安徽省沿江地区经济增长极的形成，以此来带动安徽省沿江地区经济的快速和协调发展。具体的内容将在本书第十一章专门论述。

第二，区域经济发展战略，没有充分尊重区域发展现实，区域发展规划和政策设计缺乏必要的稳定性和连续性。在市场化程度较低的地区，地方政府之间竞争动机远大于合作动机，区域经济一体化和区域经济协调发展目标的实现，需要有稳定且连续的区域发展规划和政策作为引领和支撑，并经过一段时期的运行才可能出现成效。例如，湖南省长沙、株洲和湘潭一体化进程经过了近十年的运作才显现出部分成效。

安徽省在制定区域发展战略和城镇化战略（特别是制定城市群发展战略）及相关政策时，缺乏战略的稳定性和政策的可持续性，这是制约安徽区域经济协调发展的重要因素之一。在安徽省沿江地区，一开始的战略是推进马鞍山、芜湖和铜陵的一体化即“马芜铜”规划。后来在国家级皖江城市带承接产业转移示范区获批后，安徽省又提出马鞍山、芜湖和巢湖一体化和安庆、池州和铜陵一体化战略。近两年又提出了打造芜湖和马鞍山城市组群和安池铜城市组群。在江淮和皖北地区，在提出合肥与淮南同城化的同时，2017年12月又编制了蚌淮（蚌埠、淮南和凤阳县区域）、宿淮（宿州和淮北区域）两大城市组群。从上述区域发展战略的调整过程和频率来看，安徽省区域规划和政策缺乏必要的稳定性和连续性。

当前区域经济发展已经由传统的行政区经济向城市群经济转变，城市群在区域经济发展中的作用日益凸显。城市群内部的结构合理与否，直接关系到城市群发展的质量和由城市群带动的区域经济一体化进程。因此，政府在制定城市群引导战略和发展规划时，应该充分尊重市场选择和经济发展规律，不能无视既有的区域经济发展格局，随意地变更城市群的空间范围和发展方向。但是，安徽省在制定城市群规划时，并没有充分尊重既有的三大区域发展板块，现有的几个处于不同发展阶段的省内城市群很少由自然生成，更多系人为规划，大多缺乏区域中心城市和经济增长极的带动，城市群内各城市间缺乏实质性的经济联系和合作机制。这样的城市群或者城市组团不能称为真正意义上的城市群，只能是一些城市的结合，称为“城市结”可能更加合适。

因此，在通过城市群战略推动区域经济发展上，安徽省应改变现有的不稳定和不连续的城市群发展规划和政策设计思路，明确三大区域经济板块和规划建设三大城市群（带）的发展思路，通过合理的行政区划设置变革等做法，加速区域经济增长极的培育和发展壮大，推动安徽区域经济竞争力的整体提升。

三、安徽省行政区划设置对区域经济发展的制约及调整思路

行政区划设置与区域经济发展之间存在密切的内在关联，合理的行政区划设置会推动区域经济增长极的形成和发展，有利于区域经济协调发展。同样，不合理的行政区划设置，会阻碍区域经济增长极的发展壮大，阻碍区域经济协调发展。当前，从推动区域经济发展视角来看，安徽省行政区划设置最大的问题是地级市行政区划设置过多。

第一，数量过多的地级市行政区划设置，增加了区域经济协调发展的难度和成本，阻碍了区域经济一体化进程。行政区划边界的存在，会对资源和要素跨行政区流动产生较为强烈的刚性约束作用。在区域经济发展上，一定区域内设置的地级市行政区划数量越多，生产要素和资源跨地级市流动的障碍和阻力就越大，区域内政府之间的协调成本和难度也会相应增加，制约了区域内部功能互补、分工合作的产业协作体系的形成，最终阻碍区域经济一体化进程。从安徽省行政区划设置的现实层面来看，安徽省地级市行政区划设置存在数量多和分布不均衡的特征。安徽省地域面积与江苏省相当，但是设置了16个地级市行政区划，比江苏省多了5个。同时，安徽省沿江地区的地级市数量达到5个之多，严重制约了沿江地区功能互补、分工合作的产业协作体系的形成。

第二，数量过多的地级市行政区划设置，使得部分地级市的辖区面积、人口规模过小，不利于区域中心城市的培育和区域经济增长极的发展壮大，导致区域竞争力薄弱。由于安徽省地级市行政区划设置的数量过多，使得部分地级市辖区面积过小、人口规模过少的问题较为突出，不利于区域中心城市的培育和区域经济增长极的发展壮大，阻碍了区域经济竞争力的提升。安徽省区域经济发展始终薄弱的一个重要原因，就是缺乏有带动力和凝聚力的区域经济中心即区域经济增长极，这与安徽省地级市行政区划过多有很大关系。目前，除了江淮地区拥有省会合肥这样经济总量、规模、空间等体量具备成为经济中心的区域经济增长极，可以对周边地区产生一定的辐射和带动作用之外，皖南地区和皖北地区缺乏这样的区域经济中心和区域经济增长极。

第三，数量过多的地级市行政区划设置，使得跨行政区建设经济区的发展思路很难推进，寻求行政区划设置格局的变革成为推动区域经济发展的必要路径。2010年左右，安徽省已经意识到地级市行政区划设置过多对区域经济发展的制约作用，突破行政区划制约，跨地级市行政区划建设经济区成为解决区域经济发展难题的一个思路，江南产业集中区和江北产业集中区就是这一改革思路的产物。2009年1月，皖江城市带承接产业转移示范区正式获得国务院批准。2010年1月20日，国家发改委正式印发了

《皖江城市带承接产业转移示范区规划》。该《规划》要求，安徽省要适应产业大规模、集群式转移趋势，充分发挥长江黄金水道的作用，依托中心城市，突破行政区划制约，在皖江沿岸适宜开发地区高水平规划建设承接产业转移集中区，推动沿江城市跨江联动发展。此后不久，直属于安徽省政府管辖的江南和江北产业集中区成立，江北产业集中区以芜湖市沈巷镇为起步区，由芜湖、马鞍山和巢湖共同建设，江南产业集中区的起步区位于池州市贵池区境内，由安庆、池州和铜陵共同建设。但两大产业集中区成立以来的运行状态和绩效，充分显示出跨行政区建设经济区的艰难程度，反映出跨行政区建设经济区的同时，必须要推进必要的行政区划设置调整和变革以及打造区域经济增长极，才能有效推动区域经济协调发展。江南和江北产业集中区建立的尝试和发展的历程，充分显示出适度行政区划变革和区域经济增长极打造对于推动区域经济一体化进程和区域经济协调发展的重要性。具体内容将在本书的第十一章展开论述。

通过前面的论述，可以看出，由于缺乏稳定且合理的区域发展规划和政策的推动，安徽省行政区划设置与区域经济发展之间的内在矛盾较为突出，阻碍了安徽省区域经济实力的提升和一体化进程的推进。虽然均衡发展在区域经济增长极理论看来是一个很难实现的理想，但是作为政府特别是中央和省级政府，推动国内和省内各地区之间的协调和均衡发展是其一项非常重要的职责。对于地理区位较为落后和资源禀赋较差的地区，特别是在依靠行政中心而成为经济增长极情况比较突出的中西部地区，中央和省级政府有义务推进区域内各地区之间经济的均衡发展。对于辖区内具备成为经济增长极潜力的地区，要大力扶持其发展，要充分引导已经成为人工经济增长极的地区发挥好自身的扩散效应。同时，要避免因人工经济增长极过多地集聚了资源和生产要素而影响和阻碍潜在经济增长极的形成，必要时可以通过适当的行政区划调整和改革来助推潜在经济增长极变成现实经济增长极。

经过近些年的发展，中西部地区以省会城市为代表的省会经济圈基本成型，对周边地区人口、资源和生产要素的集聚过程基本完成。一个地区的发展，不能只依靠一个经济中心，要尽可能地培育和形成数个经济中心即经济增长极。接下来中西部地区的省级政府要做的是要在本行政辖区内，对具有地理区位和自然资源禀赋优势较为明显、具备成为潜在经济增长极的地区进行培育和扶持，可以通过必要的行政区划调整来消除这些地区在发展上遇到的人口、土地、空间等方面的制约和障碍，帮助其迅速成长为新的经济增长极，更好地带动周边地区的发展，实现区域经济协调发展的目标。

针对安徽省区域经济发展、行政区划设置和城市群战略的现状及其存在的问题，笔者认为，需要从三个方面改进：首先，强化三大地理区域和三大区域经济板块的思维，推动地理区和经济区的重合，打造皖南（沿江地区）、江淮（合肥都市圈）和皖北三大区域经济板块。其次，调整和稳定省内城市群发展规划和政策设计，明确以芜湖为核心的皖南（沿江地区）、以合肥为核心的江淮（合肥都市圈）和皖北三大城市群战略。最后，在通过撤销地级巢湖市推动合肥都市圈崛起成效显著的基础上，进一步推进沿江地区地级市行政区划设置变革，推动沿江区域经济增长极的培育和发展壮大，提升沿江区域经济发展水平和一体化进程。

第十章　地级巢湖市行政区划改革与合肥都市圈的崛起

工业化进程的启动和城市化进程的加速推进，使得全球的人口分布状态呈现出乡村人口逐渐减少、城市人口逐渐增多的趋势，呈现出都市区、都市圈和城市群等多种形态的城市空间组织形式。“城市化是一个人口集聚的过程。其发生方式有两种：集聚点的不断增加和单个集聚点范围的不断扩大……只要城市存在规模上的扩大或者数量上的增长，城市化的进程就在进行之中。……城市化是一个渐进的过程。它意味着……从集聚性较弱的状态向集聚性较强的状态转移。”①

城市化是影响人类迁移的大事件，包括乡村人口向城镇集聚和城镇内部的人口由小城镇、中小城市向大城市、特大城市集聚两个方面。在乡村人口不断向城镇集聚的同时，小城镇、中小城市的人口逐渐向大城市和特大城市及其周边地带集聚，大城市和特大城市人口规模随之不断扩大、城市空间不断蔓延，逐渐形成了以大城市和特大城市为核心，以其周围地带为腹地的城市空间形态即都市区和都市圈，若干个都市区或者都市圈的连绵状态可以称为城市群或城市带。

都市圈作为一个城市空间形态和经济区概念，在我国城镇化进程和区域经济发展的重要性正日渐显现。作为一种城市空间形态，如今，都市圈的空间范围，早已经跨越了行政区的边界，成为我国城镇化未来的主要形态之一。作为一种经济区概念，都市圈经济总量在区域经济总量中的比重越来越大，都市圈经济对区域经济发展的影响越来越重要，不同区域间经济竞争的实质就是区域核心城市间的竞争。但是，在都市圈的培育和发展

① 布赖恩·贝利．比较城市化——20世纪的不同道路[M]．顾朝林，汪侠，俞金国，等译．北京：商务印书馆，2010：31-32.

过程中，也面临行政区边界的刚性约束，不合理的行政区划设置阻碍了都市圈的培育，也不利于都市圈的发展壮大，进而影响到区域经济的发展和区域竞争力的有效提升。因此，如何顺应都市圈培育和发展的需要，通过对行政区划设置进行必要的变革和调整，推动以都市圈经济为核心的区域经济更好地协调发展，已经成为地方行政区划改革和区域经济发展研究领域值得思考的问题。本章将在对都市区、都市圈和城市群等概念进行界定的基础上，以地级巢湖市行政区划改革与合肥都市圈的崛起为例，说明行政区划设置变革对于区域经济发展的重要作用，并对进一步优化合肥都市圈行政区划设置给出相应的建议。

第一节　大都市区、都市圈和城市群

世界范围内的乡村人口向城镇迁移的城市化进程，已经持续了数百年之久，但大都市区的产生和发展，则是20世纪以后的事。目前，大都市区化逐渐成为世界城市化的主导趋势。随着城镇化进程的加速推进，“城市的全部人口数通常并不是指位于中心城市内部及其周围的人口总数，这些人口组成了更大的城市……在少部分的案例里，一些大城市的边界……限制了城市的人口，这些人口是城市的代表和中心……如果我们想获取扩展的城市地区人口集聚或集中的真实状况……就有必要去成立大都市区，从中可以获知每个主要人口中心的规模大小。”①布赖恩·贝利在《比较城市化——20世纪的不同道路》一书中对大都市区和大都市区化的概念进行了明确界定，他认为，“大都市区就是一个大型的人口中心以及与之有着较高的经济社会整合程度的临近社区所组成的整体。……所谓大都市区化，是指在城市化和郊区化交错发展的过程中，人口与经济向着中心城市及其周围的郊区不断集中，从而推动原有大都市区的规模不断扩大，新的大都市区不断形成，使大都市区的发展在美国城市发展中居于主导地位的

① 布赖恩·贝利.比较城市化——20世纪的不同道路[M].顾朝林，汪侠，俞金国，等译.北京：商务印书馆，2010：31-32.

过程。”①

随着城镇化进程的不断加速，城市空间不断向外扩张和蔓延，城市空间组织形式呈现出多样化的形态。目前，对于城市空间区域的界定有三个相关的概念，即大都市区、都市圈和城市群（城市带、都市带），这三个概念各有其自身的特征，但彼此之间也相互联系。

一、大都市区、都市圈和城市群

（一）大都市区

西方国家的城市化发展历程已经表明，“在城市化过程中，与大城市的优先增长相伴随的另一个趋势，就是大都市区的快速增长。具体来看，随着大城市整体经济实力的增强，空间和人口规模通常都会随之全面扩张。当城市的集聚发展到一定水准的时候，就为大都市区的形成奠定了坚实的基础。”②目前，大都市区化已经成为世界城市化的主导趋势。但在大都市区概念和标准的判断上，各国政府和学者对其界定不尽相同，英国称为“大都市郡”、法国称为“城市化区域”、德国称为“都市化地区”、澳大利亚称为“统计大区”等③。

美国在1910年正式启用大都市区概念，指的是“人口在10万人或10万人以上的中心城市及与中心城市连绵不断、人口密度达到150人/平方英里的地区”④。此后，美国的城市化进程不断加速，大都市区化趋势愈演愈烈，“20世纪，在美国，生活在这种大都市区中的人口比例日益提高。20世纪初，有60%的人生活在农场和乡村。而到了1970年，这一比例已经达到了69%。很明显，人口向都市聚集是20世纪前半期人口分布最主

① 孙群郎.美国城市郊区化研究[M].北京：商务印书馆，2005：224.

② 张占斌，谢振东，车文辉.城镇化与优化行政区划设置研究[M].石家庄：河北人民出版社，2013：109.

③ 王旭，罗思东.美国新城市化时期的地方政府：区域统筹与地方自治的博弈[M].厦门：厦门大学出版社，2010：2.

④ 王旭，罗思东.美国新城市化时期的地方政府：区域统筹与地方自治的博弈[M].厦门：厦门大学出版社，2010：3.

要的特点。”[①]大都市区化进程的加速，催生了对大都市区概念重新界定的需求。“1960年财政局[②]对大都市区（Metro Politan Area）作了如下界定：一般概念的大都市区是指拥有一个被认可的人口核心的经济社会一体化单元……标准大都市统计区包含了一个中心城市及其周围的县，这些县具有都市化的特征，并在经济和社会上与中心城市有着紧密联系。”[③]2000年，经过几次调整与修改，美国政府界定了最新的大都市区指标体系，即大都市区由三部分组成：（1）中央核：每个大都市区指标体系至少有一个人口普查局定义的人口不少于5万人的城市化地区或者人口不少于1万人的城市簇，城市化地区和城市簇统称为城市地区；（2）中心县：指的是至少50%的人口居住在规模不小于1万人的城市地区，或者中心县至少5 000人居住在人口规模不小于1万人的单个城市地区；（3）外围县：指的是居住在外围县但工作在中心县的就业人员占外围县总就业人口的25%，或者外围县25%的就业人口居住在中心县等[④]。

我国的城镇化由于起步较晚，大都市区化进程也晚于西方，我国的大都市区是从改革开放以后开始逐渐形成的。伴随近年来我国城镇化进程的快速推进，我国大都市区化发展呈现出迅速扩张的态势。大都市区是由一定数量人口和区域组成的城市空间组织形态。目前，在关于大都市区的人口规模标准上，争论较大。有学者认为50万～100万人比较合适，这大体相当于我国地级市市区的人口规模；也有学者认为100万人以上更符合大都市区的定义。笔者认为，我国大都市区人口规模的界定，需要结合中国城镇化发展所处的阶段性特征和不同等级城镇人口规模的实际情况来确定。依据《国务院关于调整城市规模划分标准的通知》（国发〔2014〕51号）的界定标准，以城区常住人口为统计口径，我国城市被划

① 布赖恩·贝利.比较城市化——20世纪的不同道路[M].顾朝林，汪侠，俞金国，等译.北京：商务印书馆，2010：32.

② 应翻译为美国联邦财政部.

③ 布赖恩·贝利.比较城市化——20世纪的不同道路[M].顾朝林，汪侠，俞金国，等译.北京：商务印书馆，2010：32.

④ 罗海明，汤晋，胡伶倩，等.美国大都市区界定指标体系新进展[J].国外城市规划，2005(3)：50-53.

分为五类七档：城区常住人口50万人以下的城市为小城市，其中20万人以上50万人以下的城市为Ⅰ型小城市，20万人以下的城市为Ⅱ型小城市；城区常住人口50万人以上100万人以下的城市为中等城市；城区常住人口100万人以上500万人以下的城市为大城市，其中300万人以上500万人以下的城市为Ⅰ型大城市，100万人以上300万人以下的城市为Ⅱ型大城市；城区常住人口500万人以上1 000万人以下的城市为特大城市；城区常住人口1 000万人以上的城市为超大城市。由于大都市区是由核心城市区加上外围地区构成的空间，因此，可以将我国大都市区的人口规模界定在500万人至1 000万人和1 000万人以上两个层级，500万人至1 000万人的都市区可称为一般都市区，1 000万人以上的可以称为特大都市区。

都市区是国民经济的主要载体和基本空间组织形式。在都市区内部，中心城市与外围地区已形成紧密的经济和社会联系，形成由便捷交通线路相联系的、相互依赖又各具特色的有机整体。中心城市一般具有很高的首位度，但随着人口和产业的不断集聚，到一定阶段后会产生规模不经济现象，于是一部分经济活动和人口开始向周边地区分散。在产业结构和功能定位上，中心城市以高技术产业和服务业为主，城市服务、控制和管理功能集中，而外围县市以工业、居住、休闲等职能为主，并具有较高的非农化水平和城镇化水平。都市区拥有相当规模的商品和服务市场、专业化的劳动力蓄水池、发达的交通通信网络，这些竞争优势使都市区成为区域经济增长的引擎①。目前，随着我国以大城市为核心的大都市区对人口的集聚效应越来越明显，我国大都市区特别是核心区的人口规模呈现出不断上涨的态势，都市区在区域经济发展格局中作用越来越重要，影响力也越来越大。

伴随大都市区化进程的加速，大都市区的空间不断蔓延，我国现在很多大都市区的空间范围已经跨越了多个地级市行政区划边界。笔者以大都市区是否跨越市（直辖市和地级市）行政区划边界为标准，将大都市区分为行政区内大都市区和跨行政区大都市区两类。对于行政区内大都市区，"由于大都市区的中心城市与外围县市是一个有着紧密社会、经济联系的有机整体，不涉及跨行政区的管理问题，因而在区域内地方政府协调上的

① 谢守红．都市区、都市圈和都市带的概念界定与比较分析[J]．城市问题，2008(6)：19-23.

难度较小。我国的北京、天津、上海、重庆直辖市是最为典型的大都市区。”①而对于跨行政区大都市区，大都市区的中心城市与外围县市可能分属于不同省级或者地级市行政区划，经济社会联系存在一定的隔离，需要通过跨行政区划的地方政府之间的协调和合作来推动大都市区的发展，必要时可能涉及地级市层面的行政边界重组。

（二）都市圈

都市圈是介于大都市区和城市群之间的概念，“是一个具有综合功能的特大城市以其强大的扩散辐射功能带动周边大中小城市发展，从而形成具有一体化特征的城市功能区。都市圈属于城市群体组合空间形态，是城镇密集区的一个发展阶段和一种空间表现形式，是城市群体之间强烈的空间相互作用的产物，是以空间联系和分工与合作为主要特征的城市功能地域概念。”②日本在20世纪60年代提出都市圈的概念，将都市圈中心城市的人口规模界定在10万人以上，且外围地区到中心城市的通勤率须在5%以上，并且把都市圈又划分为大都市圈和地方都市圈。其中，大都市圈的中心城市为中央指定城市或人口规模在100万人以上的城市，且邻近有50万人以上的城市，外围地区到中心城市的通勤人口不低于本地人口的15%，大都市间的货物运输量不得超过总运输量的25%③。

在都市圈的界定标准上，我国的学者也给出了一些认定标准。张伟认为，都市圈是由一个或多个核心城市以及与核心城市地域相邻、互无隶属关系的若干个城镇与地区组成的跨行政区的圈层式结构的区域，并规定中心城市人口规模在100万人以上，且邻近有50万人以上的城市；中心城市GDP中心度大于45%；中心城市具有跨省际的城市功能；外围地区到中心城市的通勤率不小于本身人口的15%④。基于国内外对于都市圈界定的概念，笔者认为，我国的都市圈是指以区域或地区中心城市为核心，由相邻

① 崔晶．都市圈地方政府协作治理[M]．北京：中国人民大学出版社，2015：4.

② 谢守红．都市区、都市圈和都市带的概念界定与比较分析[J]．城市问题，2008(6)：19.

③ 韦伟，赵光瑞．日本都市圈模式研究综述[J]．现代日本经济，2005(2)：43.

④ 张伟．都市圈的概念、特征及其规划探讨[J]．城市规划，2003(6)：48.

的、在经济社会联系上比较密切的城镇所组成的跨地级行政区划的都市空间区域。例如，安徽省的合肥都市圈是以合肥为中心的经济区域带，位于长江中下游沿江长三角西端，包括合肥、淮南、六安、滁州、芜湖、马鞍山6个地级市和1个县级市——桐城市。

都市圈是一个多层次的、动态开放的城市系统，圈内中心城市与周边城市之间形成了以垂直分工为主的分工结构，周边城市间形成了以水平分工为主的分工结构，从而可以实现区域优势互补、资源共享的区域一体化结果，集聚与扩散效益并举[①]。但行政边界的存在，对都市圈内中心城市与周边城市的分工合作关系产生了强大的刚性约束作用，在市场化程度较低的区域，行政区划设置的必要调整和变革，是推动都市圈集聚与扩散效益更好地发挥的一条重要路径。

（三）城市群

相比于大都市区、都市圈，城市群是一个更为宽泛的概念，也称为大都市连绵带，一般是指由一定地域内的数个大都市圈组成的多核心或多层次的城市区域联合体。方创琳等认为，“城市群是指在特定地域范围内，以1个以上特大城市为核心，由至少3个以上大城市为构成单元，依托发达的交通通信等基础设施网络，所形成的空间组织紧凑、经济联系紧密、并最终实现高度同城化和高度一体化的城市群体。是工业化和城镇化发展到高级阶段的产物，也是都市区和都市圈发展到高级阶段的产物。”[②]目前，世界范围内已形成的著名城市群有6个：以纽约为中心的美国东北部大西洋沿岸城市群、以芝加哥为中心的北美五大湖城市群、以东京为中心的日本太平洋沿岸城市群、以伦敦为中心的英伦城市群、以巴黎为中心的欧洲西北部城市群和以我国上海为中心的长三角城市群。改革开放以来，我国的城镇化进程不断加快，城市群从无到有，不断壮大。目前，在我国的长江三角洲、珠江三角洲、环渤海地区等地区已经形成了在国际上有一定影响力的世界级城市群，在长江中游地区、中原地区、关中平原地区、东北地

① 谢守红．都市区、都市圈和都市带的概念界定与比较分析[J]．城市问题，2008(6)：20.

② 方创琳，宋吉涛，蔺雪芹．中国城市群可持续发展理论与实践[M]．北京：科学出版社，2010：56.

区、山东半岛地区等已经形成了在国内具有一定影响力的区域城市群。

笔者认为，城市群是指以国家级或者区域中心城市为核心，由若干个都市圈构成的经济、社会联系较为密切的空间区域。城市群一般由若干个都市圈构成，地域面积较大，跨行政区数量较多、横向合作难度较大，城市群区域的经济发展受行政区划刚性约束较强。根据城市群是否跨省域，可以将城市群分为省际城市群和省内城市群两类。省际城市群的发展需要国家层面的协调，例如京津冀城市群。省内城市群一般由省级政府进行协调，例如安徽省内部的沿江城市带、皖北城市群。当前，我国城市群发展正不断加速，行政区划设置对城市群发展的制约和影响作用愈发明显，通过行政区划设置的合理变革和调整，有利于推动城市群更加健康地发展。

随着全球范围内城市化浪潮的不断推进，大都市区、都市圈和城市群正逐步成为包括中国在内的世界各国城市化进程中的主流形态，对区域经济发展的作用和影响越来越大。大都市区、都市圈和城市群，可以看作是城市化进程中人口集聚程度不断提高、区域空间规模不断扩大和府际协调难度不断增加的三个阶段。陈瑞莲、刘亚平、陶希东、谢守红等学者对三者之间关系和部分特征进行了比较。具体情况如下表10-1所示。

表10-1　大都市区、都市圈和城市群的部分特征比较

项目	大都市区	都市圈	城市群
人口规模	中心城市人口大于100万人	中心城市人口大于100万人，次级城市人口大于50万人，总人口大于500万人	中心城市人口大于400万人，次级城市人口大于100万人，总人口大于2 500万人
社会经济特征	中心城市的外围县市非农业增加值占GDP75%以上，非农就业人口的50%~60%	外围城市与中心城市具有密切的合作关系，中心城市GDP的中心度大于45%	国家政治、经济和文化的核心区域，区域城市化水平高，城乡融合
组织管理特征	中心城市与外围县市是一有机的整体，协调管理难度小	跨越行政区界限，地方政府之间的合作与协调难度大	跨域数个都市圈，横向合作难度大，需要国家调控
集聚与扩散效应	中心城市的集聚效应明显，呈现单中心特征	单核心或多核心，集聚与扩散效应并举	以扩散为主

资料来源：陶希东．跨省区域治理：中国跨省都市圈经济整合的新思路[J]. 地理科学，2005(5)：19-26.；谢守红．都市区、都市圈和都市带的概念界定与比较分析[J]. 城市问题，2008(6)：19-23.；陈瑞莲，刘亚平，等．区域治理研究：国际比较的视角[M]. 北京：中央编译出版社，2013：177.

二、大都市区、都市圈和城市群空间的行政区划设置变革与区域经济发展

改革开放以来，我国城镇化进程不断加快，特别是在2011年城镇化率突破50%以后，我国城镇化发展开始呈现出进程加速和城镇内部人口分布格局变动并行的态势。一方面，我国乡村地区的人口继续向城镇转移，城镇化率不断提升，年均增速维持在一个百分点左右；另一方面，大城市和特大城市的人口集聚规模越来越大，特别是中西部地区省会城市的人口集聚效益愈发明显。人口大规模地在大城市、特大城市及其周边地区的集聚，推动了我国大都市区、都市圈和城市群的快速发展，大都市区、都市圈和城市群正逐步成为驱动区域经济增长的强大引擎，传统的行政区经济正逐步让位于跨行政区的大都市区经济、都市圈经济和城市群经济。

行政区划设置与区域经济发展之间存在密切的关联。伴随大都市区、都市圈和城市群在区域经济发展中重要性的日益凸显，既有行政区划设置对都市区经济、都市圈经济和城市群经济的制约作用愈发明显。在区域协调机制缺失、协调成本攀升和协调绩效不佳的背景下，通过行政区划设置的变革来推动区域经济发展的要求也愈发强烈。由于都市区、都市圈和城市群在空间范围大小和具体组织形式上存在一定的差异，因此，在通过行政区划设置变革推动区域经济协调发展的具体策略选择上，需要依据各自的空间形态来选择差异化的改革路径。

首先，大都市区主要以单个城市为核心，核心城市与外围相邻的县市之间联系较为密切，一般位于同一行政区划内部，区域经济发展上的协调难度较小。具体来说，都市区主要对应的是以经济实力和综合竞争力较强

的地级市为核心，以地级市管辖的外围县和县级市为腹地的空间区域，一般不涉及跨地级市行政区划的调整。为了更好地拓展大都市区发展空间，可通过县（市）改区的方式，将地级市管辖的部分县和代管的县级市改为地级市辖区，推动大都市区经济的发展。

其次，都市圈主要是以省会城市或者区域性中心城市为核心，以周边相邻的若干个地级市为外围地区的空间区域。由于都市圈一般跨越几个地级市行政区划，行政区划设置对都市圈经济的制约和影响较大，区域协调难度较大，协调成本较高，行政区划设置改革的需求较为强烈。为了更好地推动都市圈的发展壮大，可以通过部分县（市）改区和适当推动部分地级市之间合并重组的方式，来增强都市圈核心城市的凝聚力和带动力，推进都市圈经济的发展。

最后，城市群主要是以国家级或者区域性中心城市为核心，由中心城市周边地区的若干个都市圈构成的空间区域。例如，长三角城市群是以我国的经济中心城市上海为核心，由南京都市圈、杭州都市圈、合肥都市圈构成。其中，安徽省的合肥都市圈由以合肥为核心城市，以芜湖和马鞍山等地级市为重要节点城市构成。由于城市群的地理空间跨越若干个都市圈，行政区划设置对城市群发展和城市群经济的制约作用最为明显，行政区划改革的难度也最大。例如，京津冀城市群的发展。京津冀城市群，地跨北京、天津和河北三省市，虽都处于华北平原的燕赵大地，但省级行政区划的阻隔，使得城市群发展受到很大制约，京津冀一体化进程缓慢，直到中央层面通过制定京津冀协同发展规划和成立京津冀协同发展领导小组等方式进行推动后，京津冀城市群的发展才有所起色。

行政区划对城市群经济发展的阻碍，可以通过自下而上的市场路径和自上而下的权力逻辑相结合的思路加以化解。市场化路径需要依赖对资源配置起决定性作用的区域市场的培育，需要很长一段时间，主要适用于市场化程度较高和行政权对经济发展干预较弱的地区。而在市场化程度较低的地区，可以尝试通过横向的行政区边界重组等改革方式，来解决行政区划对城市群发展的制约问题，例如推动若干地级市之间的边界重组。本章后续部分将以地级巢湖市撤销和合肥都市圈的崛起为例，论述必要的地级市边界重组对都市圈经济、城市群经济发展的推动作用。

第二节　行政区划改革对区域经济发展的推动作用：以合肥都市圈为例

一、首位城市理论

城镇化进程中，由城镇、小城市、中等城市、大城市、特大城市等构成的相互作用、相互影响的有机整体，可以称为城市体系。不同等级、不同规模的城镇和城市在城市体系中位于不同的位次、扮演不同的功能。“城市和城镇正是一国国民经济的空间表现形式。国家层面的城市等级体系包含了该国所有的村庄、城镇和城市。它们在等级体系中一一排列开来，记录下该体系中不同层次的人口分布状况……一国城市的城市等级体系变化不仅反映出该国的经济地理分布状况，也表现着该国的经济发展历程。从各国形式各异的城市等级体系当中，我们可以归纳出三种一般模式：首位型；标准型；混合型。”①其中，首位型城市体系是指之一国家的城市体系中，只有有一个城市处于主导地位。标准型城市体系指的是一个国家城市体系中，没有一个主导型的城市，各城市之间呈现出均匀分布的特征。混合型城市体系是指在一个国家的城市体系中，各城市之间呈现出的是不均匀分布状态，有2个或多个城市处于主导地位。一定国家或者区域内城市体系的状况，是该国家或者区域内经济发展状况的反映，一般呈现出的是首位型城市分布格局。在市场化程度高的区域，地理位置优越、资源禀赋优良的城市往往是区域内首位城市。在市场化程度一般或者较低的区域，行政权对要素流动和资源配置影响较大，该区域内的行政中心一般就会成为该区域内的首位城市。

① 约翰·伦尼·肖特.城市秩序：城市、文化与权力导论[M].郑娟，梁捷，译.上海：上海人民出版社，2015：46-47.

约翰·伦尼·肖特在《城市秩序：城市、文化与权力导论》中对首位型城市体系进行了专门论述，他认为，“首位型分布（primate distribution）指的是在这个城市等级体系中，只有一个大城市占主导地位。”[①]此外，城市首位律理论和齐夫法则也对特定区域内的城市规模分布状态进行了描述。1939年，马克·杰斐逊提出了城市首位律的概念，作为对国家城市规模分布规律的概括。城市首位律理论的核心内容是研究首位城市的相对重要性，即城市首位度，城市首位度在一定程度上代表了城镇体系中的城市发展要素在最大城市的集中程度。马克·杰斐逊认为，可以从经济首位度和人口首位度两个层面来分析一个城市的首位度，经济首位度是指一定地区内的第一大城市的经济总量与第二大城市的经济总量的比值；人口首位度是指一定地区内的第一大城市的人口总数与第二大城市的人口总数的比值。同时，很多经济地理学者在研究城市体系时发现，很多国家的城市体系体现了较为明显的齐夫法则，即一个国家第一大城市的人口是第二大城市人口的两倍，是第三大城市人口的三倍，是第四大城市的四倍，直到是第N位城市人口的N倍。

首位城市在区域经济发展中的作用非常重要，区域之间的竞争主要就是区域首位城市之间的竞争，如果某区域内首位城市的人口规模和经济实力较弱，该区域的经济发展水平和质量一般也不高。因此，在区域经济发展中，首位城市的培育非常关键。在市场化程度高的地区，经济上的首位城市一般依靠市场可以自发形成。例如，福建省的经济发展中，泉州市因优越的地理位置，经济一直排在全省第一位，省会福州市和副省级计划单列市厦门分列第二位和第三位。在市场化程度较低的区域，依靠市场来培育首位城市的周期较长，通过行政路径来培育首位城市是一个可行的选择。比如，在市场化程度较低的区域，可以通过一定的行政区划改革，将首位型城市做大做强，让其承担起带动区域经济发展的重任。例如，中部地区的安徽省，区域经济整体实力较弱，这与作为安徽省首位城市的合肥市的综合实力不强有很大关联。为了解决安徽省首位城市规模不大、首位

① 约翰·伦尼·肖特.城市秩序：城市、文化与权力导论[M].郑娟，梁捷，译.上海：上海人民出版社，2015：47.

度不高、带动力薄弱的问题，近十年来，安徽省通过行政区划改革和政策倾斜等方式，使得合肥市的城市首位度不断提升，合肥市在全国省会城市中的排名不断上升，合肥都市圈已经与南京都市圈、杭州都市圈一起成为长三角城市群三大都市圈之一。

二、合肥都市圈规划与地级巢湖市撤销

伴随区域经济一体化和城镇化进程的加速，中心城市在区域经济发展中的带动和引领作用愈发明显，区域之间的竞争在很大程度上就是各区域中心城市之间的竞争。“安徽省作为中部欠发达省份，综合经济实力一直不强。在区域经济竞争日趋激烈的情况下，省域内缺乏辐射带动效应的大城市群一直是制约经济发展的短板。2011中国城市竞争力排名，作为省会城市的合肥市仅排名第46位（2 000亿元，增长17%），而与之毗邻的南京市排名第17位（4 170亿元，增长11.5%）。”[①]为此，打造以合肥为中心的省会经济圈成为安徽省区域经济发展面前的重要任务，合肥都市圈的规划也由此逐步浮出水面。

（一）合肥都市圈规划构想的提出

合肥市是安徽省省会，在2006年之前，合肥市的经济总量占全省总量一直维持在16%左右，与安徽省第二位城市芜湖市的差距不大，经济首位度和人口首位度都不高，对全省经济的影响力非常有限。同时，与中部地区其他省会城市如武汉、南昌、长沙和郑州相比，合肥也基本处于垫底的位置。

为了提升合肥市作为安徽省的省会和首位城市对全省经济、社会发展的影响力和带动力，2006年，安徽省委、省政府在安徽省第八次党代会上明确提出，合肥要提高经济首位度，形成具有较强辐射带动力的省会经济圈，省会经济圈的构想也由此浮出水面。2007年1月，安徽省十届人大五次会议进一步确定了“规划建设以合肥为中心，以六安、巢湖为两翼”的

① 叶敏.增长驱动、城市化战略与市管县体制变迁[J].公共管理学报,2012,9(2):39.

省会经济圈的计划和目标。2008年5月，安徽省政府颁布实施《安徽省会经济圈发展规划纲要（2007—2015年）》。2009年8月，安徽省委、省政府下发了《中共安徽省委、安徽省人民政府关于加快合肥经济圈建设的若干意见》（皖发〔2009〕23号），正式将省会经济圈更名为合肥经济圈，同时把淮南市和桐城市（县级）纳入合肥经济圈的范畴。

合肥经济圈规划的提出和逐步实施，特别是将淮南、桐城纳入合肥经济圈之后，对于合肥经济圈发展空间的拓展起到很大推动作用。但是，由于淮南和桐城与合肥分属于三个不同的地级市行政区划，合肥经济圈发展所面临的行政区划障碍依然较大，通过行政区划设置的变革来推动合肥经济圈发展的需求非常迫切。在这一需求的推动下，为了将合肥打造成为安徽重要的区域经济增长极，2011年8月，一场在全国行政区划历史上都较为罕见的区划改革方案出台。该方案使得地级巢湖市被撤销，地级巢湖市管辖的庐江县、市政府驻地的居巢区被划归合肥管辖，其他区域划归芜湖市和马鞍山市管辖，巢湖流域也由原来的地级巢湖市和合肥市共治变成合肥市管辖，合肥市发展空间大为拓展，为合肥经济圈综合实力的提升和后来升级为合肥都市圈打下了坚实基础。

（二）地级巢湖市撤销

地级巢湖市成立于1997年，由原来的巢湖地区撤地建市而来。2011年8月，安徽省进行了重大行政区划调整，地级巢湖市被撤销。地级巢湖市从成立到撤销，仅仅经历了14年。地级巢湖市被撤销的原因主要有三个方面。

首先，地级巢湖市综合实力较弱，对下辖县的辐射带动作用有限。地级巢湖市成立于1997年，由原来的巢湖地区撤地建市而来。居巢区作为地级巢湖市的唯一市辖区，前身是1984年设立的县级巢湖市。在1999年巢湖地区改为地级市时，县级巢湖市改为居巢区，作为地级巢湖市所在地。由于地级巢湖市成立时间较短和建市基础较弱，导致巢湖市名为地级市的框架，实为县级市的经济基础，因综合实力较弱，对其管辖的无为县、庐江县、和县和含山县的辐射带动作用非常有限。

其次，消除地区无序恶性竞争和巢湖跨区域治理的难题。以地区经济总量为核心指标的考核方式，催生出发展型地方政府形态，导致相邻地区的地方政府之间的合作动机不足，地区间重复建设、产业趋同等无序恶性竞争问题凸显。“在撤销地级巢湖市之前，合肥市和巢湖市都在巢湖附近开发所谓的滨湖新城，但在城市规划、产业布局和服务功能上都处于一种各自为政的状态，这潜在地带来了合肥市与巢湖市之间的恶性竞争。近几十年来，800平方公里的巢湖的水环境已经因为工农业污水的排放而不断恶化，而分割的管理体制则不能适应这种跨区域治理问题的要求。地级巢湖市被撤销之后，巢湖将变为合肥市的内湖，如此再设立专门的巢湖管理机构，对巢湖统一规划、统一治理、统一管护，进而综合开发利用湖岸资源，将更有力地促进巢湖流域的经济发展、生态保护和水系管理。”①

最后，也是最主要的原因，就是通过行政区划调整，推动合肥经济圈即后来的合肥都市圈的发展，打造区域经济增长极。安徽省属于经济发展水平一般的中部地区，综合经济实力一直不强，作为省会的合肥市，自身综合实力较弱，对全省经济发展的带动作用有限，缺乏有竞争力和带动力的区域中心城市成为制约安徽省经济和社会发展的一大障碍。为此，将合肥市培育成为有竞争力的区域性核心城市、带动全省经济发展成为全省工作的重心。2006年，安徽省委、省政府在全省第八次党代会上明确提出合肥要“提高经济首位度，形成具有较强辐射带动力的省会经济圈”。2007年初，安徽省十届人大五次会议确定了“规划建设以合肥为中心，以六安、巢湖为两翼”的省会经济圈。地级巢湖市地处合肥、芜湖和马鞍山三市包围的经济洼地，无法形成城市辐射效应，另外，合肥市中心城市规模小等问题突出，巢湖流域的管理体制不顺，也制约了当地经济社会发展的进程。因此，撤并巢湖的设想逐渐浮出水面。

（三）地级巢湖市撤销后的合肥都市圈发展现状

地级巢湖市撤销后，合肥市地域面积和发展空间得到有效拓展。2011年8月，因巢湖市行政区划调整和定远县的加入，合肥经济圈的范围进一

① 叶敏.增长驱动、城市化战略与市管县体制变迁[J].公共管理学报,2012,9(2):39.

步扩大，包括了合肥市、淮南市、六安市、桐城市（县级）和定远县。2013年底，经安徽省合肥经济圈建设领导小组办公室会议研究决定，同意滁州市整体加入合肥经济圈。

2016年2月，安徽省十二届人大六次会议提出了推动合肥都市圈一体化发展战略，要求加快合肥经济圈向合肥都市圈战略升级的步伐，努力将合肥经济圈打造成为全省核心增长极乃至全国有重要影响力的区域增长极。2016年5月国家发改委和住建部联合印发的《长江三角洲城市群发展规划》中，将合肥都市圈纳入了国家层面的长江三角洲城市群发展规划，标志着合肥都市圈正式由地方发展战略上升为国家发展战略。2016年12月3日，安徽省人民政府办公厅印发了《长江三角洲城市群发展规划安徽实施方案》，提出要进一步扩容和升级合肥经济圈，正式将芜湖和马鞍山两市纳入合肥都市圈，进一步优化和完善都市圈协调推进机制，通过建设合肥都市圈，形成区域增长的新引擎。

经过2006年以来的政策层面规划的不断出台和行政区划层面的地级巢湖市的撤销，合肥都市圈经历了从构想提出到扩容升级再到不断成熟的三个阶段。2016年出台的《长江三角洲城市群发展规划安徽实施方案》指出，要推动合肥都市圈内城市合作构建高水平、多功能、国际化的对外开放平台，加强与全球知名企业和城市的联系与合作，形成与国际投资、贸易及要素流动通行规则相衔接的制度体系，建设具有较强影响力的国际化都市圈。计划到2020年，合肥都市圈内形成若干国家级或世界级产业集群，人均收入力争达到长三角地区平均水平，建成一批国际化对外开放平台，国际化人居、商务环境明显改善。总的说来，地级巢湖市被撤销后，合肥市及合肥都市圈的发展取得了显著成绩，主要表现为四个方面。

首先，合肥市在安徽省内的经济首位度不断提升。经济首位度是指在一国或一个区域内的城市规模等级结构体系中，排在首位的城市的经济总量占整个国家或者区域经济总量的比重。比重越大，说明该国或该区域的经济首位度越高；比重越小，反映首位城市在该国或该区域的经济影响力越小。2006年以前，合肥市经济总量占全省总量一直维持在16%左右，经济首位度不高，对全省经济的影响力非常有限。从2006年开始，安徽省的发展重心开始向合肥倾斜。2011年8月地级巢湖市行政区划调整，为合肥市的经济社会发展赢得了更大的空间。以2016年为例，2016年合肥市的地区生产总值为6 274.3亿元，占安徽省地区生产总值（24 117.9亿元）的比重为26%。同年安徽省第二大城市芜湖市的地区生产总值为2 699.4亿元，占安徽省地区生产总值的比重为11.2%，合肥的经济首位度达到2.32[①]，城市首位度明显提升，接近齐夫法则的描述。

其次，合肥市经济增速较快，在全国省会城市中的排名迅速提升，特别是合肥的城市竞争力排名提升很快。一个城市的综合竞争力是一个城市整合自身经济资源、社会资源、环境资源与文化资源参与区域资源分配竞争及国际资源分配竞争的能力。2011年之前，合肥市的经济总量和城市竞争力在全国省会城市中处于中等偏下的水平。同时，合肥市在安徽省内的城市首位度也不明显。2011年地级巢湖市的撤销，大大拓展了合肥市的发展空间。此后，合肥作为省会城市的经济集聚效应开始不断显现，合肥市对省内其他城市的优势逐渐明显，城市首位度不断提升，合肥市的经济总量和城市竞争力排名在中部地区省会城市中的位次不断前移，合肥市的影响力逐步增强。

再次，合肥市的城市定位稳步提高，成为综合性国家科学中心城市之一。合肥作为安徽省会，原本在全国城市中的定位非常一般。近些年来，合肥的城市定位在稳步提升。2014年9月出台的《国务院关于依托黄金水道推动长江经济带发展的指导意见》（国发〔2014〕39号）中，合肥市与南京市和杭州市一起被定位为“长三角城市群副中心”。2016年4月22日发布的《国务院关于合肥市城市总体规划的批复》[②]（国函〔2016〕74号）中，合肥市的城市定位是长三角城市群副中心城市，国家重要的科研教育基地、现代制造业基地和综合交通枢纽。2017年1月，国家发改委和科技部联合批复了合肥综合性国家科学中心建设方案，标志着合肥市在全国创新大格局中占据了重要地位，成为代表国家参与全球科技竞争与合作的重要力量，合肥市由此成为与上海张江综合性国家科学中心、北京怀柔

① 来源于2016年安徽省统计年鉴。

② 参见2016年5月国务院批复的《合肥市城市总体规划（2011—2020年）》。

综合性国家科学中心并立的三个综合性国家科学中心之一。

最后，合肥市对下辖县（市）及周边城市的辐射带动作用呈现不断加强的态势。例如，在合肥市的辐射带动之下，县级巢湖市在地级巢湖市撤销后的发展呈现出先低后高的态势。2011年地级巢湖市在刚撤销的一段时间内，地级行政中心降格为县级市，使得人口、资源、资金等开始撤离巢湖，给巢湖市的招商引资产生很大影响，巢湖市的房价出现不断下跌的趋势，经济发展动力明显不足。几年时间之后，地级巢湖市撤销的负面效应慢慢退去，县级巢湖市的发展规划被纳入合肥市整体发展框架下来统筹考虑，提出打造巢湖半岛的规划，将巢湖纳入整个合肥经济圈中的重要一环。巢湖半岛规划以“多规合一”为理念，快速促进规划落地建设，构建“1233”空间结构，即“一轴”“两带”“三区”“三廊”。“一轴”是指沿烔中路形成的滨湖发展轴，串联起滨湖三大城镇发展片区；“两带”是指一个滨湖观光带、一个山体游览带；“三廊”是指由鸡裕河、烔炀湿地、芦溪湿地、花塘河湿地等河流水系和生态农田、山地构成的三条生态廊道。

三、地级巢湖市撤销与合肥都市圈崛起的启示

都市区和都市圈在区域经济发展中起着非常重要的作用。但由于都市圈在空间组织形式上往往跨域多个地级市行政区划，地方政府间的区域合作与协调难度较大，必要时需要进行行政区划设置的适时调整和适度变革，来推动都市圈经济的发展。合肥都市圈的形成与崛起，反映出行政区划设置的变革对于打造人工区域经济增长极的强大推动作用，对于我国通过行政区划改革推动区域经济发展有一定的启示。

首先，经济欠发达地区的行政区划改革，要顺应区域经济发展的需要，适时推动行政区划设置的变革。行政区和经济区是两种具有不同特点的区域类型。行政区与经济区具有本质上的差异。一方面，“行政区的划分主要着眼于政治，综合考虑社会、经济、自然等因素，行政区的大小及层次多少取决于行使职权的需要。因此，从最本质的特征而言，行政区的划分是一种有意识的国家行为。而经济区的划分主要着眼于经济，其大小

规模主要取决于中心城市经济实力、区域经济联系、交通条件等。因此，从最本质的特征而言，经济区是一种不以人的意志为转移的客观存在。”[①]另一方面，“行政区是国家为推行政务、管理社会事务而划分的地方区域。经济区是以城市为中心，依据经济发展的内在联系，在城市与城市之间所形成的区域网络。前者是行政权力干预的结果，后者是商品交易过程中自发形成的产物。”[②]

在经济发达和市场化程度较高的地区，行政区和经济区互相独立存在，行政区经济现象较弱，行政区划对区域经济协调发展和区域一体化目标实现的阻力较小，不需要通过调整行政区划变革来推动区域经济发展和一体化进程。但在经济欠发达和市场化程度较弱的地区，行政区和经济区完全重叠，行政区划设置对区域经济发展的阻碍较大，需要在遵循市场和区域经济发展规律的前提下，通过适当的行政区划变革，来推动行政区划设置适应区域经济发展的需求。

其次，通过行政区划设置变革、打造人工经济增长极是推动欠发达地区区域经济协调发展的一条可行路径。区域经济增长极的培育和成长，对于区域经济协调发展和区域一体化目标的实现非常关键。市场化程度较高、经济较为发达的地区，自然经济增长极可以完成带动区域经济协调发展的任务，行政区划改革需求并不迫切。而经济发展水平较为落后的地区，市场化动能较弱，缺乏自然形成的区域经济增长极，需要政府通过一定的行政、经济等手段来培育和打造人工经济增长极，先将资源和要素优先聚集于一个中心城市，将其培育为经济增长极，然后再发挥中心城市作为增长极的带动作用和对周边地区的扩散效益，带动区域经济整体发展。当然，在将资源和要素向拟培育为经济增长极的城市空间集聚的过程中，可能会导致部分地区因资源和要素的流失而失去部分发展动能。但是从长远来看，同步均衡发展的思维不适合经济落后地区，缺乏经济增长极的带动，落后地区的经济增长将难以有大的改观。同时，未来区域经济增长极扩散效益的发挥，会逐步弥补非增长极地区在资源和要素集聚阶段的利益

① 刘君德，靳润成，周克瑜. 中国政区地理[M]. 北京：科学出版社，1999：58.

② 张志红. 当代中国政府间纵向关系研究[M]. 天津：天津人民出版社，2005：158.

损失，并逐步缩小区域内各地区间的发展差距，最终实现区域经济均衡发展的目标。

再次，区域中心城市的发展，需要突破一定的行政区划边界限制，在更大空间范围内配置人口、土地、资本等生产要素和资源。从我国大都市区化的发展阶段来看，行政区划改革手段的广泛使用具有一定的必然性。从西方国家的发展历程来看，在中心城市膨胀阶段，包括兼并和合并在内的行政区划调整一直是推进大都市区化的主要途径。“现阶段，中国的大都市区化整体上还处于中心城市集聚阶段，中心城市普遍存在空间扩张的现实需要和冲动，构成了行政区划手段得以广泛应用的主要推力。当然也不能否认，城市地方政府之所以热衷于行政区划调整，也是其他‘权’、‘利’因素共同作用的结果。这其中的道理比较简单：行政区划的调整，特别是通过兼并等途径扩大行政辖域，通常意味着更大的管辖范围和资源，以至于行政级别的相应提升。总而言之，短期来看，在中国大都市区发展的初期阶段，适当的行政区划调整可以减少农村包围城市的趋势，有效统筹区域范围内的公共服务，发挥服务供给的规模效应，提高服务效益、保障公平，进而促进大都市区管治体制的完善。”①

最后，我国有着中央集权的传统，通过自上而下行政区划设置的调整来推动区域经济协调发展的路径，阻力不大，易于推行。在行政区划调整方面，某一改革方案能否得以实行，只需要得到相应层级人民代表大会或政府的批准即可，而并不需要像很多西方国家那样，须经过改革所涉及政区内全民公决通过。总而言之，相较于西方国家，较低的批准难度使得我国行政区划调整方案经常能够被顺利实施②。

合肥都市圈的形成与崛起，反映出行政区划调整和政策支撑对于人工区域经济增长极打造的强大推动作用，为安徽省皖南和皖北区域怎样通过行政区划改革和政策推动，来推进区域经济更好更快发展提供了很好的启

① 张占斌，谢振东，车文辉．城镇化与优化行政区划设置研究[M]．石家庄：河北人民出版社，2013：114.

② 张占斌，谢振东，车文辉．城镇化与优化行政区划设置研究[M]．石家庄：河北人民出版社，2013：113-114.

示，同样也预示了安徽省通过行政区划改革推动区域经济发展的任务还很繁重。

第三节　进一步优化合肥都市圈行政区划设置的建议

一、南京都市圈行政区划改革给合肥都市圈的启示

相比于南京都市圈来说，合肥都市圈形成的时间晚了很多，经济总量和核心城市的综合竞争力都要弱于南京都市圈。表10-2从地理区位、所辖区域、人口规模、经济总量和核心城市区划等几个方面对比了合肥都市圈和南京都市圈的发展现状。

表10-2　合肥都市圈与南京都市圈综合情况对比①

项目	合肥都市圈	南京都市圈
地理区位	合肥都市圈是以合肥为中心的经济区域带，位于长江中下游沿江长三角西端	南京都市圈是以南京为中心的经济区域带，位于长江中下游沿江城市地带核心地区，地跨苏皖两省，是中国唯一的跨省都市圈
所辖区域	合肥、淮南、六安、滁州、芜湖、马鞍山6个地级市、1个桐城市（县级），总面积为5.7万平方公里	南京市、镇江市、扬州市、马鞍山市，滁州市、芜湖市、淮安市的盱眙县、金湖县、巢湖市（地级）的市区、和县、含山县，总面积为6.3万平方公里
人口规模	约2 800万人	约3 600万人
经济总量	约17 000亿元	约32 000亿元
核心城市行政区划	4个市辖区、4个县、1个县级市	11个市辖区

资料来源：2017年安徽省统计年鉴和2017年江苏省统计年鉴。

① 2016年12月，南京都市圈的安徽省芜湖市和马鞍山市两个地级市被纳入合肥都市圈，故两个都市圈所辖区域存在重叠部分。

南京都市圈作为全国五大都市圈[①]之一，都市圈的构想提出较早、发展较快、政府引导和市场结合较好、市场化程度较高，也是全国唯一一个跨越两个省级行政区构建的都市圈。1986年，南京区域经济协调会第一次会议召开，宣告南京经济区正式成立，这为后来的南京都市圈规划奠定了基础。2000年7月，在江苏城市工作会议上，江苏省提出打造以省会南京为中心的经济联合体——南京都市圈，南京都市圈概念正式提出。2001年3月21日，在江苏省计委的召集下，江苏省的南京、镇江、扬州3市和安徽省的芜湖、马鞍山、滁州3市的计委负责人首次就南京都市圈建立和发展问题进行了研讨，确定了以政府引导与市场相结合的方式来实现圈内资源共享和提高整体竞争力的目标。此后，江苏省的南京、镇江、扬州和安徽省的芜湖、马鞍山、滁州6个城市之间就如何消除政策障碍、行政及市场壁垒、如何真正实现资源共享、相互开放市场、科技人才流动、产业密切合作以及跨区域的基础设施共建等问题进行了深入探讨。

2002年3月，南京、镇江、扬州、芜湖、马鞍山、滁州6个城市计委负责人汇集安徽省芜湖市，就启动共建南京都市圈展开具体的规划和研究工作，南京都市圈的框架基本成型，这也是我国第一个跨省都市圈。2003年1月15日，江苏省政府批准了《南京都市圈规划（2002—2020）》，南京都市圈的规划范围包括：南京市、镇江市、扬州市、芜湖市、马鞍山市、滁州市、淮安市的盱眙县和金湖县、巢湖市（地级）的市区[②]、和县、含山县。经过多年发展，南京都市圈已经成为我国规模较大、综合实力和竞争力较强的都市圈。2016年5月国家发改委和住建部联合印发的《长江三角洲城市群发展规划》中，明确了长江三角洲地区的五大都市圈和五大都市圈的核心城市和重要节点城市。其中，五大都市圈分别是南京都市圈、杭州都市圈、合肥都市圈、苏锡常都市圈和宁波都市圈。

相比于早在1986年就提出构想、2003年正式成型的南京都市圈来说，合肥都市圈的构想和成型历程要慢许多。2006年，安徽省委和省政府在全省第八次党代会上明确提出合肥要“提高经济首位度，形成具有较强辐射

① 上海、广州、北京、杭州和南京五大都市圈。

② 指居巢区，在地级巢湖市撤销后，改为巢湖市（县级）。

带动力的省会经济圈”。2007年初，安徽省十届人大五次会议上确定了“规划建设以合肥为中心，以六安、巢湖为两翼”的省会经济圈的目标。2016年2月，安徽省十二届人大六次会议提出了推动合肥都市圈一体化发展战略，加快合肥经济圈向合肥都市圈战略升级，努力成为全省核心增长极乃至全国有重要影响力的区域增长极。2016年12月3日，安徽省人民政府办公厅印发了《长江三角洲城市群发展规划安徽实施方案》，合肥都市圈的构想和规划由此基本成型。该《方案》提出，要扩容升级合肥经济圈，将芜湖市、马鞍山市纳入合肥都市圈，要在完善都市圈协调推进机制的基础上，加快建设合肥都市圈，将其打造成为区域增长新引擎。

从南京都市圈和合肥都市圈的发展历程来看，南京都市圈形成较早，区域内主要地区经济发展较快，区域经济社会整合度较高，区域合作更多地靠市场推动。而合肥都市圈形成较晚，区域内地区经济发展水平一般，区域经济社会整合度较低，区域合作更多地依靠行政驱动。例如，2016年12月，安徽省决定将原属于南京都市圈重要成员的芜湖和马鞍山两市，纳入合肥都市圈。同时，南京都市圈和合肥都市圈二者在现阶段的发展定位上也存在一定的差异。2016年5月国家发改委和住建部联合印发的《长江三角洲城市群发展规划》中，对合肥都市圈和南京都市圈的发展方向进行了明确，强调要发挥合肥都市圈在推进长江经济带建设中承东启西的区位优势和创新资源富集优势，加快建设承接产业转移示范区，推动创新链和产业链融合发展，提升合肥辐射带动功能，打造区域增长新引擎；要提升南京中心城市功能，加快建设南京江北新区，加快产业和人口集聚，辐射带动淮安等市发展，促进与合肥都市圈融合发展，打造成为区域性创新创业高地和金融商务服务集聚区。从《长江三角洲城市群发展规划》对合肥都市圈和南京都市圈的定位可以看出，二者分别处于不同的发展阶段，合肥都市圈的发展重点是成为带动区域经济协调发展的区域增长极；而南京都市圈由于已经具备了一定的发展基础，其中心任务是要提升南京作为国家中心城市的功能定位。由于南京都市圈比合肥都市圈起步更早、发展水平和质量更高，其在发展上的很多经验也值得合肥都市圈学习和借鉴。

区域核心城市是区域经济发展的增长极，对区域经济发展至关重要，区域之间的经济竞争主要就是各区域核心城市之间的竞争。而核心城市的行政区划设置是影响核心城市综合竞争力的重要因素，合理的行政区划设置，有利于加速区域经济增长极的培育和成长，更好地提升区域经济发展水平和质量。同样，不合理的行政区划设置，会制约区域核心城市的发展空间，进而影响到区域核心城市的发展和区域经济竞争力的提升。伴随我国城镇化进程的快速推进，区域城市化和城市区域化趋势日益增强，大都市区和都市圈在区域经济发展和竞争中的重要性不断提升。在都市圈发展过程中，通过适当的行政区划设置调整和变革，来推进大都市区的形成和快速发展非常必要。并且，从中国大都市区化的发展阶段来看，行政区划手段的广泛使用也具有一定的必然性。从西方国家的发展历程来看，在中心城市膨胀阶段，包括兼并和合并在内的行政区划调整一直是推进大都市区化的主要途径。现阶段，中国的大都市区化整体上还处于中心城市集聚阶段，中心城市普遍存在的空间扩张的现实需要和冲动，构成了行政区划手段得以广泛应用的主要推力①。南京都市圈在发展过程中，注重南京综合实力的提升，通过不断推进县（市）改区的方式来拓展南京的城市发展空间，推动资源和要素的集聚规模和集聚力度，有效地增强了南京对都市圈成员的吸附能力和凝聚力，推动了都市圈发展水平和质量得以不断提升。因此，作为在发展阶段上落后于南京都市圈、主要依靠行政驱动的合肥都市圈来说，可以借鉴南京都市圈核心城市在行政区划改革上的一些做法，来加速推动合肥都市圈的快速发展。

二、进一步优化合肥都市圈行政区划设置的设想

对比南京和合肥的行政区划可以看出，南京下辖11个市辖区，合肥下辖4个市辖区、4个县和1个县级市。为了更好地推进南京都市圈核心城市的发展，在近几年的发展过程中，南京市不断推进行政区划变革，通过将所管辖的区县不断整合、推进县改市辖区，不断拓展核心城市发展空

---

① 张占斌，谢振东，车文辉．城镇化与优化行政区划设置研究［M］．石家庄：河北人民出版社，2013：114.

间，解决原主城区核心区域的区域面积小、城市容量和发展空间的承载力弱的问题。经国务院批准，南京先后将原秦淮、白下两区合并，设立了新的秦淮区；将原鼓楼、下关两区合并，设立新的鼓楼区；溧水县改为溧水区；高淳县改为高淳区。2013年溧水和高淳撤县设区后，南京市下辖的所有县都已改为区，南京进入无县时代，南京市的市县分治的局面正式终结，也给南京市的发展提供了更加充足的空间，有利于南京都市圈的进一步发展壮大。

地级巢湖市的撤销，有效地拓展了合肥都市圈的发展空间，推动了合肥都市圈的崛起。从现有地域面积来看，合肥市的地域面积比南京大，但是市辖区面积远小于南京市，主城区发展空间不足的问题依然较为突出。在中国大都市区发展的初期阶段，适当的行政区划调整可以减少农村包围城市的趋势，有效统筹区域范围内的公共服务，发挥服务供给的规模效应，提高服务效益、保障公平，进而促进大都市区管治体制的完善①。因此，可以将撤销地级巢湖市视为推动合肥都市圈发展所做出的行政区划改革的第一步，解决的是都市圈发展的空间不足问题。那么，接下来的行政区划改革的第二步就应该是通过有序的县（市）改区，来解决作为都市圈核心城市合肥市的主城区发展空间不足的问题。下面将在借鉴南京市行政区划改革经验的基础上，对如何进一步优化合肥市行政区划设置提出三点建议。

第一，近期可以将与合肥市联系密切的肥西县和肥东县改为合肥市辖区，壮大合肥市中心城区发展的空间和城市容量，提高城市发展空间的承载力。肥西县和肥东县地处合肥市的东西两边，21世纪初合肥市开始将合肥市的西南方作为合肥的重点发展区域，合肥市和肥西县的一体化进程不断加快。同时，合肥市不断提升东部城区建设，提出将合肥市瑶海区建设成为合肥东部新中心的规划，肥东和合肥市的一体化进程也在加速。加上合肥市不断推进的轨道交通规划和建设速度，合肥和肥西和肥东之间的轨道交通网络在未来几年内基本成型。根据《合肥市城市轨道交通近期建

① 张占斌，谢振东，车文辉. 城镇化与优化行政区划设置研究[M]. 石家庄：河北人民出版社，2013：114.

设规划（2018—2025）》，合肥市本轮轨道交通建设规划线路一共涉及了8条线路，分别为：2号线东延线、3号线南延线、4号线南延线、6号线、7号线、8号线、9号线及S1线一期工程，总建设规模约为247.5公里，其中，2号线将东延至肥东县、3号线南延至肥西县。在《合肥市国民经济和社会发展的第十三个五年规划纲要》中，合肥市提出将以中心城区为标准，将肥东、肥西和长丰建设成为合肥东部、南部、北部三大中心城市副中心，疏散主城区功能。轨道交通的建设规划和合肥市副中心的城市功能定位，为肥东县和肥西县撤县设区提供了现实性。如果能将肥东县和肥西县改为合肥市辖区，可以在很大程度上拓展合肥市中心城区的发展空间和城市容量，解决核心城区发展空间不足的问题，为核心城区集聚更多的资源和要素提供可能。

第二，远期可以分阶段将长丰、庐江撤县设区，推动大合肥都市区的形成。从安徽省规划最初的省会经济圈到后来的合肥都市圈的构想可以看出，安徽省对合肥市的定位并非仅仅满足于辐射和带动省会周边地区的发展，而是要以合肥为核心，形成区域经济增长新引擎，带动整个全省经济社会的发展，从安徽省将芜湖和马鞍山两个地级市纳入合肥都市圈就能看出这一政策意图。因此，从长远来看，合肥市的发展应该进一步拓展市辖区发展空间。伴随合肥市经济总量的不断提升和对周边地区扩散效应的逐步显现，在未来5到10年内可以考虑将长丰和庐江二县都撤县设区，推动合肥进入无县时代。

第三，合肥都市圈范围应以江淮之间为主要区域，建议将芜湖和马鞍山从合肥都市圈划出，培育以芜湖为核心城市的沿江经济带。针对安徽省现有的都市圈、城市群、城市带发展规划，合肥都市圈范围应以江淮之间为主要区域，芜湖和马鞍山两市不适宜放在合肥都市圈内，原因主要有四个方面：首先，芜湖市是安徽省沿江经济带的核心城市之一，马鞍山市属于沿江经济带的重要节点城市。同时，芜湖和马鞍山两市一直以来都属于南京都市圈成员，与合肥都市圈核心城市和节点城市之间的经济社会联系不紧密、文化认同度不高、产业协同度较低。其次，合肥作为合肥都市圈核心城市，对于芜湖和马鞍山两市辐射和带动作用有限，应该强化合肥市对六安、淮南等江淮之间地区的辐射力，将芜湖市和马鞍山市纳入合肥都市圈从区域经济合作角度来说意义不大。再次，一个省域的崛起不可能仅仅依靠一个都市圈或者经济圈，需要两个或多个区域经济增长极。以2016年出台的《长江三角洲城市群发展规划》来看，江苏省和浙江省除了各自的省会都市圈之外，还有浙江的宁波都市圈和江苏的苏锡常都市圈，这两个都市圈都是以省域内的第二大城市为中心建设的都市圈。安徽省第二大城市芜湖和与之相邻的马鞍山同城化后可以打造成为安徽沿江地区的另一个经济圈和经济增长极，经过若干年发展后有望成为皖江都市圈。最后，政府制定区域发展规划，要以尊重市场规律和现有区域经济发展现状为前提，不能因行政干预而破坏现有区域经济发展的良好前景。芜湖市和马鞍山市加入南京都市圈，主要是市场驱动的行为和结果，并且在加入南京都市圈后，两地与南京市在产业分工协作、区域事务协调、区域基础设施一体化等方面已经形成了一定的合作框架，区域合作取得了一定成效。而芜湖市和马鞍山市加入合肥都市圈是行政干预的结果，被纳入合肥都市圈后的芜湖市和马鞍山市在区域合作上与合肥市的联系度较低，强行纳入，不仅可能会破坏现有的区域合作和发展格局，也不利于合肥都市圈自身的发展壮大。

第十一章　行政区划改革与安徽省沿江地区经济协调发展

安徽省位于我国中部地区，长江和淮河将安徽省分成长江以南、江淮之间和淮河以北三个地理区域，习惯上称为皖南、江淮和皖北。其中，长江流经安徽800余里，有八百里皖江之说。安徽沿江地区地理位置优越，水资源丰富、航运优势明显，背靠我国经济最发达、最具活力的区域之一——长江三角洲，是安徽省重点培育和打造的经济区域之一，是国家级皖江城市带承接产业转移示范区的核心区域，也是长江经济带上的重要节点。优良的资源禀赋和背靠长江三角洲的区位优势，使得安徽省沿江经济带在承接苏浙沪地区产业转移上的优势非常明显，本应成为带动安徽省皖南和江淮地区发展的经济增长极。

安徽省八百里皖江上共有5个地级市，自上而下，分别是安庆、池州、铜陵、芜湖和马鞍山①。但是，从安徽沿江区域各地市的发展现状来看，长江中下游地区缺乏具有一定影响力和竞争力的区域性中心城市，沿江经济带也并未成为拉动和提升安徽经济整体水平和质量的增长极。2010年以来，安徽省政府在沿江区域经济发展上出台了一系列的发展规划和政策规定，最具影响力的是上升为国家层面的《皖江城市带承接产业转移示范区规划》。随后，依托产业转移示范区规划，安徽省跨地级市行政区成立了安徽江北产业集中区和江南产业集中区，通过行政力量和市场力量相结合的方式来推动沿江区域各地级市之间的产业分工与协作，以达到打造两个沿江区域经济增长极的目的。本章的主要内容，是在对安徽省沿江地区现有行政区划设置情况对区域经济发展可能产生的消极影响进行分析的

① 本章选取的沿江地区城市的标准为行政区划上直接和长江对接，合肥市虽然定位为长江经济带的重要区域性中心城市之一，但由于地理位置上没有直接和长江相邻，故不在本章分析之内。

基础上，通过审视跨行政区设置的两个产业集中区运作过程出现的问题，指出沿江地区行政区划设置的不当是导致安徽沿江经济带发展整体状况不佳的重要因素，并给出相应的对策和优化建议。

第一节 安徽省沿江地区行政区划设置概况

一、安徽省沿江地区行政区划设置现状

目前，安徽省沿江地区的行政区划共有5个地级市、2个县级市、16个县、14个市辖区。下面以地级市为单位来介绍下安徽沿江地区的行政区划设置现状。

安庆。安庆市位于安徽省西南部，长江下游北岸，皖河入江处，西接湖北，南邻江西，西北靠大别山主峰，东南倚黄山余脉。全市现辖怀宁、桐城、望江、太湖、岳西、宿松、潜山7个县（市）及迎江、大观、宜秀3个市辖区。安庆市市域面积为13 589.99平方公里，其中市区面积821平方公里。截至2017年底，安庆市户籍人口为530.5万人，2017年全市地区生产总值（GDP）为1 708.6亿元[①]。目前，安庆市在产业结构上已经形成了以石油化工、轻纺食品、机械、汽车零部件、商贸流通等支柱产业，航空、电子商务等新兴产业也处在快速发展过程中。国家发改委印发的《皖江城市带承接产业转移示范区规划》将安庆市定位为全省三大区域中心城市之一、三大产业组团之一、六大交通枢纽之一、现代化历史文化名城，打造带动皖西南、辐射皖赣鄂交界地区的区域中心城市，建设成为全国重要的石化和轻纺产业基地。

池州。池州市位于安徽省西南部，北临长江，南接黄山，西望庐山，东与芜湖相接。下辖4个县级行政区划，分别是贵池区、东至县、石台县、青阳县。截至2017年底，池州市市域面积为8 399平方公里，全市户

① 来源于安庆市2017年国民经济和社会发展统计公报。

籍人口为162.4万人。2017年地区生产总值（GDP）为654.1亿元[①]。产业结构以装备制造业、战略性新兴产业和生态旅游为主。

铜陵。铜陵市位于安徽省中南部、长江下游，北接合肥，南连池州，东邻芜湖，西临安庆，是长江经济带重要节点城市和皖中南中心城市。1956年建市，现辖1县3区（枞阳县、铜官区、义安区、郊区）。截至2017年底，铜陵市市域面积为3 081平方公里，户籍人口为171.1万人。2017年地区生产总值（GDP）为1 163.9亿元。在产业结构上，铜陵市逐步形成了以铜、化工为主导，电子信息、装备制造、节能环保等齐头并进的产业发展格局。目前，铜陵市是全国八大有色金属工业基地之一，也是全国重要的硫磷化工基地、国家级电子材料产业基地、长江流域重要的建材生产基地[②]。

芜湖。芜湖市现辖无为、芜湖、繁昌、南陵4个县和镜湖、弋江、鸠江、三山4个市辖区。截至2017年底，芜湖市市域面积为6 026平方公里，户籍人口为387.65万人，其中市区面积1 491平方公里。芜湖有文字记载的历史2 500多年。公元前109年置县，始称"芜湖"。古代芜湖得两江交汇、舟楫之利，农业、手工业、商业比较发达。近代芜湖是长江中下游地区工商业的发祥地和全国四大米市之一，素有"长江巨埠、皖之中坚"的美誉。2017年芜湖市的地区生产总值（GDP）为3 065.52亿元。芜湖市被定位为国家区域中心城市、国家级皖江城市带承接产业转移示范区核心城市和安徽省双核城市之一。目前，汽车及零部件、材料、电子电器和电线电缆已经发展成为芜湖市的支柱产业。以机器人及智能装备、现代农业机械、新能源汽车、新型显示及光电信息、通用航空、新材料等为代表的战略性新兴产业也正在快速发展过程中。芜湖市三次产业增加值比例已经由2016年的4.6∶56.1∶39.3调整为2017年的4.2∶56.0∶39.8[③]。

马鞍山。马鞍山市位于安徽东部，横跨长江两岸，毗邻南京、合肥两大省会城市，是长三角经济协调会成员城市、南京都市圈核心层城市和皖

① 来源于池州市2017年国民经济和社会发展统计公报。

② 来源于铜陵市2017年国民经济和社会发展统计公报。

③ 来源于芜湖市2017年国民经济和社会发展统计公报。

江城市带承接产业转移示范区核心城市。截至2017年底，马鞍山市辖含山、和县、当涂3个县和花山、雨山、博望3个市辖区，市域面积为4 049平方公里，户籍人口229.35万人，其中市区面积704平方公里，建成区面积92平方公里。马鞍山建城时间较短，是伴随着新中国成长起来的一座工业之城、港口之城、绿色之城、文明之城，是一座既充满生机和活力，又富有历史底蕴，集现代文明与历史文化于一体的城市。马鞍山市的产业结构主要以钢铁、机械、汽车、电力、化工、建材、食品、铸造等为主。2017年马鞍山市地区生产总值（GDP）为1 738.09亿元[①]。

二、安徽省沿江地区行政区划设置不合理的主要表现

安徽省沿江地区的行政区划设置，在沿袭了新中国成立时行政区划格局的基础上，经过在矿产资源开采和加工地区设立矿区政府（后改为地级市）等行政区划变革，逐渐形成现在的行政区划格局。安徽省沿江地区行政区划的设置整体上是符合经济社会发展需要的，但也存在部分不合理之处，主要体现在地级市这个行政层级上，表现为地级市行政区划数量、部分地级市地域面积、人口规模、辖县数量等方面。目前，安徽省沿江地区行政区划设置存在的问题主要表现在几个方面。

第一，安徽省沿江地区地级市行政区划数量设置过多。截至2017年底，安徽省共有16个地级市，其中沿江地区就占了5个，分别为安庆、池州、铜陵、芜湖、马鞍山。从沿江地区地域面积占全省面积后比重来看，沿江地区的地级市数量明显偏多。造成这一现状的主要原因，是新中国成立后我国在许多矿产资源丰富的地区设立了一定数量的矿区政府，这些矿区政府后来大多改为地级市政府。在安徽省沿江地区现有的5个地级市中，铜陵市和马鞍山市都属于这种情况。铜陵市和马鞍山市都是依矿设市。铜陵市位于安徽省中南部，长江中下游南岸，1956年依矿建市，是一座新兴的工贸港口城市。马鞍山市的前身是当涂县马鞍山镇，1955年8月，设立了县级马鞍山矿区政府，隶属于芜湖专区管辖，1956年10月12

① 来源于马鞍山市2017年国民经济和社会发展统计公报。

日，经国务院批准设立地级马鞍山市。沿江地区由于地级市数量设置过多，导致行政区经济现象严重，很大程度上影响了部分地级市做大做强的空间，导致出现了沿江地区地级市多而不强的局面。

第二，部分地级市地域面积过小。由于地级市数量设置较多，导致沿江地区的地级市平均地域面积非常有限，除少数地级市地域面积较大外，绝大部分地级市地域面积低于全省平均标准，个别地级市面积过小。现有沿江5市中，除安庆市市域面积为13 589.99平方公里外，池州市为8 399平方公里[①]、铜陵市为3 081平方公里、芜湖市为6 026平方公里，马鞍山市为4 049平方公里，均低于安徽省地级市市域面积的平均数（8 725平方公里）。其中，枞阳县在划入铜陵市之前，铜陵市的地域面积是全国最小的地级市之一。有限的地域面积，导致地级市发展空间难以得到拓展，不利于资源、要素的集聚和规模经济效应的生成。

第三，部分地级市承载人口过少。安徽省沿江地区5市人口密度低于全省平均水平，再加上每个地级市平均地域面积不大，导致每个地级市承载的人口过少。以2017年底的数据为例，沿江5市中除安庆市户籍人口为530.5万外，其余四个地级市人口规模均低于安徽省地级市人口的平均数（439.18万人）。城市的发展和规模效应的产生需要一定数量人口和资源的集聚，过少的人口规模，使得人口集聚规模有限，制约了区域经济增长极的培育和发展壮大。

第四，个别地级市下辖县数量较少。安徽省平均每个地级市下辖县的数量为3.5个，沿江地区的安庆、芜湖、马鞍山和池州4个地级市的辖县数量基本与全省平均数持平，但沿江地区中的铜陵市下辖县的数量只有1个，明显偏少。地级市领导县体制需要以地级市为中心，形成辐射和带动周边县（市）的区域经济发展格局，辖县数量过少，不仅提升了行政运行成本，而且不利于地级市的发展壮大和区域经济的协调发展。

第五，县级市行政区划数量过少，制约了沿江地区城镇化水平和质量的提升。安徽省沿江地区的城镇化水平处于安徽省的前列，沿江城市群也是安徽省重点打造的三大区域性城市群之一。但是整个沿江地区除了5个

① 来源于池州市2017年国民经济和社会发展统计公报。

地级市行政区划之外，县级市行政区划只有2个，即安庆市代管的桐城市和2018年新设立的潜山市。县级市行政区划建制的缺乏，在很大程度上制约了沿江地区城镇化水平和质量进一步提升的空间。

第六，绝大部分地级市管辖范围横跨长江两岸，拥江发展战略不仅成本巨大，而且会严重制约核心城区的提升和发展空间。安徽省沿江地区5个地级市中，有3个地级市的行政区域跨域长江两岸，拥江发展成为芜湖、马鞍山、铜陵3个地级市的发展战略。对于沿江地区几个综合经济实力较弱和财力不足的地级市来说，通过行政区划改革来推动芜湖、马鞍山和铜陵3个地级市实施拥江发展战略，不仅成本高、难度大，而且会严重制约3个地级市核心城区的提升和发展空间，给市域治理和经济发展带来很大困难。

第二节　安徽省沿江地区区域经济协调发展现状及问题

特定区域内的行政区划设置，会对该区域经济发展状况产生一定的积极或者消极影响。安徽省沿江地区现有行政区划设置存在的诸多不合理之处，导致了安徽沿江地区在区域经济发展上存在一定的问题，区域经济综合实力和竞争力较为薄弱。

第一，沿江地区各地级市之间缺乏有效的产业分工与协作，部分产业重复建设问题突出，产业集聚优势不明显。区域经济协调发展格局的形成，需要各地区之间在产业结构上能够进行合理的分工和协作，打造特色产业、优势产业，推动产业集聚度的提升和规模经济效应的发挥，提升区域经济发展水平和质量。安徽省沿江地区在产业布局规划和发展上，沿江地区5个地级市各自为政，没有形成分工协作、集聚效应明显的产业格局。首先，沿江地区5个地级市在产业布局上各有侧重，缺乏分工与协作。芜湖市以汽车与机械制造为主要产业，马鞍山市以钢铁冶炼和加工为主要产业，铜陵市侧重于铜冶炼和加工产业，安庆市以石化为主要产业，池州以旅游和生态为主要产业。产业结构上的分工与协作的缺乏，使得沿江地区5个地级市之间的内生合作动力较弱。其次，沿江地区5个地级市在港口和物流产业上缺乏合作，沿江地区的航运优势没有得到充分体现。沿江地区最主要的优势是长江水运，但是在具体的港口建设和物流产业发展上，沿江地区5个地级市之间缺乏合作意识，存在一定程度上的重复建设问题，航运产业集聚优势并不明显，阻碍了区域经济的发展。

第二，沿江地区缺乏在长江流域有一定影响力的区域性中心城市作为区域经济的增长极。区域经济发展是生产要素和资源向区域经济增长极集聚后再向周边地区扩散的过程，区域经济增长极在区域经济发展中的作用非常重要。安徽省沿江区域地理区位优势明显，区域经济发展整体质量不高与缺乏区域中心城市作为区域经济增长极有很大关系。沿江地区的行政区划设置上存在的一些问题，影响和制约了人口、资本等生产要素和资源在沿江各地级市之间的自由流动和合理配置，各地级市之间的经济总量、发展水平、城市规模等差异不大，缺乏综合实力和竞争力较强的作为区域经济增长引擎的中心城市。

安徽省沿江地区的芜湖市从定位上是皖江城市带核心城市和安徽省双核城市之一，但由于受到地理面积和人口规模等限制，芜湖市在沿江地区经济发展上并没有起到核心和带动作用。与近年来快速发展的合肥市相比，芜湖市作为双核之一，不仅其核心地位不突出，而且与作为另一个核心的合肥市的发展差距不断拉大。例如，截至2017年底，合肥市地区生产总值为7 213.45亿元，市辖区户籍人口为270.11万人，城市建成区面积428平方公里①。同年，芜湖市地区生产总值为3 065.52亿元，市辖区人口162万人，城市建成区面积165平方公里②。相比之下，芜湖的经济总量不及合肥的一半，合肥在全省的经济首位度不断提升。

第三，安徽省沿江地区在长江经济带上的区域竞争力较弱，没有形成类似于武汉经济圈和南京都市圈的皖江都市圈。伴随城镇化进程的加速和区域经济一体化程度的提升，都市圈和城市群在区域经济发展中的作用日渐重要。安徽省沿江地区在地理位置上背靠苏浙沪发达地区，加之得天独

① 来源于合肥市2017年国民经济和社会发展统计公报。

② 来源于芜湖市2017年国民经济和社会发展统计公报。

厚的长江水运优势为皖江都市圈的形成和崛起提供了充足的可能性，皖江都市圈理应成为国家打造的长江经济带上的重要一环。但是，由于地级市行政区划数量过多，导致行政区经济现象在安徽省沿江地区比较明显，制约了安徽省沿江地区的经济发展，导致安徽省沿江地区没有形成类似于武汉经济圈和南京都市圈的皖江都市圈。

安徽省沿江地区在城市发展布局上，5个地级市的人口规模和地域规模整体偏小。由于缺乏中心城市的带动和地级市行政区划设置过多，沿江地区的人口、资本等要素和资源的集聚效应和扩散效应没有得到切实发挥，导致区域竞争力较弱。从目前安徽省沿江地区经济发展现状和区域经济发展格局来看，沿江经济带位于合肥都市圈和南京都市圈之间，处于夹缝状态。同时，沿江地区的芜湖和马鞍山两市又被纳入合肥都市圈规划范围，整体形势非常不利于沿江经济带的发展。在此背景下，如果沿江5市不能抱团协同发展，皖江都市圈的形成和崛起将无实现的可能。同样，安徽省经济的腾飞也将被严重拖累。

第四，区域基础设施建设缺少统一规划和有效衔接，区域交通一体化进程严重滞后。区域基础设施一体化是区域经济协调发展和区域经济一体化的重要基础。安徽省沿江地区在区域基础设施建设上，缺乏统一规划，没有形成一体化的快速交通网络。同时，各城市在城市主要干道和未来的城市轨道交通的规划和建设上，各自为政，缺乏协同配合。以芜湖和马鞍山两市为例，虽然两市早就提出了芜马同城化的概念和口号，但是两市之间的区域交通设施较为滞后，连通芜湖市经济技术开发区和马鞍山市当涂经济开发区之间的干道至今未打通。同时，在两市发布的城市轨道交通的规划上，没有看到两市轨道交通的对接规划。相反，在马鞍山市的轨道交通建设规划[①]上，努力做到与南京现有轨道交通线路的对接，具体表现为马鞍山市规划的城市轨道交通1号线、4号线、6号线分别与南京都市圈轨道交通S2线、S1线、S3线对接，实现了博望与禄口空港新城、马鞍山中心城区与南京滨江新城及板桥新城、和县与南京桥林新城的全面对接。

第五，安徽省沿江地区内生合作动能不足，缺乏有效的区域协调发展

① 尚处于规划阶段，并未批复。

机制。区域经济协调发展，需要各地区具有较为强烈的合作动机和有效的区域协调发展机制。安徽省皖江经济带从构想到实践已经历一段时间，但至今发展成效并不明显，这与沿江地区5个地级市之间的合作动能不足和缺乏有效的区域协调发展机制有很大关系。沿江5个地级市中，安庆市的定位是皖西南的中心城市，芜湖市的定位是安徽省双核之一，马鞍山市发展思路是积极融入南京都市圈，彼此之间合作意识淡漠。在沿江5个地级市缺乏合作的内在动机和主观意愿以及缺乏有效的区域协调发展机制的背景下，国家和省级政府在产业合作层面的推动也必将难以取得实效。例如，2010年皖江城市带承接产业转移示范区获批至今，沿江5个地级市之间的区域合作和区域协调发展常规机制还没有搭建起来，跨地级市行政区组建的江南产业集中区和江北产业集中区在管理体制上也经历了重大变革，由之前的“省市共建、省管为主”改为现在的省市共建、芜湖市和池州市管为主，但发展较为缓慢，区域合作成效甚微。

第三节　跨地级市设立产业集中区与区域经济协调发展

区域经济发展是一定区域内生产要素和资源依据一定的机制不断流动和配置的过程，这一过程的结果便是特定区域的经济发展格局。依据区域内资源和要素流动的主导机制不同，可以将区域经济发展的思路分为市场主导、行政主导和行政推动与市场主导相结合三种模式。

市场主导模式，是指主要通过市场化的内生动力，来推动同一区域内各地区之间和不同区域之间经济协调发展的思路，例如深汕特别合作区的建设。行政主导模式，是主要通过行政权力作为外部力量，运用行政区划改革等方式，改变区域内资源和要素流动方向和配置格局，打造区域经济增长极来推动区域经济协调发展的模式。例如，合肥都市圈的崛起。行政推动、市场主导相结合的模式，就是在不改变现有行政区划设置格局的前提下，先通过行政权力从外部推动跨行政区的经济区框架的建构，然后再通过培育市场内生动力的方式来推动区域经济协调发展的模式。行政推动与市场主导相结合模式，可以说是对传统市场主导和政府主导区域经济发展模式的综合运用与创新，安徽省在沿江地区跨地级市行政区基础上建立的江南产业集中区和江北产业集中区就属于这种模式。但这一模式的具体运行绩效如何，能否作为区域经济发展的主导模式推进下去，尚有待通过实践层面的案例研究来加以深入分析和思考。本节将以安徽省跨地级市行政区设立的江南产业集中区和江北产业集中区为例，通过分析两个产业集中区成立以来对推动安徽沿江区域经济协调发展的实际绩效，来论述在市场化程度较低的地区，市场主导或者政府搭建经济区框架、市场推进经济区建设的行政推动与市场主导相结合模式对区域经济协调发展成效甚微，必要的行政区划改革是安徽沿江地区区域经济协调发展的主要路径。

一、安徽省设立江南产业集中区和江北产业集中区的背景

长江安徽段全长800余里，沿线有安庆、池州、铜陵、芜湖、马鞍山等城市。沿江地区一直以来都是安徽省经济发展最具有活力和城镇化程度最高的地区之一。安徽沿江地区地理上与长江三角洲接壤，区位优势明显，是长三角地区向中西部进行产业转移的最佳区域，具有产业基础好、要素成本低、配套能力强等综合优势。依托皖江地区的区位和资源优势打造的皖江城市带，是2006年《中共中央 国务院关于促进中部崛起的若干意见》（中发〔2006〕10号）中确定的中部地区重点发展区域之一。2016年国家发改委印发的关于《促进中部地区崛起“十三五”规划》的通知（发改地区〔2016〕2664号）中将皖江城市带与长江中游城市群、中原城市群和山西中部城市群一起列为中部城市群壮大计划。该《通知》要求，皖江城市带要加快融入长三角城市群，进一步承接产业转移，建设产业实力雄厚、资源利用集约、生态环境优美、人民生活富裕、全面协调可持续发展的示范区。

除了优越的区位优势和国家政策层面的重视外，皖江地区的发展也一直受到党和国家领导同志的高度关注。2008年初，胡锦涛同志来安徽视察时指出，安徽要充分发挥区位优势、自然资源优势、劳动力资源优势，积

极参与泛长三角区域发展分工，主动承接沿海地区产业转移，不断加强同兄弟省份的横向经济联合和协作。吴邦国同志在2009年考察安徽时强调，要加快皖江城市带承接产业转移示范区建设，大力推进跨江联动发展，把区位、资源和市场组合优势转化为经济优势，加快推进安徽的区域、城乡协调发展。李克强同志在2009年考察安徽时强调，皖江地区要发挥比较优势和后发优势，承接国内外产业转移，引入先进生产要素，创新体制机制，增强对全国发展的支撑能力。

近些年来，安徽省沿江地区的发展取得了很大的成绩，经济社会发展等很多指标均位列安徽省前列。但是，由于皖江地区受到市场化程度较低、地级市行政区划设置过多、地级市地域面积和人口规模较小等因素的制约，导致皖江城市带的发展成效与其所处的区位优势和所获得的政策红利不相称，与长江流域其他省份的城市带或城市群在发展水平和区域一体化程度上差异较大。至今，皖江地区尚无在长江流域具有重要影响力的区域性中心城市和城市带（群）。

为了更好地推动安徽省沿江区域的经济发展，2010年1月20日，国家发改委印发了《皖江城市带承接产业转移示范区规划》（以下简称《规范》）。依据该《规范》，皖江城市带承接产业转移示范区规划范围为安徽省长江流域，包括合肥、芜湖、马鞍山、铜陵、安庆、池州、巢湖、滁州、宣城九市全境和六安市金安区、舒城县，共59个县（市、区），辐射安徽全省，对接长三角地区。该规划是目前国内唯一一个以承接产业转移为主题的区域规划，也是安徽省历史上首个进入国家层面的战略规划。规划将皖江城市带定位为区域合作发展的先行区、科学发展的试验区、中部地区崛起的重要增长极和全国重要的先进制造业和现代服务业基地。该《规划》指出，皖江城市带要立足安徽，依托皖江，融入长三角，连接中西部，积极承接产业转移，不断探索科学发展新途径，努力构建区域分工合作、互动发展新格局，加快建设长三角拓展发展空间的优选区、长江经济带协调发展的战略支点，引领中部地区崛起的重要增长极。该《规划》认为，园区是产业转移的有效载体，也是建设资源节约型和环境友好型产业转移模式的重要抓手。该《规划》从示范区内各市产业现状、资源状况和未来发展趋势考虑，提出了构建“一轴双核两翼”的产业空间格局的构想。“一轴”包括安庆、池州、铜陵、巢湖、芜湖、马鞍山6个沿江地级市（地级巢湖市于2011年8月被正式撤销），这是承接产业转移的主轴线；“双核”指合肥、芜湖，这是我省目前乃至今后一个时期经济发展最具活力和潜力的两大增长极，是承接产业转移的核心区域；“两翼”包括滁州和宣城市，着力打造承接沿海地区特别是长三角产业转移的前沿地带。该《规划》强调，要按照布局优化、特色突出、用地集约、产业集中的原则，适应产业大规模、集群式转移趋势，充分发挥长江黄金水道的作用，依托中心城市，突破行政区划制约，高水平规划建设承接产业转移集中区，高起点承接沿海地区和国外产业转移。通过合作共建开发园区、创新合作共建方式、建立利益分享机制，创新园区合作共建机制。

依托中心城市，突破行政区划制约，高水平规划建设承接产业转移集中区是《皖江城市带承接产业转移示范区规划》中的最大亮点。为了更好地打造承接产业转移的有效载体，安徽省在规划发布后，将之前成立的芜马巢、安池铜两个省直管产业集中区，分别更名为安徽省江北产业集中区和安徽省江南产业集中区。江北产业集中区位于原地级巢湖市管辖的和县境内，规划面积220平方公里，东至长江中心线，南至淮南铁路，北至太阳河，西至历阳镇戚镇村至沈巷大丁村一线，区内人口12.5万，起步区位于最南端的沈巷镇，规划面积20平方公里。江南产业集中区位于安徽省池州市境内的梅龙镇，西与池州市区相邻，东接铜陵市南部新城，北与铜陵市江北园区隔江相望，南临铜九铁路，规划面积216平方公里，起步区37平方公里。

二、安徽省江南产业集中区和江北产业集中区的特征和设立意义

（一）产业集中区的特征

区域经济发展需要区域经济增长极的带动，在缺乏自然区域经济增长

极的地方，利用政府规划、行政区划改革等手段打造人工区域经济增长极是推动区域经济发展的重要手段。目前，通过设立国家级新区、特定功能区等方式来推动某一区域经济更好更快地发展，已经成为国家区域发展政策选择上的重要做法。改革开放以来，从深圳、珠海、厦门、汕头等经济特区的设立到海南全省被批准设立为经济特区再到上海浦东新区、天津滨海新区、重庆两江新区、2017年4月初国务院批准设立的雄安新区和2018年4月份海南全省获批设立自贸区，国务院批准设立了一系列的国家级经济特区、新区、自由贸易区等行政区或者功能区。其中，上海市浦东新区和天津市滨海新区等国家级新区属于行政区，二者在设立时对原有的行政区划设置进行了一定的调整。例如，上海浦东新区是上海市的一个市辖区，在成立初期和成立以后都经历了不同程度的行政区划调整。1992年10月11日，国务院批复设立上海市浦东新区（国函〔1992〕145号），撤销川沙县，浦东新区的行政区域包括原川沙县、上海县的三林乡、黄浦区、南市区、杨浦区的浦东部分。2009年5月，经国务院批准，原上海市南汇区整体并入浦东新区，使得浦东新区成为上海市面积最大的市辖区。重庆两江新区、河北雄安新区等国家级新区属于功能区，这类新区的管理机构名称不是新区政府，而是新区成立后设立的管理委员会。因为这类新区的管理机构不是一级政府，因此不能算行政区，但是其管辖范围内的经济、社会事务管理权限全部由新区管委会行使，是实质上的行政区，属于笔者界定的准行政区划范畴。与属于行政区或准行政区的国家级新区不同，安徽省跨地级市行政区设立的江南产业集中区和江北产业集中区，在性质上属于经济区，具有四个方面的特征。

首先，产业集中区在行政级别上属于副厅级，在机构设置和人员编制上，两个产业集中区不设政府，只设置产业集中区管理委员会，作为安徽省政府的派出机构。产业集中区既不是行政区，也不是类似于准行政区划的开发区等功能区，是专门以承接产业转移功能为主题而设置的功能区域。集中区的主要功能是做好承接长江三角洲地区向中部地区转移产业，合理规划皖江地区产业发展蓝图，实现以产业发展推进皖江地区整体经济和社会协调均衡发展的目标，在性质上属于跨行政区建设的经济区。

其次，产业集中区管委会在产业集中区规划地域内的管理权限不完整，只拥有一定的经济管理权限，社会管理权限依然属于集中区所在地的属地政府管辖。江南产业集中区和江北产业集中区虽都规划了面积不等的集中区地域，但产业集中区管委会并非拥有整个地域内的所有管理权限，产业集中区只负责经济事务的管理，做好产业承接工作，社会事务管理还是由产业集中区规划地域的属地政府来负责。

再次，产业集中区设立时，与集中区关联的芜湖、马鞍山、巢湖（2011年被撤销）、安庆、池州和铜陵6个地级市的行政区划未做任何调整。江南产业集中区和江北产业集中区分别设立在池州市贵池区和原地级巢湖市管辖的和县境内，并没有对既有的行政区划进行任何变动。

最后，产业集中区是一个真正意义上的跨行政区设置的经济区。这种类型经济区的设置，是我国区域经济协调发展机制的重大尝试，是跨行政区进行经济区规划和建设模式的创新，对于打造安徽省沿江地区经济增长极、推动区域经济协调发展有很强的现实意义。

（二）江南产业集中区和江北产业集中区设立的现实意义

第一，设立江南产业集中区和江北产业集中区，是更好发挥政府经济职能，顺应国内产业转移新趋势，建立承接产业转移新模式的客观需要。利用产业政策引导资源和生产要素的流动和配置格局，推动一定区域经济社会更好更快发展，是政府的一项重要职能。设立江南产业集中区和江北产业集中区后，通过安徽省政府的规划引导、统筹协调以及与集中区关联的地级市之间的有效互动，能够在一定程度上解决皖江地区各地级市之间产业雷同、重复建设等恶性竞争的困境。在皖江城市带承接产业转移示范区设立之前，皖江地区各地级市在承接东部地区产业转移上缺乏合作意识，产业雷同和重复建设问题非常突出。以原地级巢湖市和安庆市的产业发展为例，安庆市是我国重要的石油化工产业基地，更加适合承接东部地区转移过来的石油化工产业。而巢湖市在招商引资项目过程中，将引入的上海华谊能源化工有限公司的项目——安徽华谊化工有限公司（由上海华谊能源化工有限公司和淮北矿业集团公司共同投资建设的国有大型煤化工企业）一期工程放置在其管辖的无为县的沿江地区，对面就是芜湖市的主城区。该化工项目投产后将会直接影响到芜湖市主城区居民的日常生活，并对此后芜湖市跨江联动发展战略的实施产生很大阻碍。如果沿江城市在对接东部地区产业转移时有很好的合作意识和协调机制，完全可以将这一化工项目放在安庆市化工产业园区，既有利于安庆市化工产业的集聚，也避免了对芜湖市主城区的空气污染。

同时，设置江南产业集中区和江北产业集中区，能够充分发挥政府在区域经济发展中的协调和推动作用。例如安徽省政府和产业集中区管委会通过严格执行产业准入标准，转变传统的产业承接方式，将江北产业集中区主要承接的产业定位为新型化工、装备制造、高新技术和现代服务业等，能够有效推动沿江区域内资源和要素更加合理地配置，推动合理的区域产业分工和协作格局的形成。

第二，设立江南产业集中区和江北产业集中区，有利于推动皖江地区的产业结构升级转型步伐，提升区域产业集聚程度和产业竞争力，更好地辐射和带动中西部地区发展，形成东中西良性互动、优势互补、相互促进、协同发展的新格局。皖江地区东连我国经济活力最强的长江三角洲地区，西接中西部地区，地理上处于承东启西的位置，在承接长江三角洲的产业转移上具有得天独厚的优势，沿江地区的产业转移承接好了之后，可以为实现我国自东向西的产业梯度转移提供坚实保障，形成东中西良性互动、优势互补、相互促进、协同发展的新格局。

第三，设立江南产业集中区和江北产业集中区，能更好地发挥安徽省沿江地区东临长江三角洲的区位优势和承接产业转移的便利，有效提升皖江地区经济发展水平和质量，为国家长江经济带发展战略做出重要贡献。长江三角洲地区是我国经济最为发达的地区之一，国家发改委于2016年6月3日印发的《长江三角洲城市群发展规划》中明确指出，长江三角洲城市群在上海市、江苏省、浙江省、安徽省范围内，由以上海为核心、联系紧密的多个城市组成，主要分布于国家“两横三纵”城市化格局的优化开发和重点开发区域，安徽省的合肥、芜湖、马鞍山、铜陵、安庆、滁州、池州、宣城等地级市被明确为长江三角洲城市群的重要节点城市。通过设置江南产业集中区和江北产业集中区，可以有效利用安徽省沿江地区毗邻长三角的区位优势和产业承接优势，提升皖江城市带在全国城市群或城市带发展中的竞争力和话语权，将皖江地区打造成为长江经济带上的重要经济区域，发挥和强化对周边区域的带动作用，为长江经济带发展战略做出应有的贡献。

（三）江南产业集中区和江北产业集中区设立的创新意义

江南产业集中区和江北产业集中区是一个真正意义上的跨行政区设置的经济区。这种类型经济区的设置，是跨行政区进行经济区规划和建设的尝试，是对我国区域经济协调发展机制的重大创新。

第一，设立产业集中区，是依托中心城市，跨行政区建设经济区的重大尝试。江南产业集中区和江北产业集中区是通过政府层面的规划而专门打造的经济区，充分发挥了长江黄金水道的优势，计划依托中心城市，在安徽沿江地区的几个地级市的相邻地区打造以产业转移和产业集聚为主要特色的示范区。江南产业集中区和江北产业集中区打破了既有的行政区划对区域经济协调发展的刚性约束，适应了产业大规模、集群式转移的趋势，是依托中心城市，跨行政区建设经济区的重大尝试。

江北产业集中区位于芜湖、马鞍山、原地级巢湖市3个地级市交界地区，江南产业集中区位于安庆、池州、铜陵3个地级市交界地区，虽然两个产业集中区都有各自明确的管辖范围，但是并没有改变所管辖区域原有的行政区划归属。这种产业集中区设置的模式，是一次在原有行政区划不变的前提下，通过产业政策引导，突破行政区划制约来大力发展经济区的尝试。以江北产业集中区为例，该集中区核心区位于安徽省核心城市之一的芜湖市鸠江区境内，该集中区的目标定位是以先进制造业为主、现代服务业集聚，功能合理、幸福宜居的现代化新城，再造一个新芜湖，联手芜湖市江南主城区，共同将芜湖打造为长江流域第五城。

第二，产业集中区管委会主要负责管辖集中区地域内的经济事务，机构设置和人员编制比较精简，集中区地域内的社会事务管理权限仍归属于属地政府。江南产业集中区和江北产业集中区的主要功能就是承接东部地区的产业转移，是一个典型的功能区，不需要承担辖区内的非经济管理事务。因此，产业集中区在机构设置上可以做到机构精简、运转高效，是对小政府和服务型政府模式的一次有益尝试。从实际设立的机构来看，江南产业集中区和江北产业集中区的机构设置基本一致，比较精简。

在具体机构设置上，首先，在产业集中区层面设置了副厅级的产业集中区管理委员会，属于安徽省政府派出机构。产业集中区管理委员会的主要职责是负责贯彻实施国家和省委、省政府关于皖江城市带承接产业转移示范区及集中区建设的方针政策，抓好集中区规划、开发和管理工作；组织集中区重大招商引资活动；负责与示范区有关市县协调工作；承担省政府交办的其他事项。其次，内设机构精简。不同于一般地级市政府或者经济开发区管委会下设多个局的做法，江南和江北产业集中区管理委员会下面只设置了四个部门，分别是综合管理部（负责机关政务、综合协调和服务保障；机关文电、信息、会务、机要、档案、保密和政务公开；机关机构编制、人事管理、纪检监察和党群工作）、产业发展部（招商部，负责招商引资、产业发展引导与促进、经济运行协调与统计分析、安全生产监管；承担项目投资、科技发展、商贸流通、外资促进等服务与管理工作）、规划建设部（负责研究拟定集中区发展规划并协调组织实施；参与集中区土地使用和开发的相关工作；承担建设项目管理、建筑市场监督、园区设施管理与维护、房地产管理等有关工作）、财金部（负责集中区财政预决算和各项财政资金的监督与管理工作；承担投资融资、国有资产、财务会计和审计等管理与协调工作；承担机关财务管理等工作。另外，财金部下设投资服务中心负责外来投资项目的工商注册、税务登记等所有前期工作的服务代理、综合协调；负责项目建设及运营过程中的服务协调工作；负责投资项目年检等服务工作）。

第三，产业集中区虽不属于行政区，但具有独立的财政管理权。江南和江北产业集中区虽非行政区，但是为了推动产业集中区的快速发展，安徽省政府授权产业集中区设立了一级财政，赋予产业集中区独立的财政管理权限。江南产业集中区和江北产业集中区在建立之初，作为省政府的派出机构并没有独立的财政权限。2011年5月，为了更好地推进集中区的经济建设特别是基础设施建设工作能够有序推进，根据安徽省委、省政府《关于推进皖江城市带承接产业转移示范区建设的决定》（皖发〔2010〕2号）精神，安徽省政府下发了《安徽省人民政府关于省江北江南产业集中区财政体制有关问题的通知》（以下简称《通知》）（皖政〔2011〕41号），赋予了江南产业集中区和江北产业集中区一级独立的财政权。该《通知》规定，安徽省政府决定在安徽省江北、江南产业集中区建立一级财政，2011—2015年安徽省财政对两个产业集中区实行过渡期的财政体制。该《通知》对于集中区与相关联的地级市的一般预算财政收入划分原则、政府非税收入和社会保险基金收入划分原则、集中区与相关联的地级市的财政支出划分原则、财政体制形式和税收征管等有关问题做出了明确规定。

根据《通知》规定，2011年1月1日后在产业集中区内新设立的企业（包括原企业分立、合并、重组后设立的企业），其提供的税收收入全部作为集中区收入，按现行体制规定，属于地方收入的，全部作为省级收入。在收入划分上，坚持“保证既得利益、范围清晰、便于征缴”的原则，妥善处理集中区与属地市县财政收入的划分。在对集中区内现有税源情况（包括政府非税收入和社会保险基金收入）及所涉企事业单位进行全面清理登记的基础上，2011年1月1日以前在集中区内设立的企业，其提供的税收收入，继续作为原归属地市县财政收入，并按现行财政体制，分别缴入各级金库；2011年1月1日后在集中区内新设立的企业（包括原企业分立、合并、重组后设立的企业），其提供的税收收入全部作为集中区收入，按现行体制规定，属于地方收入的，全部作为省级收入。对政府非税收入和社会保险基金收入，按照税收收入划分原则处理，由省财政厅另行逐项明确收入归属。集中区内地方新增建设用地土地有偿使用费收入和国有土地使用权出让金收入全额作为集中区政府性基金收入。在关于支出划分上，集中区享受市级人民政府经济管理权限。在集中区支出责任划分上，省统筹考虑集中区职责范围及与属地市县政府的关系。集中区支出划分为运转类支出和建设类支出，各类支出具体内容根据集中区管委会“三定”方案和管理体制确定。集中区内的社会管理事务，过渡期内，暂由属地市县政府负责。关于集中区的财政体制形式，过渡期内，省财政对集中区不核定财政收支基数。集中区财政收入地方分成部分归集中区全额留用。根据省委、省政府《关于加快推进皖江城市带承接产业转移示范区建设的若干政策意见》（皖发〔2010〕10号）规定，省财政对集中区每年安排专项补助。除专项补助外，省财政每年对集中区实行定额补助，定额补助收入由集中区按规定统筹安排。关于收入征管，税收收入由国税、地税部门按照规定的征管范围和征缴级次分别负责征管。省国税局、省地税局在集中区分别单独设立征管机构。政府非税收入按省级非税收入管理有关规定，由集中区财政部门征管①。

三、安徽省江南产业集中区和江北集中区发展的成效及其面临的困境

作为全国第一个以承接产业转移为主题的功能性经济区，江南和江北产业集中区自2010年成立以来，在推动安徽沿江地区的经济发展上取得了一定的成效。以江北产业集中区为例，2010年6月，安徽省江北产业集中区管委会正式运转。江北产业集中区规划面积200平方公里，起步区20平方公里。江北产业集中区成立以来，按照“产城一体、以产兴城、以城聚产”的发展思路，努力打造科学发展先行区、改革创新试验区，积极探索承接产业转移的新途径、新模式。产业项目建设初见成效。截至2015年底，累计入园产业项目68个，总投资668.74亿元。其中，新能源汽车配套产业链及高端装备制造项目18个，总投资146.72亿元；新材料产业项目12个，总投资119.3亿元；电子信息产业项目12个，总投资77.15亿元；健康产业项目6个，总投资65亿元；现代服务业项目20个，总投资260.57亿元；“4+1”产业格局初步形成。截至2016年5月，集中区累计完成固定资产投资417.5亿元，其中，招商引资项目326.4亿元。累计注册企业400余家。新能源新材料、金融及总部经济、电子信息三大集聚区建设

① 参见《安徽省人民政府关于省江北江南产业集中区财政体制有关问题的通知》（皖政〔2011〕41号）.

基本完成，产出效应初步显现[①]。

江南产业集中区和江北产业集中区的设立，是在不改变原有行政区划设置格局的前提下进行跨行政区规划和建设经济区的积极探索和尝试，虽然取得了一定成绩，但是在发展过程中也面临诸多的困境和难题。

第一，产业集中区管委会的管理权限不完整和财权与支出责任的不统一，制约了产业集中区的经济社会协调发展。依据产业集中区管委会设置的有关规定，产业集中区管委会拥有集中区管辖区域内的经济管理权，而产业集中区管辖区域内的社会事务等管理权限依然由属地政府保留。一定区域内的经济事务和社会事务之间存在非常密切的联系，难以做到完全分离，将经济管理权从产业集中区管辖范围的属地政府划归产业集中区管委会的做法，不利于产业集中区的统一管理和经济与社会事业协调发展。

同时，财权和支出责任的不统一，也制约了产业集中区经济社会的协调发展。经济管理意味着一定权限和收入，而社会管理意味着更多的是责任和支出。产业集中区管委会被赋予了一级独立财权，但却无须承担辖区范围的社会事务等支出责任。而作为产业集中区辖区的属地政府，在失去产业集中区管辖区域财权的同时，却还要承担辖区内的社会事务管理和支出责任。这种制度设计违反了财权和支出责任相对应的原则，在实际运行过程中会遭到产业集中区管辖区域属地政府的抵制，导致产业集中区内基本公共服务供给短缺，从而影响产业集中区的长远发展。

第二，如何理顺和协调好省政府、产业集中区管委会和产业集中区属地政府之间的关系，构建规范有效的府际协调机制是江南和江北产业集中区发展面临的重要困境之一。产业集中区成立初期，产业集中区管委会是安徽省政府的派出机构（副厅级），集中区的人事权和财政权由省政府管辖。集中区所管辖的区域，在行政区划上并没有做任何调整，依然由集中区所在地属地政府管辖。因此，要管理好江南产业集中区和江北产业集中区，必须要处理好产业集中区管委会与安徽省政府、产业集中区属地政府的关系。由于两个产业集中区坐落在相关联的5个地级市相交的区域内，

---

① 人民网.安徽省江北产业集中区5年蝶变　打造长江创新之城[EB/OL].(2016-05-28). http://ah.people.com.cn/n2/2016/0528/c358266-28416458.html.

必然会和相关联的地级市之间发生一定的工作关联，特别是江南产业集中区的起步区位于池州市行政区域内、江北产业集中区的起步区位于芜湖市行政区域内，如何处理好集中区与两个起步区所在地的市政府的关系，对集中区的发展非常重要。

以江北产业集中区为例，江北产业集中区原名为芜马巢集中区，由芜湖市、马鞍山市和原地级巢湖市三家共同建设。江北产业集中区下设四个园区，分别为：省市共建、以市为主的马鞍山市当涂园区、芜湖市三山园区、巢湖市二坝园区，省市共建、以省为主的和县园区。四个园区分别坐落在芜湖市、马鞍山市和原地级巢湖市行政辖区内，在落实产业集中区发展战略规划和承接主导产业时需要三个地级市政府共同协商和协调，如果没有一个完备有效的产业集中区所涉地市之间的府际协调机制，江北产业集中区的发展将面临很大的困境。由于对地方官员考核主要依据GDP等经济指标，在承接东部地区转移的产业项目时，江南产业集中区和江北产业集中区与所在地的地级市政府之间以及各地级市存在一定的竞争和利害关系，彼此之间合作的动能不足，建立江南产业集中区和江北产业集中区所涉地市之间的府际协调机制难度较大。

第三，面对产业集中区所在地的属地政府，产业集中区管委会的权威不足。江南产业集中区和江北产业集中区行政级别属于副厅级，集中区的党工委书记和管委会的主任在行政级别上比集中区所在地的市委书记和市长低半级。在协调和处理有关地方政府和集中区的事务时，江南和江北集中区管委会在权威上存在一定的级别不对等或者权威不足的问题。2012年以后，安徽省为了改变集中区管理委员会行政权威缺失的问题，对集中区领导的配置进行了一些调整，规定产业集中区党工委第一书记和集中区管委会主任由集中区所在地的市委书记兼任。这一任职规定，使得集中区管委会在面对地级市时的权威得到一定的提高，但也预示了江南产业集中区和江北产业集中区管理体制的重大变革，即由原来的省级管理为主变成了省市共管、以市为主的管理体制。集中区管理体制的变革，提升了集中区管理委员会权威，改善了集中区与属地政府的关系，但也使集中区的独立性受到很大制约，江南和江北产业集中区基本上沦为芜湖市和池州市管辖的经济开发区，这样的结果与当年跨行政区规划和建设经济区的政策初衷已明显背离。

第四，如何实现产业集中区与产业集中区属地政府之间在产业分工与协作上的错位发展和有序竞争，是产业集中区发展面临的重要难题。江南产业集中区和江北产业集中区是大规模、高水平承接产业转移的重要平台和促进产业集聚、迅速壮大优势产业的经济区域，在产业发展上要选择一定的优势主导产业作为发展的方向和重点，不能仅仅按照集中区所在地的一般开发区模式来建设和发展。由于产业集中区在建立之初主要由安徽省人民政府直接管理，在财政税收和绩效考核上独立于产业集中区的属地政府，产业集中区未来发展状况与属地政府关联不大，使得产业集中区所在地的有关政府缺乏与产业集中区在产业发展上进行错位竞争和协同发展的动力，相反在选择承接东部地区产业转移项目时，产业集中区所在地的政府可能还会和产业集中区进行恶性竞争，结果便是双方在产业发展上形成产业雷同和重复建设的情况。以江北产业集中区产业发展为例，江北产业集中区起步区的核心区域位于安徽省芜湖市鸠江区境内，该产业集中区重点培育的新型材料和汽车装备制造等产业，和芜湖市重点打造的汽车装备制造业和新型建筑材料等基本是重复的，引进的企业很多也是芜湖市的新型材料生产和汽车装备制造企业。

四、安徽省江南产业集中区和江北集中区发展历程引发的思考

安徽省江南产业集中区和江北产业集中区自2011年成立以来，至今已经有7个年头。江南和江北产业集中区成立至今，从一大片农田变成产业基础和新区框架基本成型的产业园区，对集中区管辖的区域来说，无疑是成功的。但是本章要讨论的是，在区域经济协调发展过程中，产业集中区发展思路在哪些地域更加适合推广和使用的问题。从集中区管理体制变革和现有的集中区发展现状来看，产业集中区发展取得的成效与当初的政策设计初衷背离很大。目前，从江南产业集中区和江北产业集中区实际运

行层面来看，集中区的发展在很大程度上是失败的，主要表现为集中区管理体制的变革和产业集中区从名义上的跨行政区的经济区变成了实际上的一个由地级市管辖的经济开发区。

安徽省江南产业集中区和江北产业集中区成立之初，采用“省市共建、以省为主”的管理体制。2012年2月，安徽省委、省政府对江南产业集中区和江北产业集中区的管理体制进行重大变革，产业集中区管理体制由原来的“省市共建、以省为主”调整为“省市共建、以市为主”。同时对产业集中区管委会的干部人事体制进行了相应变革。原有的副厅级的江南产业集中区和江北产业集中区管委会的党工委书记和管委会主任被调任到别的地级市任市委副书记，由芜湖市委书记担任安徽省江北产业集中区党工委第一书记，池州市委书记担任安徽省江南产业集中区党工委第一书记，同时分别选任一名芜湖市和池州市的副厅级市领导担任产业集中区党工委书记和管委会主任。“省市共建、以省为主”的管理体制只持续了1年零8个月的时间，反映出这一管理体制存在很多弊端。安徽省江南产业集中区和江北产业集中区管理体制在很短时间内由“省市共建、以省为主”被调整为“省市共建、以市为主”的原因有很多，既有产业集中区管理体制在全国属于首创缺乏先例可以借鉴的原因，也有产业集中区与所在地政府关系协调不畅的因素。

江南产业集中区和江北产业集中区是跨地级市设立的经济区，这是集中区设立的最大创新点。但自2012年2月集中区变成“省市共建、以市为主”后，产业集中区的行政级别虽然没有变化，但是已经失去了当年设立产业集中区的初衷。目前，江南和江北产业集中区已经从名义上跨行政区的经济区变成了实际上一个由地级市管辖的经济开发区。

对安徽江南产业集中区和江北产业集中区设立背景、管理体制变革、现有运行成效和困境的分析，可以给计划通过适度行政干预的方式来推动地方政府之间进行产业合作和区域经济协调发展的思路一些有益的启示。

第一，跨行政区设立的经济区能够有效运行的前提，是赋予经济区管理机构完整的区域经济、社会等事务管辖权。无论是行政区还是功能区，一定区域内的经济事务管理权限和社会事务管理权限不能随意拆分。跨行政区设立的经济区属于功能区范畴，要想保证经济区的管理体制和运行机制的顺畅，必须要赋予经济区管理机构以完整的区域经济和社会事务等管辖权。跨行政区组建的经济区与一般行政区不同，它主要承担特定的经济、政治、社会或者文化功能，在成立之初可仅仅赋予其一部分经济管理权限，其他权限依然归经济区属地政府保留。随着经济区的不断发展壮大，为了解决区域内权力分割的问题，可以考虑采用行政托管的方式将由属地政府行使的其他管理权限全部交由经济区管委会行使，以保障经济区能够有效运行。

第二，在市场化程度较低的区域，行政区经济现象表现明显，跨行政区组建经济区的思路，面临区域协调机制构建难和属地政府关系协调难等诸多困境，区域合作内生动能不足，区域发展一体化进程进展缓慢。国家级皖江城市带承接产业转移示范区获批后，安徽省在江南产业集中区和江北产业集中区的选址上花费了很长时间，目的是想依托现有沿江地区的中心城市和长江黄金水道，在几个地级市交界处选择适当的位置，通过高起点、高水平、高要求的规划和建设，将两个集中区打造成为能带动皖江地区的重要的区域经济增长极，以彻底解决沿江地区产业协同度低和800里皖江地区没有区域性中心城市的尴尬困境。通过跨行政区建设经济区，推进区域经济协调发展的构想是好的，但是由于安徽省沿江地区市场化程度较低、地级市行政设置过多的问题等制约了区域经济协调发展和区域一体化进程的推进。

第三，地级市层面的行政区划改革是推动安徽省沿江区域经济协调发展的必由之路。跨行政区设立经济区的思路，对于区域经济协调发展来说是正确的制度设计和体制创新，值得肯定。但这一思路能否运行通畅和取得实效，与该区域内市场化程度高低和行政权的强大与否有很大关联。江南产业集中区和江北产业集中区从跨行政区的经济区演变成地级市管辖的经济开发区的历程，说明了在经济不太发达、市场化程度较低的中部地区，仅仅通过政府搭建跨行政区的经济区框架，而后依靠市场来推动区域经济协调发展的路径在实际实施过程中阻力较大。更具体地说，在安徽沿江地区，由于市场化程度较低，行政区经济现象较为严重，推动区域经济协调发展的思路不能选择市场主导以及政府引导和市场主导相结合的模式，必要的行政区划改革，特别是地级市层面的行政区划改革是推动沿江区域经济协调发展的必由之路。

第四节　优化安徽省沿江地区行政区划设置推动区域经济协调发展的思路

江南产业集中区和江北产业集中区自集中区管理体制从“省市共管、以省为主”变成“省市共管，以市为主”以来，产业集中区已经从一个跨行政区组建的经济区变成实际上由芜湖、池州两市管辖的经济区。虽然与制度设计初衷完全背离，但是通过规划产业集中区、在数个地级市交界处打造区域经济增长极的发展思路无疑是非常正确的，对下一步优化安徽沿江地区行政区划设置和推动区域经济协调发展来说依然非常有效。在对安徽省沿江地区现有行政区划设置问题和两个产业集中区发展历程分析的基础上，笔者认为，优化安徽沿江地区行政区划设置、推动区域经济协调发展总体思路是减少沿江地区地级市数量、扩大各市管辖地域面积和人口规模、强化沿江中心城市，形成规模适度、中心明确、功能完善的行政区划体系。

一、减少安徽省沿江地区地级市数量，推动各地级市之间的边界重组

针对安徽省沿江地区现有地级市行政区划数量过多的现状，推动安徽省沿江地区区域经济协调发展、加快区域一体化进程的有效做法之一是推动各地级市之间的边界重组，通过部分地级市的合并来适当减少地级市的数量，打造一到两个沿江中心城市。具体来说，可以尝试以江北产业集中区为载体，探索芜马一体化机制，适时推动芜湖市和马鞍山市行政区划融合；以江南产业集中区为载体，探索池铜一体化机制，适时推动铜陵市和

池州市行政区划融合，通过地级市行政区划调整做大做强区域性经济中心城市。

以芜湖市和马鞍山市为例，芜湖和马鞍山相邻，经济总量在沿江城市中位于前列。为更好地引导和推进芜马一体化进程，2016年12月13日，在安徽省十二届人大常委会第三十五次会议上，安徽省住房和城乡建设厅就芜马城市组群建设规划和推动芜湖、马鞍山两市一体化发展的有关情况进行了说明。根据芜马城市组群建设规划，到2030年，芜马城市组群形成由“大城市—小城市—小城镇”构成的城镇规模等级结构，其中芜湖和马鞍山两座城市是区域中心城市，打造无城等11个小城市，襄安等31个小城镇。在城市组群内，将修建沪汉蓉高速铁路二通道与北沿江高速铁路。沪汉蓉高速铁路二通道由肥东站引出，经马鞍山含山县、和县与马鞍山市区后，并入沪汉蓉原通道至南京，在和县设马鞍山西站，并于马鞍山市区东侧预留马鞍山东站。北沿江高铁为规划预留高速通道，由南京浦口引出，经和县、郑蒲港、江北集中区、无为向南联系铜陵、池州、安庆等地，在芜马城市组群内预留芜马江北站①。

虽然推动芜湖和马鞍山一体化发展的口号已经提出很长一段时间了，但两市的一体化进程进展缓慢，这与两地分属两个地级行政区划有很大关联，破解芜马一体化困境的路径之一便是推动两市在行政区划上的深度融合。目前，推动芜湖市和马鞍山市合并的现实条件已经基本具备。

第一，芜湖市和马鞍山市在行政区划上有交集，语言相近，两地在历史和文化认同上不存在任何问题。马鞍山市属于依矿建设的类型，现有马鞍山市辖区内的很多地方在行政区划上原来属于芜湖管辖。1954年2月，设马鞍山镇，隶属于当涂县。1955年8月，设马鞍山矿区政府（县级），隶属芜湖专区。1956年10月12日，国务院批准设立马鞍山市，为省辖市。期间，当涂县先后隶属芜湖专区（地区）、宣城地区。1983年7月，属于芜湖市的当涂县（除大桥乡外）划归马鞍山市管辖。因此，芜湖市和马鞍山市进行合并后，两地人民在历史、语言和文化认同上并没有什么问题。

① 安徽新闻网.我省绘就三大城市群蓝图[EB/OL].(2016-12-16). http://epaper.anhuinews.com/html/ahrbncb/20161216/article_3520398.shtml.

第二，芜湖市和马鞍山市管辖面积规模和人口总量同属中等，合并后不存在管辖上的难题。截至2017年底，芜湖市总面积6 026平方公里，全市户籍人口369.6万人，马鞍山市总面积4 049平方公里，全市户籍人口227.7万人。如果芜马合并后，总面积达到10 075平方公里，户籍人口达到597.3万人，地域空间和人口规模有利于规模效应的发挥，在管理上也不存在难题，安徽沿江地区的区域经济中心城市的框架将基本成型。

第三，芜湖市和马鞍山市距离较近，交通融合难度不大。芜湖市和马鞍山市城市建成区距离较近，205国道直接连接两个地级市的主城区，芜湖市已经批复建设的轨道交通一号线起点距离马鞍山市当涂县很近，以芜湖市管理为主的江北产业集中区与马鞍山市在江北打造的郑蒲深水港相邻，都是两市跨江发展战略重点打造的新城区。两市合并后可以通过在轨道交通建设、港口建设等方式加速两市现有主城区的融合和江北地区跨江发展战略的融合。

第四，芜湖市和马鞍山市在产业上具有产业雷同度低、协同度高的优势。芜湖市重点打造的汽车产业对钢板的需求量较大，与马鞍山市的钢铁产业协同度较高。通过对芜湖和马鞍山市的现有和规划建设的港口进行重新整合能发挥更大的航运优势。

二、强化安徽省“双核”地位，将芜湖市打造成为安徽省沿江地区的中心城市和区域经济增长极

安徽省沿江地区区域经济竞争力不强，除了地级市数量过多外，缺乏区域性中心城市作为区域经济增长极也是重要原因之一。2016年7月安徽省人民政府批复的《安徽省江北产业集中区总体规划》指出，江北产业集中区将全面融入长三角城市群，积极承接产业转移，强化与芜湖市中心城区、马鞍山市郑蒲港新区的协调发展，不断提升产业创新能力，逐步将江北产业集中区建设成为芜马城市组群的核心功能区、皖江城市带承接产业转移示范区的重要增长极、长江经济带的重要产业新城。

现有沿江的5个地级市中，芜湖经济总量位列第一，是安徽省确立的

“双核”城市之一，也是沿江地区成为区域经济增长极潜力最大的地区。但现有芜湖市的地域面积和人口规模在沿江地区中处于中等地位，可以通过将芜湖和马鞍山合并的方式，拓展芜湖市辖区面积和人口规模，通过加速要素和资源集聚力度，努力提升芜湖在沿江地区区域经济增长中的核心地位，将其打造成为区域性中心城市，带动沿江区域经济发展整体水平和质量，再造一个“合肥都市圈”。

三、加强安徽省沿江地区撤县设市的力度，提升沿江地区城镇化水平和质量

安徽沿江地区的地级市和县级行政区划数量存在结构性矛盾。地级市数量过多导致地级市无法做大做强，发挥不了中心城市的带动作用；县级市数量过少，因中小城市数量较少导致城镇化水平和空间不足，无法形成核心城市、中小城市、小城镇阶梯状合理分布的城镇化空间格局。可以考虑在行政区划改革上，多增加一些县级市的设置来改变现有的不合理的城镇分布空间格局，不断提升沿江区域城镇化水平、空间和质量。

四、构建省级层面的安徽省沿江地区区域协作机制

区域协作机制在区域经济协调发展中的作用非常重要。中共中央和国务院印发的《国家新型城镇化规划（2014—2020年）》指出，要建立完善跨区域城市发展协调机制。在推动区域合作的集体行动中，“除非存在强制或其他某些特殊的手段以使个人按照他们共同的利益行事，有理性的、寻求自我利益的个人不会采取行动以实现他们共同的或集团的利益。”①针对安徽沿江地区区域协调发展机制缺乏的问题，可以从三个方面进行补充和完善。首先，成立安徽沿江区域规划委员会，负责对安徽沿江地区的区域经济、社会发展和基础设施建设等制定统一的规划，5个地级市各自的经济和社会发展规划必须在区域规划委员会出台的相关规划范围内制定。

① 曼瑟尔·奥尔森.集体行动的逻辑[M].陈郁，郭守峰，李崇新，译.上海：人民出版社，1995：2.

其次，成立由安徽政府领导的沿江区域发展领导小组，负责执行沿江区域发展规划和协调处理5个地级市在区域发展中的矛盾纠纷，建立安徽省沿江城市群成本共担和利益共享机制。最后，成立由5个地级市组建的安徽沿江5市区域协调发展联席会议，推动生产要素在沿江5个地级市之间自由流动和优化配置，促进基础设施和公共服务设施共建共享，促进创新资源高效配置和开放共享，推动区域环境联防联控联治，以更好地实现安徽省沿江城市一体化的发展目标。

参考文献

一、专著

［1］艾伦·哈丁，泰尔加·布劳克兰德．城市理论——对21世纪权力、城市和城市主义的批判性介绍［M］．王岩，译．北京：社会科学文献出版社，2016.

［2］布赖恩·贝利．比较城市化——20世纪的不同道路［M］．顾朝林，汪侠，俞金国，等译．北京：商务印书馆，2010.

［3］陈瑞莲，刘亚平，等．区域治理研究：国际比较的视角［M］．北京：中央编译出版社，2013.

［4］崔晶．都市圈地方政府协作治理［M］．北京：中国人民大学出版社，2015.

［5］冯俏彬，安森东，等．新型城镇化进程中的行政层级与行政区划改革研究［M］．北京：商务印书馆，2015.

［6］方创琳，等．中国新型城镇化发展报告［M］．北京：科学出版社，2014.

［7］靳尔刚，张文范．行政区划与地名管理［M］．北京：中国社会出版社，1996.

［8］刘君德，林拓．中国行政区经济与行政区划理论与实践［M］．南京：东南大学出版社，2015.

［9］刘君德，靳润成，周克瑜．中国政区地理［M］．北京：科学出版社，1999.

［10］陆铭．空间的力量：地理、政治与城市发展［M］．上海：上海人民出版社，2017.

[11]罗伯特·E.帕克，等.城市：有关城市环境中人类行为研究的建议[M].杭苏红，译.北京：商务印书馆，2016.

[12]曼瑟尔·奥尔森.集体行动的逻辑[M].陈郁，郭守峰，李崇新，译.上海：上海人民出版社，1995.

[13]浦兴祖.当代中国政治制度[M].上海：复旦大学出版社，1999.

[14]浦善新.中国行政区划概论[M].北京：知识出版社，1995.

[15]浦善新.中国行政区划改革研究[M].北京：商务印书馆，2006.

[16]钱穆.中国历代政治得失[M].北京：生活·读书·新知三联书店，2012.

[17]乔尔·科特金.全球城市史[M].王旭，等译.北京：社会科学文献出版社，2014.

[18]孙中山.建国方略[M].北京：生活·读书·新知三联书店，2014.

[19]孙群郎.美国城市郊区化研究[M].北京：商务印书馆，2005.

[20]孙远太.城市贫困阶层的再生产机制及其治理政策研究[M].北京：中国社会科学出版社，2016.

[21]舒庆.中国行政区经济与行政区划研究[M].北京：中国环境科学出版社，1995.

[22]田穗生，罗辉，曾伟.中国行政区划概论[M].北京：北京大学出版社，2005.

[23]吴金群，等.省管县体制改革：现状评估及推进策略[M].南京：江苏人民出版社，2013.

[24]新玉言.新型城镇化——理论发展与前景透析[M].北京：国家行政学院出版社，2013.

[25]王旭，罗思东.美国新城市化时期的地方政府：区域统筹与地方自治的博弈[M].厦门：厦门大学出版社，2010.

[26]谢庆奎.当代中国政府[M].沈阳：辽宁人民出版社，1991.

[27]约翰·J.马休尼斯，文孙特·N.帕里罗.城市社会学：城市与城市生活[M].6版.姚伟，王佳，等译.北京：中国人民大学出版社，2016.

[28]约翰·伦尼·肖特.城市秩序：城市、文化与权力导论[M].郑娟，梁

捷,译.上海:上海人民出版社,2015.

[29]朱光磊.当代中国政府过程[M].天津:天津人民出版社,2008.

[30]周振鹤.中国历史政治地理十六讲[M].北京:中华书局,2013.

[31]周振鹤.中国历代行政区划的变迁[M].北京:中国国际广播出版社,2010.

[32]张占斌,谢振东,车文辉.城镇化与优化行政区划设置研究[M].石家庄:河北人民出版社,2013.

[33]赵永茂,朱光磊,江大树,等.府际关系——新兴研究议题与治理策略[M].北京:社会科学文献出版社,2012.

[34]张志红.当代中国政府间纵向关系研究[M].天津:天津人民出版社,2005.

二、期刊

[1]范毅,冯奎.行政区划调整与城镇化发展[J].经济社会体制比较,2017(06):66-73.

[2]冯俏彬."省直管县"何去何从?——基于新型城镇化与行政区划改革背景[J].地方财政研究,2016(02):11-15,22.

[3]冯云廷.小城镇化战略的反思与我国城市化发展的战略取向[J].中国软科学,2000(11):120-124.

[4]高祥荣."撤县(市)设区"与政府职能关系的协调[J].甘肃行政学院学报,2015(03):29-40.

[5]国家统计局课题组.我国城镇化战略研究[J].经济研究参考,2002(35):14-25.

[6]甘满堂.城市农民工与转型期中国社会的三元结构[J].福州大学学报(哲学社会科学版),2001(04):30-35,151.

[7]何显明.市管县体制绩效及其变革路径选择的制度分析——兼论"复合行政"概念[J].中国行政管理,2004(07):70-74.

[8]何显明.省管县改革的绩效预期及其现实挑战:一个理性的省察[J].江苏行政学院学报,2009(05):98-104.

[9]湖北省经委课题组,许可振,刘进文.改革市管县体制的研究报告(连载二)——“市管县”体制的利弊分析[J].当代经济,2006(05):26-28.

[10]刘君德.中国转型期凸现的“行政区经济”现象分析[J].理论前沿,2004(10):20-22.

[11]罗震东.改革开放以来中国城市行政区划变更特征及趋势[J].城市问题,2008(06):77-82.

[12]李国强,金源云,左彩金,等.新生代农民工代际传递问题研究[J].石家庄经济学院学报,2014,37(02):76-78.

[13]罗海明,汤晋,胡伶倩,等.美国大都市区界定指标体系新进展[J].国外城市规划,2005(03):50-53.

[14]庞明礼,马晴.“省直管县”改革背景下的地级市:定位、职能及其匹配[J].中国行政管理,2012(04):74-77.

[15]孙久文,原倩.京津冀协同发展战略的比较和演进重点[J].经济社会体制比较,2014(05):1-11.

[16]舒庆,刘君德.一种奇异的区域经济现象——行政区经济[J].战略与管理,1994(05):80-87.

[17]陶希东.跨省区域治理:中国跨省都市圈经济整合的新思路[J].地理科学,2005(05):19-26.

[18]唐兵.我国市管县体制的反思与改革趋向[J].理论与改革,2008(01):57-59.

[19]汤伶俐.政府行政成本的内在机理:省管县与市管县财政体制比较[J].改革,2009(10):90-93.

[20]吴理财.三农视野下的市管县体制——建议“市县分治”[J].安徽决策咨询,2003(10):48-49.

[21]吴金群.市县协调发展何以可能:基于区域主义理论的反思[J].社会科学战线,2016(03):186-193.

[22]王利月.近年来省管县体制改革研究述评[J].浙江学刊,2011(05):151-157.

[23]王国红,瞿磊.县政改革:进路与交点[J].政治学研究,2010(02):

67-73.

[24]魏后凯,白联磊.中国城市市辖区设置和发展评价研究[J].开发研究,2015(01):1-7.

[25]韦伟,赵光瑞.日本都市圈模式研究综述[J].现代日本经济,2005(02):40-45.

[26]肖萍,侯爱敏,孟凡霄,等. 撤县(市)设区不同划界模式对城市空间演变的影响研究[J]. 规划师,2017,33(08):92-97.

[27]谢守红.都市区、都市圈和都市带的概念界定与比较分析[J].城市问题,2008(06):19-23.

[28]谢涤湘,文吉,魏清泉."撤县(市)设区"行政区划调整与城市发展[J].城市规划汇刊,2004(04):20-22,95.

[29]徐勇.深化对农村城镇化认识十题[J].东南学术,2013(03):4-8.

[30]肖金成.地级市地位论——兼与撤地强县商榷[J].学术界,2004(02):107-120.

[31]谢志强,姜典航.城乡关系演变:历史轨迹及其基本特点[J].中共中央党校学报,2011,15(04):68-73.

[32]熊文钊,曹旭东."省直管县"改革的冷思考[J].行政论坛,2008(05):46-48.

[33]叶敏.增长驱动、城市化战略与市管县体制变迁[J].公共管理学报,2012,9(02):33-41,123.

[34]叶林,杨宇泽.中国城市行政区划调整的三重逻辑:一个研究述评[J].公共行政评论,2017(04):158-178,196.

[35]袁政.我国新一轮市管县体制改革思考[J].华中师范大学学报(人文社会科学版),2012,51(03):20-28.

[36]周天勇.从市管县到省管县的体制变迁[J].中国党政干部论坛,2014(07):7-11.

[37]周平.论民族的两种基本类型[J].云南行政学院学报,2010,12(01):4-10.

[38]张占斌.省直管县改革新试点:省内单列与全面直管[J].中国行政

管理,2013(03):11-15.

[39]赵聚军.构建与市场经济相适应的地方行政领导体制——对浙江“省管县”体制绩效的实证研究[J].中共宁波市委党校学报,2006(03):37-43.

[40]赵聚军.我国市辖区行政区划调整导向的合流与分野[J].天津社会科学,2018(01):77-83.

[41]张伟.都市圈的概念、特征及其规划探讨[J].城市规划,2003(06):47-50.

后　记

行政区划是国家政治生活和行政管理活动中的大事，值得行政管理领域的学者去研究。长期以来，我一直保持着对行政区划问题的浓厚兴趣，尝试着以安徽省为例，对我国地方行政区划设置的过去、现在及未来的变革趋势进行较为系统的研究。安徽省被长江、淮河两大水系分为皖南、江淮之间和皖北三大区域。新中国成立以来，安徽省经历了地级市领导县体制改革、省直管县改革试点和个别地级市撤销等系列行政区划变革。在城市群成为新型城镇化主体和区域经济一体化的大背景下，安徽省行政区划的纵向调整和横向重组虽已取得一定成效，但改革的任务依然繁重，未来行政区划改革的大体走向应以壮大合肥都市圈、培育芜湖都市圈和加速皖北城市群发展的思路去推进，我也会就这一主题继续自己的研究。

本书在写作过程中，得到了我的博士生导师姚尚建教授、硕士生导师陈义平教授的悉心指导，两位老师高尚的学术品德和严谨的治学精神让我受益匪浅，在此深表谢意和感激之情。

本书的写作从构思到形成提纲再到完成书稿，历时3年有余。期间，自己的工作和生活经历了一些变化，特别是2017年7月外婆的突然离世给我的触动很大，谨以此书来表达内心深处对外婆的思念之情。同时，要深深地感谢我的父母、爱人陈洁、女儿陈陈子墨对我的默默支持，书稿的顺利完成是对家人情感最好的表达。

本书的出版，得到了安徽师范大学法学院领导的支持和安徽师范大学出版社社长张奇才教授的关心，在此深表谢意。由于时间和精力有限，本书内容还存在不足之处，在后续的研究中将不断加以完善。

陈　鹏

2021年2月26日于芜湖